Heinrich Nissen

Kritische Untersuchungen über die Quellen der vierten und fünften Dekade des Livius

Heinrich Nissen

Kritische Untersuchungen über die Quellen der vierten und fünften Dekade des Livius

ISBN/EAN: 9783743307094

Hergestellt in Europa, USA, Kanada, Australien, Japan

Cover: Foto ©ninafisch / pixelio.de

Manufactured and distributed by brebook publishing software
(www.brebook.com)

Heinrich Nissen

Kritische Untersuchungen über die Quellen der vierten und fünften Dekade des Livius

KRITISCHE

JNTERSUCHUNGEN

ÜBER DIE QUELLEN

DER

VIERTEN UND FÜNFTEN DEKADE
DES LIVIUS

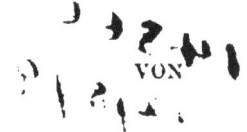

VON

HEINRICH NISSEN.

BERLIN,
WEIDMANNSCHE BUCHHANDLUNG.
1863.

MEINEM LEHRER

HERRN PROFESSOR

CARL WILHELM NITZSCH

IN KÖNIGSBERG

IN DANKBARER VEREHRUNG

GEWIDMET.

Uebersicht des Inhalts.

Erster Theil.

Charakteristik der Quellen.

Kapitel I.

Die Fragmente des Polybios.

Kapitel II.

Die Livianische Uebersetzung.

Kapitel III.

Die Quellen der vierten und fünften Dekade.

Zweiter Theil.

Analyse der Quellen.

Kapitel XVIII.
Das dreiundvierzigste und vierundvierzigste Buch.

Kapitel XIX.
Das fünfundvierzigste Buch.

Anhang.

I.

Die Quellen Plutarchs in den Lebensbeschreibungen des Philopoimen Flaminin Cato und Aemilius Paullus.

II.
Justinus.

III.

Dio Cassius.

IV.

Die konstantinischen Gesandtschaftsexcerpte.

V.

Uebersicht der erhaltenen polybianischen Ueberlieferung aus den J. 553—588.

S. 323—339.

VI.

Uebersicht der vierten und fünften Dekade nach den zu Grunde liegenden Quellen.

S. 340. 41.

Kapitel I.

Die Fragmente des Polybios.

Polybios wird am Ende der dritten und an mehreren Stellen der vierten und fünften Dekade von Livius als Quelle citirt. Er ist der einzige unter all den Schriftstellern, welche in den livianischen Jahrbüchern genannt und benutzt sind, von dessen Werken ein bedeutendes umfangreiches Theil auf uns gekommen. Aus der Vergleichung des Erhaltenen mit der Bearbeitung bei Livius kann deshalb allein die Methode ermittelt werden, nach welcher dieser seine Quellen ausgebeutet hat. Und so mufs eine jede kritisch-historische Untersuchung, mag nun ihr Ziel sein dem Ursprung und der Entstehung des livianischen Werkes nachzuforschen, oder den Wert und die Glaubwürdigkeit desselben im Einzelnen zu ergründen, von der Frage ausgehen: wie hat Livius den Polybios benutzt? Die Lösung dieser Frage wird durch den verstümmelten Zustand, in welchem uns die Geschichte des Polybios überliefert ist, bedeutend erschwert. Denn von derselben sind bekanntlich nur die 5 ersten Bücher vollständig erhalten und diese 5 Bücher, wie jetzt von vielen Seiten anerkannt ist, hat Livius gar nicht benutzt. Aus den übrigen 35 Büchern stehen uns Bruchstücke zu Gebote, von denen eine grofse Anzahl in der vierten und fünften Dekade, wenige in der dritten in lateinischer Bearbeitung sich wiederfinden. Auf der Vergleichung dieser Bearbeitung mit den vorhandenen Bruchstücken beruht demgemäfs zunächst die Frage nach der Benutzung des Polybios durch Livius. Eine solche Vergleichung kann aber weder mit Sicherheit angestellt werden noch irgendwie befriedigende Resultate liefern, bevor nicht die Beschaffenheit der in Betracht kommenden Fragmente, namentlich ihr Verhältnifs zu dem ursprünglichen vollständigen Text, aus dessen Zusammenhang sie los-

gerissen sind, nach allen Seiten hin untersucht und möglichst
fixirt ist.
1. Die polybianischen Fragmente lassen sich ihrem Ursprung nach in mehrere Klassen theilen, von verschiedenem Umfang und verschiedenem Wert. Der Gedanke lag, zumal im spätern Alterthum, sehr nahe ein so weitschichtiges und selbstverständlich nicht überall gleich anziehendes Werk, wie das des
Polybios zu excerpiren oder eine Sammlung besonders inter-
essanter Partien aus demselben anzulegen. Aus diesem Prinzip
ist die Sammlung von Bruchstücken zu erklären, welche im *Codex Urbinas* zu Rom (und andern abgeleiteten Handschriften)
erhalten, gewöhnlich „alte" genannt werden und von Hervagen
Basileae 1549 zuerst edirt sind. Aus Buch β sind aufser einigen kleineren die Abschnitte über die Geographie Italiens c. 14—
17, die Niederlage der Gallier bei Telamon c. 25—31, die Schlacht
bei Sellasia c. 65—69 entnommen (vgl. Schweighäuser tom. I praef.
p. 7. 45. tom. II praef. p. 5). In ähnlicher Weise aus den verlor-
nen Büchern: aus ς die Abhandlung über den Staat c. 3 11.
über die römische Verfassung und Heereseinrichtung c. 11—18,
19—42, die Vergleichung der römischen mit andern Verfassun-
gen c. 43—56; aus ζ kleinere Stücke wie das Bündnifs Hannibals
mit Philippos c. 9, die Einnahme von Sardes c. 15—18; aus η
über des Gracchus Tod c. 1. 2, die Belagerung von Syrakus c. 5—
10, des Aratos Tod c. 14, Eroberung von Lissos c. 15. 16, Untergang des Achaios c. 17—23, Einnahme Tarents c. 26—36. Lei-
der umfafst diese Sammlung nur B. α—$\iota\varsigma$ und $\iota\eta$, mithin nur
2 Bücher, welche für die Untersuchung der vierten und fünften
Dekade in Betracht kommen *). Aus diesen liegen folgende Stücke

---

*) Buch $\iota\zeta$ ist weder in den alten noch den konstantinischen Excerp-
ten erhalten. Die Herausgeber, Valesius Schweighäuser Bekker haben
demselben die Ereignisse des Winters 556⁄7 zugewiesen, durch die Anordnung bei Livius getäuscht, der mit dem gedachten Winter das XXXII. Buch
schliefst und mit dem Frühling 557 XXXIII anfängt. Allein die Handschriften setzen das Fragment über die Conferenz am malischen Meerbusen
$\iota\zeta$ 1 fg. ausdrücklich in $\iota\eta$, ebenso ein Citat des Stephanos von Byzanz (s.
Schweigh. Anm. zu B. $\iota\zeta$). Ferner liefs sich erwarten, dafs der alte Epitomator, der aus jedem Buch mehrere Stücke zu geben pflegt, bei $\iota\zeta$ sich
nicht mit Einem würde begnügt haben. Der Anordnung in den Ausgaben
widerspricht endlich aufs Entschiedenste das Prinzip, welches Polybios in
der Eintheilung und Jahresrechnung seinem Werk zu Grunde gelegt hat.
Derselbe behandelt nämlich in diesen Büchern in der Regel 2 Jahre, so $\iota\varsigma$
Ol. 144, 3. 4 und $\iota\eta$ Ol. 145, 3. 4, läfst aber nach einer ihm eigenthümlichen
Rechnung (Kap. 4, 8 Anm.) das Jahr mit dem Winter oder Herbst, nicht mit
dem Frühling anfangen.

vor: in Buch ις die Schlacht bei Chios c. 2—9, spätere Unternehmungen Philipps c. 11. 12, Triumph Scipios c. 23, erklä-
rende Betrachtungen c. 28, Belagerung von Abydos c. 29—34,
Unternehmungen Philopoimens c. 36. 37; in Buch ιη die Conferenz zwischen Philippos und Flamininus (nach den Ausgaben ις
1—12), die Schlacht bei Kynoskephalai c. 1—16, Zusammenkunft der römischen Gesandten mit Antiochus c. 33—35, endlich der Untergang des Skopas in Alexandreia c. 36—38. Aufser
den gröfsern Abschnitten finden sich am Rande der Handschrift
einige kurze Sätze aus Polybios hinzugefügt, von denen auch der
eine oder andre den Büchern ις und ιη angehört.

2. An Umfang bedeutender ist die zweite Abtheilung unsrer
Fragmente. Es liefs nämlich der um die Wissenschaft hochver-
diente byzantinische Kaiser Konstantinos VII. Porphyrogennetos
in 53 Abschnitten nach dem Inhalt geordnet ein grofses Sammelwerk aus den griechischen Historikern anfertigen κεφαλαιω-
δῶν ἐποθέσεων βίβλια νγ. Von diesem Werk sind 26 Theile
dem Namen nach bekannt, 4 in gröfserer oder geringerer Vollständigkeit erhalten. Darunter ist zuerst zu nennen der 27. Abschnitt der ganzen Sammlung, „über Gesandtschaften περὶ
πρεσβειῶν", edirt von Ursinus Antwerpiae 1582 nach einer
Handschrift oder Copie, welche er vom Erzbischof Augustinus
von Tarraco geschickt erhielt. Die Originalhandschrift ist seit-
her verschollen. Spätere Abschriften befinden sich zu Rom Neapel Mailand und München *). Der 50. Abschnitt handelt „über
Tugend und Laster περὶ ἀρετῆς καὶ κακίας", zuerst edirt von
Valesius Parisiis 1634 nach einer Handschrift des 10. Jahrhunderts aus Cypern, welche jetzt in Tours ist (Codex Peirescianus).
Die Fragmente aus den ersten 5 Büchern des Polybios sind meines Wissens noch nicht bekannt gemacht. Den Abschnitt „über
Ansichten περὶ γνωμῶν" hat A. Mai in einem vatikanischen Palimpsest entdeckt und herausgegeben Script. vet. nov. coll.Vol. 2.
Romae 1827. Endlich sind 1830 von Feder einige Bruchstücke
des Abschnitts „über Nachstellungen περὶ ἐπιβουλῶν" in
einer Handschrift des Escurial gefunden worden, darunter ein
gröfseres Fragment des Polybios, edirt von Müller fragm. hist.
Graec. tom. II. p. XXVII. und später von Feder selbst Excerpta
etc. Darmstadii 1848 fg. Die ursinische und valesische Sammlung enthalten eine gleichlautende Vorrede, den Prospect des

---

*) Ueber diese Abschriften und ihr Verhältnifs zu einander dürfen wir
näheren Mittheilungen von Herrn Dr. A. Kiessling in Berlin entgegensehen.

ganzen Unternehmens, in welchem dieses begründet und empfohlen wird; darauf folgt die Aufzählung der excerpirten Schriftsteller. Es sind dies Polybios Diodor Appian Dio nebst 14 andern meistens der spätern Zeit angehörigen Historikern, unter
denen Polybios weit mehr als die Uebrigen berücksichtigt ist.
Das ganze Werk war zur Förderung der historischen Studien
angelegt und sollte einerseits das Beste aus der bisherigen historischen Litteratur enthalten und ferner zum bequemeren Gebrauch Alles, was ein und denselben Gegenstand, wie Gesandtschaften Volksreden Nachstellungen Kriegskunst Jagd u. s. w.
betraf, dem Leser gleich an die Hand geben. Von innerm Zusammenhang oder einem festen Plan, nach dem die Sammlung
erfolgte, kann gar keine Rede sein. So sind z. B. eine Menge
von Fragmenten aus primären und gleichlautend aus secundären
Quellen ausgeschrieben worden. Aus einer Anzahl von Notizen,
welche durch Versehen statt der bezeichneten Fragmente in den
Abschnitt über Gesandtschaften aufgenommen sind κγ 4. 5., ersehen wir dafs von denjenigen, welche mit der Leitung des Unternehmens betraut waren, den Schreibern angegeben wurde,
welche Partien und ob vollständig oder verkürzt dem betreffenden Werk entnommen werden sollten. Es versteht sich danach
von selber dafs keine Vollständigkeit erstrebt ward, dafs nicht
etwa alle Nachrichten, wo Etwas von einer Gesandtschaft erwähnt war, ängstlich zusammengesucht wurden, sondern in der
Regel nur die gröfseren Abschnitte, welche diesen Gegenstand
behandelten, wiewol auch manche kleinere nicht verschmäht sind.
Die Fragmente aus den Sammlungen über Tugend und Laster
und über Ansichten sind, wie in der Natur der Sache liegt, weit
kürzer und umfassen oftmals nur den Raum weniger Zeilen.
Alle drei sind so, wie sie uns vorliegen, keineswegs vollständig.
Die handschriftliche Fortpflanzung solcher Sammlungen war natürlicher Weise grofsen Gefahren unterworfen, indem die Schreiber bald dieses bald jenes Stück absichtlich oder unabsichtlich
übergingen. Der Codex des Ursinus kann unmöglich vollständig
gewesen sein. Es läfst sich zwar nicht aus dem Schweigen des
Herausgebers entnehmen, ob er auch Fragmente aus den ersten
5 Büchern vorgefunden hat: denn Ursinus gab nur das Unbe-
kannte (Schweigh. tom. 2. p. 20. an. u.). Allein für die näch-*
sten 11 Bücher enthielt seine Handschrift im Ganzen nur 5
Bruchstücke: ζ 2 fg., ϑ 44, ις 25. 27. 35, dagegen aus ιη—λ
einige 90. Dafs dieses Mifsverhältnifs dem Plan der konstantinischen Sammlung fremd war, geht aus den beiden andern Ab-

schnitten hervor, in denen, einzelne Bücher ausgenommen, das
ganze Werk des Polybios ziemlich gleichmäfsig excerpirt ist.
Aber auch diese sind schwerlich correct überliefert. Das Buch $\iota\vartheta$
fehlt, wie in den Ausgaben bemerkt ist, gänzlich und das Gleiche
gilt, wie S. 2. Anm. nachgewiesen, von $\iota\zeta$. Ferner ist Buch $\varkappa\varsigma$,
welches OL 151, 579—582 umfafste, verloren gegangen*). Die
genauere Bestimmung, in wie weit diese Lücken unserer man-
gelhaften Ueberlieferung beizumessen sind, liegt aufserhalb der
Grenzen dieser Untersuchungen. Schon die Schreiber des Konstantinos haben kein vollständiges Exemplar mehr vor sich gehabt; in dem Abschnitt über Ansichten $\iota\delta$ 1a und dem über
Tugend und Laster cb. 12 wird übereinstimmend bemerkt, dafs
das Ende von B. $\iota\delta$ in ihrer Handschrift nicht vorhanden war.
Der Umstand, dafs $\iota\zeta$ nicht nur in den konstantinischen Sammlungen sondern auch von dem alten Epitomator übergangen
ist, — und zwar ist es das einzige Buch, das bei ihm fehlt —
scheint auf einen frühen Verlust desselben hinzudeuten. Auch
wird in der oben erwähnten Vorrede die Erhaltung der betreffenden Geschichtswerke als Gesichtspunkt angegeben, der den
Konstantinos zu seinem grofsen Unternehmen veranlafste. Aus
den Jahren 553 - 588, mit welchen unsere Untersuchung es zu
thun hat, sind in dem Abschnitt über Gesandtschaften 98 Fragmente, darunter 25 von gröfserem Umfang, in dem über Ansichten 30 und dem über Tugend und Laster 41 erhalten. Abgesehen von dem äufsern Umfang und ihrer Zahl sind die
Gesandtschaftsexcerpte deshalb viel wichtiger als die beiden andern Gattungen, weil sie der wirklichen Erzählung entnommen
sind, während jene zum grofsen Theil betrachtende Excurse und
Urtheile des Schriftstellers enthalten. Dafs wir aber in all diesen Fragmenten keinen fortlaufenden innern oder äufsern Zu-

---

*) Die Vertheilung der Fragmente unter bestimmte Bücher ist, nach-
dem die Excerpta antiqua aufhören, wegen der geringen Anhaltspunkte, die
wir haben, äufserst schwierig. Bei Ol. 152, 1 bemerkt der Codex Bavari-
cus zu $\varkappa\zeta$ 1 περὶ πρεσβειῶν ἐθνικῶν πρὸς Ῥωμαίους λόγος $\varkappa\zeta$, ebenso die
valesische Handschrift zu c. 10 λόγος $\varkappa\zeta$; deshalb ist mit dem Anfang von
Ol. 152 der Anfang von B. $\varkappa\zeta$ zu setzen. Damit stimmt, wenn Athenaios
$\varkappa\varsigma$ 10, Ol. 151, 1 dem 26. Buch zuweist, welches demgemäfs Ol. 151 umfassen würde. Wenn derselbe aber auch $\varkappa\varsigma$ 5 aus Ol. 150, 2 in dies Buch verlegen will, so würde dieses die Geschichte von 7 Jahren enthalten. Dies
ist unmöglich und deshalb das zweite Citat irrig. Das gänzliche Fehlen der
Excerpte erklärt sich überall am Leichtesten durch den Verlust eines ganzen Buchs. Aus Ol. 150, 2. 3. 4. aber sind sie vorhanden.

sammenhang voraussetzen dürfen, braucht nach dem Gesagten
kaum noch bemerkt zu werden.

3. Die dritte Klasse der polybianischen Fragmente umfafst
diejenigen, welche von andern Schriftstellern aufbewahrt sind.
Sie ist an Umfang und Inhalt unbedeutender als die beiden vorhergehenden. Vor Allen mufs hier Suidas genannt werden, der
für sein Lexicon gegen 300 Beispiele dem Werk des Polybios,
vielleicht aus den konstantinischen Sammlungen, entlehnt hat,
welche indefs meistens nur ein paar Zeilen umfassen. Das Buch
giebt er nie an, oft auch nicht den Autor; die letzteren sind von
den Herausgebern nach den Indicien der Sprache und des Inhalts
dem Polybios zugewiesen worden. Auch Stephanos von Byzanz
hat eine Reihe von Städteangaben aus diesem genommen, freilich nur jede von ein paar Worten. Wichtiger ist Athenaios,
welcher 5 Bruchstücke aus den betreffenden Büchern erhalten
hat, und Heron, der 3 über die Belagerung von Ambrakia giebt.
Fügen wir noch einige Notizen bei Plutarch Livius Strabo
Josephos hinzu, so haben wir das uns vorliegende Material erschöpft. Diese wüste Masse nach dem Inhalt geordnet und nach
einzelnen Büchern übersichtlich zusammengestellt zu haben ist
Schweighäusers grofses Verdienst. Bekker ist ihm gefolgt und
hat die gnomischen Fragmente Mai's, nicht immer sehr glücklich,
eingefügt. Im Einzelnen bleibt hier Manches zu thun übrig.

4. Es drängt sich jetzt von selber die Frage auf, in welchem Verhältnifs unsere Fragmente zum ursprünglichen Text
stehen. Bei Suidas zunächst versteht es sich ganz von selbst,
dafs er den Satz, auf welchen es ihm ankam, ohne sich um das
Uebrige zu bekümmern, einfach ausschrieb. Ebensowenig haben
sich die andern Schriftsteller mit diplomatischer Strenge an den
vorliegenden Text gehalten, wie ja bekanntlich die Alten überhaupt mehr nach dem Sinn als nach dem Wortlaut zu citiren
pflegen. Von Athenaios ist dies sofort ersichtlich, wenn man
die beiden Anführungen $\varkappa\varsigma$ 10, die er an verschiedenen Stellen
über Antiochos Epiphanes giebt, mit einander vergleicht. Auch
die ausführlichere Version desselben ist noch verkürzt, wie Diodor 29, 35 lehrt, der gleichfalls — nur mit einigen stilistischen
Aenderungen — den Polybios ausgeschrieben hat. Was Heron
betrifft, so ist der erste Satz von $\varkappa\beta$ 11 offenbar ein Zusatz,
aber ebenso der Anfang von c. 10. Denn ein Fragment, das
denselben Gegenstand behandelt, aus einer Handschrift über Belagerungen (edirt von Müller im Anhang zu Josephus recogn.
G. Dindorfius vol. II. Paris. 1847) fängt mit dem zweiten Satz

an und macht sich daraus einen Anfang zurecht. Im Uebrigen
ist dieser Schreiber weit willkürlicher mit dem Text umgegangen,
als Heron gethan hat. Das mittlere Excerpt des Letzteren ist
stark contrahirt, weil es Nichts mit seinem Thema über Belagerungen zu thun hatte, dient aber dazu den Zusammenhang zwischen dem ersten und dritten aufrecht zu halten. Dafs dem so
ist, lehrt die Vergleichung von XXXVIII 4—7: zu den beiden
bezeichneten Fragmenten steht Livius in dem Verhältnifs des
Uebersetzers zum Original, aber in dem, was in der Mitte liegt,
ist er weit ausführlicher und genauer.

5. Wichtiger und schwieriger als bei den Schriftstellern ist
die Frage nach der Authentität des Textes in Bezug auf die Sammlungen. Der Ungenannte hat dieselbe in der That bewahrt und
seine Stücke mit vollkommener Treue ohne Zusätze oder Auslassungen aus dem Zusammenhang der Erzählung ausgeschält. Er
giebt ganz denselben Text in den ersten 5 Büchern wie die vollständige vatikanische Handschrift (Schweigh. I, p. 45). Der Anfang seiner Fragmente ist manchmal gradezu unverständlich,
weil er eben Nichts selbst hinzusetzt, z. B. ις 11, namentlich
eb. 2, wo wir gar nicht erfahren, welche Stadt denn eigentlich
belagert wurde. Wo wir seinen Text mit andern Bearbeitungen,
z. B. ι, 5 mit Heron, vergleichen können, zeigt er sich durchaus
als der genauere und vollständigere. Ebenso ist in den 4 Fragmenten, welche wir mit Livius zusammenzustellen haben, nirgends eine Lücke oder ein Zusatz zu entdecken.

6. Ganz anders stellt sich die Sache mit Bezug auf die
konstantinischen Sammlungen. Zwar im Grofsen und Ganzen
ist auch von diesen nachzuweisen, dafs sie den ursprünglichen
Text treu erhalten haben. So stimmen die gnomischen Fragmente Mai's aus den ersten 5 Büchern im Wesentlichen mit der
vollständigen Erzählung, aus deren Zusammenhang sie losgeris-
sen sind, überein, ferner mit dem Ungenannten ζ 11 ϑ 10 ι 36
ια 35 ιβ 26. 27 ιγ 5 ις 1a. Dasselbe zeigt sich, wenn wir
mit Letzterem die valesischen zusammenstellen können wie ι 2
ιβ 13. Manchmal schliefsen sich Fragmente aus verschiedenen
Sammlungen so genau an einander, dafs man sie hat verbinden
und so einen gröfseren Abschnitt des alten Textes hat herstellen
können, wie ιη 17—22 κδ 5 aus einem ursinischen und valesischen Stück. Desgleichen zeigt Diodor, der vom 28. Buch an
den Polybios benutzt und im Wesentlichen ausgeschrieben hat,
höchst selten einen genaueren und vollständigeren Text als unsere Fragmente. Endlich gewinnen wir aus einer Vergleichung

mit der livianischen Bearbeitung im Grofsen und Ganzen dasselbe Resultat. Allein bei genauer Prüfung müssen doch im
Einzelnen erhebliche Ausnahmen statuirt werden. Zuerst war
das Werk des Konstantinos nach einer bestimmten Schablone angelegt: der eine Theil sollte nur von Gesandtschaften, ein zweiter von der Jagd, ein dritter von Kriegslisten u. s. w. handeln.
Es braucht kaum bemerkt zu werden, dafs eine historische Erzählung, welche sich ohne Weiteres auseinander nehmen und in
53 solcher Abschnitte vertheilen läfst. undenkbar ist. Die Schreiber aber haben sich, wenn auch nicht immer gleich ängstlich,
ganz an ihre Schablone gehalten; um dies zu thun, konnten sie
nicht einen Theil der vorliegenden Erzählung einfach ausschrei-
ben, sondern mufsten zu allerlei Auslassungen und Veränderungen ihre Zuflucht nehmen. Anzeichen hiervon haben sie hie
und da in ihren Noten hinterlassen. So bemerkt der valesische
Schreiber bei der Charakteristik Hannibals ϑ 24 ζήτει τὰ λοιπὰ
ἐν τῷ περὶ στρατηγημάτων und fährt dann ruhig fort; ebenso
der ursinische κϑ 4 ὡς ἐν τῷ περὶ δημηγορίας τέϑειται.
Der Letztere berichtet κγ 1 von einer aegyptischen Gesandtschaft
und bricht plötzlich, wie er sieht dafs die Sache anderswohin
gehört, mit den Worten ab ζήτει ἐν τοῖς περὶ κυνηγίας.
Ebenso am Ende ι 22 ζήτει ἐν τῷ περὶ στρατηγημάτων,
ις 22 ζήτει ἐν τῷ περὶ δημηγοριῶν, ς 1 ζήτει ἐν τῷ περὶ
στρατηγίας, κδ S ζήτει ἐν τῷ περὶ παραδόξων, gleichfalls
bei Diodor 21, 21 ζήτει εἰς τὸ περὶ γνωμῶν. Diese Noten
finden sich nur selten; eine Menge von Auslassungen haben sich
die Schreiber erlaubt, ohne ein Wort darüber zu verlieren. In
dem erwähnten Stück ιη 17—22, das aus einem ursinischen
und einem valesischen Fragment zusammengesetzt ist, läfst das
erstere den ganzen Excurs über die Rechtlichkeit der Römer
c. 1S, der mit diplomatischen Verhandlungen Nichts zu thun
hatte, das letztere die drei Zeilen p. SS1, 5—S (Bekker), welche
sich auf jene bezogen, aus. Das ursinische Excerpt κδ 5 handelt
fortlaufend von der Gesandtschaft des Deinokrates in Rom
und seiner Rückkehr nach Griechenland, während das valesische
zeigt dafs hierzwischen eine ausführliche Schilderung vom Thun
und Treiben des Mannes gestanden hat. Diese hat der Schreiber einfach übergangen und weiter Nichts als die folgenden Worte
πλὴν τότε in καὶ ὁ Δεινοκράτης verändert. Etwas hart bleibt
der Uebergang immer, aber doch würde man nicht leicht eine so
grofse Entstellung des Textes vermutet haben. Weit geschickter
ist die Verkürzung in dem S. 3 erwähnten Excerpt περὶ ἐπι-

βουλῶν, von dem ein geringer Theil aus dem valesischen ιε 25 controllirt werden kann. Der Schreiber hat nämlich die Charakteristik des Agathokles kurz zusammengefafst, indem er p. 807, 17 τὰς μὲν τ. φ. bis ῥᾳϑυμίας Zeile 27 und τῷ δὲ Z. 29 bis ἡσυχίαν ἤγον Z. 32 ausläfst. Eine zweite Art der Entstellung des polybianischen Textes hat gleichfalls ihren Grund im Plan des konstantinischen Werkes. Nach diesem kam es darauf an eine Reihe einzelner selbstständiger Beispiele zu erhalten, bei denen höchstens der Zusammenhang des einen mit dem andern beabsichtigt war, die aber im Uebrigen möglichst abgeschlossen und vollständig sein sollten. Um dies zu erreichen, mufste vor allen Dingen der Anfang verständlich sein und durfte sich nur auf das Folgende, nicht auf Vorhergehendes beziehen. Da waren denn häufig einige Worte zum Verständnifs hinzuzufügen, eine längere Periode kürzer zu fassen oder ähnliche Veränderungen zu machen. Das Gleiche fand am Ende der Excerpte statt. Oftmals hatte eine Geschichte keinen Abschlufs, sondern hing mit andern folgenden Dingen zusammen: da mufste denn kurz und gut ein passender Schlufs gefunden werden. Beispiele dieses Verfahrens haben wir bei einer Vergleichung des Eingangs der mai'schen Fragmente ϛ 11 ϑ 10 ια 25 mit dem correcten Text, wie ihn der Ungenannte darbietet.

Eine dritte Art der Entstellung ist aus Verkürzung abzuleiten. Bei den oben erwähnten Titeln κγ 4 heifst es bei dem letzten unter 7 ταῦτα κεφαλαιωδῶς. Es läfst sich von Vorn herein schliefsen, dafs die Verkürzung nicht auf dies Fragment allein beschränkt, sondern auch auf andere minder wichtig oder interessant erscheinende ausgedehnt gewesen ist. Einen Fall sehr starker Verkürzung bietet das valesische Excerpt κδ 9 verglichen mit dem mai'schen eb. Sb dar.

Für unsere Zwecke kommt es im Wesentlichen nur darauf an die Gestaltung des Textes in den Gesandtschaftsexcerpten zu bestimmen. Am Einfachsten würde diese Frage gleich von Haus aus gelöst werden durch die Zusammenstellung der vollständigen Bücher mit den ihnen entnommenen Fragmenten. Allein dies ist aus den oben angegebenen Gründen weder für die ursinische noch die valesische Sammlung möglich und wir können nur die von Heyse, Berlin 1846 neuedirten gnomischen Fragmente, deren Bedeutung weit geringer ist, mit dem Text der ersten 5 Bücher vergleichen. Wir gewinnen durch die Vergleichung, von unbedeutenden Abweichungen abgesehen, mehrere

neue Belege von Aenderungen und Zusätzen, die gemacht sind
um einen passenden Anfang zu bekommen; wie α 81. 83. 86.
δ 30. 60. ε 88. An der ersten Stelle fehlt auch die kleine, aber
nicht unwichtige Bemerkung, dafs die karthagischen Söldner ihre
grausamen Beschlüsse auch wirklich in Ausführung brachten,
ὃ δὴ καὶ διετέλεσαν ἐπιμελῶς ποιοῦντες. Es läfst sich
aus dieser Analogie schliefsen dafs gleiche Veränderungen am
Anfang der Gesandtschaftsexcerpte stattgefunden haben; dafs
das Nämliche vom Ende gilt, liegt, wenn bisher auch keine
Belege dafür beigebracht sind, in der Natur der Sache. Von
grofsen Auslassungen in der Mitte haben wir mehrere Fälle angeführt. Dafs endlich auch Verkürzung eingetreten, lehrt der
Titel von κη 5. Es läfst sich zwar nicht verkennen, dafs, wie
auch aus den angegebenen Beispielen ersichtlich ist, die weit-
schichtige und breitspurige Darstellung des Polybios eine solche
Behandlungsweise ungemein erleichterte. Allein auf der andern
Seite haben die Schreiber oft sehr nachlässig und ungeschickt
gearbeitet. In ihrem Streben abzurunden und zu verkürzen werden sie bisweilen unverständlich, fördern auch wol gradezu Unsinn zu Tage. Neben den Indicien aus der Sache selbst giebt
uns der Sprachgebrauch des Polybios weitere an die Hand. In
den Excerpten ist nicht selten ein ganzer Satz durch eine unbestimmte Wendung oder ein abstractes Substantiv ausgedrückt;
Nichts ist bekanntlich der umständlichen und genauen Ausdrucksweise des Schriftstellers fremder. Diese beiden Kennzeichen des Inhalts und der Sprache reichen in der Mehrzahl von
Fällen zur Erkenntnifs aus, wo der Text vom Schreiber verstümmelt ist. Ein drittes Hülfsmittel, welches um so wichtiger ist
als es auch die Wiederherstellung des ursprünglichen Zusammenhangs ermöglicht, erhalten wir durch die Bearbeitung von
Diodor und ganz besonders die von Livius. Beide haben, wie
dies Kap. 2 und 6 näher ausgeführt werden wird, die Darstellung des Polybios der Eine modernisirt, der Andere frei übersetzt.
In den wenigen Fällen, wo eine Entstellung der Fragmente aus
Diodor erkannt und beseitigt werden kann, ist die Sache durch
das Verhältnifs der griechischen Texte zu einander, des abgeleiteten zum ursprünglichen, von selbst einleuchtend. Desgleichen
wenn, ein Fragment mit dem Text des Livius im Ganzen so übereinstimmt, dafs die Annahme, dieser habe aus Polybios geschöpft, unabweisbar ist, so darf es, falls an diesem oder jenem
Punkte äufsere Kennzeichen eine Entstellung durch den Schreiber zu statuiren zwingen, für keine Vermutung, sondern für eine

unzweifelhafte Thatsache gelten, dafs die lateinische Bearbeitung
die ursprüngliche Fassung des Schriftstellers treuer und richtiger wiedergiebt als das griechische Fragment. Dafs dem so ist,
wird in allen Fällen, die hier in Betracht kommen, durch den
Zusammenhang schlagend erwiesen. Aber wir dürfen noch weiter gehen. Es geht aus den angeführten Beispielen hervor, dafs
die konstantinischen Epitomatoren den Text entstellt haben auch
ohne äufsere Anzeichen davon zu hinterlassen. Und dies wird
durch die livianische Bearbeitung in einzelnen Fällen bestätigt.
Livius hat nämlich die Darstellung des Polybios, ohne sich um
die Richtigkeit und Genauigkeit des Details viel zu bekümmern,
frei übersetzt und im Ganzen genommen verkürzt. Aus diesem
Gesichtspunkte folgt, dafs die Excerpte an einigen Stellen, wo
die lateinische Bearbeitung um diese oder jene Daten reicher
ist, welche ohne Weiteres sich dem Zusammenhang einfügen und
weder aus der Behandlungsweise des Livius noch natürlicher
Weise aus andern Quellen abgeleitet werden können, vom Schreiber verkürzt sein müssen. Es leuchtet von selbst ein, dafs die
Frage nach der Authentität des Textes unserer Fragmente von
grofser Wichtigkeit ist, um das Verhältnifs von Livius zu Polybios richtig zu fassen. Und es erscheint notwendig alle in Betracht kommenden Fälle, wo der ursprüngliche Text entstellt ist,
der Reihe nach einer nähern Behandlung zu unterziehen und
möglichst klar als solche nachzuweisen.

7. Das Fragment *ις* 25. 26 steht zu XXXI 15 ungefähr
in demselben Verhältnifs, wie Original zu einer freien Uebersetzung. Es ist aber am Schlufs verkürzt, wo gesagt wird: die
Athener hätten allen Rhodiern Bürgerrecht verliehen διὰ τὸ κά-
κείνοις αὐτοῖς χωρὶς τῶν ἄλλων τάς τε ναῦς ἀποκαταστῆσαι κτλ. Was das και soll, ist nicht ersichtlich und vollends
das unbestimmte χωρὶς τῶν ἄλλων widerspricht durchaus der
concreten Weise des Polybios. In der lateinischen Bearbeitung
ist Alles klar: *civitas Rhodiis data, quem ad modum Rhodii prius
Atheniensibus dederant.* Die Erwähnung der attischen Schiffe
hat Livius vorweg genommen. Allein es kann nicht bezweifelt
werden, dafs Polybios nach seiner bekannten Genauigkeit nicht
wird unterlassen haben, ihre Zahl anzugeben, wem sie angehörten, durch wen sie genommen, auch dafs sie von den Rhodiern
zurückerobert wurden. Wie die vorhergehenden, sind deshalb
auch die Worte τάς τε ναῦς ἀποκαταστῆσαι τὰς αἰχμαλώτους γενομένας verstümmelt und aus Livius zu ergänzen: *quod
naves longas quatuor Atheniensium, captas nuper ab Macedoni-*

bus recuperatasque remiserant. — *ιη* 27 stimmt mit XXXIII 27.
Es fehlt, was bei Livius steht, dafs Brachyllas die Boeoter in makedonischen Diensten commandirt hatte. Sieht man sich den
Text an *ταχὺ δὲ πάντων ἀνακομισθέντων ἐκ τῆς Μακεδο-
νίας, ἐν οἷς ἦν καὶ Βραχύλλης, τοῦτον μὲν κτλ.* so fügt sich
dieser Zusatz sehr passend ein. Ja er mufs eingefügt werden:
denn Brachyllas kommt in der Geschichte dieser Zeiten so selten
vor, dafs durch die blofse Nennung des Namens der Mann dem
Leser keineswegs gegenwärtig war, und noch viel weniger ersichtlich, warum grade er zum Bocotarchen erwählt wurde. Und
wäre es ein homo ignotus gewesen, so mufste es heifsen *Βρ.τις*
od. ähnl. — *ιη* 27—31 stimmt zu XXXIII 30—35. Von der
Verhandlung zwischen der römischen Commission und den syrischen Gesandten heifst es c. 30 schlichtweg *ἐχρημάτισαν τοῖς
παρ' Ἀντιόχου πρεσβευταῖς*, ohne dafs angegeben würde was
die Letzteren überall bei Flaminin wollten. Bekannter Mafsen
ist es nicht die Art des Polybios den Leser über dergleichen
Dinge im Unklaren zu lassen; vielmehr sucht derselbe durch stete
Hinweise und Bezüge den Zusammenhang der Ereignisse gegenwärtig zu halten. Dem entspricht auch durchaus die livianische
Uebersetzung c. 34, wo es heifst *Antiochi rocati legati sunt. iis
eadem fere, quae Romae egerant, verba sine fide rerum iactanti-
bus nihil iam perplexe ut ante, cum dubiae res incolumi Philippo
erant, sed aperte denuntiatum* etc. Dafs diese vorausgesetzteVer-
handlung in Rom, die übrigens weder in den Fragmenten noch
auch bei Livius weiter erwähnt ist, ihre Richtigkeit hat, lehrt der
Zusammenhang der Ereignisse (s. Kap. 9, 5). Dafs diese Beziehung zur Orientirung des Lesers wenn nicht notwendig, so doch
sehr zweckmäfsig war, kann nicht bestritten werden. Endlich
kann sie auch nicht von Livius herrühren, weil dieser ja die betreffende Verhandlung gar nicht aufgenommen hatte. Eine Verkürzung des Excerpts anzunehmen wird durch die Beschaffenheit des Textes entschieden empfohlen; es ist auch befremdend,
dafs die Namen der syrischen Gesandten nicht sogleich, sondern
erst nach der Verhandlung angegeben werden. Kurz, die Einwir-
kung des Schreibers läfst sich nicht verkennen. Vielleicht hatte
er die Erwähnung gestrichen, weil er auch die Verhandlung in
Rom übergangen hatte. — *κ* 3 entspricht XXXVI 5. Dafs der
Anfang *Ἀντιόχου διατρίβοντος ἐν τῇ Χαλκίδι καὶ τοῦ χειμῶνος καταρχομένου παρεγένοντο πρὸς αὐτὸν πρεσβευταί
κτλ.* vom Schreiber zurecht gemodelt ist, liegt auf der Hand.
Aber auch im Uebrigen ist dies kurze Fragment *κεφαλαιωδῶς*

behandelt. Die ganze Auseinandersetzung über die Politik der Epeiroten, welche bei Livius steht, ist in demselben übergangen. Dafs dies Raisonnement ächt polybianisch ist, wird Niemand, der diesen Schriftsteller näher kennt, bestreiten. Dafs es nicht von Livius herrühren kann, folgt daraus, dafs dieser die Darstellung seiner Quelle, von rhetorischer Ausschmückung abgesehen, durchgängig verkürzt. Noch weniger kann es aus einer andern Quelle eingefügt sein: denn dergleichen Erörterungen mühsam einzuflicken ist am Allerwenigsten die Weise des Livius, wie überhaupt keines Schriftstellers. Ob auch die Stellung der beiden Gesandtschaften vom Schreiber vertauscht oder ob dies durch Livius geschehen ist, läfst sich nicht mit Gewifsheit entscheiden. — Auch κα 1 ist κεφαλαιωδῶς behandelt. Die ganze Verhandlung der aetolischen Gesandten mit dem Senat, wie sie XXXVII 1 steht, ist ausgelassen und ähnlich wie κγ 6 durch die allgemeine Wendung γενομένων δὲ πλειόνων παρ᾽ ἀμφοῖν λόγων zusammengefafst. Dafs der Schlufs διὸ καὶ τούτοις γέγονε κατάμονος ὁ πόλεμος dem Schreiber angehört, versteht sich von selbst. Dies mag hier genügen. Es wird sich Kap. 13, 1. unzweifelhaft ergeben, dafs Livius wirklich die treuere Fassung des Polybios wiedergiebt. — Der Anfang von κα 8 verglichen mit der Bearbeitung XXXVII 18. 19 erweist sich von selbst als corrupt. Die Worte Ἀντίοχος ὁ βασιλεὺς εἰς τὸν Πέργαμον ἐμβαλών, πυ-θόμενος δὲ τὴν παρουσίαν Εὐμένοις τοῦ βασιλέως, καὶ θεωρῶν οὐ μόνον τὰς ναυτικὰς ἀλλὰ καὶ τὰς πεζικὰς δυ-νάμεις ἐπ᾽ αὐτὸν παραγιγρομέας sind ganz unsinnig contrahirt. Denn gleich darauf erfahren wir, dafs der römische Prätor und die rhodischen Admiräle in Elaia anwesend sind. Aber wer kann das aus den Worten τὰς ναυτικὰς δυνάμεις παραγιγνομέ-νας herauslesen? Und was ist wol mit τὰς πεζικὰς δυνάμεις gemeint? Aus Livius wird Alles klar: Eumenes eilt auf die Kunde von dem Angriff des Antiochos auf Pergamon nach Hause, die römische und rhodische Flotte folgt ihm nach Elaia; *quos ubi exposuisse copias Elaeae et tot classes in unum convenisse portum Antiocho adlatum est, et sub idem tempus audivit consulem cum exercitu iam in Macedonia esse pararique quae ad transitum Hellesponti opus essent etc.* — Wie der Anfang so ist auch das Ende des Fragments verkürzt. Zuerst ist fälschlich die Verwüstung des Gebiets von Pergamon ausgelassen: denn hier steht Seleukos XXXVII 20, nicht, wie es beim Schreiber heifst, vor Elaia. Daraus folgt, dafs auch die Auslassung von Adramytteion auf seine Rechnung zu setzen ist. Endlich der Zusatz zu *Thebes campus* — *Homeri carmine nobilitatus* kann unmöglich von Livius oder einem Andern als Polybios herrühren. Valesius (bei Schweigh. zu *ις* 1) erinnert mit Recht daran, dafs vom Feld von Theben bei Homer Nichts vorkommt. Nun aber erfahren wir aus Strabo 13, 613 (p. S57 ed. Mein.), dafs man auf jenem Felde *Κίλλαν ζαϑείην* zeigte und dafs das alte Chryse in der Nähe lag vgl. A. 37, 430 fg. Insofern hat der Zusatz seine volle Richtigkeit. Allein offenbar konnte nur ein Ortskundiger und zugleich ein grofser Liebhaber des Homer eine solche Reminiscenz einschalten. Dafs Polybios letzteres war, ist bekannt; dafs er Asien bereist hatte, gewifs. Livius dagegen gedenkt des Homer, soviel ich weifs, nur an dieser Stelle. Vergleicht man endlich den griechischen und lateinischen Text mit einander, so ist es begreiflich, wie der Schreiber, welcher einem Abschlufs zustrebte, die fraglichen Punkte hat auslassen, auf der andern Seite ganz unfafsbar wie Livius sie mit mühsamster Erudition mitten in den Zusammenhang hätte einschachteln können. — *κα* 9 entspricht XXXVII 25. Es fehlt aber im Excerpt gegen das Ende, dafs C. Livius früher die Flotte commandirt hatte und von Rom kam, endlich seine Botschaft an den Prusias. Dafs dies durch die Schuld des Schreibers fehlt, zeigen die vorhandenen Worte: *ὡς δὲ παρεγενήϑησαν πρὸς αὐτὸν οἱ περὶ τὸν Γάιον Λίβιον, τελέως ἀπέστη τῶν κατὰ τὸν Ἀντίοχον ἐλπίδων, συμμίξας τοῖς προειρημένοις ἀνδράσιν.* — *κα* 10—12 entspricht XXXVII 34—36. Ueber die Gefangennahme von Scipios Sohn wird c. 12. bemerkt *συνέβαινε γὰρ ἐν ἀρχαῖς τοῦ πολέμου τὸν υἱὸν τοῦ Σκιπίωνος γεγονέναι τοῖς περὶ Ἀντίοχον ὑποχείριον.* Die Notiz ist etwas unbestimmt und durchaus nicht in der umständlichen genauen Weise des Polybios gehalten. Da Livius ferner c. 34 über diesen Punkt 2 abweichende Nachrichten giebt, so ist es höchst wahrscheinlich dafs er mit der ersten *alii principio belli, a Chalcide Oreum petentem, circumventum ab regiis navibus tradunt* seinen wichtigsten Gewährsmann, den Polybios im Sinne hat und dafs die Bemerkung *a Chalcide Oreum petentem* vom Schreiber übergangen ist. Zur Gewifsheit wird dies durch die Uebereinstimmung von Diodor und Appian, die beide aus derselben Quelle wie Livius geschöpft haben (s. Kap. 13.5). — *κα* 13. 14. stimmt mit XXXVII 45. Dafs der Anfang entstellt ist, braucht kaum ausdrücklich bemerkt zu werden: denn hier hat der Schreiber nicht einmal einen Satz zu Stande gebracht. Nicht viel besser steht es gegen das Ende hin: denn was heifst *ταῖς δ' ἑξῆς ἡμέραις οἱ Ρωμαῖοι διεῖλον τὰς δυνά-*

μεις? So hat kein Schriftsteller, geschweige denn Polybios, ohne Angabe des wohin? und wozu? gesagt. Durch Livius erhalten diese Worte einen Sinn: *consul in hiberna exercitum Magnesiam ad Maeandrum et Trallis Ephesumque divisit.* — Ueber zβ 7 s. Kap. 13, 8. — zβ 17 stimmt mit XXXVIII 14. Indefs sind die beiden ersten Zeilen so kurz, dafs sie augenscheinlich aus der ausführlichen Erzählung, wie sie bei Livius steht, zusammengezogen sind. — zβ 19 ist *κεφαλαιωδῶς* behandelt. Der Anfang *ὅτι Κύρμασα πόλιν λαβὼν ὁ Γαῖος καὶ λείαν ἄφθονον ἀνέζευξεν,* verglichen mit XXXVIII 15 *ad Cormasa urbem pervenit; Darsa proxima urbs erat: eam metu incolarum desertam plenam omnium rerum copia invenit,* erweist sich sofort als corrupt. Es ist klar dafs der Schreiber in seiner Eilfertigkeit aus dem Vorhergehenden Kormasa statt Darsa genannt hat. Aber auch die Schilderung vom Lande der Sagalasser, die bei Livius steht, mufs von jenem als hier nicht her gehörig ausgelassen sein (s. Kap. 14, 2). — zβ 22 entspricht XXXVIII 25. Der Schreiber wird hier wie zγ 1 in seiner Nachlässigkeit zu spät gewahr, dafs dies Stück gar nicht in seine Abtheilung gehört. Deshalb fängt er an zu kürzen, läfst die Zahl der ausgeschickten Reiter aus und bricht schliefslich die Erzählung ab. — Ueber zγ 6 s. Kap. 15, 2. — zγ 13 ist der Satz XXXIX 34 *Onomasto ... mandat, ut partis adversae principes interficeret* ganz ungenau und unpolybianisch ausgedrückt durch *μεταπεμψάμενος Ονόμαστον ... ἐκοινολογήθη τούτῳ περὶ τῆς πράξεως.* — Ueber zδ 7 s. Kap. 15, 6. — zζ 3 verglichen mit XLII 45 erweist sich als stark verkürzt. Zu Anfang hat der Schreiber wie zα 13 gar keinen Satz herausgebracht. Die Gründe des Prytanen, durch welche er die Rhodier bewegt für die Römer Partei zu ergreifen, werden so contrahirt *τἄλλα τε παρακεκλήκει τοὺς πολλοὺς ὑπὲρ τοῦ κοινωνεῖν τῶν αὐτῶν ἐλπίδων.* Das *τἄλλα* ist schon sehr verdächtig, aber auch das Ganze durch ungeschickte Verkürzung entstellt: denn es kann ebenso gut eine Aufforderung sein für den Perseus Partei zu ergreifen als für die Römer. — zζ 5, dem XLII 46 entspricht, bringt der Schreiber vollständigen Unsinn zu Tage. Nach ihm wollen Koronea Haliartos und Theben sich mit Makedonien verbinden und gleich darauf werden die beiden ersten Städte wegen ihrer makedonischen Sympathien von Theben bedrängt. Den Widerspruch durch die Annahme einer Lücke zu erklären ist nach dem livianischen Text entschieden unzulässig. — zθ 2. 3 stimmt mit XLIV 23 überein. Am Schlufs wird die Anwesenheit eines rhodischen Emissars erwähnt, der von den Führern der make-

donischen Partei die Nachricht überbracht hatte, man sei in Rhodos zum Losschlagen bereit. Daraus macht der Schreiber in seiner Gedankenlosigkeit: (Περσεὺς) ἔπεισε δὲ καὶ τοὺς Ῥοδίους
συνεμβαίνειν εἰς τὸν πόλεμον. — Bei κϑ 11 ist von selbst
und aus XLV 12 ersichtlich, dafs die beiden ersten Zeilen bis
τοῦ Unsinn enthalten. — λ 10 ist aus XLV 31 zu ergänzen. Der
erste Satz ist aus dem Vorhergehenden ungeschickt zusammengezogen; ihm fehlt das Subject. Die Verhandlungen der griechischen Gesandten mit der römischen Commission, wie sie bei
Livius angegeben und nach dem Folgenden im Fragment selbst
vorausgesetzt werden, sind durch das unbestimmte κατεκράτη-
σαν τῆς ὑποϑέσεως οἱ προειρημένοι ausgedrückt.

Von den Veränderungen, welche die Schreiber absichtlich
ihrer vorliegenden Aufgabe gemäfs vorgenommen haben, sind
diejenigen wol zu unterscheiden, welche entweder auf Rechnung
unserer Handschriften oder auch der Nachlässigkeit jener kommen, kurz die Schreibfehler. Unter ihnen sind die Lücken, durch
den Verlust Einer, einer halben oder mehrerer Zeilen entstanden,
am Schlimmsten. — ιη 30 p. S93, 9 hinter Τριφυλίαν mufs,
da das Vorhandene widersinnig ist, die entsprechende Zeile aus
XXXIII 34 eingefügt werden. — κα 14 p. 919, 14 fehlt ein dem
οὔτε νικήσαντας entsprechendes Satzglied, das aus p. 1009,
30 oder XXXVII 45 ergänzt werden kann. — κβ 5 p. 926, 31
nach den Worten und dem Sinn lückenhaft, und aus XXXVII 54
zu emendiren. — κβ 14. 15 p. 938, 6 fehlt das Verbum, eb. 16
hat Ursinus dasselbe aus XXXVIII 11 eingefügt; eb. 19 mufs
dem Sinn nach und wegen des καί der Satz aus Livius *hostes
eosdem habeto quos populus Romanus* eingeschaltet werden. —
κβ 17 p. 940, 12 fehlen ein paar aus XXXVIII 14 ergänzte
Worte. — κβ 26. 27 p. 94S, 9 fehlt hinter χώρας die nähere
Bestimmung des abzutretenden Gebiets (s. XXXVIII 38); eb. 17
die Bezeichnung wer mit den τινες gemeint sei; eb. 21 im Gegensatz zu den Sklaven die Erwähnung, dafs hier von Freien die
Rede ist; eb. 29. nach μηδέ die Bezeichnung der Schiffsgattung;
eb. 31 die Erwähnung des Vorgebirges Sarpedonion (s. Livius
und Appian. Syr. 39); p. 949, 14 ist der Name des Eumenes und
die Angabe der Talente ausgefallen. — κδ 10 p. 979, 9 fehlt nach
dem Folgenden καὶ Φιλίππου (vgl. XL 2). — κη 2 p. 1016,
15 fehlt das Verbum. — κϑ 6c ist hinter λάβοιτε aus Diodor
31, 17 πρὸ τῆς ἐννοίας einzuschalten. — Endlich ist κβ 27,
p. 950, 25, was XXXVIII 39 von den Iliern und Dardanern gesagt
wird, ausgefallen, da Livius es anderswoher nicht eingefügt ha-

ben kann (s. Kap. 14, 5). Aufser den Lücken finden sich noch manche Verderbnisse in unsern Handschriften, ganz besonders in Bezug auf Namen, die von Ursinus und den spätern Herausgebern gröfstentheils verbessert sind. Hierauf näher einzugehen, liegt jenseit der Grenzen unserer Aufgabe.

Kapitel II.
Die livianische Uebersetzung.

1. Aus dem Zeitraum von 553—588, welchen Livius in der 4. und 5. Dekade dargestellt hat, sind ungefähr 220 Fragmente des Polybios erhalten. Davon ist mehr als der dritte Theil, einige 80, von jenem benutzt. Dieselben handeln von der Vorgeschichte des makedonischen Krieges: die Verhandlungen des Attalos und der Rhodier mit den Athenern $\iota\varsigma$ 25 XXXI 14. 15, die Belagerung von Abydos $\iota\varsigma$ 30 fg. XXXI 17. 18; dann von diesem selbst: die Conferenz Flaminins mit Philippos und die folgenden Unterhandlungen in Rom, Aufenthalt des Attalos in Sikyon, Verfahren des Nabis in Argos, Schlacht bei Kynoskephalai $\iota\xi$ 1 fg., 16, 17, $\iota\eta$ 1 fg. — XXXII 32—37, 40, XXXIII 5—10. Ferner Friedensverhandlungen, Nekrolog des Attalos von Pergamon, Unruhen in Boeotien, Befreiung der Hellenen, Verhandlungen der römischen Gesandten mit Antiochos von Syrien $\iota\eta$ 17 fg., 24, 26, 27 fg., 33 · XXXIII 11—13, 21, 27. 30—35, 39—40. Für die nächsten vier Jahre verlassen uns die Fragmente und so haben wir, obwol Livius selber XXXIV 50 den Polybios als Quelle citirt, zur Vergleichung mit dem XXXIV. und XXXV. Buch Nichts als 2 Sätze bei Suidas $\varkappa$ 1 und ein kleines ursinisches Stück $\varkappa$ 2 — XXXV 45, 46, 50. Dagegen für das XXXVI. Buch bietet die ursinische Sammlung mehrere Bruchstücke über den Krieg mit Antiochos und den Aetolern zur Controlle $\varkappa$ 3, 7, 8, 9 fg. — c. 5, 6, 11, 27 fg. Der Sammlung $\pi\varepsilon\rho\grave{\iota}$ $\pi\rho\varepsilon\sigma\beta\varepsilon\iota\tilde{\omega}\nu$ verdanken wir, wie schon oben bemerkt, nach dem Aufhören der Epitome des Ungenannten unsere wichtigsten Fragmente, die demnach alle diplomatische Verhandlungen enthalten. Zur Vergleichung mit dem XXXVII. Buch über den syrischen Krieg dienen $\varkappa\alpha$ 2, 8, 9, 10 fg., 13 — c. 6, 18, 25, 33 fg., 45; ferner über die Friedensverhand-

lungen in Rom $\varkappa\beta$ 1 fg. — c. 52 fg. Für das XXXVIII. Buch
haben wir aus dem aetolischen Krieg $\varkappa_i\beta$ S, 9, 10 fg., 12 fg. mit
c. 3, 5 fg. 9 fg. zusammenzustellen; aus dem Krieg gegen die Gal-
logracker $\varkappa_i\beta$ 17, 22 mit c. 14, 25; in Betreff der Ordnung der
asiatischen Verhältnisse $\varkappa\beta$ 24 fg., 27 mit c. 37 fg., 39. Im
XXXIX. Buch finden Fragmente ihren Platz, welche die neuen
Verwicklungen mit Philippos und den Achaeern behandeln $\varkappa\gamma$ 6,
11 fg., $\varkappa\delta$ 1 fg. — c. 24, 33 fg., 46 fg.; ebenso im XL. $\varkappa\delta$ 10, S a,
$\varkappa\varepsilon$ 2 — c. 2, S, 20. Aus dem XLI. Buch, welches etwa zur
Hälfte nur erhalten ist, läfst sich die Sittenschilderung des Antiochos Epiphanes c. 20 mit $\varkappa\varsigma$ 10 vergleichen. Die drei nächsten Bücher, von denen XLIII lückenhaft überliefert ist, erzählen
im Wesentlichen den Krieg gegen Perseus. Darüber lassen sich
zusammenstellen $\varkappa\zeta$ 1 fg., 3, 4, 5, 7, 7 a, S, 9 und XLII 44. 45,
46, 4S, 62, 63, 65; ferner $\varkappa\eta$ 3 fg., S und XLIII 17, 19; endlich
$\varkappa\vartheta$ 2, 1 b fg. und XLIV 23, 24 fg. Aus dem XLV. Buch ist zu vergleichen über die Gesandtschaft der Rhodier c. 3 mit $\varkappa\vartheta$ 7, die
Gefangennahme des Perseus c. S mit $\varkappa\vartheta$ 6b, die Intervention in
Aegypten c. 12 mit $\varkappa\vartheta$ 11, die Verhandlung mit Attalos c. 19
mit λ 1 fg.

2. Uebergangen hat Livius eine Reihe von Excursen, die
sich auf den pragmatischen Charakter des polybianischen Werks
beziehen, wie $\iota\varsigma$ 2S $\iota\zeta$ 13 fg. $\varkappa\beta$ 22 a $\varkappa\vartheta$ 6 a. 6 c, ebenso den
geographischen Excurs über die Lage von Abydos $\iota\varsigma$ 29, auch
den militairischen über die makedonische Taktik $\iota\eta$ 11 fg., während er doch die kürzeren Auseinandersetzungen über den La-
gerbau der Griechen und Römer $\iota\eta$ 1 XXXIII 5, die rhodischen
Brander $\varkappa\alpha$ 5 XXXVII 11, die Schleuderpfeile der Makedoner $\varkappa\zeta$
9 XLII 65 aufgenommen hat. Uebergangen hat er ferner den
Excurs über die Unbestechlichkeit der Römer $\iota\eta$ 1S; den über
die boeotischen Zustände $\varkappa$ 4 fg. und den zur Rechtfertigung der
Hellenen wegen ihrer Freude über die Niederlage der Römer
durch Perseus $\varkappa\zeta$ 7 a hat er XXXVI 6 und XLII 63 in wenig
Worte zusammengefafst. Wiewol von dem Aufgenommenen
Manches nur in loser Beziehung zur römischen Geschichte steht,
wie z. B. der Nekrolog des Attalos $\iota\eta$ 24 XXXIII 21, die Vorgänge in Makedonien $\varkappa\delta$ S a XL S, die Charakterschilderung des
Antiochos $\varkappa\varsigma$ 10 XLI 20, so ist doch von den Specialgeschichten
der einzelnen Länder noch weit mehr unberücksichtigt geblieben.
So aus der achaeischen Specialgeschichte $\iota\varsigma$ 36 $\varkappa\alpha$ 15 $\varkappa\gamma$ 1. 7 —
10. 10 a $\varkappa\delta$ 5. 12 $\varkappa\varepsilon$ 7. S. 9. 9 a fg. $\varkappa\eta$ 6. 7. 10. 11 $\varkappa\vartheta$ S. 9. 10,
der boeotischen $\varkappa\gamma$ 2, der epeirotischen $\varkappa\zeta$ 13, der aetolischen

κβ 9, der rhodischen κγ 3 κς 8 κζ 6. 11. 14 κη 14. 15 λ 6—9,
der kretischen κγ 15, der pergamenischen κγ 18 κε 4. 5. 6 κς
6, der syrischen ις 39. 40 κη 16. 17. 18. 19, der aegyptischen
ιη 36 κγ 16. 17 κη 1. Während Livius ferner eine Reihe von
Verhandlungen zwischen dem Senat und den Abgesandten der
östlichen Staaten aus Polybios entlehnt, hat er auf der andern
Seite viele übergangen: so die Verhandlung mit den Lakedaimoniern κ 12, über den Frieden mit Philippos ιη 25, den Achaeern
κς 1 fg., den Rhodiern κς 7 κη 2. In Dingen, welche in Rom
selbst spielten und die Römer allein betrafen, wie beim Tod Scipios κδ 9, den Spielen des Praetors Anicius λ 13 ist Polybios
nicht benutzt.

Aus dieser Zusammenstellung der Fragmente mit der livianischen Erzählung läfst sich kein streng durchgeführtes Prinzip
entnehmen, nach welchem Livius in der Auswahl seines Stoffs
aus Polybios verfahren sei. Im Allgemeinen kann man sagen,
dafs er für die Verwicklungen Roms mit Makedonien Syrien und
den hellenischen Staaten, in so weit die Erzählung in diesen Ländern selbst spielt, den Polybios benutzt hat, für die Verhandlungen in Rom nur zum Theil. Die Specialgeschichte und die ma-
nigfachen Excurse hat er in der Regel übergangen, für specifisch
römische Ereignisse, soweit wir sehen, diese Quelle gar nicht
verwandt.

3. Nachdem annähernd bestimmt ist was Livius aus Polybios entnommen hat, fragt es sich wie er dasselbe entnommen
hat. Ich habe oben bemerkt, dafs die beiden Excurse κ 4 fg. und
κζ 7 a durch wenige Worte XXXVI 6 und XLII 63 wiedergegeben sind. Auch die Verhandlung des Senats mit den Gesandten
des Philippos und der Achaeer κδ 1—4 ist bedeutend verkürzt
XXXIX 46 fg. Es sind dies Ausnahmen. In der Regel, kann man
sagen, hat Livius seine Quelle frei übersetzt. Nur darf dabei an
keine Uebersetzungstreue im modernen Sinne, die den Alten
überhaupt fremd war, gedacht werden. Der Unterschied in der
Behandlung tritt sofort zu Tage, wenn wir einige Verträge, die
von Polybios nach dem Wortlaut der Urkunden angeführt werden, mit denjenigen, welche bei Livius stehen, vergleichen. Wiewol
Letzterer sich hier weit sorgfältiger als gewöhnlich an sein Original hält, hat er doch eine Menge von Ungenauigkeiten und Irrthümern sich zu Schulden kommen lassen. In den Friedensverträgen
XXXVIII 11 und 38 (nach κβ 15 und 26) giebt er einzelne Artikel nicht an der richtigen Stelle noch nach dem Wortlaut an,
sondern fafst ihren Inhalt kurz zusammen. Andere unscheinbare

aber wichtige Bestimmungen wie c. 38 von der Zollfreiheit der Rhodier und dem Verbot Flüchtlinge aus den abgetretenen Städten aufzunehmen (p. 949, 9) werden ganz ausgelassen. Aber auch einzelne Zusätze finden sich, deren Richtigkeit mehr als zweifelhaft erscheint: so übersetzt Livius ganz richtig am Schlufs des Vertrags zwischen Antiochos und den Römern c. 38 *controversias inter se iure ac iudicio disceptent*, fügt aber gedankenloser Weise hinzu *aut si utrisque placebit bello*; die Ungereimtheit solche Worte einer Friedensurkunde einzuverleiben braucht nicht erst nachgewiesen zu werden. Manches ist ferner unrichtig verkürzt, wie wenn c. 38 *ἂν δέ τινες τῶν πόλεων ἢ τῶν ἐθνῶν, πρὸς ἃ γέγραπται μὴ πολεμεῖν Ἀντίοχον* durch *si qui sociorum populi Romani* zusammengefafst wird: denn nach dem Anfang der Urkunde werden aufser den Bundesgenossen noch die Bewohner der Inseln und Europas, die keineswegs in demselben Verhältnifs zu Rom standen, genannt. Aus Unkunde fehlt Livius, indem er c. 11 *τῷ ἄρχοντι τῷ ἐν Κερκύρᾳ*, worunter nur ein römischer Beamter verstanden werden kann, durch *Corcyraeorum magistratibus* wiedergiebt. Aus ungenügendem Verständnifs seiner Quelle XXXIII 30 bei dem Friedensvertrag mit Philippos (*ιη* 27), den er im Uebrigen aus Valerius Antias und Claudius erweitert. Zuerst wird nämlich hier die Selbstständigkeit der Hellenen, welche von Makedonien unabhängig gewesen waren, garantirt: zweitens sollte Philippos die besetzt gehaltenen Freistädte den Römern ausliefern, drittens mehrere namhaft gemachten frei lassen. Livius übersieht den Gegensatz zwischen *τοὺς μὲν ἄλλους Ἕλληνας πάντας* und *τοὺς δὲ τατομένους ὑπὸ Φίλιππον*, und übersetzt als wenn auch die den Römern ausgelieferten Städte ohne Weiteres frei erklärt wurden. Dazu steht aber das Folgende c. 31 *ιη* 28 in schlagendem Gegensatz. Diese Andeutungen werden genügen um den Unterschied der livianischen und modernen Behandlungsweise zu veranschaulichen. Und, wie bemerkt, sind die Abweichungen, welche Livius in den gedachten Fällen sich erlaubt hat, weit unerheblicher als die gewöhnlichen. Versuchen wir dieselben auf feste Gesichtspunkte zurückzuführen.

4. Im Ganzen, möchte man sagen, hat Livius mehr verändert, als gradezu übersetzt. Das Wesen der polybianischen Darstellung besteht in einfacher nüchterner Darlegung der Thatsachen, welche selbst im kleinsten Detail klar und anschaulich vorgeführt werden. Dies Streben nach Deutlichkeit und Genauigkeit giebt der ganzen Erzählung etwas Umständliches und Breitspuriges,

und es läfst sich nicht leugnen, dafs nicht selten die Zahl der
Worte zu dem wirklichen Inhalt in keinem entsprechenden Verhältnifs steht. Hieraus erklärt es sich, dafs Livius als erstes
Gesetz in seiner Bearbeitung des Polybios nach gröfserer Kürze
gestrebt hat. Schon der Genius der lateinischen Sprache neigte
weit mehr zu knappem concisem Ausdruck hin. Und dann war
Livius nicht so sehr Geschichtschreiber als Rhetor; es kam ihm
nicht auf eine trockne langstielige Aufzählung der Facten, sondern auf eine elegante und interessante Darstellung an. So übersetzt er oft nur annähernd genau, verallgemeinernd wie πυρῶν ιζ
16 mit *frumenti* XXXII 40, εὐζώνων ιη 4 durch *pedites* XXXIII
7, τῶν ἐπὶ Θρᾴκῃς Ἑλληνίδων πόλεων κδ 6 durch *Thracia*
XXXIX 53, παρὰ τοῖς Κνώσιοις κϑ 1 e mit *Cretam* XLIV 25.
Er läfst ferner eine Menge kleiner und zum Theil kleinlicher Ne-
benumstände aus und setzt auf der andern Seite Kleinigkeiten
hinzu, die manchmal aus dem Gesagten richtig gefolgert, oft
zweifelhaft, oft gradezu falsch sind. Dieses Verfahren mag durch
den Anfang der Conferenz am malischen Busen XXXII 32, verglichen mit ιζ 1, erläutert werden. Livius läfst hier gleich das
selbstverständliche ἐπελϑόντος τοῦ τεταγμένου καιροῦ aus,
ebenso das unwesentliche ἐφ᾽ ἧς αὐτὸς ἐπέπλει. Ungenau sagt
er für γραμματεῖς *principes* und läfst ihre Namen wie den des
Brachyllas aus. Φαινέας ὁ στρατηγός giebt er durch *Phaeneas*
princeps Aetolorum, während er es im Folgenden richtig als *prae-*
tor fafst, und übergeht die Anwesenheit der übrigen Aetoler, von
denen er doch kurz darauf spricht. Andererseits werden die
Worte διαναστὰς ἐκ τῆς νεώς erweitert in *cum rex in proram*
navis in ancoris stantis processisset; richtiger ist der folgende Zusatz *superbo et regio animo*. Die Art und Weise, wie gröfsere
Sätze von Livius zusammengefafst werden, ist am Besten aus
einigen Beispielen, welche in grofser Menge vorliegen, ersichtlich. κβ 5 παρακαλῶν προςδέξασϑαι πάλιν αὐτὸν εἰς τὴν
συμμαχίαν vollständig genügend XXXVIII 3 durch *pacem pete-*
bat. κ 7 τοῦ βασιλέως συνεγγίζοντος ἐξῄεσαν ἐπὶ τὴν ἀπάν-
τησιν οἱ τῶν Βοιωτῶν ἄρξαντες· συμμίξαντες δὲ καὶ φιλανϑρώπως ὁμιλήσαντες ἦγον αὐτὸν εἰς τὰς Θήβας ungenau XXXVI 6 durch *obviam effusis undique Boeotiae principi-*
bus Thebas venit. κ 9 ὁ γὰρ Μάνιος κατὰ μὲν τὸ παρὸν
οὐκ ἔφασκεν εὐκαιρεῖν περισπώμενος ὑπὸ τῆς τῶν ἐκ τῆς
Ἡρακλείας λαφύρων οἰκονομίας unbestimmt XXXVI 27 durch
consul . . . . cum alia sibi praevertenda esse dixisset. Eb. οἱ περὶ
τὸν Φαίνεαν τὸν τῶν Αἰτωλῶν στρατηγὸν μετὰ τὸ γενέσϑαι

τὴν Ἡράκλειαν ὑποχείριον τοῖς Ῥωμαίοις ὁρῶντες τὸν παρ-
εστῶτα καιρὸν τὴν Αἰτωλίαν καὶ λαμβάνοντες πρὸ ὀφ-
θαλμῶν τὰ συμβησόμενα ταῖς ἄλλαις πόλεσιν, ἔκρινον
διαπέμπεσθαι πρὸς τὸν Μάνιον ὑπὲρ ἀνοχῶν καὶ διαλύσεως durch ceterum *Heraclea capta fregit tandem animos
Aetolorum*; hier fehlt abgesehen von der Motivirung des Frie-
densversuchs der wichtige Umstand, dafs derselbe von der ge-
mäfsigten Partei unter Phaineas ausging. Mit gröfserem Recht
ist die breite Ausmalung κα 2 οἱ δὲ περὶ τὸν Ἐχέδημον προ-
διαπεμψάμενοι καὶ μετὰ ταῦτα πορευθέντες εἰς τὴν Ὑπά-
ταν αὐτοὶ διελέγοντο περὶ τῆς διαλύσεως τοῖς ἄρχουσι
τῶν Αἰτωλῶν. ἑτοίμως δὲ κἀκείνων συνυπακουόντων κατ-
εστάθησαν οἱ συμμίξοντες τοῖς Ῥωμαίοις zusammengefafst
XXXVII 6 in *celeriter auctoribus Atheniensibus frequens ab Hypata legatio Aetolorum venit*; immerhin bleibt das *celeriter* und
frequens sehr zweifelhaft. Aehnliche Fälle κα 13 XXXVII 45, κβ
22 XXXVIII 25, κθ 2 XLIV 23. Durch diese Verkürzung und
Zusammenziehung erleidet im Grofsen und Ganzen die Sache
selbst oftmals keine Einbufse. Allein noch öfter geht die feine
Schattirung und damit jene trotz ihrer Nüchternheit doch so
grofsartige Einfachheit und Anschaulichkeit der polybianischen
Erzählung verloren. Eine bestimmte Methode darf man in diesen
Abweichungen nicht suchen; sie entspringen aus der leichten und
raschen Weise, in der Livius gearbeitet hat; stilistische Erwägun-
gen und individuelle Stimmungen sind hier entscheidend gewesen. Denn in einigen Partien hat er mehr, in andern weniger
sich an sein Original angeschlossen.

5. Eine weit gröfsere Umgestaltung hat die polybianische
Erzählung durch die rhetorischen Neigungen des Livius erfahren.
Die Vorliebe für das Rhetorische ist ein durchgreifender Charakterzug der lateinischen Sprache und Litteratur, ohne Zweifel tief
im Wesen des Volkes begründet. Ihren Höhepunkt erreicht die
rhetorische Richtung in der ciceronianisch-augusteischen Zeit
und einer ihrer glänzendsten Repräsentanten ist Livius. Während
Polybios in seiner simpeln Weise die Dinge allein wirken läfst,
verschmäht jener allerlei Putzwerk nicht um sich und seinen
Landsleuten die Erzählung mundgerechter zu machen. Einzelnes
wird ausgelassen, sinnvolle Sätze in nichtssagende Phrasen verwandelt, endlich hie und da Floskeln eingeschoben. Der Eine
legt auf die Sachen, der Andere auf die Worte den gröfsern Nachdruck. So sehr nun auch Livius im Geiste seiner Zeit verfuhr
und so meisterhaft er die Sprache zu gestalten weifs, wird doch

der Neuere in dieser rhetorischen Schminke und diesen Schön-
pflästerchen nur eine Entstellung der ursprünglichen Züge des
geschichtlichen Bildes erblicken können. Das Streben auszumalen und mit schönen Worten um sich zu werfen verleugnet sich
in der gewöhnlichen Erzählung selten. So heifst es *ϰγ* 14 *ὁ δὲ*
βασιλεὺς διατραπεὶς ὡς ἕνι μάλιστα ϰαὶ ἀπορήσας ἐπὶ
πολὺν χρόνον; daraus wird XXXIX 34 *primo adeo perturbavit*
ea vox regem ut non color, non vultus ei constaret; deinde col-
lecto tandem animo etc. Vgl. den Anfang XXXVIII 37 mit *ϰβ* 24.
Vom Marsch des Philippos am Tage der Schlacht von Kynoskephalai heifst es *ιη* 3 *δυσχρηστούμενος δὲ ϰατὰ τὴν πορείαν*
διὰ τὴν ὁμίχλην, βραχὺν τόπον διανύσας τὴν μὲν δύναμιν
εἰς χάραϰα παρενέβαλε, ausgeschmückt XXXIII 7 *sed tam*
densa caligo occaecaverat diem, ut neque signiferi viam nec signa
milites cernerent, agmen ad incertos clamores vagum velut errore
nocturno turbaretur. Kurz darauf stöfst eine römische Abtheilung auf die makedonische Vorhut: *οὗτοι μὲν οὖν ἐν ταῖς ἀρ-*
χαῖς ἐπὶ βραχὺ διαταραχθέντες ἀμφότεροι μετ᾿ ὀλίγον
ἤρξαντο ϰαταπειράζειν ἀλλήλων; *pavore mutuo iniecto velut*
torpentes quieverunt . . . . . ubi primus terror ab necopinato visu
consedit, non diutius certamine abstinuere. principio a paucis
procurrentibus lacessita pugna est, deinde subsidiis tuentium pul-
sos aucta. Beide Theile schicken um Hülfe an das Hauptheer,
Philippos hatte an diesem Tage keine Schlacht erwartet und defshalb einen grofsen Theil seiner Truppen zum Fouragiren ausgeschickt. *τότε δὲ πυνθανόμενος τὰ συμβαίνοντα παρὰ*
τῶν διαποστελλομένων ϰαὶ τῆς ὁμίχλης ἤδη διαφαινούσης
schickt er Hülfe. Livius malt die Sache folgender Mafsen aus:
aliquamdiu inops consilii trepidavit; deinde postquam nuntii in-
stabant, et iam iuga montium detexerat nebula, et in conspectu
erant Macedones in tumulum maxime editum inter alios compulsi,
loco se magis quam armis tutantes, committendam rerum sum-
mam in discrimen utcumque ratus ne partis indefensae iactura
fieret etc. Auch im Folgenden sind einige Sätze ähnlich aufge-
putzt. Ich füge als letztes Beispiel hinzu, wie der Untergang der
Abydener nach der Einnahme ihrer Stadt ausgemalt wird. Es
heifst nämlich *ις* 34 *θεωρῶν δὲ* (*ὁ Φίλιππος*) *τὸ πλῆθος*
ϰαὶ τὴν ὁρμὴν τῶν σφᾶς αὐτοὺς ϰαὶ τὰ τέϰνα ϰαὶ τὰς
γυναῖϰας ἀποσφαττόντων ϰαταϰαόντων ἀπαγχόντων, εἰς
τὰ φρέατα ῥιπτούντων, ϰαταϰρημνιζόντων ἀπὸ τῶν τεγῶν,
ἐϰπλαγὴς ἦν ϰτλ.; XXXI 18 *tanta rabies multitudinem invasit,*
ut repente proditos rati qui pugnantes mortem occubuissent, per-

iuriumque alius alii exprobrantes, et sacerdotibus maxime, qui quos ad mortem devovissent, eorum deditionem vivorum hosti fecissent, repente omnes ad caedem coniugum liberorumque discurrerent, seque ipsi per omnes vias leti interficerent. Diese Schilderung kann nach dem Vorhergehenden sehr wol richtig sein; ob sie's aber wirklich ist, bleibt denn doch immer eine unlösbare Frage. Ueberall wo Livius seiner Phantasie freien Spielraum gelassen, haben wir gerechten Grund zum Mifstrauen. Dafs sie ihn auch zu den bedenklichsten Irrthümern verleitet, werden wir später sehen. Weit häufiger als in der einfachen Erzählung finden sich die rhetorischen Veränderungen in den kleinern und gröfsern Reden. Hier wird Alles kunstvoll zugestutzt, bestimmte Sätze mit allgemeinen Phrasen vertauscht, vor Allem feine elegante Wendungen hervorgesucht. Ich gehe von den einfachsten Fällen aus. *κα* 2 heifst es ἔτι δὲ πραότερον καὶ φιλανθρωπότερον ὁμιλήσαντος τοῦ Ποπλίου, καὶ προσφερομένον τάς τε κατὰ τὴν Ἰβηρίαν καὶ τὴν Λιβύην πράξεις, καὶ διασαφοῦντος τίνα τρόπον κέχρηται τοῖς κατ' ἐκείνους τοὺς τόπους αὐτῷ πιστεύσασι κτλ; XXXVII 6 *spem pacis eis sermo etiam Africani auxit, commemorantis multas gentes populosque in Hispania prius, deinde in Africa in fidem suam venisse: in omnibus se maiora clementiae benignitatisque quam virtutis bellicae monumenta reliquisse.* κα 3 πάλιν ἐξέπεμπον τοὺς αὐτοὺς δεησομένους κτλ; XXXVII 7 *redire eosdem legatos iusserunt et petere ut, si dare vere pacem non tantum ostendere frustrantes spem miserorum vellent* etc. Der Zusatz in dem letzten Beispiel ist hauptsächlich gemacht um für die folgende Bitte eine passende Einleitung zu haben; dergleichen findet sich sehr oft. Dasselbe geschieht um die Rede feiner und höflicher zu machen: *ιη* 31 (οἱ περὶ Γναῖον Φιλίππῳ) συμμίξαντες περί τε τῶν ἄλλων διελέχθησαν ὑπὲρ ὧν εἶχον τὰς ἐντολάς, καὶ συνεβούλευον κτλ; XXXIII 35 (*Cn. Cornelius Philippum*) *de minoribus rebus editis mandatis percunctatus si consilium non utile solum sed etiam salutare admittere auribus posset, cum rex gratias quoque se acturum diceret si quid quod in rem suam esset expromeret, magno opere ei suasit.* Auf der andern Seite legt er dem Philippos bei der Verhandlung mit dem römischen Gesandten vor Abydos leere Prahlerei in den Mund: wenn es heifst *ις* 34 ἐγὼ δὲ μάλιστα μὲν ἀξιῶ Ῥωμαίους μὴ παραβαίνειν τὰς συνθήκας μηδὲ πολεμεῖν ἡμῖν. ἐὰν δὲ καὶ τοῦτο ποιῶσιν, ἀμυνούμεθα γενναίως, παρακαλέσαντες τοὺς θεούς; XXXI 18 *ego autem primum velim vos foederum memores ser-*

vare mecum pacem, sin bello lacessitis, mihi quoque animo est
facere; et regnum et Macedonum nomen haud minus quam Ro-
manum nobile sentietis. Bisweilen wandelt Livius einen Satz aus
der gewöhnlichen Erzählung in die Form einer Rede um. So
wird κα 9 erzählt, Antiochos habe den Prusias in einem Briefe
zum Bündnifs aufgefordert; dieser sei auch früher nicht abgeneigt
gewesen darauf einzugehen aus Furcht, dafs die Römer nach
Asien kämen um alle Könige fortzujagen. Diese Besorgnifs nun
wird XXXVII 25 als Thema des gedachten Briefs benutzt und
weiter ausgeführt. In ähnlicher Weise wird die indirecte Rede-
form, der Polybios sich häufig bedient, in die directe umgewandelt wie κα 12 XXXVII 36, κα 13 XXXVII 45. Hier ist aufserdem in beiden Fällen eine Einleitung und Schlufs hinzugefügt,
manche Gemeinplätze eingeschaltet, kurz an Worten fehlt's nicht.
Dasselbe Verfahren wendet Livius auch bei Gesprächen an. In
der Unterredung des Philippos mit Flaminin ιζ 1fg. XXXII 32fg.
verwandelt er zuerst die indirecte Rede in die directe; aus den auf
den vorliegenden Fall bezüglichen Worten über die Gefahr einer
Zusammenkunft mit dem Feinde macht er eine allgemeine Sentenz
istuc quidem par omnibus periculum etc. Auch die Bemerkung
ἐδόκει μὲν οὖν πᾶσι φορτικῶς κατάρχεσθαι τῆς ὁμιλίας
wird verändert in *secundum haec silentium fuit.* Von Philippos
aufgefordert seine Bedingungen anzugeben sagt Flaminin αὐτῷ
μὲν ἁπλοῦν τινα λόγον καθήκειν καὶ φαινόμενον; *simplicem*
suam orationem esse: ea enim se dicturum, quae ni fiant, nulla
sit pacis conditio. Ebenso fühlt Livius c. 33 bei der Rede des
Alexandros sich veranlafst eine nichtssagende Phrase hinzuzu-
setzen *iam dudum se reticere ait* etc., damit doch ja nicht ein
passender Eingang fehle. Hierauf verläfst er die Gesprächsform,
wie er sie bei Polybios fand, gänzlich und bildet aus dem Gesagten eine längere zusammenhängende Rede. Dafs hierbei die lichte
Klarheit und Treue der polybianischen Darstellung, welche diese
Partie zu einem der anziehendsten Stücke aus der gesammten
historischen Ueberlieferung des Alterthums machen, vollständig
verloren geht, versteht sich von selber. Je umfangreicher die
Reden sind, desto weniger bindet sich Livius an seine Quelle. Er
verwendet eigne rhetorische Figuren, verwandelt z. B. einfache
Sätze in oratorische Fragen (vgl. κα 8 und XXXVII 19), stellt
die Ordnung der Sätze um (vgl. η 33 und XXXIII 40), läfst Einzelnes aus um das Uebrige desto breiter auszumalen (vgl. κα 9
und XXXVII 25). Im Ganzen hat er in dieser Beziehung, wie
schon die oben angeführten Beispiele zeigen, den Polybios bedeu-

tend erweitert. So fügt er XLV 19 zu den Vorstellungen des
Arztes Stratios λ 2 eine Reihe von weiteren Gründen hinzu. Die
Rede des Eumenes χβ 2—4 ist im Wesentlichen XXXVII 53
übersetzt, ebenso c. 54 der erste Theil der Entgegnung der Rhodier
c. 5. 6, durch welche Eumenes widerlegt wird. Hieran schliefst
sich bei Polybios eine kurze Aufforderung an die Römer auch die
hellenischen Städte Asiens zu befreien. Allein dies genügte seinem
Uebersetzer nicht. Aus den geringen Andeutungen, die passend
den Schlufs zu der vorausgehenden staatsmännischen Deduction
bilden, machte derselbe einen zweiten Theil, der nicht dialektisch
ist wie der erste, sondern bombastisch. Es ist ein Stück ganz und
gar dem Schulboden römischer Rhetorik entwachsen; einem prak-
tischen Historiker konnte es nie in den Sinn kommen in einer
Staatsrede den überaus müfsigen Beweis liefern zu lassen, dafs
die Bürger der griechichen Pflanzstädte ebenso gut Hellenen wären wie die Bewohner des Mutterlandes. Ueber die Wirkung der
Rede bemerkt Polybios οἱ μὲν οὖν Ῥόδιοι ταῦτα εἰπόντες
πᾶσιν ἐδόκουν μετρίως καὶ καλῶς διειλέχθαι περὶ τῶν
προκειμένων. Livius hat seine eigne Declamation im Sinne,
wenn er sagt *apta magnitudini Romanae oratio visa est.*

6. Wir haben bisher die livianische Bearbeitung mehr von
der formellen Seite aus betrachtet, als von der materiellen. Es
ergab sich dafs die polybianische Darstellung in ihren Einzelheiten durch die leichte freie Art, in der Livius übersetzt, und seine
vorwiegende Liebe für das Rhetorische stark afficirt ist. Allein
wichtiger sind die Abweichungen, welche mit den Thatsachen
selbst theils absichtlich theils aus Nachlässigkeit vorgenommen
sind. Denn dafs ein römischer Geschichtschreiber Manches anders dargestellt hat und darstellen mufste als der achaeische
Staatsmann, leuchtet von selber ein, und auf der andern Seite
läfst sich erwarten, dafs dem Haschen nach Rhetorik häufig die
Sorgfalt in Bezug auf das Thatsächliche geopfert ist. Bei der
Zusammenstellung der Fragmente mit der Erzählung des Livius
bemerkten wir S. 19, dafs Letzterer sowol die Abschnitte über
Specialgeschichte als auch die verschiedenen Excurse ausgelassen
und sich im Wesentlichen auf die Partien, welche in näherer
Beziehung zur römischen Geschichte stehen, beschränkt hat.
Dasselbe Prinzip findet sich im Einzelnen, wenn gleich ebensowenig consequent wie dort, durchgeführt. Zunächst lag es für
Livius sehr nahe Manches, das für griechische Leser berechnet
war, ganz auszulassen oder nur kurz zu berühren. So übergeht
er XXXVII 33 die Erklärung über die Salier κα 10, welche eben

nur in einem griechischen Buch ihre Stelle finden konnte. Ebenso oftmals Citate aus der griechischen Geschichte, welche für einen Römer geringeres Interesse hatten: z. B. XXXII 33 die Bemerkung über die makedonischen Könige ιζ 3; eb. 40 die Erwähnung ιζ 16, dafs die Sikyonier dem Attalos ein grofses Standbild errichtet hatten; XXXVI 29 die Erinnerung an die weitern Schicksale des Aetolers Nikandros z 11. Hierher gehört auch, dafs die vielen Namen, welche zumal bei Gesandtschaften von Polybios stets mit minutiöser Genauigkeit angegeben werden, in der Regel fehlen. Er übersetzt z. B. z 3 παρεγένοντο ... παρὰ μὲν τοῦ τῶν Ἠπειρώτων ἔθνους οἱ περὶ Χάροπα, παρὰ δὲ τῆς τῶν Ἠλείων πόλεως οἱ περὶ Καλλίστρατον XXXVI 5 einfach durch Epirotae ... et Elei .. venerunt; z α 8 οἱ μὲν οὖν περὶ τὸν Εὔδημον καὶ Παμφιλίδαν οὐκ ἀλλότριοι τῆς διαλύσεως ἦσαν XXXVII 19 Rhodii haud aspernari pacem. Er läfst XXXII 36 die Namen der Gesandten der Aetoler Achaeer Athener und des Attalos, welche ιζ 10 stehen, ganz aus; ebenso XXXVII 6 den Namen des athenischen Gesandten z α 2, den er jedoch im folgenden Kapitel nennt. Wie in dem letzten Fall ist es ihm öfters ergangen, dafs er Namen an der rechten Stelle verschweigt und nachher von ihnen als ganz bekannten redet. Die Bearbeitung der griechischen Quelle äufsert sich aber nicht allein durch Auslassungen, sondern auch durch Zusätze. Vieles, was einem Griechen ohne Weiteres geläufig war, glaubte Livius seinen römischen Lesern durch kurze Erklärungen verständlicher machen zu müssen. Dies war zunächst bei Städteangaben der Fall: so fügt er XXXII 33, nach ιζ 2, zu Sestos und Abydos die Bemerkung in Hellesponto hinzu; eb. zu Peraia regio est continentis adversus insulam [derselbe Zusatz XXXIII 18]; eb. c. 37, nach ιζ 11, zu Demetrias Chalkis Korinth in Thessalia - in Euboea - in Achaia. Ferner erklärt er einzelne Worte, deren Bedeutung nicht ohne Weiteres deutlich erscheinen mochte, wie XXXVI 28 ἀποκλήτοις z 10 durch in consilio delectorum, quos apocletos vocant; XXXVIII 7 τὰς σαρίσσας zβ 11 durch praelongae hastae, quas sarisas vocant. Bisweilen sind diese Zusätze, zumal wenn oratorische Gesichtspunkte mit in Betracht kommen, weit ausführlicher. Von den berühmten Isthmien des Jahres 558 heifst es ιη 29 τῆς Ἰσθμίων πανηγύρεως ἐπελθούσης, καὶ σχεδὸν ἀπὸ πάσης τῆς οἰκουμένης τῶν ἐπιφανεστάτων ἀνδρῶν συνεληλυθότων διὰ τὴν προςδοκίαν τῶν ἀποβησομένων; XXXIII 32 Isthmiorum statum ludicrum aderat, semper quidem et alias frequens cum propter spectaculi studium insitum genti, quo *certamina omnis generis artium viriumque et pernicitatis visuntur, tum quia propter opportunitatem loci per duo diversa maria omnium rerum usus ministrantis humano generi concilium, Asiae Graeciaeque is mercatus erat: tum vero non ad solitos modo usus undique convenerant, sed exspectatione erecti, qui deinde status futurus Graeciae, quae sua fortuna esset.* Unglücklich ist Livius mit seiner Gelehrsamkeit gefahren, wenn er das *ιη* 31 von der Versammlung der Aetoler zu Thermon Gesagte — *ἡ τῶν Θερμικῶν σύνοδος* — durch die Aehnlichkeit der Namen getäuscht XXXIII 35 auf die Thermopylen und die Amphiktyonenversammlung bezieht: *Cornelius Thermopylas, ubi frequens Graeciae statis diebus esse solet conventus, Pylaicum appellant, venit*, und diesem Irrthum zu Liebe das Folgende willkürlich verändert. Desgleichen wird *ις* 25 erzählt, dafs eine attische Phyle nach Attalos benannt worden sei; daraus wird XXXI 15 *tum primum mentio inlata de tribu, quam Attalida appellarent, ad decem veteres tribus addenda.* Aber bekanntlich gab es schon seit 307 v. Chr. 12 Phylen in Athen und nur der Name der Einen, zuerst Demetrias dann neue Aigeis. wurde in Attalis verwandelt s. Schoemann Griech. Alterth. I. S. 541.

7. Wichtiger als solche vereinzelten Irrthümer ist die absichtliche Entstellung der Thatsachen, wo durch dieselben ein Makel auf die Römer im Allgemeinen oder einzelne ihrer hervorragenden Männer geworfen wird. Dieser falsche Patriotismus offenbart sich selbst in den geringfügigsten Wendungen. Wenn *ιζ* 5 die Bundesgenossen einfach den Flaminin zur geheimen Unterredung mit Philippos auffordern — *τῶν δὲ κελευόντων* — heifst es XXXII 35 *ex omnium consilio*, und aus demselben Grunde, um gegen die Loyalität Flaminins nicht den mindesten Zweifel aufkommen zu lassen, wird kurz vorher auf den Vorschlag des Königs eingeschoben *id primo non acceptum.* Polybios fährt fort *τίνα μὲν οὖν ἦν τὰ τότε ῥηθέντα παρ' ἑκατέρου δυσχερὲς εἰπεῖν· ἔφη δ' οὖν ὁ Τ;* mit einer feinen Wendung beseitigt Livius den Zweifel: *quae acta Philippus ad suos rettulerit, minus compertum est. Quinctius haec rettulit ad socios etc.* Jener führt unter den Anträgen des Philippos an ῾*Ρωμαίοις δὲ τὰ κατὰ τὴν Ἰλλυρίδα φάναι παραδώσειν καὶ τοὺς αἰχμαλώτους πάντας*, Livius stellt die Römer voran und sagt *Romanis eum cedere tota Illyrici ora, perfugas remittere ac si qui sint captivi*: worin im Grunde drei Ungenauigkeiten enthalten sind. Bei der Erzählung von der Ermordung des Boeoters Brachyllas XXXIII 27, nach *ιη* 26, schweigt er von der Mitwisser-

schaft des römischen Feldherrn, ohne indefs ängstlich die Spuren eines solchen Verdachts im Folgenden zu beseitigen. Allein an andern Stellen führt diese Reinwaschung der Römer zur ärgsten Entstellung der Geschichte. Bei der Verhandlung des Acilius mit den aetolischen Gesandten z 10 XXXVI 2S übergeht Livius in seinem rhetorischen Eifer zuerst, dafs die Aetoler von der Bedeutung der unbedingten Uebergabe an die Römer — *in fidem se permittere Romanorum* — keine klare Vorstellung hatten. Er läfst den Consul sie zu neuer Erwägung dieses Schrittes auffordern und diese darauf den Volksbeschlufs, in welchem dies ausdrücklich geschrieben war, vorlesen. Von einem solchen Beschlufs bei Polybios keine Silbe: der Consul fragt einfach, ob sie sich unbedingt ergäben, und die Aetoler bejahen. Als nun Acilius mit seinen Forderungen hervorrückt, wird er durch die Worte unterbrochen *ἀλλ' οὔτε δίκαιον οὔϑ' Ἑλληνικόν ἐστιν, ὦ στρατηγέ, τὸ παρακαλούμενον.* Livius macht daraus *non in servitutem, sed in fidem tuam nos tradidimus; et certum habeo te imprudentia labi, qui nobis imperes quae moris Graecorum non sint.* Da braust der Consul los und heifst sie fesseln: *tum fracta Phaeneae ferocia Aetolisque aliis est, et tandem cuius condicionis essent senserunt.* Livius läfst mithin ganz aus, dafs Acilius die Aetoler hauptsächlich bange machen wollte und dafs er durch die anwesenden Offiziere an der Verletzung der Gesandten verhindert wurde. Der brüske Corporalshochmut des Consuls verschwindet bei ihm gänzlich, und die Aetoler erhalten für ihre Naseweisheit eine wolverdiente Lection. Die lebendige einfache Schilderung des Griechen ist in ein Geklapper stelzenhafter Phrasen verwandelt. Die Phrase ist das Element des Livius; er fügt bei den beifsenden Sarkasmen des Philippos XXXII 34 den Tadel hinzu *et erat dicacior natura, quam regem decet, et ne inter seria quidem risu satis temperans.* Demgemäfs übergeht er die folgenden Witze und verschweigt sorgfältig, dafs Flaminin ein grofses Wolgefallen an ihnen fand und sich selber zuletzt darin versuchte. Dies Alles mochte der Anschauung, welche er von der Würde eines römischen Feldherrn und von dem Ernst der Staatsgeschäfte hatte, aufs Entschiedenste widersprechen. In Betreff Flaminins übergeht er auch XXXIII 13. dafs derselbe zu dem Vertrag mit Philippos durch rein persönliche Motive, um den Ruhm des Sieges keinem Nachfolger überlassen zu müssen, bestimmt ward *η* 22. In der Beurtheilung Flaminins hier und in den oben angeführten Fällen haben wir einen Beleg für den bekannten Ausspruch Senecas, Livius sei *candidissimus natura magnorum hominum aestimator*. Aber auch zu Gunsten der Römer insgesammt hat er sich Entstellungen seiner Quelle erlaubt. So wird z.β 13 erzählt, dafs der Consul Fulvius Nobilior aus Ambrakia, in dessen Besitz er durch Unterhandlung gelangt war, alle Statuen und Gemälde fortschleppen liefs. Livius sieht XXXVIII 9 darin eine Grofsmut des Siegers und fügt hinzu *nihil praeterea tactum violatumve*. Weit beachtenswerter ist das folgende Beispiel. Nach der Unterwerfung des Perseus als König Eumenes den Machthabern in Rom mifsliebig geworden und man angefangen hatte von seinen geheimen Versprechungen an Makedonien zu munkeln, kam sein Bruder Attalos nach Rom λ 1. Alldort bearbeiteten einige der angesehensten Römer den eiteln jungen Mann, damit er eine Theilung des pergamenischen Reiches vom Senat fordern sollte. Livius XLV 19 schiebt diesen saubern Plan theils dem Attalos selbst theils schlechten Einflüsterungen zu: *erant quidam Romanorum non boni auctores*. Aber diese *non boni auctores* heifsen bei Polybios ἔνιοι τῶν ἐπιφανῶν ἀνδρῶν. Der Plan scheiterte durch die kluge Voraussicht des Eumenes, und Attalos bringt nur seine erhaltenen Aufträge im Senat vor. Dieser in der Erwartung, dafs Attalos mit seinem Anliegen gegen den Bruder in einer andern Sitzung hervorrücken werde, bewilligt alle seine Bitten auf das Zuvorkommendste. Als der Senat sich aber getäuscht sieht durch die Abreise des Prinzen, bricht er ohne Weiteres seine gegebenen Versprechungen. Von diesem unwürdigen kleinlichen Benehmen steht bei Livius c. 20 kein Wort. Es herrscht bei ihm eine allgemeine Genugthuung darüber, dafs die bösen Ratgeber gefoppt werden und der Anschlag gegen Eumenes mifslingt.

8. Nachdem wir im Vorhergehenden die Abweichungen betrachtet haben, welche aus der stilistischen und rhetorischen Eigenthümlichkeit des Livius, ferner aus dem Umstande, dafs er Römer war und für seine Landsleute Partei nahm, entspringen, bleibt es noch übrig zu untersuchen, mit welcher Sorgfalt und mit welchem Verständnifs der Sachen er gearbeitet hat. Vergleicht man die Partie über die Schlacht bei Kynoskephalai *ιη* 1 fg. mit XXXIII 5 fg., so fällt es gleich auf, dafs der Excurs über die römischen Verschanzungen, der zunächst auf griechische Leser berechnet war, von Livius herüber genommen ist. Die Sache war ihm eben wildfremd und er vermochte so wenig eine klare Vorstellung von derselben zu gewinnen, dafs er trotz der Auseinandersetzung, wie die römischen Schanzpfähle durch ihre sorgfältige Ineinanderfügung und -flechtung einen besondern Vorzug

vor den griechischen besäfsen, sich nicht damit begnügt richtig
zu übersetzen *si evulsus forte est unus, nec loci multum aperit*,
sondern aus eignen Mitteln noch hinzufügt *et alium reponere per-
facile est:* nach dem Bisherigen mufste dies äufserst schwierig
sein. Flaminin rückt, nachdem die Pallisaden gehauen, einen
mäfsigen Tagemarsch vor und veranstaltet am folgenden Tage
eine Recognoscirung: Livius c. 6 bezieht wegen seiner Zusammenziehung das *postero die* ungenau auf den Aufbruch von Theben. Philippos war ferner gleichzeitig abmarschirt πυνϑανόμε-
νος τοὺς Ῥωμαίους στρατοπεδεύειν περὶ τὰς Θήβας: daraus macht der Uebersetzer frischweg *certior iam factus Romanos
ab Thebis Pheras movisse* und verschiebt die Begebenheiten um
Einen Tag. Das folgende Reitergefecht ist im einzelnen ganz
willkürlich behandelt. Mit Uebergehung einiger Ausschmückungen wenden wir uns zum Local der Schlacht. Livius läfst nämlich die Makedoner *tumulos qui Cynoscephalae vocantur* überschreiten, dort einen Posten zurücklassen und darauf sich la-
gern. Aber nach Polybios war es eine fortlaufende Hügelkette,
auf deren nördlicher Seite die Makedoner, auf deren südlicher die
Römer marschirten, und Philippos läfst zur Deckung den Kamm
besetzen. In gleicher Weise wimmelt die ganze Erzählung von
kleinern und gröfsern Ungenauigkeiten, die theils, wie S. 24
gezeigt ist, auf rhetorische Ausmalerei, meistens auf reine Nachlässigkeit zurückzuführen sind. Bis zu welchem Grade dies steigen kann, zeigt das bekannte Beispiel von dem Angriff der makedonischen Phalanx. Philippos ertheilt derselben nämlich den
Befehl mit gefällten Lanzen vorzurücken — τοῖς φαλαγγίταις
ἐδόϑη παράγγελμα καταβαλοῦσι τὰς σαρίσσας ἐπάγειν.
Das Commando, das sich auch ε S5 ι α 15. 16 findet, entspricht
unserm „fällt das Gewehr": die Sarissen wurden selbstverständlich auf der Schulter getragen und beim Angriff gefällt. Livius
macht daraus *Macedonum phalangem hastis positis, quarum longitudo impedimento erat, gladiis rem gerere iubet.* Richtig bezeichnet er das Manöver durch *hastis prae se obiectis* XXXII 17
XXXVI 18, falsch wie hier XXXV 35. Mag ihm nun auch der
technische Ausdruck ungeläufig gewesen sein, so hätte ihn doch,
ich will nicht sagen eignes Nachdenken, aber jedenfalls die folgende Erzählung über seinen Schnitzer aufklären können. Statt
dessen modelt er sie diesem zu Liebe vollständig um. Eine ähnliche Flüchtigkeit ist es, wenn er bei der Belagerung von Ambrakia XXXVIII 7, als die Feinde beim Miniren auf einander stofsen,
den Kampf unterbrochen werden läfst *nunc ciliciis praetentis nunc*

foribus raptim obiectis. Es heifst nämlich $\varkappa\beta$ 11, dafs der Kampf wirkungslos blieb διὰ τὸ προβάλλεσθαι θυρεοὺς καὶ γέρρα πρὸ αὐτῶν ἀμφότεροι; jener versteht mithin statt θυρεοὺς θύρας. Diese Beispiele zeigen einerseits, dafs unser Autor von kriegerischen Ereignissen höchst unklare Vorstellungen genährt, und ferner, dafs er mit grofser Eile und Flüchtigkeit gearbeitet haben mufs. Zu dem letzten Resultat führen auch manche andere Fälle. Wenn ιη 20 Flaminin dem aetolischen Gesandten antwortet ἀστοχεῖν αὐτὸν οὐ μόνον τῆς Ῥωμαίων προαιρέσεως ἀλλὰ καὶ τῆς αὐτοῦ προθέσεως κτλ., so bezieht Livius XXXIII 12 das αὐτοῦ fälschlich auf den Aetoler und entstellt darnach auch das Folgende, aus dem er jedenfalls hätte ersehen können, dafs Flaminin von sich selbst spricht. Ebenso versteht er c. 13 die Worte ὁ δὲ Τίτος τῶν μὲν ἄλλων οὐκ ἔφη δεῖν οὐδεμίαν, Θήβας δὲ μόνον τὰς Φθίας [näml. παραλαμβάνειν αὐτούς] so als ob gesagt wäre δεῖσθαι οὐδεμιᾶς ἑαυτόν und daher wird das Folgende völlig unklar. Bei der Uebersetzung von κ 10 erzählt er XXXVI 28 ganz richtig, dafs die Aetoler zu einer Volksversammlung zusammenberufen worden wären: ohne aber den nächsten Satz ordentlich anzusehen entnimmt er von selbst, dafs die Versammlung auch wirklich zu Stande kam. Diesem Irrthum pafst er das Folgende an mit der ganz abgeschmackten Erfindung, der Friede sei vereitelt worden, weil die Aetoler den Amynander nicht hätten ausliefern können. Aus den angeführten Beispielen XXXIII 8. 12. 13 XXXVI 28, wo Fehler, die aus dem Folgenden leicht als solche hätten erkannt und berichtigt werden können, nicht nur stehen geblieben, sondern die Ursache weiterer Entstellung gewesen sind, erhellt dafs Livius keine Correctur angewandt hat. Wir müssen ferner aus einer Menge von Anzeichen schliefsen, dafs er sehr rasch gearbeitet hat. Nachdem er die gröfseren Abschnitte durchgelesen und zur Aufnahme in seine Annalen bestimmt hatte, übersetzt er frischweg Satz für Satz, ohne sich um Genauigkeit im Einzelnen viel zu bekümmern. Es läfst sich ferner kein bestimmtes Prinzip bezeichnen, dafs mit strenger Consequenz in seiner Bearbeitung durchgeführt ist. Er schwankt in seinen rhetorischen wie seinen römischen Neigungen und nur im Allgemeinen dürfen die aufgestellten Gesichtspunkte gelten. Dies erklärt sich einfach daraus, dafs Livius unter verschiedenen Stimmungen verschieden arbeitete, bald sorgfältiger bald nachlässiger, bald sich enger an seine Quelle anschlofs, bald auf die Ausbildung der Form gröfseres Gewicht legte. Sehr unzuverlässig ist die Schlacht bei

Kynoskephalai XXXIII 6—10 und die Verhandlung mit den
Aetolern XXXVI 27—29 dargestellt, weit besser die Conferenz
Flaminins mit Philippos XXXII 32—38 behandelt. Ohne er-
hebliche Abweichungen sind die Verhandlung Scipios mit den
Aetolern XXXVII 6. 7 nach $\varkappa\alpha$ 2. 3, der Friedensversuch des
Antiochos eb. 18. 19 $\varkappa\alpha$ 8, die Unternehmungen der Aetoler
XXXVIII 3 $\varkappa\beta$ 8, die Unterhandlungen mit Genthios Eumenes
und Andern XLIV 23—25 $\varkappa\vartheta$ 2. 3. 1 herübergenommen.

9. Im Allgemeinen, kann man sagen, reduciren sich die
Differenzen zwischen Livius und seiner Quelle auf den Umstand,
dafs jener Römer war und eine gröfsere Befähigung für glänzende und elegante Darstellung als für die kritische Forschung
besafs. Allein trotz der zahllosen Ungenauigkeiten und der grö-
bern Entstellungen und Nächlässigkeiten, welche sich aus den
vorhandenen Fragmenten nachweisen lassen, darf man die Zuverlässigkeit der livianischen Bearbeitung nicht unterschätzen.
Seit dem Erlöschen der national griechischen Historiographie,
als deren letzter Repräsentant, der bereits die neue Zeit eröffnet,
uns Polybios gilt, haben die alten Geschichtschreiber ihr Quel-
lenmaterial mit einer Willkür behandelt, die uns Neueren fast unbegreiflich erscheint. Es kommt ihnen nur auf die Treue des
geschichtlichen Bildes im Grofsen und Ganzen, nicht auf die der
einzelnen Züge an: hier wird der Phantasie freier Spielraum
gestattet. Und vergleichen wir nun, wie das im Verlauf dieser
Untersuchungen geschehen wird, die Darstellung des Livius mit
denen Diodors Appians Plutarchs Cassius Dios, so ist er unend-
lich viel treuer als diese und seine Fehler und Aenderungen ver-
schwinden völlig neben denjenigen, welche diese sich erlaubt
haben.

Es ist endlich noch die Frage aufzuwerfen, ob und wie weit
neben Polybios andere Quellen benutzt sind. Von den Auslassungen der konstantinischen Schreiber und den handschriftlichen
Verderbnissen, welche im vorhergehenden Kapitel bezeichnet sind,
abgesehen hat Livius, soweit seine Darstellung sich durch die
vorhandenen Fragmente controlliren läfst, einfach den Polybios
übersetzt oder bearbeitet. Die wichtigsten Abweichungen haben
wir im Vorhergehenden aufgeführt und mit Leichtigkeit können
die übrigen aus den angegebenen Gesichtspunkten abgeleitet werden. Es ist in allen Fällen gradezu unmöglich das Verhältnifs
des livianischen Textes zu den Fragmenten anders als aus der
Annahme einer Uebersetzung zu erklären. Nur an drei Stellen
XXXIII 10. 30 XXXVII 34 hat Livius die Abweichungen anderer

Schriftsteller bemerkt, aber an allen dreien darauf aufmerksam
gemacht, dafs es eben Abweichungen sind: an den beiden ersten
des Valerius und Claudius; an der dritten hat er die Namen nicht
beigefügt. Und wie die Vergleichung der Fragmente $\iota\eta$ 16. 28
$\varkappa\alpha$ 11 lehrt, schliefst er sich gleich darauf wieder einzig und allein
an Polybios an *).

*) Auf das abweichende Resultat, zu welchem Herr Tillmanns Dispu-
tationis qua ratione Livius Polybi historiis usus sit part. 1 diss. phil. Bon-
nae 1860 gelangt ist, brauche ich nicht näher einzugehen. Kritisch-historische Fragen lassen sich nicht in der Weise behandeln, wie das in der
betreffenden Schrift versucht ist.

Kapitel III.
Die Quellen der vierten und fünften Dekade.

1. Livius nennt in dem Theil seines Werks, welcher den Gegenstand unserer Untersuchung ausmacht, aufser zwei Reden fünf Gewährsmänner: Polybios Cato Rutilius Claudius Valerius. Unter Allen, welche er in den erhaltenen 35 Büchern citirt hat — und er citirt seine Quellen bekannter Mafsen häufig —, hat er Keinen gleicher Lobsprüche gewürdigt wie den Polybios. Am Ende der dritten Dekade XXX 45 erwähnt er gelegentlich seine Abweichung in Betreff des Triumphs von Scipio gegen irgend einen römischen Annalisten und nennt ihn *haudquaquam spernendus auctor* „einen höchst beachtenswerten Gewährsmann *).“ Die übertriebenen Angaben der Annalisten Valerius und Claudius über den Verlust in der Schlacht bei Kynoskephalai erwähnt er XXXIII 10 mit hartem Tadel und fügt hinzu *nos non minimo*

---

*) Sobald man ohne vorgefafste Meinungen an die Erklärung dieser wie der folgenden Stelle geht, wird man mit den älteren Erklärern zunächst nur eine Litotes in dem Ausdruck sehen können vgl. Lucas disputationis de ratione, qua Livius in libris historiarum conscribendis usus est opere Polybiano, particula prima Osterprogramm Grofsglogau 1854 S. S. Einen Tadel darin zu suchen, wie Einige gethan s. Lachmann de font. Liv. II S. 9, ist völlig abgeschmackt; ferner unbegreiflich, warum nach Fuchs in Pauly's Realencyclop. unter Polybios diese Worte nur ein unbedeutendes Lob enthalten sollen. Die Deutung Niebuhrs Röm. Gesch. I S. 592 „Polybios dessen Werth damals durchgehends gar nicht anerkannt ward“, der sich Lachmann S. 9 und Michael: In wie weit hat Livius den Polybios benutzt? Programm. Torgau 1859 S. 1 anschliefsen, ist in gewissem Sinne richtig. Zwar nicht, als ob unter den Verständigen irgend ein Zweifel über die Bedeutung des Polybios existirt hätte. Denn der Tadel des Dionysios, das Stillschweigen des Quintilian Lukian Longinos beweist nur, dafs Polybios bei den Rhetoren in keinem Ansehen stand und das ist ohnehin sehr begreiflich. Wie hoch der sachliche Wert seiner Bücher geschätzt ward, zeigt

potissimum numero credidimus, sed Polybium secuti sumus, non incertum auctorem cum omnium Romanarum rerum tum praecipue in Graecia gestarum. Er sagt damit, dafs er nicht aus besonderer Vorliebe für die kleinste Zahl diese grade gewählt habe, sondern dem Polybios gefolgt sei, keinem unzuverlässigen Gewährsmann wie die beiden Genannten, sondern einem verläfslichen für die ganze römische Geschichte und ganz besonders, soweit sie in Griechenland spielt. XXXIV 50 nennt er ihn als Quelle in Betreff der für Flaminin freigekauften römischen Kriegsgefangenen aus dem hannibalischen Kriege. XXXVI 19 folgt er ihm hinsichtlich des Verlusts in der Schlacht bei Thermopylai und erwähnt daneben mit einem gewissen Spott die 6 mal so grofsen Angaben des Valerius Antias. Bei den verwickelten Nachrichten über die letzten Schicksale Scipios sucht er XXXIX 52 die Bestimmung des Todesjahrs von Polybios Rutilius und Valerius zu widerlegen. Endlich stellt er XLV 44 über die Verhandlung des Prusias mit dem Senat und den Charakter des Königs der annalistischen Darstellung die des Polybios unvermittelt gegenüber. Diese 6 Citate sondern sich in 2 Abtheilungen, deren jede 3 umfafst. Wo nämlich die Ereignisse in Griechenland in Betracht kommen XXXIII 10 XXXIV 50 XXXVI 19, ist Polybios derjenige Gewährsmann, an den sich Livius ganz unbedenklich anschliefst. Dafs an der ersten und letzten Stelle die colossalen Uebertreibungen des Valerius und Claudius angeführt werden, kann keinen andern Sinn haben als den, auf ihre völlige Kritiklosigkeit und Unglaubwürdigkeit hinsichtlich der römischen Geschichte, soweit sie namentlich in Griechenland spielt, aufmerksam zu machen. Dagegen ist das dritte Citat XXXIV 50 daraus zu erklären, dafs Livius die Gesammtzahl der römischen Kriegsgefangenen, auf welche es ihm zumeist ankommen mufste, bei Polybios nicht angegeben fand. Dieser hatte offenbar deshalb nur die Zahl der Gefangenen in Achaia erwähnt, weil er (was sich aus mancherlei unverkennbaren Anzeichen schliefsen läfst) für die Ereignisse in Griechenland hauptsächlich aus dem achaeischen Archiv und aus specifisch achaeischen Quellen schöpfte. Die 3 andern Citate XXX 45 XXXIX 52 XLV 44 beziehen sich auf Begebenheiten in Rom. Ueber den Scipionenprozefs ist Livius

das Urtheil eines Brutus und Cicero, die Fortsetzung des Poseidonios und Strabo, die Benutzung durch Livius Diodor Strabo Plutarch Appian u. A. hinreichend. Vielmehr findet der negative Ausdruck des Livius seine Erklärung in der historiographischen Stellung, welche dieser zu seinen Vorgängern einnimmt (Kap. 4, 13).

XXXVIII 50 fg. römischen Annalisten gefolgt; seine Polemik gegen
Polybios ist übrigens ein blofser Windmühlenkampf: denn er hat
die Datirung desselben um ein Jahr falsch bezogen (Kap. 15, 8).
An den beiden andern Stellen hat er gleichfalls nach römischen
Quellen erzählt, hält aber die Abweichung jenes für so wichtig um
sie nicht übergehen zu dürfen. Daraus ergiebt sich dafs Polybios für die Ereignisse in Griechenland sein Gewährsmann in erster Linie, für die Ereignisse in Rom nur in zweiter ist. Dasselbe
Resultat ergab sich S. 20 aus der Zusammenstellung der Fragmente mit der livianischen Uebersetzung.

2. Cato wird an 5 Stellen erwähnt bei Dingen, an welchen
er persönlich betheiligt war. Ueber den Sieg desselben in Spanien führt Livius gegen die hohen Zahlen des Valerius XXXIV 15
das eigne Zeugnifs Catos an: *Cato ipse, haud sane detractator
laudum suarum, multos caesos ait, numerum non adscribit.* Denselben Tadel spricht Plutarch Cato 14 aus: ὁ δὲ Κάτων ἀεὶ μέν
τις ἦν, ὡς ἔοικε, τῶν ἰδίων ἐγκωμίων ἀφειδὴς καὶ τὴν
ἄντικρυς μεγαλαυχίαν ὡς ἐπακολούθημα τῆς μεγαλουργίας
οὐκ ἔφευγε. In der That werden diese Urtheile durch die Darstellung, welche Cato nach Plutarch von der Schlacht bei Thermopylai gegeben hat, vollständig bestätigt (Kap. 12, 3). An den
übrigen 4 Stellen erwähnt Livius nur seine Reden. Beim Scipionenprocefs XXXVIII 54 heifst es *exstat oratio eius de pecunia regis
Antiochi;* in der Epitome des lückenhaften Buchs XLI wird die
Rede *pro lege Voconia* angeführt. Den Inhalt der censorischen
Rede gegen L. Quinctius Flamininus giebt er XXXIX 42 der Erzählung des Valerius Antias gegenüber an: *Catonis et aliae quidem
acerbae orationes exstant in eos quos aut senatorio loco movit aut
quibus equos ademit: longe gravissima in L. Quinctium oratio est.*
Der Rede für die Rhodier gedenkt er XLV 25 *non inseram simu-
lacrum viri copiosi, quae dixerit referendo: ipsius oratio scripta
exstat, Originum quinto libro inclusa.* Da nun auch das erste
Citat auf die *dierum dictarum de consulatu suo libri* zurückzuführen ist (Jordan M. Catonis, praeter librum de re rustica, quae
extant Lipsiae 1860 p. LXVI), so hat Livius nur Reden Catos
angeführt, aus denen er an zwei Stellen Einiges entnimmt, an
den beiden andern nur die Namen nennt. Die Origines, insofern
sie eine fortlaufende geschichtliche Erzählung enthielten, scheint
er gar nicht benutzt haben: wir mögen dies theils aus ihrer
Kürze, welche schon durch die geringe Zahl der Bücher angedeutet wird, theils aus ihrer eigenthümlichen nicht-annalistischen
Behandlung (vgl. Nepos Cat. 3), endlich aus dem memoirenhaften

Charakter, den wir ihnen nach den grofsen eingelegten Reden mit Entschiedenheit beilegen müssen, erklären. Dazu kam, dafs die Ruhmrednerei Catos und seine heftige Polemik dem Livius nach seinem ganzen Wesen, wie wir es aus grofsen und kleinen Zügen uns vorstellen müssen, wenig zusagen konnte. Genug; nach den Anführungen zu schliefsen, sind Catos Schriften nur hie und da gelegentlich benutzt.

3. Unter seinen Gewährsmännern hat Livius an 10 Stellen einen gewissen Claudius genannt: VI 42. VIII 19. IX 5. X 37. XXXIII 10. 30. 36. XXXVIII 23. 41 XLIV 15; an 2 Stellen unter Angabe der Quelle, aus welcher Claudius geschöpft hatte: XXV 39 *ad triginta septem milia hostium caesa auctor est Claudius, qui annales Acilianos ex Graeco in Latinum sermonem vertit*, XXXV 14 *Claudius secutus Graecos Acilianos libros ... tradit*. Man hat unter Claudius bisher allgemein den Q. Claudius Quadrigarius verstanden, welcher im siebenten Jahrhundert der Stadt lebte und die Geschichte derselben in annalistischer Form vom gallischen Brande bis auf seine Zeit in wenigstens 23 Büchern führte vgl. Krause Vit. et fragm. vet. historic. Rom. Berol. 1833 p. 243 fg. Dagegen habe Livius durch den Zusatz an den beiden letzten Stellen den Quadrigarius von Claudius, dem Uebersetzer der Chronik des Acilius, unterscheiden wollen. Diese Ansicht beruht auf einer blofsen Hypothese: denn dafs Claudius erst im VI. Buch genannt wird, ist in keiner Weise ein Beweis dafür, dafs er mit Quadrigarius, welcher nach den Citaten zu schliefsen erst mit dem gallischen Brande anfing, identisch sei. Es spricht gegen die bisherige Ansicht folgender Umstand: der bekannte Annalist wird von Allen, die ihn erwähnt haben, namentlich Gellius und Nonius, ferner von Servius Priscian Macrobius Seneca und Velleius nicht blofs Claudius, sondern ebenso oft Quadrigarius, oder endlich mit beiden Namen benannt. Livius aber nennt an 13 Stellen (es kommt zu den angeführten 10 noch Orosius hist. 5, 3. 4. 20 hinzu, Claudius historicus) seinen Gewährsmann stets nur Claudius. Derselbe hat andererseits den Valerius Antias ungefähr 30 mal mit beiden Namen und nur 5 mal als Valerius, 3 mal als Antias angeführt; den Fabius Pictor I, 44 (wo er ihn zuerst erwähnt) mit beiden Namen, später an 5 Stellen nur Fabius aber an dreien durch den Zusatz *longe antiquissimus auctor* oder ähnlich näher bezeichnet; Cincius VII 3, L. Cincius Alimentus XXI 38; Licinius Macer 6 mal mit beiden Namen, Q. Tubero IV 23, Tubero X 9; Coelius 10 mal mit Einem Namen; Clodius Licinius XXIX 22; Piso an 5 Stellen, X 9 durch *vetustior annalium auctor* charak-

terisirt; Rutilius XXXIX 52. Wenn man alle diese Citate ins
Auge fafst, so kann es nicht anders als ein höchst wunderbarer
Zufall genannt werden, dafs Livius den Claudius Quadrigarius
immer nur mit dem Einen Namen hätte bezeichnen sollen. Der
Zufall ist um so anstöfsiger als Claudius so oft neben Valerius
Antias genannt wird und der Gebrauch beider Namen für den
Schriftsteller bei dem Einen ebenso nahe lag wie bei dem An-
dern. Ja wir müfsten uns sogar über die Ungenauigkeit des Livius im Citiren wundern. Denn wenn derselbe einfach von Fabius Coelius Piso Rutilius sprach, so waren diese Namen jedem
Zeitgenossen ohne Weiteres geläufig. Claudius Quadrigarius aber
wird zuerst bei Velleius Seneca und Gellius erwähnt und gehörte
auf keinen Fall in der republikanischen Zeit zu den geleseneren
Autoren. Wenn wir demnach die bisherige Ansicht mit Fug und
Recht aufgeben dürfen, so erhalten wir auf die Frage wer denn
dieser Claudius war, durch den Zusatz XXV 39 *qui annales Acilianos ex Graeco in Latinum sermonem vertit* eine befriedigende
Antwort. Livius benutzte die Chronik des Acilius in der lateinischen Uebersetzung eines gewissen Claudius. Da das Citat aus
den Bürgerkriegen Oros. 5, 20, das ohne Frage aus Livius
stammt, nicht in dem Werk des Acilius gestanden haben kann,
so mufs dieses von Claudius bis auf seine Zeit selbstständig
fortgesetzt sein: ein Verfahren, das in der mittelalterlichen Historiographie zahlreiche Analogien findet. Dafs der Letztere
nicht mit dem Quadrigarius identisch war, geht abgesehen vom
Namen auch schon daraus hervor, dafs dieser mit der Wiederherstellung nach dem gallischen Brande, Acilius mit der Gründung der Stadt begonnen hatte (Plut. Romul. 21). Aufser an
den angeführten Stellen kehrt der Name des Verfassers wieder
in der Epitome LIII *Acilius senator res Romanas Graece scribit*
(nach Hertz für L. Julius). Nach dem Zeugnifs des Polybios
(Gellius 6, 14 Plut. Cat. 22) fungirte er als Dollmetscher bei der
bekannten Philosophengesandtschaft 599 und dies ist das einzige
Factum aus seinem Leben, welches sicher constatirt ist. Nach
der Epitome LIII fällt die Abfassung seines Buchs ungefähr 610.
Acilius mufs den bekannteren Annalisten beigezählt werden: er
wird von Cicero de off. 3, 32, Dionys 3, 67, Plut. Rom 21 erwähnt; auch bei Strabo 5 p. 230 hat man seinen Namen durch
Conjectur herstellen wollen. Späterhin erscheint er durch die
Uebersetzung des Claudius verdrängt. Dafs übrigens Livius sich
einer solchen bediente, ist nach den Schwierigkeiten, die, wie wir

Kap. 2 sahen, ihm der Gebrauch eines griechischen Textes machte, sehr begreiflich. Es wird sich — wie ich bis jetzt nach Allem annehmen mufs — die aufgestellte Vermutung, als habe Fabius Pictor dem Livius in lateinischer Bearbeitung vorgelegen, positiv beweisen lassen. — Der Wert der Annalen des Acilius kann nicht sehr hoch gestellt werden. Livius verwirft ihn VI 42 *pluribus auctoribus* gegenüber, auch IX 5, erwähnt VIII 19 seine von der befolgten abweichende Erzählung, ebenso X 37 ihn und Fabius. Die übermäfsigen Zahlen des Claudius und Valerius werden XXXIII 10 dem Polybios gegenüber verworfen, XXXIII 30 zu dem Friedensdecret des Letzteren die abweichenden Bestimmungen der beiden Ersteren hinzugefügt. Ebenso folgt Livius bei der Schlacht mit den Gallograekern XXXVIII 23 nicht dem Valerius oder Claudius, deren abweichende Verlustangaben er anführt. Diese beiden werden ferner XXV 39 XXXIII 36 citirt, Claudius allein XXXV 14 und neben einem Anderen XLIV 15. Eine Abweichung desselben wird nachträglich XXXVIII 41 erwähnt. Im Ganzen behandelt Livius den Claudius mit weit gröfserer Achtung als seinen Nebenmann Valerius Antias, verwirft ihn indefs öfter als dafs er ihm folgt. Gegen seine hohen Zahlen zeigt er mehrfach starkes Mifstrauen.

4. Rutilius Rufus, der im siebenten Jahrhundert lebte und hauptsächlich durch seine Verbannung bekannt geworden ist, schrieb nach dem Zeugnifs des Poseidonios bei Athenaios 4, 168e 6, 274c eine römische Geschichte in griechischer Sprache, aufserdem in lateinischer wenigstens 5 Bücher *de vita sua* vgl. Krause p. 227fg. Livius erwähnt den Rutilius an Einer Stelle XXXIX 52 *Scipionem et Polybius et Rutilius hoc anno mortuum scribunt.* Kurz vorher c. 50 heifst es: *ab scriptoribus rerum Graecis Latinisque tantum huic viro tribuitur, ut a quibusdam eorum, velut ad insignem notam huius anni, memoriae mandatum sit tres claros imperatores eo anno decessisse Philopoemenem Hannibalem P. Scipionem; adeo in aequo eum duarum potentissimarum gentium summis imperatoribus posuerunt.* Dafs dies von Polybios gilt, beweisen die Fragmente zδ 8b—9a. Ganz abweichend ist die Ansicht des Valerius, der den Tod Scipios mehrere Jahre früher setzt und dessen Nachrichten über Hannibals Tod erst c. 56 erwähnt werden. Da ferner c. 52 Livius nur von Polybios Rutilius und Valerius spricht und da auch die Quelle, welcher er hier folgt, den Tod Scipios 2 Jahr früher verlegt, so können unter den *scriptores rerum Graeci Latinique* c. 50, welche

gleichzeitig den Tod der drei Feldherrn setzten, einzig und allein
die beiden Ersten verstanden werden. Daraus folgt aber weiter,
dafs Livius hier nicht eine griechisch geschriebene Geschichte
des Rutilius vor Augen gehabt hat, sondern die lateinischen Bücher *de vita sua*: denn *scriptores Latini* sind Schriftsteller, die in
lateinischer Sprache geschrieben haben. Die Schrift *de vita sua*
kann aber nicht, wie der Titel beweist, eine ausführliche zusammenhängende Geschichte des sechsten Jahrhunderts enthalten
haben, allenfalls eine einleitende Uebersicht derselben, in welcher
— oder auch sonst gelegentlich — der Tod Philopoimens Hannibals Scipios erwähnt war. Dafs Livius hier keine von Jahr zu
Jahr fortlaufende Geschichte des Rutilius vor sich gehabt hat,
folgt auch aus einer andern Erwägung. Das Citat aus Polybios
ist falsch: dieser hat den Tod Scipios nicht 571, sondern 570
gesetzt (Kap. 15, S). Der Irrthum wird erklärlich durch die ganz
abweichende Rechnungsweise des Polybios und die Art wie Livius ihn benutzte. Es ergiebt sich von selbst dafs auch das Citat
aus Rutilius, der ja mit jenem übereinstimmen soll, unrichtig ist.
Bei diesem aber, wenn Livius eine chronologisch, natürlicher
Weise nach römischer Rechnung, fortlaufende Erzählung vor sich
gehabt und nicht vielmehr eine gelegentliche Erwähnung hier
benutzt hätte, wäre ein solcher Irrthum nahezu unmöglich gewesen. Defshalb kann auch Rutilius nicht zu den wichtigeren Quellen der vierten und fünften Dekade gerechnet werden und, falls
die Kritik im Einzelnen nicht etwa zu andern Ergebnissen führt,
sind wir von Vorn herein berechtigt seine Benutzung auf dies Eine
Citat zu beschränken. Dafs Livius dasselbe heranzog, ist um so
begreiflicher weil er bei den verwickelten Angaben über den Scipionenprocefs Ausnahmsweise aufser seinen Annalisten noch
zwei Reden benutzt und sich auf vorhandene Denkmäler und die
Magistratsverzeichnisse beruft. Die aufgestellte Ansicht wird auf
das Wärmste durch die Erwägung empfohlen, dafs es doch sehr
auffallend wäre, wenn Livius eine allgemeine Geschichte des Rutilius, den er nach Epit. LXX sehr hoch schätzte, gekannt und
nur an dieser Einen Stelle benutzt hätte, während er doch auf
Quellen zum Theil angewiesen war, deren Wert er sehr gering
anschlug. Hätte er sie aber häufiger benutzt, so wäre es ebenso
unbegreiflich, warum er sie nie statt der zweifelhaften Zeugnisse
eines Valerius und Claudius anführt. Denn dafs Rutilius in der
That auf Glaubwürdigkeit Anspruch erheben durfte, beweist, vom
Lobe Plutarchs Marius c. 2S abgesehen, der Umstand zur Genüge,

dafs er an unserer Stelle und auch Gellius N. A. 6. 14. 10 mit Polybios übereinstimmt *).

5. Valerius Antias lebte im siebenten Jahrhundert und schrieb eine römische Geschichte bis auf seine Zeit, deren 75stes Buch von Gellius N. A. 6, 9. 17 citirt wird; vgl. Krause p. 266fg. Lachmann p. 24fg. Wie schon aus der Zahl der Bücher hervorgeht, mufs der Umfang seines Werkes ein bedeutender gewesen sein. Nach den Zeugnissen von Macrobius und Arnobius handelte er erst im zweiten Buch von Numa. Damit würde schlecht stimmen, wenn er nach Gellius N. A. 6, 9. 12 schon im 12ten vom numantinischen Krieg erzählt hätte: man hat defshalb geändert in XL XLI oder XXII. Unter allen seinen Gewährsmännern hat Livius den Valerius am häufigsten — in den erhaltenen Büchern 35 mal citirt. In der vierten und fünften Dekade erwähnt er ihn an 26 Stellen. Dem Polybios gegenüber wird Valerius hinsichtlich des Verlustes in den Schlachten bei Kynoskephalai und Thermopylai verworfen XXXIII 10 XXXVI 19; dem Cato gegenüber bei der Schlacht in Spanien XXXIV 15, hinsichtlich der nota Flaminins XXXIX 43; als abweichend von den andern Autoren darin, dafs er von einem grofsen Sieg des Villius berichtet, XXXII 6 und, dafs er den Attalos statt des Eumenes nach Rom kommen läfst. XLII 11. Auch XXXVIII 23 wird er neben Claudius einem Andern nachgestellt, ferner von Livius selber widerlegt XXXVIII 55 XXXIX 52 XL 29 XLV 40 und mit einem Zweifel genannt XXXVI 38 XXXVII 48 XLV 43. Gegen

---

*) Die Bücher *de vita sua* werden an 8 Stellen von Charisius Diomedes Isidor citirt. Tacitus Agricola c. 1 gedenkt ihrer. Nach Appian Iber. 88 hat Rutilius den numantinischen Krieg beschrieben; von Plutarch Marius c. 28 wird er als Quelle für die Zeit des Marius angeführt vgl. Pomp. c. 37. Die erwähnte Stelle bei Gellius handelt von der bekannten Gesandtschaft der athenischen Philosophen 599. Die Stelle über die Nundinen bei Macrob. Saturn. 1, 16 kann seinen juristischen Schriften entnommen sein vgl. Cicero Brut. c. 30 Roth p. 329 in Salustius ed. Gerlach Basileae 1852. Hat nun Rutilius Annalen *ab urbe condita* geschrieben, so ist es gar nicht zu begreifen, dafs sich davon nirgends eine bestimmte Kunde und keine einzige Anführung daraus erhalten haben soll. Es ist mir nach Allem höchst wahrscheinlich, dafs die bei Athenaios erwähnte πάτριος ἱστορία nichts Anderes als eine griechische Bearbeitung der Schrift *de vita sua*, der Geschichte seiner Zeit (denn das besagt der Titel) ist. Auf diese lassen sich der Zeit nach alle bestimmten Angaben zurückführen: der Tod Scipios und die Philosophengesandtschaft sind, wie bemerkt, vielleicht in der Einleitung erwähnt gewesen. Dafs Rutilius ein so genauer Kenner des Griechischen war, wird vielfach bezeugt und auch die Annahme einer doppelten Abfassung hat nichts Anstöfsiges (s. S. 41).

keinen seiner Gewährsmänner hat Livius eine so heftige und leidenschaftliche Polemik geübt wie gegen Valerius. Ganz besonders wird ihm Uebertreibung in den Zahlenangaben vorgeworfen: III 5, XXVI 49 *adeo nullus mentiendi modus est*, XXX 19, XXXIII 10 *si Valerio quis credat omnium rerum immodice numerum augenti*, XXXIV 15, XXXVI 19, XXXVI 38 *ubi ut in numero scriptori parum fidei sit, quia in augendo eo non alius intemperantior est*, XXXVIII 23 *Antias, qui magis immodicus in numero augendo esse solet*, XXXIX 41 *si Valerio credere libet*. Ferner wird seine Abweichung von allen übrigen Schriftstellern erwähnt und diese dann in der Regel vorgezogen. An andern Stellen wird die Sache unter Beifügung der Quelle erzählt, wie XXXVII 48 *rumoris huius quia neminem alium auctorem habeo, neque affirmata res mea opinione sit, nec pro vana praetermissa*, XLV 43 *auctorem pro re posui*. Man hat mit Recht daran erinnert, dafs die Polemik des Livius an den angegebnen Stellen keineswegs immer gerechtfertigt sei. Wenn er ihm z. B. XL 29 aufmutzt er habe den Numa zum Schüler des Pythagoras gemacht *vulgatae opinioni, qua creditur Pythagorae auditorem fuisse Numam, mendacio probabili accomodata fide*, so hatten Piso Cassius Hemina Tuditanus ganz das Nämliche berichtet Plin. N. H. 13, 13. Auf der andern Seite hat Claudius bisweilen gröfsere Zahlen angegeben als Valerius wie XXXVIII 23 (vgl. XXXIII 10), wird aber nie tadelnd genannt. Und, was schwerer wiegt, Livius selber giebt ohne Bedenken eine Menge von Zahlen, die grade so verdächtig sind wie die valerischen. Es fragt sich, wie diese heftige Polemik neben der ausgedehnten Benutzung des Valerius zu erklären sei. Denn die Ansicht, als habe Letzterer bei der Abfassung des livianischen Werks nicht viel mehr als die Rolle des Prügeljungen gespielt, bedarf keiner Widerlegung. Vielmehr bildete er, soweit seine 75 oder noch mehr Bücher reichten, die Grundlage für die Annalen des Livius. Wie in der ersten, so war er nach dem Citat bei Censorin. de Die Nat. 17 auch in der zweiten Dekade benutzt. Und wie er in der vierten und fünften noch häufiger herangezogen wird, erstreckte sich seine Verwendung in derselben Weise weiter. Nach Censorinus a. O. war er in B. XLIX, nach Orosius 5, 3 in B. LII, nach demselben 5, 16 in B. LXVII citirt. Unter den römischen Annalisten ist Valerius vielleicht am Verbreitetsten gewesen: er wird von Nepos Dionys Probus Velleius Asconius Plinius Plutarch Gellius Fronto Censorinus Macrobius Arnobius Charisius Priscian Modestus citirt. Dionys 1, 7 rechnet ihn zu οἱ πρὸς αὐτῶν ἐπαινούμενοι Ῥωμαίων und stellt ihn neben

Cato Fabius Licinius Macer Tubero Gellius und Piso, (vgl. Kiessling de Dion. Hal. antiq. auctor. Lat. Lipsiae 1858). Es ist keine gewagte Vermutung, wenn wir die Chronik des Valerius Antias für das gelesenste, vielleicht auch lesbarste Handbuch der römischen Geschichte bis auf Livius erklären. Wie traurig es um die römische Geschichtschreibung in dem letzten Jahrhundert der Republik bestellt war, ist bekannt genug und von Mommsen mit drastischen Zügen geschildert. Der Wert der geleseneren Chroniken war vielleicht noch geringer als man gewöhnlich anzunehmen pflegt. In den Partien, welche Livius uns aus denselben erhalten hat, überwuchert die Rhetorik in unerträglicher Weise die geschichtliche Auffassung und Behandlung. Neben dem trockensten Chronikenstil eine Menge aufgeputzter Schlachtberichte und langer inhaltsleerer Schulreden. Dies ist indefs nicht das Schlimmste. Weit schlimmer ist es, dafs der Geschichtschreibung aller Sinn für Wahrheit abhanden gekommen war. Die Uebertreibungen der Annalisten sind bekannt; aber noch mehr: wenn man, wie das im Folgenden geschehen soll, die annalistische Geschichte des sechsten Jahrhunderts der Stadt einer strengen kritischen Prüfung unterzieht, so ergiebt sich, dafs sie in Betreff der auswärtigen Verhältnisse — und die auswärtigen Verhältnisse nahmen natürlicher Weise den gröfsten Raum der Chronik ein — kaum zum zehnten oder zwanzigsten Theil auf Wahrheit Anspruch machen kann, kurz ganz unbrauchbar ist. Hinsichtlich der innern Geschichte Roms stand es besser: man begnügte sich, freilich nachlässig genug, die Notizen des Pontifex Maximus abzuschreiben und diese boten selten der ausschmückenden Phantasie der Annalisten weitere Anregung dar. Dies ist der Standpunkt, wie er sich aus den Annalen des Livius im Einzelnen positiv nachweisen läfst, den die römische Geschichtschreibung im siebenten Jahrhundert einnahm und als ihren Hauptrepräsentanten müssen wir Valerius Antias ansehen. Es mufste mit Notwendigkeit eine Reaction zum Bessern eintreten. Cicero trug sich bekanntlich mit dem Plane die Lücke der lateinischen Litteratur durch eine römische Geschichte auszufüllen: denn es giebt keine, sagt er de leg. 1, 2. Es ist bezeichnend, dafs er seine Citate aus den älteren Werken, aus Fabius Cato u. A. entnimmt, dagegen nirgends den Antias erwähnt. Auch Sallust klagt über den Zustand der römischen Historiographie. Nepos (bei Gellius 6, 19 s. Kap. 14, S) polemisirt auf Grund älterer Denkmäler gegen Valerius. Allein der eigentliche Reformator, der seinem Volke eine lesbare und relativ glaubhafte Geschichte gab, ist Titus Livius. Indem er an sein grofses und schönes Werk ging, legte er demselben die ausführlichste und verbreitetste Chronik, welche er vorfand, d. h. die Annalen des Valerius Antias zu Grunde. Nicht als ob er ihnen hauptsächlich gefolgt wäre. Vielmehr ist das der bedeutende Fortschritt, welchen Livius machte, dafs er überall auf die älteren und besseren Quellen zurückging, in den ersten drei Dekaden vornehmlich auf Fabius Pictor, in den folgenden auf Polybios und dessen Nachfolger Poseidonios. Neben diesen zog er noch eine Masse von Material zum Aufbau seiner Geschichte heran. Er schrieb in den einzelnen Partien nach den besten Quellen, die ihm jedesmal vorlagen. Allein diese einzelnen Abschnitte mufsten einem Rahmen eingefügt werden, der das Ganze umfafste, und als solcher Rahmen diente das Werk des Valerius. Es fanden sich Lücken in dem neu gewonnenen Material: zu ihrer Ausfüllung und zur Verbindung der verschiedenen Abschnitte unter einander benutzte Livius wiederum die Arbeit seines Vorgängers. Es war eine durchgreifende gründliche Revision der gangbaren Stadtchronik, in welcher viele Bücher ganz aus dem Frischen gearbeitet, andere nur zum kleinsten Theil verwandt wurden. Aus diesem Gesichtspunkt, glaub' ich, allein läfst sich die stete Bezugnahme des Livius auf Valerius Antias erklären. Es erklärt sich daraus auch die heftige Polemik gegen denselben: eine ganze Reihe von Stellen wie III 5, XXVI 49, XXXII 6, XXXIII 10, XXXIV 15, XXXVI 19, XXXVIII 23, XXXIX 43, XLII 11, XLIV 13, sind nur deshalb herangezogen um auf seine völlige Unglaubwürdigkeit aufmerksam zu machen. Darin äufsert sich zum Theil die natürliche Opposition des Nachfolgers zum Vorgänger. Aber es liegt ihr auch eine tiefere Berechtigung zu Grunde: denn Livius war ein Mann, der für die Wahrheit Sinn und Verständnifs besafs. Allein mit Unrecht hat die Nachwelt das Urtheil des Livius acceptirt und mit Unrecht hat man die Masse von Fälschungen und Erdichtungen, welche sich in der römischen Ueberlieferung finden, hauptsächlich auf die Schultern des Antias legen wollen. Dieser hat einfach das System seiner Vorgänger, in der Erzählung der Phantasie freien Spielraum zu gewähren, mit gröfserer Consequenz und wol auch mit gröfserem Geschick durchgeführt als jene. Aus dem Erfolg seines Buchs und dem Umstand, dafs die siegreiche Reaction des Livius von diesem Buch ausging, ist das Stigma abzuleiten, welches seinen Namen getroffen hat.

6. Aufser Polybios Cato Claudius Valerius Rutilius werden keine Schriftsteller in der vierten und fünften Dekade erwähnt.

Für den Scipionenprozefs hat Livius ferner die *libri magistra-tuum* benutzt XXXIX 52, eine angebliche Rede des Gracchus und eine zweite des Scipio Africanus XXXVIII 56: hier nimmt er auch auf die Statuen des Letzteren vor der *porta Capena* und zu Li-ternum Bezug, weifs aber von der ersten nicht viel zu sagen. Dies Material ist nur Ausnahmsweise herangezogen und das Citat aus den Magistratsverzeichnissen höchst wahrscheinlich einem andern Schriftsteller entnommen: jedenfalls kennt er in der ersten Dekade IV 7. 23 dieselben nur aus den Anführungen des Licinius Macer und manche Widersprüche in den Namen der Beamten, die sich in dem uns vorliegenden Abschnitt finden, deuten durchaus nicht auf ihre durchgehende Benutzung hin. Von den fünf genannten Autoren ist ferner Rutilius, wie oben gezeigt wurde, wahrscheinlich nur an einer einzigen Stelle, auf jeden Fall aber in höchst beschränktem Mafse benutzt. Das Nämliche gilt, wie aus den Anführungen hervorgeht, von den Reden Catos. Mithin bleiben als Hauptquellen für die vierte und fünfte Dekade Polybios Valerius Claudius nach, eine griechische und zwei lateinische. Stellen wie XXXII 6 *ceteri Graeci Latinique auctores, quorum quidem ego legi annales,* XLII 11 *plurium annales et quibus credidisse malis,* XXXIX 50 *ab scriptoribus rerum Grae-cis Latinisque* beweisen mit Nichten, dafs Livius eine Menge von Quellen vor sich gehabt. Mit Bezug auf den letzten Fall sahen wir S. 42, dafs nach der einfachsten Erklärung nur Ein Grieche und Ein Römer verstanden werden können. Ueberhaupt wenn Livius von seinen Quellen im Plural spricht *alii* oder *quidam tra-dunt,* so ist — nach einem im Griechischen ganz geläufigen Sprachgebrauch — in der Regel nur an eine einzige zu denken. Wenn es z. B. XXXVII 34 über die Gefangennahme von des Sci-pio Africanus Sohn heifst *alii postquam transitum in Asiam est* etc., so steht diese Version mit dem c. 48 erzählten Geschicht-chen im engsten Zusammenhang; und da nun Livius hier aus-drücklich bemerkt, dafs er für dasselbe keinen andern Gewährs-mann gefunden wie Valerius Antias, so kann jenes *alii* sich nur allein auf Valerius beziehen. Dafs mit dem ersten *alii principio belli* etc. kein Anderer als Polybios bezeichnet wird, ist ebenso unzweifelhaft: wiewol, da das Fragment κα 10—12 grade an dieser Stelle verkürzt ist, dies erst auf einem weiteren Wege nachgewiesen werden kann (s. Kap. 13, 5). Sofort einleuchtend ist die Sache XLV 3, wo mit den Worten *tradidere quidam* nur Polybios gemeint sein kann; denn κϑ 7 lehrt, dafs dieser hier einfach übersetzt ist und schon XLIV 15 sind die Berichte der

andern Quellen über den vorliegenden Gegenstand mitgetheilt.
Nach einem Grundgesetz der Kritik, dafs nämlich die einfachste
Erklärung auch die richtige ist, müssen wir von Vorn herein
annehmen, dafs Livius keine andern Quellen als die angeführten
gehabt, auf jeden Fall aber nur Polybios Valerius Claudius als
Hauptquellen verwandt habe. Denn wenn er an einigen vierzig
Stellen seine Gewährsmänner ausdrücklich genannt hat, so würde
die Annahme, dafs er auch noch Anderen stillschweigend gefolgt
sein sollte, ein unerklärliches und unberechtigtes Spiel des Zufalls voraussetzen. Die Richtigkeit dieser Behauptung a priori
steht fest; bestätigt sie sich auch a posteriori, so ist sie wahr:
d. h. wenn eine sorgfältige Untersuchung des Einzelnen uns nirgends zu der Annahme von neuen unbekannten Quellen zwingt,
so hat Livius nur die Genannten benutzt, in erster Linie Polybios
Valerius Claudins, in zweiter die catonischen Reden und das
übrige angeführte Material.

7. Dafs in der vierten und fünften Dekade aufser Polybios
keine griechisch geschriebenen Quellen verarbeitet sind, ergiebt
sich ferner aus einer andern Betrachtung. Es gab nämlich über
diese Zeit keine griechischen Geschichtswerke, welche Livius
füglich hätte verwenden können. Fabius Pictor, den er in den
Büchern I II VIII X XXII citirt und dessen griechische Bearbeitung er nach der gewöhnlichen Annahme benutzt hat, scheint
nach allem, was wir von seinem Leben wissen, nicht über den
hannibalischen Krieg hinausgegangen zu sein; jedenfalls reichen
die erhaltenen Fragmente nicht weiter. Das Gleiche gilt von dem
Buch VII und XXI genannten Cincius Alimentus. Endlich Sile-
nos, der im XXVI. Buch angeführt wird, hat sich auf den hannibalischen Krieg beschränkt. Und welche griechischen Quellen
sollte denn Livius für diesen Zeitraum sonst benutzt haben? An
das Buch des Postumius Albinus μ 6 wird Niemand ohne weitere Veranlassung denken wollen, ebensowenig an die *historia
quaedam Graeca scripta dulcissime* von P. Scipio, dem Sohn des
Africanus, von Cicero Brut. c. 19 erwähnt. Dies sind die beiden
einzigen Römer, welche — soweit unsere Kenntnifs reicht — die
Geschichte dieser Zeit in griechischer Sprache, nicht beschrieben
haben, sondern beschrieben haben können.

Kleinere Schriften wie Memoiren Briefe u. dergl. mochte
es allerdings manche geben. So erwähnt Plutarchos Aem. Paull.
c. 15 einen Bericht des Scipio Nasica, welcher den letzten Feldzug gegen Perseus mitgemacht hatte. γεγραφὼς περὶ τῶν πράξεων τούτων ἐπιστόλιον πρός τινα τῶν βασιλέων. Aber

mit den Anführungen aus demselben c. 15. 21 stimmt XLIV 35. 42 keineswegs. Ueberall war es nicht die Weise des Livius dergleichen Material mühsam zusammenzusuchen: ein Mangel, der sich aus der Gröfse seines Werks und der enormen Schwierigkeit eine gelehrte Vergleichung und Sichtung des Materials, wie sie durch die Erfindung der Buchdruckerkunst ermöglicht ist, anzustellen ganz von selbst erklärt. Noch weniger aber fand er für seinen Bedarf passende Werke der Griechen vor. Von solchen werden nur Spezialschriften erwähnt: Ἀακωνικά eines Aristokrates Plut. Philop. c. 16 Athen. 3 p. 82E, eine Geschichte des Perseus von Poseidonios Plut. Aem. c. 19, eine Geschichte des Philippos und Perseus von Strato Diog. L. 5, 3, rhodische Geschichtsbücher von Zenon und Antisthenes ιϛ 14. Was wir aus den plutarchischen Stellen mit XXXVIII 33 und XLIV 41 vergleichen können, weicht entschieden von Livius ab. Und es braucht kaum betont zu werden, dafs Schriften, welche einem Quellenforscher wie Polybios und einem Litteraten wie Plutarchos, die beide eine erstaunliche Belesenheit an den Tag legen, bekannt sein mochten, schwerlich jenem zugänglich waren, auf keinen Fall nach seiner ganzen Methode zu arbeiten irgend welche Verwendung finden konnten.

8. Nach dem Vorhergehenden dürfen wir von vorn herein annehmen, dafs Livius in der vierten und fünften Dekade sich auf drei Hauptquellen beschränkt hat. Mit weit gröfserer Sicherheit können wir behaupten, dafs er keine griechischen Werke aufser dem des Polybios benutzt hat. Zwischen Polybios und den übrigen Quellen findet ein durchgreifender Gegensatz statt zunächst in Bezug auf Nationalität und Sprache. Jener hat ferner eine ausführliche Universalgeschichte verfafst, die eine kürzere Periode behandelt, Valerius und Claudius umfassen die ganze römische Geschichte von der Gründung der Stadt. Das Werk des Polybios schliefst sich an eine reiche und hoch entwickelte Historiographie an, die beiden Andern sind über die rohe und schwerfällige Form der Annalen, d. h. der Stadtchronik, nicht hinausgekommen. Endlich ist jener den erzählten Begebenheiten gleichzeitig, diese schreiben ein Jahrhundert später. Diesen nach allen Seiten durchschlagenden Gegensatz hat Livius selber in dem ersten Punkte, der Nationalität, angedeutet, wenn er XLV 44 von einem Besuch des Königs Prusias in Rom und seiner ehrenvollen Aufnahme erzählt und dann hinzufügt *haec de Prusia nostri scriptores: Polybius* etc. dessen Bericht lautet ganz anders. Allein nicht blofs hier, sondern auch an den andern Stellen, die sich vergleichen lassen, zeigt sich zwischen den Angaben des

Polybios und der Annalisten der schroffste Widerspruch. Bei
Kynoskephalai fallen nach jenem 8000 Makedoner, nach Valerius
40000, nach Claudius 32000 XXXIII 10. Die Bestimmungen,
welche XXXIII 30 aus diesen hinzugefügt werden, sind mit dem
Vertrag des Polybios unvereinbar. Nach ihm zählte das syrische
Heer, welches in der Thermopylenschlacht vernichtet wurde,
10000 Mann; nach Valerius 60000 und davon sollen 40000 gefallen sein. Der Vermittlungsversuch der Rhodier im Kriege zwischen den Römern und Perseus wird XLIV 15 in das Jahr 585
gesetzt nach Claudius und einem Andern, XLV 3 nach Polybios
in 586 und hier wird er ganz anders erzählt. Diese wenigen Daten genügen um eine Vorstellung zu geben von den Widersprüchen, die — ich möchte fast sagen auf jeder Seite — zwischen
Polybios und den Annalisten stattgefunden haben müssen. Um
dieselben, der zahlreichen Differenzen des Valerius und Claudius
unter einander ganz zu geschweigen, genügend auszugleichen und
aus dem vorliegenden Material eine neue selbstständige und einheitliche Darstellung zu schaffen, bedurfte es vor allen Dingen
einer sichern kritischen Methode.

9. Kritik ist dem Livius nun freilich in keiner Weise abzu-
sprechen: denn er erklärt XXXIII 10 den Polybios als seinen
Gewährsmann für die Thaten der Römer in Griechenland, dem
gegenüber er die Uebertreibungen der Annalisten verwirft, oder
den er allenfalls wie XXXIII 30 unter Beifügung der Namen aus
diesen erweitert. Allein dafs er diesen Grundsatz nicht unbedingt
befolgt, zeigt das Beispiel XXXVII 34, wo er um die ganz abge-
schmackte Fabel c. 48 zu retten zwischen der Autorität des Polybios und Valerius schwankt s. S. 47. Und wie stand es ferner
mit den Ereignissen, die sich in Rom oder den westlichen Provinzen zutrugen? In Betreff des Prusias steht der Widerspruch
XLV 44 unvermittelt da. Und gar über die rhodische Gesandtschaft erhalten wir XLIV 15 XLV 3 drei verschiedene Darstellungen, unter denen wir wählen können. Wie ungenügend Livius
sein Material verarbeitet hatte und wie wenig er seiner kritischen
Aufgabe gewachsen war, zeigt das bekannte Beispiel seiner Darstellung des Scipionenprozesses: ein Gegenstand der von grofser
Wichtigkeit und grofsem Interesse für ihn sein mufste. Zuerst
nun XXXVIII 50fg. erklärt er ausdrücklich dem Valerius zu folgen und setzt den Tod des Scipio Africanus in das Jahr 567.
Daneben erwähnt er c. 55—57 eine abweichende Erzählung und
zwei angebliche Reden des Gracchus und Scipio, an deren Aechtheit er zweifelt. Ueber den Widerspruch seiner Nachrichten, zwi-

schen denen gar nicht hindurch zu finden sei, beklagt er sich zwar, hat aber doch schliefslich dem Valerius den Vorzug ertheilt. Mit Einem Mal vier Jahre später widerlegt er XXXIX 52 nicht blofs die Angaben des Polybios und Rutilius, welche den Tod Scipios in 571 verlegten, d. h. die ältesten und glaubwürdigsten Zeugen, die ihm überhaupt zu Gebote standen, sondern seine eigne vorhin aus Valerius genommene Darstellung und setzt nun den Tod Scipios nicht 567, sondern 569. Diesen Salto mortale bringt er glücklich zu Wege vermittelst der XXXVIII 56 angezweifelten Rede Scipios gegen den Tribunen Naevius, der nach den Magistratsverzeichnissen vom December 569 bis ebendahin 570 Tribun gewesen sein soll. Dafs diese Rede wirklich apokryph war, wie auch Leute zu Nepos Zeit behaupteten Gellius N. A. 4, 18 [der aus Nepos *de exemplis* geschöpft hat s. Kap. 14, 8] geht denn doch schon daraus hervor, dafs nach der Bemerkung bei Livius der Name des Anklägers, gegen den sie gerichtet war, nur auf dem Titel stand, in der Rede selber nicht vorkam. Aber auch die Aechtheit derselben zugegeben, so wird die Beweisführung um Nichts besser. Von den neuen Censoren nämlich 570 sei Scipio nicht zum *princeps senatus* ernannt und müfste defshalb, wenn er nicht vorher starb, mit einer *nota* belegt worden sein: von einer *nota* aber habe kein Mensch etwas berichtet. Dies Argument ist allerdings von bedeutendem Gewicht*). Allein zunächst sieht man nicht ein, da die Wahl der Censoren erst kurz vor dem Abgang der Consuln in die Provinzen erfolgte XXXIX 41, warum der Tod Scipios in das Ende von 569 und nicht ebenso gut in den Anfang von 570 zu setzen sei. Ohne Zweifel folgte Livius darin einem bestimmten Zeugnifs, wie auch Cicero de sen. 6 das Jahr 569 angiebt (Kap. 14, 10). So bleibt in der That dem Anschein nach zwischen den römischen Annalisten und Polybios eine Differenz von 2 Jahren. Aber die Differenz kommt im Wesentlichen auf die Rechnung des Livius. Denn dieser hat aus Nachlässigkeit die dem Polybios unter 5 Jahren entnommenen Partien um Ein Jahr verschoben und auf 569—73 statt auf 568—72 gesetzt (Kap. 15, 8). Darnach fällt der Tod Scipios 570. Da aber ferner die Jahre nach der Rechnung des Polybios einige Monate früher anfangen als die Consulatsjahre (Kap. 4, 8),

---

*) Nach einer Mittheilung von Herrn Prof. Th. Mommsen, der die Güte gehabt das Manuscript einzusehen und im vorliegenden wie in andern schwierigen Fällen durch seine Bemerkungen mich auf die richtige Spur gebracht hat, scheint es nicht vorzukommen, dafs je ein *princeps senatus* zu Gunsten eines Anderen übergangen worden sei.

so umfaſst das J. 570 auch den Schluſs von 569. Und so findet gar kein Widerspruch zwischen der polybianischen Datirung
und der des Livius und Cicero statt. Dies Beispiel legt für die
Sorgfalt und kritische Befähigung des Livius ein entschieden un-
günstiges Zeugniſs ab. Aehnliche Beispiele lassen sich in nicht
geringer Anzahl beibringen. Wir müssen ferner auf die ganz un-
genügende Weise aufmerksam machen, in der er sein Material
vorbringt. Hätte er nämlich schon 567 im XXXVIII. Buch die
abweichende Darstellung des Polybios über den Tod Scipios und
die Daten gekannt, auf welche er sich XXXIX 52 stützt, so würde
er unmöglich in diesen crassen Widerspruch mit seiner eignen
Darstellung geraten sein können. Ebenso würde er den Gegensatz zwischen Polybios und den Annalen XLV 3 XLIV 15, wenn
er ihm an der letzten Stelle schon bekannt war, gleich dort zum
Austrag gebracht haben. Wir erkennen daraus ohne Mühe, daſs
Livius unter dem Einfluſs der annalistischen Form seines Werks
immer nur das unter Einem Jahr gebotene Material seiner Quellen gesammelt und verarbeitet hat. Etwas Anderes ist es, wenn
er XXXVIII 41 eine Abweichung aus Claudius einschaltet, welche
2 Jahr früher XXXVII 7 hätte bemerkt werden sollen: darnach
hat er diesen Schriftsteller zur rechten Zeit entweder gar nicht
oder höchst oberflächlich angesehen. Wenn Livius ferner XXXIX
51 den Tod Hannibals erzählt und später c. 56 die Abweichung
des Valerius nachträgt, so kann er jedenfalls an ersterer Stelle
diesen Schriftsteller noch gar nicht eingesehen haben. Daraus
folgt, daſs er seine Quellen nicht selten erst nach einander zur
Hand nahm. Wir können endlich einen bedeutenden Theil seiner
Darstellung im Einzelnen nach den polybianischen Fragmenten
controlliren und ersehen aus dieser Vergleichung, daſs er sich
einfach darauf beschränkt zu übersetzen und daſs von einer Verbindung und Verschmelzung mit andern Quellen gar keine Rede
sein kann. Doch genug; es leuchtet nach dem Gesagten ein, daſs
zwischen Polybios und den übrigen Quellen der vierten und fünften Dekade ein entschiedener Gegensatz sich findet und daſs dieser Gegensatz durch die Ueberarbeitung des Livius keineswegs
geschlichtet erscheint. Wir dürfen erwarten in der Erzählung
desselben zahlreiche und unverkennbare Spuren dieses Gegen-
satzes zu finden, welche der weiteren Untersuchung sichere Anhaltspunkte gewähren können.

Kapitel IV.

Polybios als Quelle des Livius.

1. Wer die Bücher XXXI—XLV zum Gegenstand einer aufmerksamen Betrachtung gemacht, wird nicht haben unbemerkt lassen können, dafs dieselben aus zwei heterogenen Massen zusammengesetzt sind. Davon umfafst der eine Theil die Ereignisse vornehmlich in Rom, ferner in Gallien Spanien Afrika; der andere behandelt die Beziehungen der Römer zum hellenistischen Osten. In jenem spielt die Erzählung in der Regel in Rom, in diesem in Griechenland Makedonien und Asien. Diese beiden Bestandtheile der livianischen Bücher sind meistens ohne alle Verbindung lose neben einander gestellt; ja oftmals stehen sie in einem chronologischen Gegensatz zu einander. So wird XXXI 1—14 Anf. die Erzählung bis zum Herbst 554, wo das römische Heer in Epeiros gelandet war, geführt: c. 2 erscheint eine Gesandtschaft des Attalos und der Rhodier in Rom, c. 3 wird eine römische Flotte nach Makedonien geschickt, c. 5—8 im Anfang des J. 554 der Krieg an Philippos erklärt, c. 8 die Rüstungen, endlich c. 14 der Aufbruch des Consuls erzählt. Nach dieser Darstellung von den Ereignissen in Rom erhalten wir plötzlich c. 14—18 eine zweite Vorgeschichte des makedonischen Krieges, welche mit dem vorhergehenden Jahr anfängt, bis zum Herbst 554 reicht und in Griechenland spielt. C. 19—22 schliefst sich wieder an die Partie c. 1—14 an: c. 19 wird der Erfolg der c. 11 nach Africa geschickten Commission berichtet, c. 21. 22 die Unterdrückung des c. 10. 11 geschilderten Aufstands der Gallier. In der Mitte von c. 22 kehrt Livius nach Griechenland zurück und führt die Erzählung von c. 18 weiter. Es folgt eine zusammenhängende Geschichte des Krieges c. 22—47, welche bis zum Herbst 555 reicht und mit den Worten abschliefst *haec ea aestate terra*

*marique adversus Philippum sociosque eius ab consule et legato
Romano adiuuantibus rege Attalo et Rhodiis gesta.* Die Erzählung
wendet sich c. 47 zu dem c. 22 verlassenen Aufstand der Gallier
und wir sind mit Einem Mal wieder im J. 554. Die Geschichte
dieses Jahres wird c. 47—50 beendigt und mit Buch XXXII das
J. 555 begonnen. Den Krieg gegen Philippos führt Livius c. 3—
6 bis zum Frühjahr 556. Darauf kehrt er nach Rom zurück und
kommt erst c. 8 zum J. 556. Von der Mitte c. 9 bis c. 25 wird
nun die Geschichte des makedonischen Krieges bis zum Herbst
556 erzählt und abgeschlossen: *haec ea aestate ab Romanis in
Graecia terra marique gesta.* C. 26 geht Livius zu den c. 9 verlassenen Zuständen in Gallien über, kommt c. 28 zum J. 557
und erzählt c. 30. 31 die Unternehmungen der Consuln gegen
die Gallier und Ligurer, welche in den Sommer eben dieses Jahres
557 fallen. Plötzlich fährt er c. 32 fort *hiems iam eo tempore erat,
et cum T. Quinctius* etc.: aber die folgende Erzählung von den
Ereignissen in Griechenland fällt nicht, wie man doch nach diesem Uebergang erwarten müfste, in den Winter 557,8, sondern
in den Winter 556.7 und schliefst sich wieder an c. 25 an. Es
folgt eine zusammenhängende Schilderung des letzten Kriegsjahrs,
welche XXXIII 18 mit den Worten endigt: *haec in Thessalia haec
in Achaia haec in Asia per eosdem dies ferme gesta;* hieran
reiht sich c. 19 eine kurze Nachricht von einem Einfall der Dardaner in Makedonien, c. 19. 20 eine plötzlich abgebrochene Erzählung von den Unternehmungen des Antiochos, endlich c. 21
ein Nekrolog des Attalos. In der Mitte von c. 21 kehrt Livius
nach Rom zurück, erzählt von einem Bericht an den Senat aus
Spanien, c. 22 von der Heimkehr der Consuln, welche er XXXII
31 in Gallien verlassen hatte, und geht c. 25 zum J. 558 über. C. 27
—35 wird die Geschichte der Römer in Griechenland berichtet; es heifst zum Schlufs *hunc finem bellum cum Philippo habuit.*
C. 36. 37 handeln von einer Sklavenverschwörung in Etrurien
und den Thaten der Consuln gegen Gallier und Ligurer. C. 38
—41 enthalten die Unternehmungen des Antiochos und seine
Verhandlungen mit den Römern; die Partie wird mit den Worten
abgegrenzt *in hoc statu regum erant res.* XXXIV 22—41 wird
der 559 gegen Nabis geführte Krieg erzählt; c. 48—52 die letzten Anordnungen der Römer und ihr Abzug aus Griechenland
560. Ebenso handelt XXXV 12. 13 von den Versuchen der
Aetoler im J. 561 die Könige gegen Rom aufzureizen, c. 13—19
von den Verhältnissen in Syrien und dem drohenden Kriege.
C. 25—39 werden die Ereignisse in Griechenland 562 vor der

Ankunft des Antiochos geschildert, c. 42—51 seine Ueberfahrt und die Eröffnung der Feindseligkeiten. XXXVI 5—35 enthalten den 563 mit Antiochos und den Aetolern in Griechenland geführten Krieg; der Abschnitt wird durch die Worte am Schlufs bezeichnet *bellum, quod cum Antiocho rege in Graecia gestum est a M'. Acilio consule, hunc finem habuit*; c. 41—45 wird der Seekrieg desselben Jahres in den asiatischen Gewässern erzählt. Die kriegerischen Ereignisse von 564 in Aetolien werden dargelegt XXXVII 4—7, dann die in Asien c. 8—45. Im J. 565 wird der aetolische Krieg XXXVIII 1—11, hierauf der mit den Gallograekern c. 12—27 erzählt. C. 28—34 handeln wieder von den griechischen Angelegenheiten: c. 28. 29 von der Unterwerfung Kephallenes durch die Römer, c. 30—34 von der Unterjochung Spartas durch die Achaeer: die letztere Partie reicht bis in den Sommer 566. Aber erst c. 35 beginnt Livius überhaupt die Geschichte dieses Jahres. C. 37—41 werden die Anordnungen der Römer in Asien 566 und ihr Abzug berichtet. In den Jahren 567. 68 wird Nichts aus Griechenland und Asien erzählt. Dagegen 569 die Verhandlungen des Philippos mit römischen Abgeordneten XXXIX 23—29, ebenso 570 Verhandlungen mit Philippos c. 34. 35 und den Achaeern c. 35—37. Aus 571 haben wir eine Schilderung von dem Tode Philopoimens c. 49. 50 und Hannibals c. 51, endlich von den Zuständen in Makedonien c. 53. Im J. 572 handeln XL 3—16 wieder von Makedonien, desgleichen 573 c. 20—24. 574 ist Nichts aus dem Osten berichtet, dagegen 575 aus Makedonien c. 54—58: der Abschnitt schliefst mit den Worten *haec eo anno in Macedonia gesta*. In den Jahren 576—78 wird Nichts über die hellenistischen Staaten erzählt, hingegen 579 XLI 19 von dem Krieg zwischen Dardanern und Bastarnern, — es folgt eine Lücke — c. 20 von Antiochos Epiphanes. 580 handeln c. 22—24 von den Annäherungsversuchen des Perseus an die Achaeer, c. 25 von den Zuständen in Aetolien Kreta Lykien. 581 haben wir Berichte aus Griechenland XLII 5. 6, 582 c. 15. 16. Mit c. 29 geht Livius zum J. 583 über und läfst nach dem Scheitern aller Unterhandlungen c. 36 die definitive Kriegserklärung gegen Perseus erfolgen. Aber nachdem er diese Darlegung der Ereignisse in Rom mit den Worten beendet *haec Romae acta nondum profectis in provinciam consulibus*, stehen wir plötzlich wieder im J. 582, hören im Folgenden wieder von Unterhandlungen und jetzt ergeht c. 48 die definitive Kriegserklärung. Der Abschnitt c. 36—67 behandelt die Einleitung und das erste Jahr des Krieges gegen

Perseus 583. Die Kriegsgeschichte von 584 ist in der grofsen
Lücke zwischen XLIII 3 und 4 verloren gegangen; die von 585
wird erzählt XLIII 17—XLIV 13. Livius geht c. 19 zum J. 586
über und kommt c. 22 bis zum Abgang der Consuln in ihre Provinzen. Darauf kehrt er wieder zum Winter 585 6 zurück, wo
die Erzählung c. 13 stehen geblieben war, und erzählt c. 23—46
das Ende des makedonischen Krieges. XLV 4 9 berichtet er
die Gefangennahme des Perseus, c. 10 von den Zuständen in
Rhodos, c. 11. 12 von der Intervention der Römer in Aegypten.
587 erhalten wir Berichte aus Rhodos c. 25, Illyrien c. 26, Griechenland und Makedonien c. 27—34, endlich aus Asien c. 34.
    2. Wir finden hier überall zusammenhängende Partien von
bedeutendem äufsern Umfang. Ganz anders im übrigen Theil
der livianischen Erzählung: dieser umfafst eine Reihe abgerissener Stücke, die bald ein paar Kapitel bald den dritten oder vierten, ja noch viel geringeren Bruchtheil eines solchen enthalten
und nicht ihrem Inhalt nach, sondern nur durch äufsere chronologische Anordnung mit einander verbunden sind. Zwar sind
einige Partien ausführlicher behandelt, wie z. B. die Untersuchung
über die Bacchanalien XXXIX 8—19, die Verhandlung über das
oppische Gesetz XXXIV 1 8, die spanische Statthalterschaft
Catos cb. 8—21. Aber vergleichen wir den Umfang des letzteren Abschnitts mit dem Krieg gegen Nabis XXXIV 22—41
oder den Verhältnissen Griechenlands vor der syrischen Invasion
XXXV 25—39, so erscheint er neben diesen, wiewol der Gegenstand für einen römischen Geschichtschreiber doch ungleich wichtiger sein mufste, sehr kurz und dürftig behandelt. Indefs, kann
man sagen, ist dieser Krieg ausführlich und reichhaltig dargestellt
im Verhältnifs zu den andern Kriegen, welche in Gallien und
Spanien geführt werden. So wird der grofse Aufstand der Gallier 554 erzählt XXXI 10. 11. 21; ein Krieg mit denselben 557
XXXII 29—31, 560 XXXIV 46—48, der Krieg in Spanien 561
XXXV 1, mit den Ligurern und Galliern cb. c. 3—5. 11, 563
XXXVI 38, 567 XXXIX 1. 2, 568 cb. 20, 569 in Spanien cb.
30. 31, 573 mit den Ligurern XL 25—28. in Spanien cb. 30—
33, ebendort 574 c. 39. 40. ebendort 575 c. 47— 50, mit den
Histrern 576 XLI 1—5, ebendort 577 c. 10. 11, mit den Ligu-
rern 581 XLII 7. 8. Ich habe hier die mit besonderer Ausführlichkeit behandelten Kriege aufgeführt. Nach der livianischen
Darstellung mufs man ihnen allen die höchste Bedeutung beimessen: wir lesen hier von einer Menge von Schlachten, die an
Gröfse der Schlacht von Pydna Nichts nachgeben und die bei Ky-

noskephalal und Thermopylai weit überragen. Da darf es denn
wol Wunder nehmen, warum jene Ereignisse, ich will nicht sagen im Verhältnifs zu den Thaten der Römer in Griechenland
und Asien, sondern im Verhältnifs zu den Kämpfen der Achaeer
gegen Sparta XXXV 25—30 XXXVIII 30—34 oder den makedonischen Thronstreitigkeiten XL 3—16 so überaus stiefmüt-
terlich abgefertigt sind. Aber noch mehr: Livius erzählt oftmals
in 4—5 Zeilen von Kriegen, bei welchen in einer einzigen Schlacht
bis 20000 Feinde umkommen, so XXXI 49 XXXIII 44 XXXIV
22. 46 XXXVII 57; vgl. XXXI 2 XXXII 26 XXXIII 21. 25 XXXV
7. 22. 40 XXXVII 46 XXXIX 7. 21. 32. 42. 56 XL 16. 17 XLI
26 XLII 7 XLIII 1. 9 XLV 4. 44. Während wir ferner oben
eine Reihe ausführlicher zusammenhängender Abschnitte vorfan-
den, sehen wir in diesem Theil des Livius nur kurze, nach chro-
nologischem Faden zusammengestellte Notizen. Es wird unter
jedem Jahr aufgeführt: die Abhaltung der Wahlen, Vertheilung
der Heere und Provinzen, Sühnung der angemeldeten Prodigien,
Dedication von Tempeln, Feier von Spielen und andere gottesdienstliche Handlungen, Todesfälle von Priestern, Gründung von
Colonien, Unternehmungen in den Provinzen, Feier von
Triumphen, Berichte von zurückgekehrten Abgeordneten an den
Senat, Verhandlungen Auswärtiger mit demselben, endlich allerlei Streitigkeiten namentlich über die Erlangung von Triumphen.
In den letztgenannten Stücken zeigt sich eine stark ausgeprägte
Vorliebe für Rhetorik: das Uebrige ist trocken und langweilig
aufgeführt. Als Beispiel zu zeigen, wie Alles zusammengewürfelt
ist, nehme ich das XXXI. Buch. Hier kommt c. 2 eine Gesandtschaft des Attalos und der Rhodier an, es werden römische Gesandte nach Aegypten geschickt, endlich die Ereignisse in Gallien
und Ligurien berichtet. C. 3 geht eine römische Flotte nach Makedonien; ebendaher schickt ein Legat einen Bericht an den Senat. C. 4 wird eine Commission für Aeckervertheilung gewählt,
Wahlen abgehalten, Spiele und andere Feierlichkeiten. C. 5 am
Anfang des J. 554 werden Opfer wegen des beabsichtigten Kriegs
angestellt und eine athenische Gesandtschaft gehört. C. 6—8
wird die zuerst verworfne Kriegserklärung gegen Makedonien nach
einer Rede des Consuls schliefslich von den Comitien angenommen. C. 8 werden die Fetialen über die Form der Kriegserklärung consultirt, darauf Heere und Provinzen für dies Jahr vertheilt. C. 9 erscheint eine Gesandtschaft aus Aegypten; man gelobt Spiele für den glücklichen Ausgang des neuen Kriegs. C. 10
hören wir von einem Aufstand der Gallier. C. 11 werden Mafs-

regeln dagegen getroffen und Gesandte nach Karthago und Nu-
midien geschickt; endlich kommen Abgeordnete des Vermina.
C. 12 enthält die angemeldeten Prodigien und ihre Sühnung.
C. 13 werden Staatsgläubiger befriedigt. C. 19 Thätigkeit der
afrikanischen Gesandtschaft. C. 20 Rückkehr eines Proconsuls
aus Spanien. C. 21 Niederlage der Gallier durch den Practor
Furius. C. 47 kommt der Consul in Gallien an. C. 48 wird über
den Triumph des Furius gestritten. C. 49 triumphirt derselbe;
es werden Spiele Scipios abgehalten, über Landanweisungen
Bestimmungen getroffen, eine Schlacht in Spanien erzählt, die
Rückkehr des Consuls aus Gallien, sein Zorn über den Triumph
des Furius, endlich Wahlen. C. 50 enthält Nachrichten über
Getreidevertheilungen, Spiele, Leichenfeierlichkeiten, Todesfälle,
Anordnungen in Betreff der spanischen Provinzen. Die nämliche
lose Zusammenstellung von allerlei Notizen, kürzeren und ausführlicheren Berichten findet sich durchgehends in der vierten
und fünften Dekade überall, wo nicht die Ereignisse in Griechenland Makedonien Asien erzählt werden.

3. Vergleichen wir nun die S. 53 fg. bezeichneten Partien,
welche über den hellenistischen Osten und seine Beziehungen zu
Rom handeln, unter einander, so entdecken wir nirgends Abweichungen oder Widersprüche. Vielmehr erweisen sich dieselben als Theile einer und derselben gröfseren Darstellung, zwischen denen nur manche Bindeglieder fehlen um ohne Weiteres
einen vollständigen Zusammenhang ergeben zu können. XXXI
22 schliefst sich an c. 18 an; die Erzählung XXXI 43 wird
XXXII 4 fortgeführt; XXXII 32 folgt eng auf c. 25, ebenso wie
XXXIII 27 auf c. 13. Zwischen der Darstellung der syrischen
Unternehmungen XXXIII 20 und c. 38 fg. ist, wie Livius selbst
andeutet, am ersten Ort Mehreres ausgefallen. Ich beschränke
mich auf diese Bemerkungen; nirgends, wie gesagt, ist ein Widerspruch zwischen den einzelnen Partien zu finden. Höchstens
kann man hie und da von Unebenheiten in der Erzählung reden,
welche auf andere Weise erledigt werden müssen als durch die
Annahme, es lägen an den verschiedenen Stellen verschiedene
Quellen zu Grunde.

Von dem zweiten Theil der livianischen Bücher läfst sich
das Gleiche in keiner Weise behaupten. Zwar haben wir S. 53
bemerkt, dafs die einzelnen Stücke von Buch XXXI, c. 1 — 13,
19 — 21, 47 fg., in genauer Beziehung zu einander stehen, und
Aehnliches läfst sich auch überall im Folgenden wahrnehmen.
Allein nicht minder zeigen sich directe Widersprüche. Nach

XXXII 2 sollen die karthagischen Geifseln von Norba nach Signia
und Ferentinum geschafft werden; c. 26 befinden sie sich in Setia. Der c. 30 erzählte Krieg mit den Galliern ist in etwas anderer Fassung derselbe, welcher XXXI 21 beendet wird (Kap. 8,
5). XXXIV 44 geben die Censoren dem Senat bei den öffentlichen Spielen abgesonderte Sitze, c. 54 wird die Mafsregel dem
Consul Scipio zugeschrieben. Nach XXXIV 52 hat Flaminin 560
triumphirt, nach XXXV 40 561. XXXV 3 wird der ligurische
Krieg bei Pisa geführt und c. 21 dort zur Entscheidung gebracht:
dagegen wird c. 11 von einem Reiterstückchen der Numidier und
einem Marsch des römischen Heeres — Gott weifs wo? und wohin? — berichtet. C. 22 und 40 wird vom Krieg in Gallien mit
geringen Modificationen ganz dasselbe erzählt; ebenso c. 7 und
22 von den Ereignissen in Spanien. XXXIV 53 wird ein vom
Furius gelobter Tempel geweiht; desgleichen 2 Jahr später
XXXV 41, nur sind es jetzt zwei. XXXV 10 handelt von Weih-
geschenken und Anordnungen der Aedilen, c. 41 gerade ebenso
von den Aedilen des folgenden Jahrs. Von den Mafsregeln des
Postumius gegen apulische Räuber wird XXXIX 21 und 41 fast
das Nämliche gesagt. Aus diesen Widersprüchen und Wiederholungen müssen wir den Schlufs ziehen, dafs, während in dem
ersten Bestandtheil der livianischen Bücher nur Eine Quelle zu
Grunde zu liegen braucht, hier auf jeden Fall zwei oder mehrere
benutzt sind.

4. Die Widersprüche, welche wir oben in dem einen Theil
der vierten und fünften Dekade nachgewiesen haben, sind ganz
unerheblich im Vergleich zu denjenigen, welche zwischen den
beiden Theilen unter einander stattfinden. Ueberall wo Nachrichten entweder in beiden wiederholt sind oder sich gegenseitig controlliren lassen, zeigt sich, falls das Factische stimmt, in der Auffassung und Darstellung desselben eine totale Verschiedenheit;
noch häufiger sind beide selbst hinsichtlich des Factischen gänzlich unvereinbar. Aus der grofsen Fülle von Beispielen mögen
wenigstens einige diesen durchgreifenden Gegensatz veranschaulichen. XXXI 2 kommen Gesandte von Attalos und den Rhodiern
an den Senat *nuntiantes Asiae quoque civitates sollicitari*. Diese
vage Nachricht nimmt sich denn doch etwas sonderbar aus, wenn
wir c. 14 erfahren, dafs Attalus und die Rhodier 2 Seeschlachten gegen Philippos geliefert haben. Es wird ferner eine Gesandtschaft nach Aegypten geschickt, um für den im hannibalischen
Kriege geleisteten Beistand zu danken und im Falle eines Kriegs
mit Makedonien fernere Unterstützung zu erbitten. Sie wird ab-

geschickt 553, aber c. 18 im Sommer 554 sehen wir sie damit
beschäftigt an Philippos das römische Ultimatum zu stellen. C. 3
berichtet ein römischer Commissar von ungeheuern Rüstungen
des Philippos und spricht von einer drohenden Invasion Italiens.
Nach c. 14 ist er nicht einmal den Rhodiern und Pergamenern
gewachsen und rüstet sich c. 16 um über die thrakischen Küstenstädte herzufallen. XXXIII 44 wird hinsichtlich des Tyrannen Nabis dem Flaminin überlassen zu thun, *quod e re publica
censeret esse*; XXXIV 22 wird ihm ein *senatus consultum, quo
bellum adversus Nabim Lacedaemonium decretum erat*, überbracht. Nach XXXVII 2 werden dem Aemilius 20 Kriegsschiffe
nach Asien mitgegeben, c. 14 ist er nur im Besitz von 2 Fünfruderern. Eb. 2 wird ein grofses Heer nach Aetolien geschickt
vgl. c. 50; aber XXXVIII 3 mufs zur Führung des Kriegs erst
eine Armee hinübergeschafft werden. Die letzte Unterhandlung
des Perseus in Rom wird XLII 36 und abermals c. 48 erzählt.
Nach der ersten Version fordert der König die Räumung Griechenlands, nach der zweiten sucht er sich gegen erhobene Beschuldigungen zu vertheidigen; dort soll er die Feindseligkeiten
begonnen und Perrhaebien nebst thessalischen Städten erobert
haben, dagegen hat er c. 43 einen Waffenstillstand mit den Römern geschlossen und schlägt erst nach der Rückkehr seiner
Gesandten c. 53 los; dort sollen diese Italien innerhalb 11 Tagen räumen, hier erst in 30. Es ist klar, will man die eine von
diesen beiden Darstellungen annehmen, so mufs man die andere
vollständig verwerfen. Als letztes Beispiel wähle ich einen Abschnitt aus der Kriegsgeschichte des Winters 584/5. Unter den
Ereignissen nämlich, deren Erzählung in Rom spielt, erhalten
wir XLIII 9. 10 einen Bericht über eine Niederlage, welche die
Römer in Illyrien erlitten. Appius Claudius rückt mit 6000 Römern und Italikern nebst 8000 Bundesgenossen, die er in Illyrien
aufgeboten, nach Lychnidos vor. Von hier marschirt er gegen
Uskana, getäuscht durch das Anerbieten der Einwohner ihm die
Stadt übergeben zu wollen, und erleidet eine so vollständige Nie-
derlage, dafs er kaum 2000 Mann nach Lychnidos zurückbringt.
So berichtete c. 11 ein Tribun Sextus Digitius, der Opferns hal-
ber nach Rom gekommen war, an den Senat. Abgeschickte
Commissare stellten indefs nach ihrer Rückkehr die Schlappe als
viel unbedeutender dar: der Verlust habe zum gröfsten Theil die
Bundesgenossen, zum kleinsten die italischen Soldaten betroffen.
Eine zweite Darstellung dieser Ereignisse erhalten wir c. 18 fg.,
welche demjenigen Haupttheil des Livius angehört, der die Bezie-

hungen Roms zu den hellenistischen Staaten umfafst. Um die
Zeit des Wintersolstiz rückt Perseus nach Illyrien, erobert nach
kurzer Belagerung Uskana, verkauft die Einwohner in die Sklaverei und läfst eine makedonische Besatzung in der Stadt zurück
c. 18. Von diesen Vorgängen weifs die erste Darstellung gar
Nichts: nach ihr zählt Uskana 10000 waffenfähige Bürger nebst
einer geringen Besatzung von Kretern, die Bürger zetteln die List
gegen die Römer an und selbst die Weiber nehmen durch ihr
Geheul am Kampfe Theil. Nach weiteren Unternehmungen c. 19.
20 begiebt sich der König nach Makedonien zurück. Darauf hin
macht der Legat L. Coelius, der in Illyrien commandirte, einen
Versuch Uskana der makedonischen Besatzung zu entreifsen, ·
wird mit empfindlichem Verlust abgeschlagen und zieht sich nach
Lychnidos zurück. Um die in Illyrien erhaltene Scharte auszu-
wetzen greift Appius Claudius Phanote, eine Festung in Epeiros,
an, nachdem er 6000 Athamanen und Thesproter aufgeboten
hatte c. 21. Perseus, der inzwischen einen vergeblichen Zug
nach Aetolien unternommen, scheucht ihn auf seinem Rückzug
von der Belagerung ab. Der makedonische Commandant bringt
ihm beim Abmarsch bedeutenden Schaden bei, rückt ihm mit
einem Aufgebot epeirotischer Mannschaft nach und zwingt ihn
durch mehrere glückliche Treffen seine Bundesgenossen zu ent-
lassen und seine Truppen nach Illyrien zurückzuführen. Appius
begiebt sich hierauf nach Rom um zu opfern c. 23. Nimmt man
nun an, dafs die zweite Darstellung, deren Detaillirtheit schon
gröfseren Glauben beanspruchen kann, richtig ist, so bleibt von
der ersten nur die ganz allgemeine Thatsache geltend, dafs die
Römer in Illyrien den Kürzern zogen. Die beiden getrennten Unternehmungen des Coelius und Appius in Illyrien und Epeiros
sind zusammengebacken und Alles damit erledigt. Die Richtigkeit der einen Erzählung verausgesetzt, ist es nach allen Gesetzen
der Kritik unmöglich sie auch nur um ein Tüttelchen aus der andern zu erweitern.

Fassen wir alles zusammen, so scheidet sich die Erzählung
der vierten und fünften Dekade in 2 Hauptmassen, welche in
keiner äufsern Verbindung zu einander stehen, vielmehr nach
der Form der Darstellung und ganz besonders dem Inhalt nach
scharf zu scheiden sind. Um diesen durchschlagenden Gegensatz
begreifen zu können, sind wir mit Notwendigkeit gezwungen
beide Massen auf heterogene Quellen zurückzuführen. Wir sahen ferner, dafs die eine Gruppe gröfsere zusammenhängende
Stücke umfafst, welche sich häufig das eine auf das andere bezie-

hen und einander nie widersprechen, endlich ein und dasselbe Thema, die Beziehungen der hellenistischen Staaten zu Rom, behandeln. Die zweite Gruppe, welche Notizen und Verhandlungen aus Rom, Kriegsberichte aus Gallien und Spanien lose zusammengestellt enthielt, war keineswegs von allerlei Wiederholungen und Widersprüchen frei. Daraus folgt weiter, dafs wir für die erstere Masse nur eine einzige, für die letztere zwei oder mehr Quellen anzunehmen berechtigt sind.

5. Die bisherige Betrachtung gewinnt erst ihre rechte Bedeutung durch das Hinzuziehen der polybianischen Fragmente. Die erste Partie, welche wir aus der übrigen Erzählung ausgesondert haben, war die Vorgeschichte des makedonischen Krieges XXXI 14—18. Nun aber ist, wie die Vergleichung von ι<unk> 25. 26 beweist, das Stück von *Attalus enim rex* c. 14 bis *in societatem acceptis* c. 15 aus Polybios übersetzt. Das folgende Fragment hat Livius übergangen, wie er auch schon vorher die Erwähnung der römischen Gesandten unterdrückt. Desgleichen die Betrachtung ι<unk> 28, welche nur im Werk des Polybios ihren Platz hatte: aber das Urtheil über die Haltung des Philippos und der Verbündeten ist bei Livius ganz dasselbe wie bei jenem. Endlich ist die Belagerung von Abydos c. 17. 18, verglichen mit ι<unk> 30— 34, bis zu dem Satz *Philippus imposito Abydi* etc. übersetzt. Die Annahme dafs auch die letzten Sätze ebenso wie das zwischen beiden Fragmenten Liegende, kurz dafs die ganze Partie c. 14— 18 dem Polybios entnommen sei, kann gar nicht abgewiesen werden. Wegen des Verlustes von Buch ι<unk> (S. 2 Anm.) haben wir für die nächsten zwei Jahre keine Fragmente zur Vergleichung mit Livius. Für den Abschnitt XXXII 32 — XXXIII 21 (über dessen Verbindungslosigkeit mit dem Vorhergehenden vgl. S. 54) haben wir unter allen das reichhaltigste Material zur Controlle. Ueber die Conferenz zwischen Philippos und Flamininus und die folgenden Unterhandlungen in Rom, von der Mitte c. 32 bis c. 38, liegt das Original in dem Excerpt ι<unk> 1—12 vor. C. 38 —40 enthalten die übrigen Begebenheiten dieses Winters: die Auslieferung von Argos an Nabis und dessen Waffenstillstandsvertrag mit den Römern und ihren Verbündeten. Zwei kleine Bruchstücke aus der valesischen Sammlung ι<unk> 16. 17 finden sich am Ende von c. 40 übersetzt. Das XXXIII. Buch schliefst sich unmittelbar an XXXII an, wie gleich die ersten Worte *haec per hiemem gesta initio autem veris* zeigen. C. 1—4 wird die Gewinnung Boeotiens für die römische Ligue und der Aufbruch der Armeen erzählt. Vom Anfang abgesehen, besitzen wir c. 5—10 im Original ι<unk>

—10. Livius übergeht den Excurs über makedonische und römische Taktik und sieht bei dieser Gelegenheit die Annalen des Valerius und Claudius ein, deren Uebertreibungen er mit Entschiedenheit zurückweist. Dafs er gleich wieder den Polybius zur Hand nimmt, beweist die Uebereinstimmung von *ιη* 10 und c. 11 am Anfang. Den Schlufs dieses und Kapitel 12. 13 haben wir in dem Fragment *ιη* 17—22 entsprechend erhalten. C. 14—18 behandeln die Unternehmungen auf andern Kriegsschauplätzen gegen die Makedoner. Am Anfang c. 14 ist mit den Worten *atque, ut quidam tradidere, eodem die* auf die Abweichung wahrscheinlich eines der c. 10 citirten Annalisten Bezug genommen; im Uebrigen verrät die Erzählung keinerlei Zusätze. Nach der Niederlage der Dardaner c. 19 wird die syrische Geschichte angefangen, aber c. 20 nicht vollendet. Den Ursprung dieser Erzählung zeigt ein bei Suidas erhaltener Satz des Polybios, welcher sich c. 20 übersetzt findet, klar genug an*). Endlich der Nekrolog des Attalos c. 21 liegt *ιη* 24 im Original vor. Da nun überall in diesem Abschnitt, wo der Zufall durch erhaltene Fragmente eine Vergleichung gestattet, Polybios übersetzt erscheint, so ist es keine blofse Vermutung, sondern eine volle Thatsache, dafs diese Quelle für den ganzen Abschnitt und nicht für den gröfseren Theil allein, bei dem der Nachweis unmittelbar möglich ist, zu Grunde liegt. — Ebenso ist es auch mit der folgenden Partie XXXIII 27—35 der Fall. C. 27 ist übersetzt aus *ιη* 26, c. 30—35 aus *ιη* 27—31. In c. 30 ist Einiges aus den citirten Annalisten hinzugefügt. Ein abgerissener Satz des Polybios findet in c. 28 seine Stelle**). — Aus dem nächsten Stück c. 38—41 ist, wie die Vergleichung von *ιη* 32—34 lehrt, c. 39. 40 jener Quelle entnommen. — Für die beiden folgenden Jahre haben wir nach dem Verlust des Buchs *ιθ* Nichts zur Controlle; aber in dem Abschnitt XXXIV 48—52 wird Polybios als Gewährsmann genannt. — Zur Vergleichung mit XXXV 42—51, der Einleitung des syrischen Krieges, sind nur 3 Sätze *κ* 1. 2 erhalten: alle drei finden sich übersetzt c. 45. 46. 50. — Aus der fol-

---

*) *si eo fine non contineret classem copiasque suas, se obviam ituros, non ab odio ullo, sed ne coniungi cum Philippo paterentur et impedimento esse Romanis liberantibus Graeciam.* — p. 557, 6. κωλύειν τὸν Ἀντίοχον παραπλεῖν, οὐκ ἀπεχθείας χάριν, ἀλλ᾽ ὑφορώμενοι μὴ Φιλίππῳ συνεπισχύσας ἐμπόδιον γένηται τῇ τῶν Ἑλλήνων ἐλευθερίᾳ.

**) *Zeuxippus ... perfugit .. suam magis conscientiam quam indicium hominum nullius rei consciorum metuens.* — p. 889, 1. οὐδεὶς γὰρ οὕτως οὔτε μάρτυς ἐστὶ φοβερὸς οὔτε κατήγορος δεινὸς ὡς ἡ σύνεσις ἡ ἐγκατοικοῦσα ταῖς ἑκάστων ψυχαῖς.

genden Partie XXXVI 5—35 können wir c. 5 durch Vergleichung
mit dem verkürzten κ 3, c. 6 mit κ 7, c. 11 mit κ 8, c. 27—29
mit κ 9—11 als aus Polybios genommen nachweisen und c. 19
wird dieser als Gewährsmann genannt. — Für die Geschichte
des J. 564 XXXVII 4—45 stellen wir zusammen c. 6. 7 und
κα 2. 3, c. 9 und κα 4, c. 11 und κα 5, c. 18. 19 und κα 8,
c. 25. 26 und κα 9, c. 34—36 und κα 10—12, c. 45 und κα
13: überall hat Livius den Polybios übersetzt. Selbst ein abgerissener unverständlicher Satz, bei Suidas erhalten, findet in der
livianischen Erzählung seinen Zusammenhang und seine Erklärung*). Von der c. 34 erwähnten andern Quelle wird nur die
Abweichung bemerkt. — Ueber den aetolischen und gallograeki-
schen Krieg XXXVIII 1—27 lassen sich vergleichen c. 3 mit
κβ S. 9, c. 5 mit κβ 10, c. 7 mit eb. 11, c. 9—11 mit eb. 12—
15, c. 14 mit eb. 17, c. 15 mit eb. 18. 19, c. 18 mit eb. 20,
c. 24 mit eb. 21, c. 25 mit eb. 22: überall ist Polybios die zu
Grunde liegende Quelle. — In dem Abschnitt c. 28—34 stimmt
ein Citat Plutarchs Philop. 16 aus Polybios mit c. 33 überein. —
Aus dem nächsten c. 37—41 ist c. 37—39 nach κβ 24—26.
27 übersetzt. — In der Partie XXXIX 34—39 ist, wie κγ 14.
15 zeigt, c. 34. 35 dieser Quelle entnommen. — Aus c. 49—53
läfst sich c. 53 an κδ 6. 7 controlliren. — Aus XL 3—16 c. 3
durch κδ 8, c. 8 durch κδ 8a. — XLI 20 stammt nach κς 10
aus Polybios. — Ueber das erste Jahr des Krieges gegen Perseus,
welches XLII 36—67 behandelt wird, ist c. 44 mit κζ 1. 2,
c. 45 mit eb. 3, c. 46 mit eb. 4. 5, c. 48 mit eb. 7, c. 63 mit
eb. 7a. b. zu vergleichen und überall liegt Polybios zu Grunde.
— Aus der Partie XLIII 17 — XLIV 13 lassen sich c. 17 mit
κη 3—5, c. 19. 20 mit κη S. 9 zusammenstellen; eine Notiz bei
Suidas κη 12 findet c. 9 ihren Zusammenhang. - Von c. 23—
46 ist c. 23 nach κϑ 2. 3, c. 24. 25 nach κϑ 1, c. 29 nach κϑ
5 dem Polybios entnommen. Ein kurzer Satz bei Suidas ist
c. 35 übersetzt**). — Aus XLV 4—12 findet sich im Original
c. 8 κϑ 6c, c. 12 κϑ 11. — Aus c. 25—34 c. 25 λ 5, c. 31 λ
10; auch 5 abgerissene Sätze λ 14. 15 sind c. 27. 28. 32
übersetzt.

---

*) c. 27 piratae .. postquam videre ex alto classem, in fugam verte-
runt. — In den Ausgaben ist das betreffende Fragment unbestimmt geblieben; bei Bekker p. 1182, 94 οἱ δὲ πειρᾱταὶ θεασάμενοι τὸν ἐπίπλουν
τῶν Ῥωμαϊκῶν πλοίων, ἐκ μεταβολῆς ἐποιοῦντο τὴν ἀναχώρησιν.

**) comminus stabilior et tutior aut parma aut scuto Ligustino Ro-
manus erat. p. 1038, 24 τῇ δυνάμει τῆς πάρμης καὶ τῶν Λιγυστικῶν
βυρσῶν ἀντεῖχον ἐρρωμένως οἱ Ῥωμαῖοι.

6. Von den 33 gröfseren und kleineren Partien, welche wir
als einer einheitlichen Erzählung angehörig aus der vierten und
fünften Dekade ausgeschieden haben, sind nach dieser Zusammenstellung 20 mehr oder weniger aus Polybios übersetzt. Bei
manchen wie XXXI 14—18, XXXII 32 — XXXIII 20, XXXIII
27—35, 38—41 war die Fülle der Fragmente so grofs, dafs die
Annahme gar nicht zurück gewiesen werden kann, sie seien ganz
aus Polybios geschöpft. Aber noch mehr: über die Kriege der
Römer in Griechenland und Asien sowie die Verhältnisse der
hellenistischen Staaten kann Livius gar keiner andern Quelle
gefolgt sein. Sollte dies der Fall sein, so wäre es doch völlig unbegreiflich, wie bei der Vergleichung von etwa 70 Fragmenten
mit der livianischen Erzählung überall sich stets ein und derselbe
Ursprung ergiebt. Und nicht blofs gröfsere Abschnitte können
wir hier wiederfinden, sondern kurze losgerissene und unverständliche Sätze ihrem Zusammenhang wiedergeben. Die nicht
aufgenommenen Fragmente enthalten, wie S. 19 nachgewiesen,
in der Regel die Darstellung von italischen Verhältnissen oder
Spezialgeschichte, welche mit der römischen Nichts zu thun
hatte, oder betrachtende Excurse. Ueber den makedonischen
Krieg sind alle erhaltenen Bruchstücke benutzt; über den syrischen sind einige geringen Umfangs XXXVII 9fg. ausgelassen:
za 4 Zustände in Phokaia, eb. 5 Charakteristik des Phamphili-
das, eb. 6 Benachrichtigung vom aetolischen Waffenstillstand,
eb. 7 Hülfsgesuch des Eumenes an die Achaeer und Charakteristik des Diophanes. Aber sie fügen sich mit Leichtigkeit dem
Zusammenhang der Erzählung ein und sind augenscheinlich als
weniger wichtig der Kürze halber übergangen. Im Folgenden bis
zum Friedensabschlufs mit Antiochos ist alles Erhaltene benutzt.
Ebenso über den Krieg mit Perseus Alles was sich nicht auf die
ganz speziellen Verhältnisse der einzelnen Staaten bezieht. Freilich citirt Livius an verschiedenen Stellen andere Quellen wie
Valerius Antias und Claudius: so XXXII 6 XXXIII 10. 14. 30
XXXIV 41 XXXV 14 XXXVI 19 XXXVII 34 XXXVIII 23. 41
XLII 66 XLIV 13. Allein nach seinem S. 37 nachgewiesenen
kritischen Grundsatz schenkt er ihnen dem Polybios gegenüber
keinen Glauben und drückt dies entweder gradezu aus oder stellt
durch die Nennung des Namens die Sache als so zweifelhaft hin,
dafs er keine Bürgschaft für sie übernehmen will. Dafs sein Verfahren überall so gewesen ist, müssen wir aus den 3 S. 34 angegebenen Fällen, wo durch die Fragmente eine Controle möglich ist, unbedenklich folgern. In der That zeigt sich bei allen

diesen Abweichungen derselbe tief liegende Gegensatz, welchen
wir S. 49 fg. zwischen Polybios und den römischen Quellen der
vierten und fünften Dekade vorgefunden haben. Bei dieser tota-
len Verschiedenheit leuchtet es ein, dafs eine Erweiterung oder
stellenweise Vertauschung der polybianischen Darstellung mit
annalistischen Stücken zu einer Masse von Widersprüchen geführt
haben würde. Da solche, wie gesagt, sich nicht vorfinden, sind
wir um so mehr gezwungen die ausgesonderten Abschnitte auf
Polybios als einzige Quelle zurückzuführen.

7. Dieses Resultat wird durch eine weitere Betrachtung von
sehr verschiedenen Seiten aus bestätigt. Die Anordnung des
Stoffs zunächst gehört durchaus dem Polybios an *). Wir haben

---

*) Polybios schreibt synchronistisch. An mehreren Stellen läfst er sich
weitläuftig über seine Methode aus, theils um sie zu rechtfertigen, theils um
Abweichungen von ihr zu begründen: so ιδ 1a. 12. ιε 24. κη 14. λγ 12a.
λϑ 1ab. Die Anordnung, wie sie sich aus der Reihenfolge in den Sammlungen der Fragmente ergiebt, ist im Wesentlichen folgende. Unter jedem
Jahr stellt er Italien und Rom, das ja immer mehr Mittel- und Bindepunkt
aller Geschichte wird, voran: τὰ Ἰταλικά nach κη 14. So 558 ιη 25 καὶ τὰ
μὲν κατὰ τὴν σύγκλητον ἐπὶ τούτοις ἦν; 561 κ 13 κα 1; 565 κβ 1 fg. (über
die in diesem Jahr befolgte Anordnung giebt κβ 16 erwünschten Aufschlufs:
darnach kam nach den Verhandlungen in Rom der Krieg mit den Aetolern, auf
diesen die Unterwerfung der Gallograeker) 570 κγ 11. 12; 571 κδ 1—4; 572
κδ 10 καὶ τὰ μὲν κατὰ τὴν Ἰταλίαν ἐν τούτοις ἦν; 573 κε 2 (dieses Fragment ist, wie Schweighäuser bemerkt, aus zwei verschiedenen Stellen zusammengeschrieben. Schon die Wiederholung εἰς δὲ τὴν Ῥώμην παραγε-
γονότων κτλ. neben dem vorhergehenden Satz beweist dies zur Genüge).
574 κε 6 καὶ τὰ μὲν κατὰ τὴν Ἰταλίαν οὕτως εἶχεν (auch dies Stück ist
wie das vorige aus zwei Stellen zusammengeschrieben; vgl. das gleichlautende Excerpt Diodors 29, 25) 577 κς 7: 578 κς 9; 555 κη 1. 2 καὶ τὰ μὲν
κατὰ τὴν Ἰταλίαν ἐν τούτοις ἦν; 556 κϑ 1 καὶ τὰ μὲν κατὰ τὴν Ἰταλίαν
ἐν τούτοις ἦν; 557 λ 1—4: 558 λ 16: vgl. λβ 1. Von Italien geht Polybios über auf die griechische Halbinsel und zwar nicht zu einem bestimmten
Staat, sondern zu demjenigen, welcher jedesmal Träger der allgemeinen
Geschichte war und auf das gröfste Interesse Anspruch machen konnte.
Wo gröfsere kriegerische Verwicklungen stattfanden, ist dies um so leichter erklärlich. So steht der Krieg des Philippos mit König Attalos und den
Rhodiern voran 553 ις 1 fg., 554 ις 21 fg., mit den Römern und ihren Verbündeten 557 ιζ 1 fg., 558 ιη 26 fg.; der syrische Krieg 563 κ 1 fg.; der
aetolische 564 κα 2. 3, 565 κβ 8 fg.; die Zwistigkeiten des Philippos mit
Rom 569 κγ 4, 570 κγ 13. 14; der Krieg der Achaeer gegen Messene 571
κδ 5, 572 κδ 12; der Krieg gegen Perseus 583 κζ 1 fg., 584 κζ 13 fg., 585
κη 3 fg., 586 κϑ 2 fg., 587 λ 6 fg. Bisweilen ersehen wir aus den Fragmenten, dafs diese Abschnitte scharf bezeichnet und begrenzt gewesen sind: so
ιη 31 καὶ τὸ μὲν τέλος τοῦ πρὸς Φίλιππον πολέμου τοιαύτην ἔσχε διά-
θεσιν, κβ 15 καὶ τὰ μὲν κατὰ τοὺς Αἰτωλοὺς καὶ καθόλου τοὺς Ἕλληνας
τοιαύτην ἔσχε τὴν ἐπιγραφήν. Ich bezeichne diesen Theil im Polybios
der Kürze halber als allgemeine oder griechische Geschichte. Nach dersel-

hier bestimmt abgegrenzte Abschnitte. Die Erzählung geht synchronistisch von den allgemeinen und Hauptbegebenheiten über
zu den einzelnen Landschaften, und von der griechischen Halbinsel nach Asien. So enthält XXXI 22—26 die kriegerischen
Unternehmungen in Griechenland Anfang des Winters 554/55,
darauf c. 27 die in den makedonischen Grenzlandschaften, c. 28
die beiderseitigen Rüstungen, c. 29—32 Verhandlungen mit den
Aetolern, c. 33—40 Operationen der Hauptarmeen, c. 41. 42
Kämpfe mit den Aetolern, c. 43 mit den Dardanern: *haec ea
aestate ab Romanis Philippoque gesta terra* (Madvig Emendat.
Livian. p. 373 *terra* für *erant*). Auf den Landkrieg folgt c. 44
—47 der zur See und hier wird die Kriegsgeschichte von 555
abgeschlossen. Ebenso im folgenden Jahr. Den entscheidenden
Feldzug 557 erzählt Livius XXXIII 1—10 und fügt sogleich die
Friedensverhandlung an; darauf kommen erst die gleichzeitigen
Ereignisse auf den andern Kriegsschauplätzen, in Achaia c. 14.
15, Akarnanien c. 16. 17, Asien c. 18, und hier wird die Geschichte des Kriegs in diesem Jahr beendigt. Es folgt ein Stück
aus der makedonischen Spezialhistorie c. 19; dann geht die Erzählung nach Asien über zu König Antiochos und den Rhodiern
c. 19. 20, zuletzt zu Attalos c. 21. Dieselbe synchronistische
Anordnung, welche nach einem bestimmten Princip von Europa
nach Asien, von den allgemeinen und wichtigsten Ereignissen
auf die besondern übergeht, findet sich durchgehends in allen
Partien, welche von hellenistisch-römischer Geschichte handeln.
Ich begnüge mich mit diesen Andeutungen und verweise auf die
S. 53 fg. gegebene Uebersicht. Dafs diese Anordnung nur dem Po-

---

ben folgt die spezielle der einzelnen Staaten: 553 nach dem Krieg des Philippos der Peloponnes *ις* 13, ebenso 554 *ις* 36; 567 zuerst Achaia *χγ* 1, dann
Boeotien *χγ* 2, Rhodos *χγ* 3; 568 folgt auf Makedonien Achaia *χγ* 7 fg.,
ebenso 570 *χγ* 4; 585 nach dem Krieg gegen Perseus Achaia *χη* 10, dann
Kreta c. 13, Rhodos c. 14. Die Ordnung der einzelnen Theile ist in den
verschiedenen Jahren je nach der Bedeutung der Ereignisse natürlicher
Weise verschieden. Nachdem Griechenland und Makedonien behandelt sind,
wendet Polybios sich zu Asien; wie 555 *ιη* 32, 564 *ικ* 4 fg., 565 *κα* 16, 584
κζ 15, 585 *κη* 17, 586 *κϑ* 6 d. Die letzte Stelle in der jährlichen Uebersicht nimmt Aegypten ein: eine Stellung, die sich um so leichter erklärt,
weil dieses Reich in die allgemeinen Welthändel fast gar nicht eingreift
vgl. 553 *ις* 21, 558 *ιη* 36, 583 *κς* 12, 587 *λ* 11. Für die Uebersichtlichkeit
der Ereignisse ist diese Eintheilung und Anordnung höchst passend. Sie
ist auch keineswegs pedantisch dem Stoff aufgeprefst; wo der Zusammenhang es erfordert, geht die Erzählung z. B. ohne Weiteres von Griechenland nach Rom über wie bei den Verhandlungen mit Philippos *ιζ* 11 und
den Aetolern *χϑ* 14.

lybios entnommen sein kann, liegt auf der Hand. Schon die
Reihenfolge der Fragmente beweist dies zur Genüge und wo in
denselben das Ende eines Abschnitts bezeichnet ist, hat Livius
die Bezeichnung herübergenommen, so XXXIII 35 *ιη* 31 XXXVIII
11. 12 *κβ* 15. 16. Dagegen in dem übrigen Theil der vierten und
fünften Dekade finden wir, was sehr beachtenswert ist, keine
synchronistische, sondern eine chronologische Anordnung, welche
hie und da gestört, im Ganzen streng durchgeführt ist.

8. Die Zeitrechnung, welche sich in den ausgesonderten
Abschnitten befolgt findet, ist die polybianische*). Das Jahr

---

*) Polybios rechnet nach Olympiaden und behandelt jede Olympiade
gewöhnlich in 2 Büchern s. ϑ 1 *ιδ* 1 *κβ* 24 *κγ* 4. 5 *κδ* 1. 10. Für eine Universalgeschichte, die zugleich synchronistisch abgefafst ist, konnte es kaum
eine unbrauchbarere Rechnung geben: denn den Ereignissen bequemte sich
der Einschnitt mitten in den Sommer ganz und gar nicht an und in den verschiedenen Ländern rechnete man nach der verschiedenen Amtsführung von
Consuln Strategen Prytanen Archonten. Der Amtsantritt der Consuln
geschah, wiewol die Verwirrung des römischen Kalenders keine ganz
bestimmte Datirung erlaubt und er in verschiedenen Jahren nachweislich
um mehrere Wochen verschoben ist, nicht lange nach dem Wintersolstiz
ungefähr unserm Jahresanfang entsprechend. Dies läfst sich, von den Begebenheiten selber abgesehen, aus der Datirung einer Sonnen- und Mondfinsternifs bei Livius entnehmen. Der 11. Quintilis 564 XXXVII 4 entspricht
dem 14. iulianischen März 190 v. Chr. und der 4. römische September 586
XLIV 37 XLV 1 dem 22. Juni 168 v. Chr. (Ideler Handbuch der Chronologie II S. 92. 104 fg.). Im ersten Fall, wo nach Ideler eine grofse Unord-
nung in der Intercalation eingerissen war, fiel der Jahresanfang in das Ende
des iulianischen November, im zweiten in den Anfang von Januar. Der Antritt der achaeischen Strategen um diese Zeit kann nur wenig von jenem
differiren (Kap. 8, 4). Polybios zieht nun aus den Olympiaden- und Con-
sulatsjahren die Mitte und beginnt mit dem Winter oder Herbst das Jahr
keinem bestimmten Datum folgend, sondern dem Zusammenhang der Begebenheiten, je nachdem dieser einen späteren oder früheren Anfang der Erzählung wünschenswert erscheinen läfst, Rechnung tragend. Es ist dies
das geeignetste Auskunftsmittel, welches sich für eine Universalgeschichte
wie die polybianische darbot. Mit dem Eintritt des Winters wurden die
militairischen Operationen in der Regel eingestellt und damit bot sich ein
sehr passender Abschnitt dar. Auf der andern Seite wird der chronologische Zusammenhang durch steten Hinweis nicht blofs auf den Amtsantritt
der Magistrate in den einzelnen Staaten, sondern vor Allem auf die natürlichen Jahresabschnitte äufserst klar. Aus den erhaltenen Büchern läfst
sich diese Anordnung nicht deutlich nachweisen, weil die Begebenheiten
nicht synchronistisch erzählt sind. In den Fragmenten ist sie in folgenden
Fällen erkennbar: beim Anfang des spanischen Feldzugs 546 *ι* 34 und 548
ια 20, des libyschen 551 *ιδ* 1, des Kriegs mit Philippos 554 *ις* 24. *ϕ. τοῦ*
χειμῶνος ἤδη καταρχομένου, καθ᾽ ὃν Πούπλιος Σουλπίκιος ὕπατος
κατεστάϑη ἐν Ῥώμῃ, der Befreiung Griechenlands 558 *ιη* 26, des syrischen
Kriegs 563 *κ* 3, des aetolischen 565 *κβ* 8, der Räumung Asiens 566 *κβ* 24,

beginnt mit dem Winter oder Herbst: so 555 XXXI 22, 556
XXXII 4. 557 eb. 32, 558 XXXIII 27 und 38, 559 XXXIV 22,
560 eb. 48. 561 XXXV 13. 562 eb. 25, 563 XXXVI 5, 564
XXXVII 4 und 8, 565 XXXVIII 1 und 12, 566 eb. 28 und 37,
583 XLII 36, 585 XLIII 18. 586 XLIV 23 XLV 11, 587 eb. 26
und 27. Wir finden ferner wie bei Polybios überall Hinweisungen auf die natürlichen Jahresabschnitte. Diese werden in dem
übrigen Theil des livianischen Werks fast gar nicht berücksichtigt. Das Jahr fängt hier mit dem Amtsantritt der Consuln an,
der an den Iden des März erfolgt und zwar auch in den Winter
fällt, aber jenem Anfang mit Nichten entspricht. Statt auf die
natürliche Jahreseintheilung bezieht sich die Erzählung häufig
auf den offiziellen römischen Kalender, wie XXXI 5 XXXII 1
XXXIII 43 XXXVI 3 XXXVII 4. 57. 58. 59 XXXVIII 35. 42
XXXIX 5. 6. 45. 52 XL 2. 35 XLI 8. 9. 16. 17. 22 XLII 21.
22. 27. 28. 35 XLIII 11. 16 XLIV 16. 17. 19. 22 XLV 1. 2. 3.
42. 41. In der polybianischen Erzählung finden wir nur an Einer
Stelle XLIV 37 eine Angabe nach dem römischen Kalender über
die bekannte Mondfinsternifs von 586: wenn nicht noch andere
Gründe hinzukämen, müfste dieselbe von Vorn herein als anderswoher von Livius eingeschaltet angesehen werden (Kap. 18, 5).
Da Livius nun römische Annalen schreibt, so hat er auch seinem
Werk die offizielle römische Jahresrechnung zu Grunde gelegt
und nach bestem Gutdünken die polybianischen Partien eingefügt. Da aber deren Anfang dem Antritt der römischen Consuln keineswegs entspricht, so setzt er sie bald ein Jahr zu früh
bald ein Jahr zu spät. Hieraus erklären sich die vielen chronologischen Widersprüche, von denen wir die wichtigsten S. 54 fg.
aufgeführt und die auch, wie S. 51 bemerkt, die schwierigsten
Verwicklungen veranlafst haben.

9. Dafs Livius die bezeichneten Stücke einfach aus dem
Zusammenhang des polybianischen Werkes losgelöst und ohne
wesentliche Veränderung oder Ergänzung seinen Annalen einver-
leibt hat, beweist auch der Inhalt. In all diesen Partien wird
fortwährend die Kenntnifs von vorausgehenden, die nicht aufgenommen, und von anderen, die in Mitten des Zusammenhangs
ausgelassen sind, vorausgesetzt. Es sind blofse Bruchstücke
einer ausführlichen historischen Ueberlieferung, welche um so
vollständiger und zusammenhängeuder sind, je ausführlicher Li-

des Kriegs mit Perseus 585 κη 3. Für eine genauere Kenntnifs dieser Ein-
theilungsweise sind wir auf die livianische Uebersetzung angewiesen.

vius seine Quelle benutzt hat. Dies durch Beispiele zu belegen
erscheint überflüssig: jeder beliebige Commentar wird es zur
Genüge beweisen, dafs wir für die sachliche Erklärung des Livius
fortwährend auf das Werk des Polybios zurückgreifen müssen
und der Leser wird leider auf sehr viele Lücken in unserer
Ueberlieferung stofsen, welche durch den Verlust desselben ver-
ursacht sind. Ich will hier auf eine andere Erscheinung aufmerksam machen, welche für die richtige Bestimmung des Ursprungs der bezeichneten Partien spricht. Ueberall nämlich wo
neben der livianischen Uebersetzung Fragmente des Originals
vorhanden sind, mufs man für die sachliche Erklärung der polybianischen Partien auf das Original, nicht auf die ungenauere
Uebersetzung zurückgreifen. So prahlt der Actoler Archedamos
XXXV 48 mit seiner in der Schlacht bei Kynoskephalai bewiese-
nen Tapferkeit und wirft dem Flaminin Feigheit vor. Man wird
vergeblich die livianische Schlachtbeschreibung durchsuchen, um
irgend einen Anhaltspunkt für diese Behauptung zu finden und
Weissenborn z. d. St. meint deshalb auch, Archedamos habe sich
selber wol nur Beispielsweise genannt. Indefs erfahren wir $\iota\eta$ 4,
dafs grade er eine der beiden aetolischen Schwadronen geführt
hatte, die sich an jenem Tage mit so ausgezeichneter Bravour
schlugen, und damit ist die Sache vollständig erklärt. Livius hat
XXXIII 7 nach seiner Gewohnheit (s. S. 28) die Namen der Anführer ausgelassen. XXXIII 38 558 wird beiläufig bemerkt, die
Thraker hätten vor wenig Jahren Lysimacheia genommen geplün-
dert und in Brand gesteckt. Uebereinstimmend bemerkt Philippos
557 $\iota\zeta$ 4, er habe die Stadt früher in Besitz genommen, $\tilde{\iota}\nu\alpha$
$\mu\dot{\eta} \ldots \dot{\alpha}\nu\dot{\alpha}\sigma\tau\alpha\tau\sigma\varsigma \ \dot{\upsilon}\pi\dot{\sigma} \ \Theta\varrho\alpha\varkappa\tilde{\omega}\nu \ \gamma\dot{\epsilon}\nu\eta\tau\alpha\iota, \ \varkappa\alpha\vartheta\dot{\alpha}\pi\epsilon\varrho \ \nu\tilde{\upsilon}\nu \ \gamma\dot{\epsilon}\gamma\sigma$-
$\nu\epsilon\nu$. Ungenau und falsch die Uebersetzung XXXII 34 *Lysimachiam*
ab Thracibus vindicavi et, quia me necessitas ad hoc bellum a cu-
stodia eius arertit, Thraces habent. XL 11 hören wir von einem
Brief Flaminins an König Philippos, worin die Sendung des Demetrios nach Rom belobt wird. Wir suchen in der betreffenden
Partie XXXIX 46. 47 nach und finden weder hier noch sonst
irgendwo eine Erwähnung jenes Briefes. Die gewünschte Aus-
kunft gewährt $\varkappa\delta$ 3, das an der gedachten Stelle von Livius bearbeitet ist; hier wird der Inhalt des Briefs genau entsprechend angegeben: aber diese Bemerkungen, welche auf die Umtriebe Flaminins und des Senats kein sonderlich günstiges Licht warfen,
sind aus Patriotismus in der Uebersetzung fortgeblieben. Diese
Beispiele mögen zur Erläuterung des sehr nahe liegenden kritischen Gesetzes dienen, dafs in einer aus heterogenen Quellen zu-

sammengewürfelten Erzählung zunächst nur homogene Theile zur
gegenseitigen Erklärung verwandt werden dürfen; bei der kritischen Betrachtung der vierten und fünften Dekade im Einzelnen
werden sich weitere Belege in Menge ergeben. Ich habe den Satz
aus dem Grunde so weit gefafst, weil man in der Regel die livianische Darstellung in dieser Beziehung als ein Ganzes behandelt
und dadurch bei der Erklärung viel Falsches zu Tage fördert.

10. Die Richtigkeit unserer Scheidung offenbart sich nicht
blofs aus der Abhängigkeit der bezeichneten Partien von dem
ganzen Werk des Polybios, sondern auch aus der Betrachtung
des Inhalts für sich. Der Standpunkt des Verfassers ist überall
kein römischer, sondern ein universaler. Die Römer werden in
der Darstellung nicht besonders hervorgehoben, sondern in gleichem Mafse ihre Bundesgenossen und Feinde. Man kann dieselbe
ohne Weiteres nach den S. 66 Anm. aufgestellten Abtheilungen
in allgemein griechische und makedonische achaeische aetolische
rhodische syrische u. s. w. Spezialgeschichte zerlegen und dem
ursprünglichen Zusammenhang der polybianischen Universal-
historie wieder einverleiben. Manche der aus der Spezialgeschichte
aufgenommenen Abschnitte, wie aus der achaeischen die Unterjochung Spartas XXXVIII 30—34 der Tod Philopoimens XXXIX
49, aus der makedonischen der Bruderzwist des Demetrios und
Perseus XL 4—16 endlich die ganze Vorgeschichte des syrischen Kriegs XXXIV 25—39 haben mit der römischen Geschichte
direct wenig oder gar Nichts zu thun: zum Wenigsten steht ihre
Berücksichtigung in gar keinem entsprechenden Verhältnifs zum
Uebrigen vgl. S. 56. Aber auch da, wo dies in geringerem Mafse
gilt, wie bei den Kriegen der Römer in Griechenland und Asien
sind die Nebenpartien mit einer Ausführlichkeit behandelt, die
nur durch einen universalen Standpunkt des Verfassers begreiflich wird z. B. XXXIII 14—21 die Kämpfe in Achaia Akarnanien
Peraia, gegen die Dardaner, die Unternehmungen des Antiochos
und der Tod des Attalos; XXXVIII 1. 2 die Kämpfe der Aetoler,
XLI 23. 24 die Verhandlung des Perseus mit den Achaeern.
Noch mehr: wo die Römer neben ihren Bundesgenossen auftre-
ten, wird von letzteren mit derselben, ja oft viel gröfseren Genauigkeit gehandelt als jenen. Sieht man sich, was ich Beispielsweise Kap. 13, 4 im Einzelnen ausführen werde, die Geschichte
des Seekriegs gegen Antiochos XXXVII 8—33 etwas näher an,
so kann man in der That zweifeln, ob die Römer oder die Rhodier die Hauptpersonen in der Erzählung sind. Was ferner die
Beurtheilung der handelnden Parteien betrifft, so mufs dieselbe,

wiewol Livius zu Gunsten der Römer Vieles verändert hat (s.
S. 29 fg.), doch im Ganzen eine objective genannt werden. Namentlich finden die Gegner gebührende Anerkennung. Sym-
pathie für die Leiden der Hellenen tritt oftmals zu Tage. Für
die Achaeer beweist die Darstellung an vielen Stellen eine ganz
entschiedene Vorliebe vgl. XXXV 25 fg. XXXVIII 30 fg. XXXVII
20 XXXIX 49 u. a.; auch die Verdienste der Rhodier werden
stark betont vgl. XXXIII 20 XXXVII 9 fg. Auf der andern Seite
erfahren die Verschuldungen der Aetoler herben Tadel vgl. XXXI
32. 41 fg. XXXII 33 fg. XXXIII 11 fg. 31 XXXIV 22 fg. XXXV
12. 32 fg. 48 fg. u. a., obwol auch ihrer Tapferkeit unumwunde-
nes Lob gezollt wird XXXIII 6. 7 XXXVIII 6. Gegen den Tyrannen Nabis zeigt sich bittrer Hafs XXXII 38. 40 XXXIV 27.
32. 33. 36 u. a. Endlich an vielen andern Punkten treffen wir
das Urtheil eines Hellenen und zwar des Polybios wieder.

11. Zu diesem Charakter der bezeichneten Stücke stimmen
zahlreiche Anführungen aus der griechischen Geschichte, welche
unmöglich von einem Römer, sondern nur von einem so belese-
nen und mit dem Gegenstand so vertrauten Mann wie Polybios
herrühren können. Es heifst z. B. XXXIII 20 *Rhodii legatos ad
regem miserunt ne Chelidonias — promunturium Ciliciae est, in-
clutum foedere antiquo Atheniensium cum regibus Persarum — su-
peraret.* Es ist der viel besprochene kimonische Frieden gemeint,
in welchem eine Bestimmung den Persern verbot ἔνδον Κυα-
ρέων καὶ Χελιδονίων μακρᾷ νηὶ μὴ πλέειν Plut. Cim. 13
vgl. Diodor 12, 4. Weissenborn z. d. St. meint zwar, dafs Livius
den kimonischen Frieden aus den griechischen Rednern kennen
konnte. Die Möglichkeit wird Niemand bestreiten; aber gewifs
ist, dafs nur der gründlichste Kenner der griechischen Geschichte
einen solchen Zusatz, der durch die Analogie der Verhältnisse
sehr passend erscheint, machen konnte. Dafs Livius dies denn
doch nicht war, zeigt sein Irrthum bezüglich der attischen Phylen (S. 29) und es bedarf keiner Worte, dafs er hier einfach aus
Polybios übersetzt hat. Aehnliche Hinweisungen auf die frühere
Geschichte XXXI 28. 30. 44 XXXII 5 XXXIV 28. 38 XXXV 17.
26. 32 XXXVI 15. 16 XXXVIII 13. 34 XL 21. 54. 58; ja selbst
ausführliche Digressionen: über Zakynthos XXXVI 31, die Geschichte der Gallograeker XXXVIII 16, Uebersicht der makedonischen XLV 9.

Wir mögen ferner auf die genaue Kenntnifs der griechischen
Zustände und Sitten, Staatsverfassungen und religiösen Feste,
die sich in diesen Partien offenbart, aufmerksam machen. Ich

enthalte mich Einzelnes anzuführen und bemerke nur, dafs wir
in diesen Partien unsere wichtigste Quelle für die Kenntnifs griechischer Verhältnisse in diesem Zeitraum besitzen. In ganz besonderem Mafse ist die Topographie berücksichtigt. Dafs ein
Gleiches im Werk des Polybios geschieht, ist bekannt. Wir finden nun überall in den angegebenen Partien die genausten Ortsangaben über die griechische und asiatische Halbinsel, wie sie
sich nur aus den grofsartigen Reisen und umfassenden Studien
des Polybios erklären lassen. Jede beliebige Seite wird dafür
Belege liefern.

Endlich ist noch die Ausführlichkeit und Sorgfalt, mit welcher die kriegerischen Ereignisse dargestellt sind, zu betonen.
Die einzelnen Märsche werden genau angegeben, die Operationen
eingehend geschildert und nicht selten kritisirt. So wird nach
dem Gefecht bei Ottolobos XXXI 38 das Verfahren der beiden
Feldherrn gegen allerlei Angriffe in Schutz genommen und nur
die unbedachte Verfolgung des Philippos nach seinem anfängli-
chen Erfolg getadelt. Weissenborn z. d. St., wenn ich ihn anders
recht verstehe, sieht darin eine Polemik des Livius gegen den
Polybios, der die verworfene Ansicht ausführlich vertreten haben
sollte. Allein schon Lachmann p. 52 hat richtig erkannt, dafs
aus Letzterem ganz einfach übersetzt sei. In der That besafs
Livius, wie die Beispiele S. 32 hinlänglich lehren und wofür es an
andern Belegen wahrlich nicht fehlt, weder genügendes Verständnifs noch Sorgfalt noch Neigung, um sich unabhängig von seinen
Quellen auf eigene strategische Betrachtungen einzulassen. Auf
der andern Seite ist es bekannt, dafs Polybios ein Lehrbuch der
Taktik geschrieben hatte und auch in seiner Geschichte mit sehr
grofser Liebe und Ausführlichkeit dieses Thema behandelt.
Aehnliche militairische Bemerkungen und Excurse wie hier finden sich nicht selten in den abgegrenzten Partien, wie XXXI 34.
35. 39. 43 XXXII 17 XXXIII 5 XXXIV 39 XXXVII 11 XXXVIII
6. 19. 21. 22. 29 XLII 65. 66 XLIV 6. 9. 27. Viele derselben
lassen sich nach ihrer Verwandtschaft mit den Anschauungen
in erhaltenen Stücken direct auf Polybios zurückführen. Andere
zeigen klar, dafs der Verfasser ein Nichtrömer war, wofür der
Excurs über die römischen Lagerverschanzungen einen Beleg abgiebt s. S. 31. Das Letztere können wir aufserdem in vielen sonstigen Einzelheiten der Erzählung wahrnehmen, auf die später
aufmerksam gemacht werden wird.

12. Einen unumstöfslichen Beweis für den Ursprung der
bezeichneten Abschnitte aus Polybios bietet endlich die Sprache.

Wir haben S. 48 gesehen, dafs aufser diesem in der vierten und
fünften Dekade von einer griechisch geschriebenen Quelle keine
Rede sein kann. Ich nehme hier die Bemerkung voraus, dafs Livius höchst wahrscheinlich in den erhaltenen Büchern überall
keine Hauptquellen in griechischer Sprache benutzt hat. Genug;
es ist jedenfalls gewifs, dafs überall, wo wir in der vierten und
fünften Dekade Spuren einer Uebersetzung aus dem Griechischen
antreffen, Polybios der benutzte Gewährsmann sein mufs. Es ist
S. 28 bemerkt worden, dafs Livius in den aus Letzterem genommenen Abschnitten einzelne griechische Wörter anführt, um-
schreibt und erklärt. So giebt er *ἀποκλητοῖς* κ 10 wieder
XXXVI 28 durch *in consilio delectorum, quos apocletos vocant*.
Dagegen XXXV 45 vgl. κ 1 heifsen die Apokleten allgemein nur
principes, gleich darauf c. 46 *apocleti*; wiederum *principes* XXXVI
6. 11. Schon XXXV 34 ist das Wort gebraucht und erklärt *per
apocletos — ita vocant sanctius consilium, ex delectis constat viris*.
Uebersetzt wird es wieder XXXVIII 1 *delecti Aetolorum, quod
consilium est gentis*. In diesem unaufhörlichen Schwanken, das
auch in allen folgenden Beispielen wiederkehrt, erkennen wir dieselbe Nonchalence, welche einen charakteristischen Zug der livianischen Behandlungsweise überhaupt bildet. Aus κβ 11 entnimmt
und erklärt er das Wort *σαρίσσαι* XXXVIII 7 *praelongae hastae,
quas sarisas vocant*, ebenso XXXVII 42 *praelongae hastae — sarisas Macedones vocant*. Sonst übersetzt er es durch *praelongae
hastae* XXXI 39, *hastae ingentis longitudinis* XXXII 17, *hastae
quarum longitudo impedimento erat* XXXIII 8 (vgl. *ιη* 7), einfach
durch *hastae* XXXVI 18 XLIV 41. So nach Polybios: wo er diesem nicht folgt, IX 19 braucht er *sarisa* als ein allgemein bekann-
tes Wort. Grade ebenso mit der Bezeichnung *phalanx*: lateinischen Quellen folgend ist sie ihm ganz geläufig VIII 8 IX 19. Bei
der Uebersetzung des Polybios schwankt er: ohne Erklärung steht
es XXXI 39 XXXIII 4. 18 XLII 61. 66 XLIV 41; hingegen XXXII
17 *cuneus Macedonum — phalangem ipsi vocant*, XXXIII 8 (vgl.
ιη 7) *robur Macedonici exercitus, quam phalangem vocabant*,
XXXVII 40 *pedites more Macedonum armati, qui phalangitae
appellabantur*, eb. 42 *quos appellant phalangitas*, aber ohne Zusatz XLII 51 *phalangitae*. Das Wort *asylum* wird I 8 uud 9 ganz
unverfänglich verwandt und es ist bekannt, welche Bedeutung
dasselbe in der Entstehungsgeschichte Roms einnimmt; aber
XXXV 51 nach Polybios bedarf es der Erklärung *templa quae
asyla Graeci appellant*. Diese Beispiele beweisen zur Genüge,
wie wir in der Anführung und Erklärung griechischer Worte ein

untrügliches Kennzeichen besitzen, dafs eine griechische Quelle zu Grunde liegt. Aufser den genannten finden wir Spuren der Uebersetzung an folgenden Stellen *). XXXI 24 *speculator* — *hemerodromos vocant Graeci, ingens die uno cursu emetientes spatium*; eb. 29 *concilium Aetolorum, quod Panaetolium vocant*; eb. 36 *caetratos, quos peltastas vocant*, dieselbe Erklärung XXXIII 4, schon XXVIII 5 nach Polybios (s. § 16), einfach *caetrati* XXXIII 8 XXXV 27 fg. XXXVII 39 XLII 51 XLIV 32. 41 auch schon XXI 21; eb. 47 *Euboicus sinus quem Coela vocant*. XXXII 4 *fauces quas Coela vocant*, hier wird ferner die Etymologie des Namens Θαυμαϰοί gegeben; eb. 5 *fauces — Stena vocant Graeci*; eb. 13 *Macran quam vocant Comen*; eb. 22 *magistratus gentis — damiurgos vocant*. XXXIV 27 *campus — Dromon ipsi vocant* (einfach *campus* XXXV 35); ferner wird hier die unerhörte Form *Ilotarum*, offenbar flüchtig aus Εἰλώτων, gebildet [Nepos Paus. 3 *Hilotae*] **). XXXV 31 *Magnetarchen summum magistratum vocant*; eb. 36 *Chalcioecon — Minervae est templum aereum*; eb. 48 *equites loricatos quos cataphractos vocant*. XXXVI 15 *ideo Pylae et ab aliis, quia calidae aquae in ipsis faucibus sunt, Thermopylae locus appellatur* [vgl. Appian Syr. 17 ἔχει δὲ ὁ τόπος θερμῶν ὑδάτων πηγάς, ϰαὶ Θερμοπύλαι ἀπὸ τοῦδ᾽ ἐπιϰλήζονται, nach derselben Quelle s. Kap. 6]; kurz darauf c. 16 heifst es ganz unverständlich *intra portas loci eius*, womit ohne Zweifel ἐντὸς πυλῶν ausgedrückt ist; eb. 18 *Macedonum robur, quos sarisophoros appellabant*; eb. 22 *amniculus quem Melana vocant*; eb. 30 *locus quem Pyram, quod ibi mortale corpus eius dei sit crematum, appellant*. XXXVII 22 *portus quem Megisten vocant*; eb. 31 *portus ... Naustathmon ab re vocant, quia ingentem vim navium capit*; eb. 40 *equites loricati — cataphractos ipsi appellant; ala — agema eam vocabant* [λα 3 τὸ ϰαλούμενον ἄγημα]; *regia cohors — argyraspides a genere armorum appellabantur; cameli quos appellant dromadas*. XXXVIII 15 *Xylinen quam vocant Comen; vicus quem Acaridos Comen vocant*; eb. 18 *Axylon quam*

---

*) Diese Erscheinung ist, soweit ich sehe, von den Erklärern ganz unbeachtet gelassen. Weissenborn macht zu der Uebersetzung von ἡμερόδρομος z. B. folgende wunderbare Bemerkung: „*Graeci*, es war also überhaupt Sitte in Griechenland". Was denn? das Institut der Couriere, von dem er kurz vorher spricht, oder die Couriere ἡμερόδρομοι zu nennen? (vgl. Nepos Milt. 4).

**) In demselben Buch c. 61 heifst es *seniores — ita senatum vocabant*: wir werden Kap. 10, 7 den Nachweis zu führen haben, dafs damit γέροντες oder γερουσία übersetzt und dafs diese Partie aus Polybios entlehnt ist.

vocant terram, ab re nomen habet etc.; eb. 30 *damiurgis civita-*
lium, qui summus est magistratus. XLII 45 *summus magistra-*
tus — prytanin ipsi vocant (vgl. z̈ 3). XLIII 19 *cohors regia, quos*
Nicatoras appellant; eb. 21 *Dyrrhachium — tum Epidamni magis*
celebre nomen Graecis erat. XLIV 28 *naves quas hippagogus vo-*
cant; eb. 41 *clipeatos . . chalcaspides appellabantur.* XLV 5 *sum-*
mus magistratus — regem ipsi appellant; eb. 32 *senatores, quos*
synedros vocant. — Alle diese Wendungen, ganz zu geschweigen
der griechischen Formen der Namen, finden sich in denjenigen
Abschnitten, welche wir als polybianische bezeichnet haben. In
dem Rest giebt es keine griechischen Wörter: denn Münzbezeich-
nungen wie *tetrachma cistophori* in den Triumphlisten sind in
der lateinischen Sprache eingebürgert. Ueberhaupt finden wir
Ausdrücke wie die angeführten, welche unverkennbar auf ein
griechisches Original hinweisen, in der ersten Dekade gar nicht.
In der dritten Dekade sind mir folgende aufgestofsen. XXV 24
Insula quam ipsi Nason vocant, vorher XXIV 21. 22. 23. 24. 25
beständig *Insula,* nachher XXV 29. 30 *Nasos.* letztere Form auch
nach römischen Quellen XXVI 21; eb. 29 wird von *tropaea* gesprochen, meines Wissens kommt das Wort bei Livius nur an
dieser Stelle vor. XXVII 32 *castellum — Pyrgum vocant.* XXVIII
5 *peltastis — pelta caetrae haud dissimilis est* (vgl. S. 75). Diese
Erklärungen gehören sämmtlich polybianischen Partien an (§ 16).
Im Uebrigen finden sich in der ersten und dritten, weit seltener
in der vierten und fünften Dekade eine Menge von Fremdwörtern,
die indefs dem Sprachgebrauch ganz geläufig erscheinen und daher mit den hier zusammengestellten in keiner Weise verglichen
werden können.

13. Wir dürfen unsere Beweisführung schliefsen. Es ergiebt sich uns nach allen Seiten hin, dafs die ausgeschiedenen
33 Abschnitte über römisch-hellenistische Geschichte dem Polybios ganz und gar angehören. Man kann es als unzweifelhaft
sicheres Resultat der bisherigen Betrachtung hinstellen, dafs in
allen diesen Stücken Polybios überall die alleinige Quelle ist, wo
nicht jedesmal das Gegentheil erwiesen werden kann. Ein solcher Beweis aber, um dies gleich zu bemerken, ist nur bei sehr
wenig Punkten möglich. In der That ist die Masse des Materials,
welches für eine blofse Uebersetzung spricht, so grofs — wir
hätten den Umfang desselben mit leichter Mühe vervielfältigen
mögen — und es wirkt bei je eingehenderer Behandlung um
desto überzeugender, dafs schon den älteren Philologen die
Thatsache der völligen Abhängigkeit des Livius von Polybios im

Wesentlichen geläufig war. Es fragt sich wie diese Thatsache zu
erklären sei. Reiske hat die Bearbeitung des Livius in seiner herben Art bitter getadelt, Andere haben ihn einen Plagiator und
Valesius gar einen Affen des Polybios genannt. Die Herausgeber
der beiden Schriftsteller haben aus der gegenseitigen Verwandtschaft derselben für den Text und die Erklärung eines jeden viel
Richtiges gewonnen. Lachmann hat das so gewonnene Material
mit grofser Sorgfalt zusammengestellt und ganz bedeutend erweitert, soweit dies ohne systematische historische Kritik, die ihm
vollständig fern lag, möglich war. Von einzelnen Fortschritten
abgesehen beruht die Auffassung des Verhältnisses von Livius zu
seinen Quellen speziell zu Polybios in der heutigen Philologie auf
den Abhandlungen Lachmanns. Ein bedenklicher Rückschritt ist
es, wenn Einzelne angefangen haben in den Fehlern und den stilistischen und rhetorischen Veränderungen, welche Livius beim
Uebersetzen macht, den geheimnifsvollen Einflufs tiefer Gelehrsamkeit und die mühsamste Benutzung fremder Quellen zu suchen *). Indem man ihm aber ein solches Verfahren zuschreibt,
thut man unbewufst seinem Andenken ein gröfseres Unrecht an,
als Valesius und andere gethan haben. Livius ist kein Plagiator
aber noch weniger ein Taschenspieler unter den Historikern,
sondern er steht unter dem Einflufs desselben Grundgesetzes,
welches die ganze Historiographie bis auf die Entwicklung der
modernen Wissenschaft beherrscht. Ranke hat zuerst in glän-
zender Weise an einer Reihe von Geschichtschreibern des 15.
und 16. Jahrhunderts nachgewiesen, wie sie die Werke ihrer
Vorgänger in der Art benutzten, dafs sie dieselben einfach aus-
schrieben. Nach ihm haben Stenzel Pertz Dahlmann Lappenberg
Waitz Sybel Giesebrecht u. A. dieses Prinzip weiter verfolgt und
bestätigt: es ist so recht eigentlich der Grund- und Eckstein geworden, auf welchem die kritische Forschung der germanisti-
schen Schule ruht. Wenn auch für das Mittelalter wegen der
Masse des zu Gebote stehenden Materials und der rohen Form,
in welcher das erwähnte Gesetz zur Ausführung gebracht ist, die
Quellenkritik wesentlich erleichtert wird im Verhältnifs zur historischen Ueberlieferung des Alterthums, so hätte man erwarten
können, dafs die gröfseren Schwierigkeiten durch die gröfsere
Arbeitskraft, welche diesem Felde zugewandt ist, völlig aufgewo-

---

*) Am Weitesten geht hierin Herr Tillmanns. Aber auch den Com-
mentar Weissenborns, dessen Vorzüge ich im Uebrigen freudig anerkenne
und der diese Arbeit sehr wesentlich gefördert hat, kann ich von derselben
Anklage nicht freisprechen.

gen gewesen wären. Dem ist keineswegs so. Von verschiedenen
Seiten hat man zwar die Behauptung aufgestellt, dafs das Prinzip
der Quellenbenutzung, wie es an den Chronikenschreibern des
Mittelalters nachgewiesen, auch für die antike Historiographie
gültig sei. Viele Thatsachen sprachen für eine solche Annahme,
aber positiv bewiesen ist sie meines Wissens bisher noch nicht.
So tüchtige Arbeiten auch von Einzelnen geliefert sind, kann doch
die Ausbeute der bisherigen Quellenkritik im Grofsen und Ganzen nur als unerheblich bezeichnet werden. Man handelte in der
Regel über die Quellen dieses und jenes Schriftstellers von ganz
allgemeinen Gesichtspunkten und sehr unberechtigten Voraus-
setzungen ausgehend. Allein nur eine consequente historische
Kritik, die wegen der Dürftigkeit der äufsern Hülfsmittel oft ins
Minutiöse herabsteigen aber andrerseits auch einen gröfsern Abschnitt umfassen mufs, kann bedeutende Resultate liefern. Es
hat sich aus der vorhergehenden Untersuchung für uns ergeben,
dafs Livius einen grofsen Theil der vierten und fünften Dekade
ohne wesentliche Modificationen aus Polybios herübergenommen
hat. Diese Thatsache involvirt ohne Weiteres den Schlufs, dafs
er seine übrigen Quellen grade ebenso benutzte d. h., weil sie la-
teinisch abgefafst waren, von der stilistischen Behandlung abgesehen, einfach ausschrieb. Vor Erfindung der Buchdruckerkunst
ist dies die natürlichste Art und Weise nach den Werken der
Vorgänger Geschichte zu schreiben *). Eine Vergleichung und
Sichtung mehrerer Darstellungen neben und aus einander Satz
um Satz war wegen der technischen Schwierigkeiten im Alterthum schon nahezu unmöglich: man denke nur an das für einen
solchen Zweck überaus unbequeme Rollenformat, dazu weder
Kapiteleintheilung, noch Angabe der Seitenzahl, noch Indices; je
gröfser die Anzahl der Rollen, desto mühseliger wurde die Ar-

---

*) Das ganze Verfahren sich klar zu machen und seiner — es ist kaum
zu viel gesagt — Naturnotwendigkeit bewufst zu werden ist im neunzehn-
ten Jahrhundert äufserst schwer. Die moderne Geschichtschreibung hat es
für die neuere Zeit mit einer so colossalen Fülle namentlich urkundlichen
Materials oder für die ältere mit Quellen von so total verschiedener Auffassung zu thun, dafs in beiden Fällen ihre Behandlung eine durchaus andere sein mufs wie im Alterthum und Mittelalter. Von plagiatorischen Arbeiten abgesehen, wird man noch am Besten unsere Zeitungen zur Vergleichung heranziehen können. Auch diese führen ihre Quellen an, manchmal
auch nicht, geben sie bald verkürzt bald vollständig, in der Regel treu bisweilen entstellt. Dazu fügen sie eigne Betrachtungen. Die Leitartikel sind
mehr oder weniger selbstständig, so auch die Reden bei den alten Historikern.

beit. Ebenso unmöglich war es — wenigstens auf die Länge
hin — nach dem Gedächtnifs aus verschiedenen Darstellungen eine
eigne selbstständige zu bilden. Es blieb gar nichts Anderes übrig
als eine einzige Quelle zu Grunde zu legen und diese nach Anderen oder nach eignem Ermessen durchzucorrigiren und wo es
erforderlich schien anderweitig zu ergänzen. Der Bearbeiter gab
auf diese Weise, um an eine geläufige Anschauung zu erinnern,
eigentlich nur eine verbesserte Auflage seiner jedesmaligen Hauptquelle. Es ist natürlich dafs dieses Verfahren zunächst nur auf
einen bestimmten Abschnitt der Erzählung beschränkt zu werden braucht und dafs die Hauptführer oft wechseln konnten;
aber aus diesen Abschnitten wuchs allmälig ein Buch und aus
Büchern das ganze Werk heran. Bei dem weit geringeren Umfang des historischen Materials, welches einem Schriftsteller des
Alterthums im Vergleich zu denen der Neuzeit vorlag, verein-
fachte sich dieses Verfahren in der Regel bedeutend: es verein-
fachte sich um so mehr, je ferner die behandelte Zeit gerückt
war. Die gleichzeitigen Berichte waren in Monographien und
Spezialgeschichten verarbeitet und es mufste wunderbar zugehen,
wenn nicht unter den letzteren eine ganz bestimmte wegen ihrer
Sorgfalt und Treue, ihrer historischen Auffassung, ihrer gröfseren oder geringeren Ausfürlichkeit den Zwecken des Geschichtschreibers besonders entsprach. So hat Polybios in der ersten
Hälfte seines Werks, wo er nicht selbst Zeitgenosse und Augenzeuge der erzählten Begebenheiten ist, gearbeitet und meisterhafte
Kritik geübt. Er legte für die frühere achaeische Geschichte die
Memoiren des Aratos, für die spätere seine eignen Bücher über
Philopoimen, für den hannibalischen Krieg die Annalen des Fabius, für die Kriege der Rhodier das Werk des Zenon zu Grunde:
aber diese verschiedenen Darstellungen hat er Punkt für Punkt
verificirt, aus andern Quellen erweitert und schliefslich zu einem
einheitlichen Ganzen verschmolzen. Für Livius stellte sich die
Sache durchaus anders: die Zeit, welche er behandeln wollte, war
um das Siebenfache gröfser als die Periode, welche den Gegenstand der polybianischen Pragmatie ausmachte. Um das vorhandene Material in der Weise jenes kritisch zu durcharbeiten, dazu
reichte kaum ein Menschenleben hin. Die Anforderungen, welche
jener an die kritische Sorgfalt eines Geschichtschreibers gestellt hatte, waren der bisherigen römischen Historiographie absolut fremd und sind ihr immer fremd geblieben. Dieselbe hat
stets Vorzugsweise dem Rhetorischen und Effectvollen nachge-
strebt und Livius selber war Rhetor. Es konnte ihm nach Allem

nur darauf ankommen für die einzelnen Perioden möglichst gute
und für seinen Bedarf passende Quellen zu gewinnen. Dafs die
polybianische Geschichte das erstere war, wird kein Mensch
leugnen. Sie entsprach aber auch den Bedürfnissen eines römischen Historikers ganz vorzüglich deshalb, weil sie vom universalen Standpunkt abgefafst nicht minder für Römer bestimmt
war als für Griechen. Und dann ist auch daran zu erinnern, dafs
die Quellenbenutzung im Alterthum und Mittelalter, wie wir sie
hier zu veranschaulichen suchen, aus dem Grunde allein überhaupt möglich war, weil die Vorgänger in wesentlich denselben
politischen religiösen socialen und litterarischen Lebensan-
schauungen geschrieben hatten wie ihre Nachfolger. Neben Polybios nahm und mufste Livius als römischer Geschichtschreiber
römische Quellen d. h. Annalen zur Hand nehmen. Daraus ergab sich seine Methode ganz von selbst. Die Partien, in welchen
er jenem als Hauptführer zu folgen entschlossen war, aus ur-
kundlichem und anderem gleichzeitigen Material gründlich zu re-
vidiren war ein Werk voller Mühe und Schwierigkeiten, deren
Gröfse leicht zu gering angeschlagen werden kann, und mochte
auch überflüssig sein: auf jeden Fall hatte weder Livius noch
seine Zeitgenossen von einem solchen Verfahren irgend welche
Ahnung. Es war ihm allein möglich sich über den Wert und das
Verhältnifs seiner Quellen zu einander ein Urtheil im Allgemeinen
zu bilden. Wenn er nun hier zu dem Resultat kam, dafs für die
Ereignisse im Osten — wie er es selber XXXIII 10 ausspricht
und wie es durch unsere bisherige Untersuchung nach allen Seiten hin bestätigt ist — Polybios zuverlässiger sei als die Annalisten, so blieb ihm gar nichts Anderes übrig als jenem ausschliefslich zu folgen. Eine durchlaufende Correctur desselben
nach den Annalisten war absolut unmöglich: denn abgesehen davon, dafs der Umfang ihrer Erzählung, was wir aus der Zahl
ihrer Bücher schliefsen können, weit geringer gewesen ist, läfst
sich dieselbe an allen Hauptpunkten, auf welche es grade bei einer
solchen Revision ankommt, schlechterdings nicht mit der polybianischen vereinigen. Ihre Benutzung in den gedachten Partien
mufste sich auf ein Minimum beschränken und konnte nur darin
bestehen dafs in den wichtigeren Fällen ihre Abweichung constatirt und in sehr vereinzelten ein Zusatz aus ihnen entnommen
wurde. Dies hat Livius auch gethan, in der Regel unter Beifügung
der Namen, ein oder zwei Mal ohne sie anzugeben. Wie er im
Einzelnen die aus Polybios genommenen Abschnitte seinen
Zwecken anzupassen gesucht hat, ist im zweiten Kapitel darge-

legt worden; dafs er sie nicht mit dem Rest zu einem homogenen
Ganzen verschmolzen, haben wir im Vorhergehenden gezeigt. Das
Letzte war für einen Römer, der Annalen schreiben wollte, in
letzter Instanz überhaupt unmöglich. Eine andere Form der römischen Geschichte als die annalistische aber gab es nun einmal nicht
und das Verdienst des Livius die Stadtchronik aus dem bisher
für diesen Zweck unbeachteten Polybios (*haudquaquam spernendus auctor*) erweitert und emendirt zu haben darf nicht gering
angeschlagen werden. Indefs viele ja die meisten unter den hand-
greiflichen Widersprüchen, die unvermittelt dastehen, sind auf
Rechnung seiner Nachlässigkeit zu setzen. Wie derselbe im Einzelnen flüchtig und nonchalant mehr auf die Darstellung als auf
den Inhalt bedacht war, so hat er es auch oft im Grofsen und
Ganzen an der erforderlichen Sorgfalt fehlen lassen um seiner
Aufgabe, auch ohne den Mafsstab moderner Kritik an sie zu legen, gerecht zu werden.

14. Dafs Livius gar keine andere Methode gekannt hat seine
Quellen zu benutzen als sie auszuschreiben, geht aus seinen eignen Anführungen sehr deutlich hervor. Ich beschränke mich hier
auf diejenigen, welche den Polybios speziell betreffen. XXXIII 19.
20 fängt er an die syrische Geschichte des J. 557 nach jenem zu
erzählen: sowie er aber bemerkt, dafs die folgenden Ereignisse keinen unmittelbaren Bezug auf die Römer haben, bricht er plötzlich
mit den Worten ab *non operae est persequi ut quaeque acta in his
locis sint, cum a.¹ ea, quae propria Romani belli sunt, vix suffi-
ciam.* Unter dem folgenden J. 558 giebt er die syrische Geschichte
c. 38 —41 vollständig, weil eben die Römer hier handelnd auftre-
ten. Zwischen beiden Partien findet in der Erzählung eine empfind-
liche Lücke statt. Wir hören c. 19 von der Absicht des Antiochos
die asiatischen Freistädte zu unterwerfen, c. 20 von seinen Verhandlungen mit Rhodos und wie dieses mehrere hellenische Städte
rettete. Aber c. 38 ist der Grofskönig im Besitz von Ephesos
und den meisten andern Städten und schickt sich an den Hellespont zu überschreiten. Mufste da nicht mit wenig Worten doch
angegeben werden, wie der König nach Ephesos kam und trotz der
Rhodier im Wesentlichen sein Ziel erreichte? Der oben angeführte Satz heifst aber ins Deutsche übersetzt nichts Anderes
als: hier habe ich so und so viel Seiten in Polybios überschla-
gen, weil auf ihnen Nichts von den Römern vorkommt. — Nachdem er XXXV 25—39 die einleitenden Begebenheiten des syrischen Krieges, den Feldzug der Achaeer gegen Sparta und die
von den Aetolern angestifteten Unruhen, in einer Ausführlichkeit

erzählt hat, welche denn doch zu seiner sonstigen Behandlung
der römischen Geschichte in gar keinem Verhältnifs steht, bemerkt
er am Schlufs entschuldigend c. 40 *abstulere me velut de spatio
Graeciae res immixtae Romanis, non quia ipsas operae pretium
esset perscribere, sed quia causae cum Antiocho fuerunt belli.* Die
Vorgeschichte des syrischen Kriegs war nun einmal bei Polybios
so erzählt: wol oder übel mufsten die Leser des Livius sie in
entsprechender Ausführlichkeit hinnehmen. Der Gedanke den
ganzen Abschnitt nochmals umzuarbeiten und bedeutend zu verkürzen mufs ihm durchaus fern gelegen haben. — XXXIX 48
kommt er auf den messenischen Krieg in der Lectüre des Polybios und sagt *cuius belli et causas et ordinem si expromere velim,
immemor sim propositi, quo statui non ultra attingere externa
nisi qua Romanis cohaererent rebus. eventus memorabilis* etc.;
es folgt c. 49. 50 die schöne Schilderung vom Tode Philopoimens. Dafs Livius den ganzen Krieg der Achaeer gegen Messene,
der bei aller Achtung vor den grofsen achaeischen Staatsmännern
für die welthistorische Betrachtung doch nur ein Sturm im Glase
ist, nicht aufgenommen hat, daran that er sehr Recht. Aber der
Satz, wodurch er dies begründet, ist blofse Phrase. Denn der
Tod Philopoimens hat grade ebenso wenig Bezug auf römische
Geschichte wie der übrige Krieg. Die Worte sollen auch gar
nichts Anderes heifsen als: der ganze Abschnitt im Polybios ist
viel zu lang, aber das Ende sehr hübsch und nimmt nur ein paar
Seiten ein. — Ebenso entnimmt er unter dem J. 580 aus der
achaeischen Spezialgeschichte, durch die Reden angezogen, die
Verhandlung über die Wiederherstellung diplomatischer Verbindung mit Makedonien XLI 23. 24. Auch die aetolische und kretische behandelt er c. 25, weil an beiden Stellen die Römer thätig
eingreifen. Aber bei Rhodos und den Kämpfen gegen die aufstän-
dischen Lykier wird Polybios auf die Seite gelegt: *Lycii quoque per
idem tempus ab Rhodiis bello vexabantur. sed externorum inter
se bella, quo quaeque modo gesta sunt, persequi non operae est
satis superque oneris sustinenti res a populo Romano gestas
scribere.*

15. In derselben Weise wie Livius haben auch andere Historiker des Alterthums gearbeitet: wir nennen nur diejenigen,
für welche der Beweis im Folgenden angetreten werden soll.
Zuerst Diodor: er hat den Polybios ausgeschrieben, dessen Darstellung dabei durchgängig verkürzt und die Sprache modernisirt. Aehnlich im Vorhergehenden seine übrigen Quellen, aber
mit Unrecht hat man deshalb sein Werk wegwerfend eine blofse

Quellencompilation betitelt. Appian folgt in der makedonischen und der ersten Hälfte der syrischen Geschichte ausschliefslich dem Polybios: wegen seines Schematismus und seiner Kürze mufste er viel freier als die beiden Vorhergehenden arbeiten; die Darstellung gehört ihm durchaus selber an. Plutarch hat seine Biographien aus Excerpten nach verschiedenen Schriftstellern zusammengestellt, aber nie diese zu einer einheitlichen selbstständigen Darstellung verarbeitet. Pausanias hat eine Biographie Plutarchs verkürzt ausgeschrieben, um ein paar anderweitige Nachrichten erweitert und als arkadische Geschichte bezeichnet. In Betreff des Zonaras ist von Schmidt Zeitschrift für Alterthm. 1839 N. 30 fg. nachgewiesen worden, dafs er den Dio Cassius bearbeitet und verkürzt und nur hie und da Einiges aus Plutarch hinzugefügt hat. Auch Zonaras ist in Verkennung jenes Gesetzes viel zu ungünstig beurtheilt worden. Endlich Dio Cassius hat für diese Periode sich fast ganz auf eine freie, aber kritisch gesichtete, Bearbeitung des Livius beschränkt. Aus diesen Beispielen ergiebt es sich als unzweifelhaft sicher, dafs das Prinzip der Quellenbenutzung, wie es durch Ranke und seine Nachfolger als Grundsatz der mittelalterlichen Historiographie nachgewiesen ist, dieselbe Geltung für das Alterthum besitzt. Die Anwendung des Prinzips auf beiden Gebieten steht in dem nämlichen Verhältnifs zu einander wie die Gebiete selbst. So hoch nach künstlerischen sowol als wissenschaftlichen Gesichtspunkten die Geschichtschreiber des Alterthums die der mittleren Zeit überragen, in demselben Mafse hat kein mechanisches Abschreiben, sondern eine wirkliche Bearbeitung statt gefunden. Die Methode der Bearbeitung zu untersuchen bei den einzelnen Schriftstellern und dadurch die Zurückführung der abgeleiteten Quellen auf primäre zu ermöglichen ist die nächste Aufgabe der kritisch-historischen Forschung. Es ist ein Feld, welches wenig angebaut worden ist, das aber, nach allen Anzeichen zu schliefsen, für alte Geschichte und Litteratur, ja auch für die rein philologischen Disciplinen der Interpretation und Emendation noch eine beträchtliche Ausbeute verspricht.

16. Ich kann dies Kapitel nicht schliefsen ohne die viel besprochene Frage über das Verhältnifs der dritten livianischen Dekade zu Polybios zu berühren. Lachmann hat die Ansicht aufgestellt, dafs dieser vom XXI. Buch an Hauptquelle des Livius gewesen sei, und darnach die Methode der Benutzung aus einer Vergleichung von Buch γ mit XXI XXII abgeleitet. An diesem Grundirrthum ist die im Uebrigen mit ausgezeichnetem Fleifs und

verständigem Urtheil angelegte Untersuchung im Grofsen und
Ganzen gescheitert. Indefs hat die Lachmannsche Ansicht fast allgemeine Geltung gewonnen und besitzt sie im Wesentlichen noch
jetzt. Lucas a. a. O. p. 17 geht noch weiter und behauptet, dafs
Polybios auch schon für den ersten punischen Krieg benutzt gewesen sei. Dagegen hat Nitzsch (Q. Fabius Pictor über die ersten Jahre des hannibalischen Krieges in der Allgem. Monatsschr.
f. Wiss. u. Lit. Kiel Januar 1854) mit Recht darauf hingewiesen,
dafs die Uebereinstimmung in vielen Partien von Buch γ mit XXI
XXII aus der beiderseitigen, von einander ganz unabhängigen
Benutzung einer gemeinsamen Quelle zu erklären sei. Schwegler
(Röm. Gesch. I S. 110) läfst Polybios erst von der Mitte des
hannibalischen Krieges an verwandt werden. Tillmanns (Quo
libro Livius Polybii historiis uti coeperit in Jahns Jahrbüchern
B. 83 S. 844 fg. 1861) kommt zu dem Resultat, dafs die Benutzung mit dem XXIII. Buch anfange*). Michael dagegen in
dem angef. Programm hat nachzuweisen gesucht, dafs Polybios
in der dritten Dekade noch gar nicht und erst in der vierten
benutzt ward. Niebuhr, Vorträge über Röm. Gesch. herausg. v.
Schmitz, übersetzt v. Zeifs S. 84, erkannte im Wesentlichen das
Richtige „L. richtete erst, als er sich der Zeit näherte, wo er von
Philipp von Macedonien zu sprechen hatte, seine Aufmerksamkeit auf Polybius, oder wurde von Jemand aufmerksam auf diesen gemacht, welchen er nun die ganze vierte Dekade hindurch
ins Lateinische übersetzte." Ich kann nur wiederholen, dafs nach
allgemeinen Gesichtspunkten, wie es bisher versucht wurde, die
Frage nicht gelöst werden kann und dafs nur durch eingehende
aber zugleich auch umfassende Detailuntersuchungen stichhaltige
Resultate gewonnen werden. Soweit ich mir ein Urtheil habe
bilden können, sind folgende Abschnitte der dritten Dekade aus
Polybios geschöpft: XXIV 4 — 7. 21 — 39. 40 XXV 7 — 11. 23
— 31 XXVI 24 — 26 XXVII 29 — 33 XXVIII 5 — 8 XXIX 12,

---

*) Herr Tillmanns sucht diese Erscheinung durch eine Vermutung zu
erklären, der es zweckmäfsig erscheint bei Zeiten entgegenzutreten. Da
nämlich Cicero und Dionys das 6ste, Josephos das 16te, Plinius und Strabo
das 34ste Buch von Polybios citiren, mithin bis auf Trajan der ersten 5
Bücher keine Erwähnung geschieht, sollen diese uns erhaltenen Bücher
durch irgend einen wunderbaren Zufall bis auf Trajans Zeit unbekannt
geblieben oder verloren gewesen sein: Pausanias [?] und Plutarch hätten
das ganze Werk gekannt. Die Vermutung ist wegen der geringen Zahl der
Citate, die fast alle zu einem bestimmten Zweck grade den bezeichneten
Büchern entnommen werden mufsten, sehr kühn; sie ist aber auch irrig:
Diodor hat den Söldnerkrieg aus Polybios in seiner gewohnten Art abgeschrieben vgl. Diod. 25, 4 — 10 mit α 81 — 88.

d. h. die Belagerung von Syrakus, die Eroberung von Tarent und der Krieg gegen Philippos in Griechenland, lauter Abschnitte, welche es mit den Griechen zu thun haben. Von einer Benutzung desselben in B. XXI XXII kann gar nicht die Rede sein. Die Uebereinstimmung mufs hier wie in andern Fällen z. B. bei dem spanischen und afrikanischen Feldzug Scipios auf Gemeinsamkeit der Quellen zurückgeführt werden. Dabei gelten folgende Hauptgesichtspunkte: 1, Livius giebt den treuen ursprünglichen Text der Quelle, Polybios den kritisch gesichteten und corrigirten; 2, es ist bei den Abweichungen durchgehends möglich anzugeben, warum Polybios geändert hat, unmöglich, warum Livius seine Quelle durch die fraglichen Zusätze oder Aenderungen hätte verschlechtern sollen; 3, die Uebereinstimmung ist zu grofs, als dafs Livius bei seiner flüchtigen Weise den Polybios so treu hätte übersetzen können; 4, jener giebt die ausführlichere, dieser die verkürzte Version; das Umgekehrte findet durchgehends bei der Uebersetzung statt. Ich mufs mich hierauf beschränken; namentlich auch durch sprachliche Untersuchungen würde die Bestimmung der livianischen Quellen sehr erleichtert werden. Es ist S. 76 bemerkt worden, dafs Wendungen, welche auf Uebersetzung hinweisen, nur in den polybianischen Abschnitten vorkommen und in den bezeichneten Stücken der dritten Dekade findet sich ganz dieselbe Art zu übersetzen wie in der vierten und fünften.

Es wäre höchst dankenswert, wenn die Philologie hier der Geschichtsforschung in die Hände arbeiten wollte und auch jener kann, wenn ich nicht irre, durch die kritische Behandlung der alten Geschichtsquellen ein bisher unbeachteter Stoff zugeführt werden.

Kapitel V.

Die annalistischen Partien des Livius.

Die vierte und fünfte Dekade ist im vorhergehenden Kapitel in zwei an Umfang ziemlich gleiche Hälften zerlegt worden, indem wir 33 Abschnitte aus dem Ganzen aussonderten und ihren gemeinsamen Ursprung aus Polybios nachwiesen. Diese Scheidung ist ungenügend. Denn es ergab sich S. 38, dafs für die Ereignisse in Rom derselbe Gewährsmann, wenn auch in zweiter Linie, verwandt worden ist und die Vergleichung der Fragmente lehrt, dafs einzelne Partien wie XXXVII 52—56 nach $\varkappa\beta$ 1—7, XXXIX 33 nach $\varkappa\gamma$ 11 fg., eb. 46—48 nach $\varkappa\delta$ 1—4, wirklich demselben entnommen sind. Auf der andern Seite formulirten wir das Resultat unserer Untersuchung S. 76 dahin, dafs Polybios in den bezeichneten Abschnitten überall allein zu Grunde läge, wo nicht jedesmal das Gegentheil erwiesen werden könnte: nach welchen Gesichtspunkten ist denn dies zu erweisen? Um nun eine consequente und vollständige Scheidung der livianischen Erzählung und damit auch eine systematische Kritik derselben zu ermöglichen, müssen wir von dem durchgreifenden Gegensatz zwischen Polybios und den annalistischen Quellen, von dem S. 49 die Rede war, ausgehen und denselben im Einzelnen weiter verfolgen.

1. Die römische Historiographie ist von der offiziellen Stadtchronik, welche der pontifex maximus zu führen hatte, ausgegangen (vgl. Mommsen röm. Gesch. I S. 432 fg.). Wie es seit Alters erforderlich war eine Liste der jährlichen Beamten anzulegen, so fügte sich daran die Aufzeichnung anderer denkwürdiger Ereignisse ganz von selbst. Es leuchtet ein, dafs diese Aufzeichnungen erst allmählig umfassender werden konnten: wie denn die jährlichen Prodigien erst seit dem J. 505 regelmäfsig

vermerkt worden sind (Bernays Rhein. Mus. 1857. S. 436).
Allein nach und nach müssen sie einen bedeutenden Umfang
erreicht haben: bis zum J. 621, wo ihr Abschluß und ihre letzte
Codification erfolgte, machten sie 80 Bücher aus (Servius zu
Verg. Aen. 1. 373). Den gleichen Zeitraum behandelt Livius in
59 Büchern und dabei ist zu beachten, wie sehr er in den letzten
Dekaden die Annalen aus Polybios und dessen Fortsetzer Poseidonios erweitert hat. Daß die römische Geschichtschreibung
von den Aufzeichnungen der Pontifices ausgegangen ist, wird von
den Alten selber bezeugt (Cicero de Orat. 2, 12. Quint. 10, 2. 7).
In gewissem Sinne ist auch ihre ganze Entwicklung von denselben beherrscht worden. Denn für die Behandlung der römischen Universalgeschichte ist bis auf Livius und von diesem
selber keine andere Form gefunden worden als die einhei-
mische der *annales* d. h. der Chronik im Gegensatz zu *historia*, der pragmatischen Geschichte*). Freilich hat es an Opposition gegen diese Behandlungsweise nicht gefehlt: des alten
Cato Ausspruch Gell. 2, 28 *non lubet scribere, quod in tabula
apud pontificem maximum est, quotiens annona cara, quotiens
lunae aut solis lumini caligo aut quid obstiterit* ist bekannt; noch
bezeichnender wie Sempronius Asellio in der Einleitung zu seiner
Geschichte (Gell. N. A. 5, 18) sich über die Annalen ausspricht:

---

*) Ueber den Unterschied, welchen die Alten zwischen diesen beiden
Worten statuirt haben, findet man die Stellen bei Krause S. 12 fg. Die beiden Definitionen bei Gellius 5, 18 daß *historia* die Darstellung von Selbst-
erlebtem oder daß die Annalen das Allgemeinere seien, ferner der Ausspruch von Marius Victorinus *primum annales fuerunt, post historiae factae
sunt*, endlich Servius a. O. *inter annales et historiam hoc interest. historia
est eorum temporum, quae vel vidimus, vel videre potuimus, dicta ἀπὸ τοῦ
ἱστορεῖν i. e. videre. annales vero sunt eorum annorum et temporum, quae
aetas nostra non novit; unde Livius ex annalibus et historia constat* gehen
allo auf den Unterschied von Universal- und Spezialgeschichte zurück. Die
erstere stand unter dem Einfluß der officiellen Stadtchronik, diese entwickelte sich nach griechischen Vorbildern. Allein gleich von Vorn herein
berührten sich die Gegensätze, indem die Chronikenschreiber die Geschichte
ihrer eignen Zeit mit besonderer Ausführlichkeit und, wie in der Natur der
Sache liegt, pragmatisch behandelten (vgl. Dionys 1, 6). Daher verschwindet der Unterschied der Benennungen immer mehr, weil man dasselbe Werk
nach dem ersten Theil mit dem einen, nach dem zweiten mit dem andern
bezeichnen konnte, oder man faßt ihn äußerlich nach dem zeitlichen Umfang. So benennen Sisenna und Sallust ihre Werke Historien, auch Tacitus
hält sich an die zeitliche Unterscheidung, wie Servius sie aufstellt. Gellius
und die Späteren kennen die Namen als gleichbedeutend und auch schon
früher findet begreiflicher Weise im gewöhnlichen Sprachgebrauch keine
Unterscheidung statt.

annales libri tantummodo quod factum quoque anno gestum sit, ea demonstrabant, id est quasi qui diarium scribunt, quam Graeci ἐφημερίδα *vocant. nobis non modo satis esse video, quod factum esset, id pronuntiare, sed etiam, quo consilio quaque ratione gesta essent, demonstrare* und später *nam neque alacriores ad rempublicam defendundam neque segniores ad rem perperam faciundam annales libri commovere quicquam possunt. scribere autem bellum initum quo consule et quo confectum sit et quis triumphans introierit et eo libro quae in bello gesta sint iterare, non praedicare aut interea quid senatus decreverit aut quae lex rogatiove lata sit neque quibus consiliis ea gesta sint: id fabulas pueris est narrare, non historias scribere.* Nach Sempronius ist das erste Merkmal der Annalen ihr Tagebuchscharakter, die chronologische Aufzeichnung von allerhand Notizen. Dasselbe bemerkt Servius an der bekannten Stelle über die Chronik des Pontifex: *tabulam dealbatam quotannis pontifex maximus habuit, in qua praescriptis consulum nominibus et aliorum magistratuum digna memoratu notare consueverat domi militiaeque terra marique gesta, per singulos dies.* Eine chronologische Zusammenstellung alles dessen, was sich Denkwürdiges in Rom zutrug, enthält auch der annalistische Theil des Livius. Was in der Regel als solches erschien, ist S. 57 aufgeführt und zugleich ein Beispiel gegeben worden, wie Alles ohne irgend welchen innern Zusammenhang rein äußerlich der Zeit nach an einander gereiht ist. Die Ordnung ist feststehend folgende: nach dem Amtsantritt und damit dem Anfang des Jahres kommt zuerst die Vertheilung der Provinzen und Heere an die Consuln und Praetoren, dann Aufzählung der Prodigien, Abgang der Consuln und Praetoren in die Provinzen und ihre Thaten daselbst, endlich Abhaltung der Wahlen und Spiele. Zwischen diese wiederkehrenden Rubriken werden die übrigen Ereignisse eingefügt nach chronologischer Folge. Dabei ist zu beachten daſs die Erzählung nur in Rom spielt. Die Unternehmungen der Magistrate in den Provinzen werden durch die Erwähnung von Berichten dieser an den Senat den Begebenheiten, welche sich in Rom zutragen, eingereiht so XXXI 3. 10. 12. 22 XXXII 3. 31 XXXIII 21. 24. 25. 37. 44 XXXIV 42. 56 XXXV 6 XXXVI 38 XXXVII 46. 47. 51. 57 XXXIX 7. 21 XL 1. 2. 16. 25. 28. 35 41. 42. 53 XLI 5. 10. 12. 14. 17 XLII 4. 8 XLIII 1. 11 XLIV 16 XLV 1. 3 und nicht selten werden die Nachrichten von auswärts gradezu als Inhalt dieser Berichte bezeichnet. Auch wo der letzteren keine directe Erwähnung geschieht wie XXXI 2. 19. 49 XXXII 7. 26. 27 XXXIV 22. 46 XXXV 1. 7. 11. 21. 22 XXXIX

2. 29. 30. 32. 41. 42. 56 XL 16. 17. 30. 34. 38. 47 XLI 26, ist
entweder nach dem Zusammenhang das Erzählte auf mündlichen
Vortrag im Senat zurückzuführen, oder der Erzähler denkt sich
doch in Rom und hat nur ausdrücklich zu bemerken vergessen,
wie die Kunde von den betreffenden Ereignissen dorthin gelangte.
Wir haben es demnach in dem annalistischen Theil des Livius
mit historischen Aufzeichnungen zu thun, die ihrem Wesen nach
den Stadtchroniken, wie sie am Ausgang des Mittelalters entste-
hen und sich fortbilden, durchaus analog sind. Dafs die Form
dieser Annalen des Valerius und Claudius, wie sie Livius in der
vierten und fünften Dekade ausgeschrieben hat, und der Privatannalen überhaupt den öffentlichen des Pontifex entlehnt ist, kann
nach Allem keinem Zweifel unterliegen. Die streng durchgeführte
zeitliche Anordnung im Gegensatz zum Inhalt, der Chroniken -
oder um mit Asellio zu reden der Tagebuchscharakter ist beiden
gemeinsam. Dafs die genaue Datirung nach dem Kalender, die
wir nach Servius den *annales maximi* wol durchstehend anwei-
sen müssen, in der Regel mit unbestimmten Bezeichnungen
(*principio* und *exitu anni, per eosdem dies, eodem tempore, eo
anno* u. s. w.) vertauscht und das Datum nur in den selteneren,
nicht immer aber wichtigeren Fällen angegeben ist (S. 69) bietet
nichts Befremdendes dar.

2. Nicht blofs der Form, sondern auch dem Inhalt nach
stehen die Privatannalen unter dem bestimmenden Einflufs der
öffentlichen. Wenn der alte Cato sich weigert nach der Tafel des
Pontifex Theuerung und Sonnen- und Mondfinsternisse zu ver-
zeichnen, so sind die Späteren seinem Beispiel nicht gefolgt. Wir
finden Notizen über die Marktpreise XXXI 4. 50 und Finsternisse
XXXVII 4 XXXVIII 36 XLIV 37. Und wenn man die annalistischen Aufzeichnungen, wie sie in der vierten und fünften Dekade
vorliegen, im Grofsen und Ganzen übersieht, so ist die Annahme
gar nicht abzuweisen dafs sie im Wesentlichen der Pontificalchronik entnommen sind. Denn woher hätte sonst eine so langweilige Zusammenstellung von dürftigen Notizen über Comitien
und Provinzvertheilung, Wunderzeichen und ihre Procuration,
Tempelgründungen und Spiele, Veränderungen in den Priestercollegien und Aussendungen von Colonien entlehnt sein sollen?
Die Gewährsmänner des Livius, Acilius und Valerius lebten Beide
ein halbes oder ganzes Jahrhundert nach den hier erzählten Begebenheiten. Eine bessere und glaubwürdigere Quelle als die offizielle Stadtchronik konnte es für sie nicht geben. Das Verfahren
der alten Historiker war, wie wir dies im vorigen Kapitel nach-

zuweisen gesucht, dem der mittelalterlichen Chronisten durchaus
analog. Beiden war der Begriff des literarischen Eigenthums im
modernen Sinn in gleichem Mafse fremd. Cicero, der doch im
Uebrigen eine pragmatische Geschichtschreibung im Gegensatz
zur bisherigen annalistischen fordert, erklärt sie für eine Aufgabe
des Redners (*opus oratorium maxime*, de leg. 1, 2). Wir hören
davon, dafs dem Sallust zum bittern Vorwurf gemacht wurde, er
habe seine Worte von Cato gestohlen. Aber Livius, dessen Werk
mit dem Mafsstab moderner Kritik gemessen sachlich Nichts
weiter als eine Quellencompilation ist, galt den Mit- und Nach-
lebenden, wenn nicht für den ersten, so doch für einen der ersten
Geschichtschreiber des Alterthums. Und schwerlich hat je irgend
Einer daran Anstofs genommen dafs er seine Vorgänger — und
noch dazu ziemlich flüchtig — ausschrieb; jedenfalls hören wir
Nichts davon. Es liegt auf der Hand, dafs die früheren Historiker nicht anders gearbeitet haben wie Livius und nicht anders
haben arbeiten können. Peter in dem hübschen Programm Das
Verhältnifs des Livius und Dionysios v. H. zu einander und den
ältern Annalisten Anclam 1853 hat für die ältere Geschichte auf
die nahe Verwandtschaft der Annalisten unter einander aufmerksam gemacht. Zum Theil wird diese freilich wol auf Abhängigkeit des Einen vom Anderen, zum Theil aber auch auf einen
gemeinsamen Ursprung aus der Pontificalchronik zurückzuführen sein.

In den uns vorliegenden annalistischen Abschnitten bei Livius treffen wir unverkennbare Spuren derselben an. Dafs die
unter jedem Jahr verzeichneten Prodigien und die sich daran an-
schliefsenden gottesdienstlichen Handlungen auf diese Quelle zurückgeführt werden müssen, wird nicht leicht Jemand bestreiten
wollen. Aber noch andere Anzeichen deuten darauf hin, dafs hier
ursprünglich priesterliche Aufzeichnungen zu Grunde liegen. Alles
was den Cultus betrifft, wird mit besonderer Ausführlichkeit und
Genauigkeit behandelt: welche Dankfeste und Opfer nach jeder
eingetroffnen Siegesnachricht angestellt wurden, wie die Kriegserklärung zu erlassen sei und den Göttern Gelübde zu weihen u.
ähnl. (vgl. XXXI 5. S. 9. 12. 50 XXXIII 44 XXXVI 1. 2 XXXVII
51 XLII 30). Besonders beachtenswert ist die Berücksichtigung
der Veränderungen in den Priestercollegien: es wird stets angegeben, wenn ein Mitglied gestorben und wer an seine Stelle gewählt
ward, so XXXII 7 XXXIII 42 XXXIX 45 XL 42 XLI 13 XLII
10. 28 XLIII 11 XLV 44. Die Priester sind die einzigen hervorragenden Männer Roms, deren Tod ausdrücklich erwähnt wird,

Die Betrachtung über den Tod des Fabius Maximus XXX 26
knüpft sich äufserlich daran, dafs er Augur war. Dafs Flaminin,
der Befreier Griechenlands gestorben, ersehen wir zufällig aus
den glänzenden Spielen, welche der Sohn zu seinen Ehren veranstaltete XLI 28; ebenso von dem Sieger bei Thermopylai Acilius Glabrio, dem ein vergoldetes Standbild errichtet ward XL 34.
Andere wie Scipio Asiaticus entziehen sich unsern Blicken, ohne
dafs ihr Sterbejahr überliefert wäre. Dies würde, wenn die Annalen eben nicht auf die Pontificalchronik sondern auf andere
gleichzeitige Aufzeichnungen zurückgingen, in der That unbegreiflich sein. Die Spuren derselben Quelle lassen sich noch weiter verfolgen. Wir bemerken in dem annalistischen Theil des
Livius nicht selten eine Ausdrucksweise, welche an einen offiziellen oder offiziösen Zeitungsschreiber der Gegenwart gemahnt. Es
ist dies ganz besonders in Betreff der Senatsverhandlungen der
Fall. Der Kern der Sache wird hinter einem Schwall von Phrasen verborgen und entgeht seiner eigentlichen Bedeutung nach
dem Schreiber. So scheint das aegyptische Anerbieten XXXI 9
den Römern die Mühe der Intervention in Griechenland abnehmen zu wollen äufserlich der uneigennützigsten Freundschaft zu
entspringen: allein es barg sich denn doch sehr tiefe Berechnung
dahinter und Aegypten mufste für diesen fehl geschlagnen Versuch grofse Politik zu machen hart büfsen (s. Kap. 8. 3). Die
äufserliche Auffassung der Annalisten tritt sehr scharf zu Tage
hinsichtlich des Prusias und seiner Erlebnisse in Rom XLV 44,
wo Livius die Darstellung des Polybios als durchaus abweichend
erwähnt hat. Allein diese beiden Berichte, welche einer oberfläch-
lichen Betrachtung — und die des Livius konnte seiner rhetorischen Anlage nach in diesem Punkte nicht wol eine andere sein
— in schneidendem Widerspruch mit einander zu stehen scheinen, stimmen im Grunde vollständig überein. Denn wenn Polybios den König Prusias als eine niedrige erbärmliche Seele bezeichnet, so kann es für die Wahrheit dieser Behauptung keinen
sprechenderen Beleg geben als die Aufzählung all der Freundlich-
keiten, welche er in Rom genossen und dessen was er sagte und
that, wie dies so schön und erbaulich in den Annalen zu lesen
steht. Die Sprache der Offiziellen war eben im alten Rom grade
so weit von der des gesunden Menschenverstandes verschieden
wie heut zu Tage. Dafs sie der offiziellen Stadtchronik entlehnt
und von dieser in die Quellen des Livius übergegangen ist, wird
schwerlich abgewiesen werden können.

3. Es ist leicht begreiflich, dafs die Annalisten nicht bei

einem blofsen Auszug aus den *annales maximi* stehen bleiben
konnten. Aus der grofsen Fülle chronologisch geordneter Notizen wurden die wichtigsten herausgenommen, einige aufser der
Reihe dem Inhalt nach zusammengestellt, wie über die Spiele
XXXI 4. 50 u. s. f. Priestercollegien XXXIII 42 Tempelgründungen XXXIV 53, endlich das Ganze selbstständig überarbeitet.
Die Forderung Ciceros, dafs die Geschichtschreibung *opus oratorium maxime* sei, war auch den Annalisten des Livius vollkommen geläufig. Um den einförmigen trocknen Notizenstil der
Chronik zu beleben legten sie eine Menge von Reden in derselben
ein. Veranlassung und Thema bot sich ohne Mühe dar. Wenn
z. B. XXXI 3 ein Bericht an den Senat erwähnt wird, nach welchem es zu befürchten stand, dafs Philippos einen Einfall in Italien machen würde wie vor Zeiten Pyrrhos, so ist damit der Stoff
für die Rede des Consuls c. 7 gegeben, die weiter Nichts als Variationen des Einen Gedankens enthält. Ebenso bot der Streit
über die spanischen Heere XL 35. 36, über die Aushebung XLII
32 fg., die Versöhnung der Censoren XL 46. die Verhandlung
über das oppische Gesetz XXXIV 1—7 passenden Anlafs zur
Declamation dar. Nichts aber ist bezeichnender für die rhetorische Richtung der Annalisten als die zahlreiche Classe der
Triumphreden. Es werden entweder 2 Reden für und gegen die
Gewährung des Triumphs gehalten oder die entscheidende besonders genau ausgeführt oder auch beide nur den Umrissen nach
angegeben vgl. XXXI 47 XXXIII 22. 23 XXXVI 39. 40 XXXVIII
43—50 XXXIX 4. 5 XLV 35- 39. Alle diese Reden wurden
nach derselben Schablone angefertigt, die erforderlichen Daten
aus der fortlaufenden Erzählung wiederholt und durch so und so
viel typische Beispiele aus der ältern Geschichte illustrirt: Alles
erinnert an die Schule. Für die Alten bildeten sie die Glanzseite
des livianischen Werks; für unsere historische Kenntnifs sind
sie durchaus wertlos. Dafs dieselben von Livius im Einzelnen
stark überarbeitet sind, versteht sich von selbst: aber der Hauptsache nach müssen sie schon bei Valerius und Claudius so da
gestanden haben, wie sie uns überliefert sind. Denn Livius knüpft,
soweit sich dies aus Polybios controlliren läfst, seine rhetorischen
Ergüsse stets an die in seiner Quelle gefundenen Reden an und
dann giebt er in den hier in Frage stehenden sehr oft Nachrichten, welche von der früher befolgten Darstellung aufs Entschiedenste abweichen so XXXVIII 43—50 XXXIX 4. 5 (s.
Kap. 14, 6. 7).

Die rhetorische Erweiterung der Stadtchronik durch einge-

legte Reden konnte auf die Wahrheit der Erzählung selbst nur in
geringem Mafse Einflufs üben. Diese ward dagegen auf das Em-
pfindlichste beeinträchtigt, sobald sich die Phantasie der Ausschmückung der Begebenheiten selber zuwandte. Am Greifbar-
sten liegen die Wirkungen eines solchen Verfahrens in der Kriegsgeschichte vor. Die Zahlen der Todten und Gefangenen werden
ins Ungeheuerliche hinein vergröfsert. Aus den 8000 Todten bei
Kynoskephalai werden 40 oder 32000, aus den 10000 bei Thermopylai 40000 XXXIII 10. XXXVI 19. Bei einem Gefecht im
Kriege gegen Perseus fallen reichlich 300 Makedoner: die Phantasie des Annalisten vergröfsert die Zahl zu 8000 Todten und
2800 Gefangenen und da billiger Weise die Römer auch nicht
ohne Schaden wegkommen durften, verlieren diese 4300 Mann
XLII 66. Valerius Antias erzählt XXXII 6 von einem grofsen Sieg
des Consuls Villius im Aoosthal über die Makedoner: es fallen
von ihnen 12000 Mann, es werden 2200 Gefangene gemacht,
132 Feldzeichen und 230 Pferde erbeutet; der Consul hatte dem
Jupiter einen Tempel gelobt. Leider wufsten die übrigen Quellen
von der Sache Nichts. Immerhin mag der Consul später einen
Tempel geweiht und dadurch diese Fabel veranlafst haben. Allein
da dies nicht ausdrücklich überliefert wird, so ist die Annahme
ebenso berechtigt, dafs der gute Valerius aus Mitleid mit Villius
und aus Rücksicht auf seine Leser, die während dessen Consulat
nicht einer üblichen Feldschlacht verlustig gehen durften, die
ganze Geschichte aus der Luft gegriffen hat. Nach der ausführlichen, dem Polybios entnommenen Darstellung des Krieges gegen
Nabis XXXIV 22—41 heifst es zum Schlufs, Jemand anders
hätte erzählt, die Sache sei durch eine Feldschlacht mit 15000
Todten und 4000 Gefangenen zur Entscheidung gebracht worden: wieder ein blofses Phantasiestück. Nach Polybios konnte
die Zahl der Gefallenen in der Schlacht auf dem Berge Olympos
nicht ermittelt werden XXXVIII 23; Claudius gab sie auf 40000
an und wufste von 2 Schlachten zu reden, Valerius Antias
beschränkte sich auf 10000 und erregt durch seine Bescheiden-
heit die Verwunderung des Livius. Claudius erzählt ferner
XXXVIII 41 ein prächtiges Kunststück, wie 15000 Thraker von
400 numidischen Reitern nebst wenigen Elephanten aus einander gesprengt werden. Polybios hatte Nichts davon berichtet,
aber das Pendant im Detail ausgeführt steht XXXV 11, wo das
Nämliche in Ligurien spielt; und man wird vollständig berechtigt
sein die Züge des einen für die Ausmalung des andern Bildes zu
verwenden. Alle diese Notizen, welche Livius aus der Erzählung

der Annalisten von den Kriegen im Osten der polybianischen
gegenüberstellt, lassen ahnen, bis zu welchem Grade das Ganze
ausgeschmückt und entstellt gewesen ist. Weitere Belege geben
dafür die Kriege in Gallien Ligurien Spanien, für welche er jenen
Gewährsmännern ausschliefslich folgt. Von einem Eingehen auf
die Pläne der Feinde ist gar keine Rede. Man sollte meinen, die
Gallier Ligurer Spanier wären eigentlich nur da um von den Römern Myriadenweise hingeschlachtet zu werden. Sie erheben
sich in der Regel alljährlich gegen die römische Herrschaft, verlieren im Kampfe einige 40000 Mann und unterwerfen sich
schliefslich um im nächsten Jahr dasselbe Spiel von Neuem wieder anzufangen. Von einer *ratio* oder einem *consilium*, nach
welchem die Ereignisse zusammenhingen, findet sich Nichts und
wir werden an das Urtheil des Sempronius Asellio über die Annalen erinnert, dafs dies nicht Geschichte schreiben heifst, sondern den Kindern Märchen erzählen. Wir haben oben die Form
dieser Darstellungen als die von Berichten an den Senat bezeichnet und ohne Zweifel waren in der Chronik des Pontifex alle
Nachrichten von auswärts in dieser Weise aufgeführt. In den
vorliegenden Fällen wird freilich Niemand glauben wollen, der
römische Senat habe sich solch Zeug von seinen Beamten schreiben oder vortragen lassen. Der Zustand der betreffenden Provinz wird gar nicht berührt, die militairischen Operationen allenfalls mit einem dicken Pinselstrich bezeichnet, es kommt gleich
die Schilderung der Schlacht. Aber alle diese Schlachtbeschreibungen sind abschreckend langweilige Variationen ein und desselben Grundthemas: zuerst geraten die Römer durch Ueberzahl
der Feinde oder Ueberraschung in die Enge, werden dann durch
besondere Tapferkeit oder die Geschicklichkeit ihres Führers
wieder Meister und erschlagen schliefslich die obligate Anzahl
von Feinden, wenn es grofse Schlachten sind, 40000 oder 35000
auch manchmal weniger. Damit unterwerfen sich diese oder
räumen das Feld, die Geschichte ist für dies Jahr aus und fängt
das nächste Jahr unter neuen Namen wieder an. In der That
verdient diese ganze Classe von Feldzugsberichten grade so wenig
Glauben wie die oben zusammengestellten Nachrichten aus den
makedonischen Kriegen. Denn überall wo andere und besser
beglaubigte Erzählungen vorliegen, sind die Widersprüche unvereinbar. So wird z. B. die Unterwerfung der Ligurer durch Aemilius Paulus XL 25—28 geschildert. Der Proconsul wird durch
Hinterlist eingeschlossen, seine Bemühungen um Entsatz sind
vergeblich, in Rom schwebt man in der gröfsten Angst um ihn.

endlich wagt er die entscheidende Schlacht und siegt: die Ligurer
unterwerfen sich. Eine zweite Darstellung dieses Feldzugs, die
wir mit grofser Wahrscheinlichkeit auf Polybios zurückführen
können, findet sich bei Plutarch Aem. 6 (s. Anh. 1, 5). Den Seeraub der Ligurer, der hier besonders betont wird, erwähnt Livius
c. 18 und 28. Die Entscheidung wird aber nicht durch eine Ein-
schliefsung des römischen Lagers, sondern durch eine gewöhnliche Feldschlacht herbeigeführt. Aemilius Paulus hat auch kein
consularisches Heer von 2 Legionen und 2 Alen, wie es stereotyp
in allen grofsen Schlachten der Annalen figurirt, sondern nur
8000 Mann. Von dem Marsch gegen die Städte, der römischen
Politik bezüglich der Ligurer, der Niederreifsung der Mauern,
dem Verbot Kriegsschiffe zu unterhalten. der Befreiung der Gefangenen ist bei Livius keine Rede. Es leuchtet ein, dafs seine
Darstellung gegen die plutarchische unbedingt zu verwerfen ist;
allenfalls kann man diese um das allgemeine Factum aus jener erweitern, dafs in Rom grofse Besorgnisse um den Ausgang des Feldzugs unterhalten wurden. Ueberall wo eine Controlle möglich ist,
liegt die Sache grade ebenso (s. Kap. 10, 1. 16. 2). Zwischen den
Annalisten selber finden ferner die gröfsten Widersprüche statt:
nach dem Einen erfolgt die Niederwerfung der gallischen Insurrection unter Hamilkar 554 durch den Praetor Furius XXXI 21,
nach dem Andern durch die Consuln des J. 556 XXXII 30 (vgl.
XXXIII 36 XXXIV 48). Oft zweifelt Livius selber an der Richtigkeit des Erzählten (XXXII 30 XXXIV 15 XXXVI 38 XL 50
u. a.) aber im Grofsen und Ganzen folgt er seinen Gewährsmännern unbedenklich.

Es geht nun schon aus den steten Differenzen der Annalisten
unter einander zur Genüge hervor, dafs jene mafslosen Uebertreibungen nicht aus der Pontificalchronik entnommen sein können. Denn zwar finden sich auch in dem antiquarischen Theil
der Annalen hie und da Widersprüche, aber seltner und derge-
stalt. dafs sie auf eine Verschiedenheit der Redaction sich zurückführen lassen. Dagegen ist die Kriegsgeschichte der weite
schrankenlose Tummelplatz für die Phantasie. Dinge wie der
Sieg des Villius über König Philippos oder die Manöver der numidischen Reiter in Thrakien (S. 93) konnten mit keiner Silbe
vom Pontifex erwähnt werden. Man möchte nun meinen, dafs
den Annalisten andere Quellen, schriftliche oder mündliche, wenn
auch von der bedenklichsten Art zu Gebote gestanden hätten,
nach denen sie die betreffenden Partien bearbeiteten. Dem steht
aber die entsetzliche Geistesarmut derselben und die Beschränkt-

heit des Apparats, der immer aufs Neue in Scene gesetzt wird, entgegen. Die Ansicht dafs wir es hier mit blofsen Erweiterungen und Ausschmückungen der Stadtchronik zu thun haben, ist weitaus wahrscheinlicher. Wir haben S. 56 auf den Unterschied aufmerksam gemacht, wie die Ereignisse in den Provinzen behandelt werden: entweder ausführliche aufgeputzte Schilderungen wie XXXI 21 XXXII 29—31 XXXIII 36. 37 XXXIV 8—21. 46—48 XXXV 1. 3—5. 11 XXXVI 38 XXXIX 1. 2. 20. 30. 31 XL 25 —28. 30—33. 39. 10. 47—50 XLI 1—5. 10. 11 XLII 7. 8, oder kurze Notizen von wenig Zeilen XXXI 49 XXXII 26 XXXIII 21. 25. 44 XXXIV 22. 16 XXXV 7. 22. 40 XXXVII 46. 57 XXXIX 7. 21. 32. 42. 56. Es giebt endlich auch Stücke, die ihrem Umfang nach zwischen beiden Classen stehen wie XXXI 2 XL 16. 17 XLI 26 XLII 7, so dafs natürlich nicht an einen schroffen Gegensatz in der Form zu denken ist. In der Regel sind es die wichtigeren Ereignisse, welche mit gröfserer Ausführlichkeit behandelt sind, aber wie schon a. a. O. angedeutet ward, nach der Zahl der Gefallnen zu urtheilen keineswegs immer. Mag diese nun auch oftmals zu hoch gegriffen sein, so tragen jene kurzen Notizen im Uebrigen einen ganz glaubhaften Charakter. Ihrer Form nach entsprechen sie durchaus den Aufzeichnungen, wie sie nach Analogien zu schliefsen ungefähr in der Chronik des Pontifex gestanden haben müssen. Denn dafs dieser nicht viel anders als die Resultate der Schlachten und Belagerungen aus den Berichten der Befehlshaber an den Senat entnommen, schwerlich eine genaue Beschreibung des Feldzugs oder eine ausführliche Schilderung der Hauptschlacht gegeben haben kann, leuchtet ein. Die Annahme dafs diese kurzen Notizen mit geringen Veränderungen den offiziellen Annalen entnommen sind, wird durch die Uebereinstimmung verschiedener Quellen, welche mit Notwendigkeit auf einen gemeinsamen Ursprung zurückzuführen ist, durchaus bestätigt. In einem einzigen Fall nämlich, über den Feldzug der Consuln von 562 in Gallien, bei welchem nichts Besonderes herauskam, hat Livius aus Nachlässigkeit 2 Berichte von verschiedenen Gewährsmännern gegeben, die im Uebrigen weit von einander abweichen (Kap. 11, 4). Sie lauten:

<table>
<tr><td>XXXV 22.</td><td>XXXV 40.</td></tr>
<tr><td>Domitius ab Arimino, qua proximum fuit, Quinctius per Ligures in Boios venit. duo consulum agmina diversa late</td><td>L. Quinctius et Cn. Domitius consules in provincias profecti sunt, Quinctius in Ligures, Domitius adversus Boios. Boii</td></tr>
</table>

agrum hostium pervastarunt. primo equites eorum pauci cum praefectis, deinde universus senatus, postremo in quibus aut fortuna aliqua aut dignitas erat, ad mille quingenti ad consules transfugerunt.

c. 21.

Minucius .... in Ligures profectus castella vicosque eorum igni ferroque pervastavit. ibi praeda Etrusca, quae missa a populatoribus fuerat, repletus est miles Romanus.

quieverunt; atque etiam senatus eorum cum liberis et praefecti cum equitatu — summa omnium mille et quingenti — consuli dediderunt sese. ab altero consule ager Ligurum late est vastatus castellaque aliquot capta; unde non praeda modo omnis generis cum captivis parta. sed recepti quoque aliquot cives sociique, qui in hostium potestate fuerant.

Die Abweichung der beiden Darstellungen beruht hauptsächlich darin, dafs die zweite von dem Proconsul Minucius Nichts weifs und dessen Unternehmungen dem Consul Quinctius beilegt. Auf der andern Seite kann die wörtliche Uebereinstimmung nur aus einer beiderseitigen Benutzung der Stadtchronik erklärt werden und wir treffen hier zugleich einen Beleg, wie ungenügend die Annalisten diese ihre Hauptquelle ausgezogen haben. Aehnliche Notizen wie die oben bezeichneten werden auch das Grundthema für die ausführlichen Feldzugsberichte abgegeben haben. Dafs es aber unmöglich ist hier den Weizen von der Spreu zu sondern, ist leicht erklärlich.

4. Um den Wert der annalistischen Ueberlieferung im Livius richtig zu beurtheilen, wird es notwendig sein auf ihre Hauptquelle, die *annales maximi* zurückzugehen. Denn wenn es auch keinen Berichterstatter geben mochte, der über bessere und verläfslichere Informationsquellen zu gebieten hatte als der Pontifex, so folgt daraus noch lange nicht dafs er diese unbefangen und treu im Dienste der Wahrheit verwandte oder verwenden wollte. Vielmehr wird dies bei näherer Betrachtung im höchsten Grade zweifelhaft. Die Stadtchronik war ein offizielles Organ der Regierung, geschrieben für die Masse der Uneingeweihten *).

---

*) *res omnes singulorum annorum mandabat litteris pontifex maximus referebatque in album et proponebat tabulam domi, potestas ut esset populo cognoscendi* de Or. 2, 12. Nach Servius geschah die Aufzeichnung von Tag zu Tag (*per singulos dies*). Es liegt in der Natur der Sache und widerspricht auch nicht den Nachrichten der Quellen, dafs die Tafel ständig zur Kenntnifsnahme ausgestellt war und zur Eintragung für die laufenden Ereignisse diente, bis sie am Ende jedes Jahres durch eine neue ersetzt wurde.

Aus diesem Grunde konnte sie volle Wahrheit nicht enthalten, sondern war mehr oder weniger an die Parteizwecke der Regierung gebunden. Und in der That stofsen wir in der annalistischen Ueberlieferung nicht selten auf Tendenzlügen, welche sich mit grofser Wahrscheinlichkeit bis auf diesen Ursprung zurückverfolgen lassen. Als Beispiel diene die Darstellung vom Ausbruch des makedonischen Krieges XXXI 1—13. Der Krieg gegen Philippos war, wie Mommsen I S. 675 fg. ausführt, eine unabweisbare Notwendigkeit für Rom geworden, aber gleich nach dem hannibalischen begreiflicher Weise im höchsten Mafse unpopulär: der Antrag auf Kriegserklärung ward das erste Mal fast von allen Centurien verworfen c. 6. Es fehlte der Regierung an einem plausibeln Anlafs um die Menge zu bestimmen: denn dem Bauer, welcher nach den Drangsalen eines langen Krieges eben angefangen hatte das zerrüttete Gut wieder einzurichten und des ersehnten Friedens sich zu freuen mochte man vergeblich von den Machtverhältnissen im Osten reden. Diese Stellung des Senats dem Volke gegenüber spiegelt sich in unsern Annalen. Von dem Angriff Philipps auf die kleinasiatischen Freistädte und seinem Kampf mit Attalos und den Rhodiern hören wir keine Silbe. Von der Gesandtschaft der Letzteren, welche die römische Intervention nachsuchte, heifst es c. 2 *et ab Attalo rege et Rhodiis legati venerunt nuntiantes Asiae quoque civitates sollicitari* (vgl. S. 59). Die römische Commission, welche eine grofse Coalition der hellenischen Mittelstaaten gegen Makedonien bewerkstelligen soll ις 25—27, wird hier angeblich abgeschickt um in Aegypten die Besiegung Hannibals anzuzeigen. Die bezeichnendste Lüge steht aber c. 3 von dem Bericht der römischen Offiziere an den Senat, wonach Italien von einer Invasion des Königs bedroht sein sollte. Dieser rüstete sich freilich damals um über die thrakischen Küstenstädte herzufallen und hätte sicherlich die Römer gern in Ruhe gelassen: aber Invasion Italiens war ein Wort, mit dem man hoffen durfte Eindruck auf die Gemüter derer zu machen, die den Krieg des Pyrrhos aus den Erzählungen ihrer Grofsväter kannten und den hannibalischen mit eignen Augen geschaut hatten. Für die richtige Beurtheilung der uns vorliegenden Annalen verdient die Tendenz der offiziellen Chronik besondere Beachtung. In Betreff der älteren Geschichte bemerkt Mommsen I S. 434 die späteren Historiker seien augenscheinlich aufser Stande gewesen aus den Stadtbuchnotizen einen lesbaren und einigermafsen zusammenhängenden Bericht zu gestalten. Dasselbe gilt im Grunde auch noch von der vorliegen-

den Periode: wenigstens war es nahezu unmöglich eine glaubhafte
Darstellung auf Grundlage der offiziellen Chronik zu liefern.

5. Die Annahme dafs die Annalisten aufser der Stadtchronik noch andere Quellen verwandt haben, liegt sehr nahe. Die
Anekdote z. B., welche Acilius XXXV 14 über die Unterredung
zwischen Scipio und Hannibal mittheilt, ist im Wesentlichen richtig (Kap. 11, 2). Wie weit sich solche anderweitige Nachrichten
erstreckt haben, ist bei dem Stande unserer Ueberlieferung eine
müssige Frage und nur das läfst sich mit ziemlicher Bestimmt-
heit behaupten, dafs sie in den annalistischen Abschnitten, wie
sie bei Livius vorliegen, nur von secundärem Einflufs gewesen
sind. Daher ist auch um den Wert des Einzelnen richtig zu
beurtheilen die Entstehungsgeschichte unserer Annalen, wie wir
sie im Vorhergehenden zu entwickeln gesucht haben, von Bedeutung. Für die Kritik derselben sind wir auf die Darstellung des
Polybios angewiesen, der, wenn nicht triftige Gründe dagegen
vorliegen, unbedingten Glauben ihnen gegenüber verdient. In
manchen Fällen stimmen beide im Wesentlichen überein, wie
über den Frieden mit Philippos *a;* 25 XXXIII 24. 25, die rhodische Gesandtschaft *λ* 4 XLV 20. Anderes wie die Nachrichten
aus Asien XXXII S. 27 fügt sich vortrefflich zur polybianischen
Ueberlieferung hinzu (Kap. S, 3). Allein selbst hier, wo die relativ gröfste Uebereinstimmung statt findet, ist im Einzelnen Manches ungenau und unrichtig dargestellt. Soll man aber über die
annalistischen Abschnitte ein allgemeines Urtheil fällen, so wird
man in ihnen nichts Anderes als eine verdrehte, mafslos über-
triebene und bis zur völligen Unkenntlichkeit entstellte Darstellung erkennen können. Schon in den Notizen mehr antiquari-
scher Art finden sich eine Reihe von Widersprüchen, die wir auf
eine nachlässige Benutzung des alten Stadtbuchs zurückführen
zu müssen glauben. Die Abweichung der Partie XXXV 40. 41
von dem Vorhergehenden ist S. 96 erwähnt worden. Ueber die
Tempelgründungen des Furius s. S. 59. Dann heifst es, die curulischen Aedilen hätten unter Anderm 12 vergoldete Schilde *in
cella Iovis supra fastigium aediculae* geweiht und *porticum extra
portam Trigeminam inter lignarios* erbaut. Grade ebenso von
den Aedilen des vorigen Jahres c. 10 *ex ea pecunia clipea inaurata
in fastigio Iovis aedis posuerunt, porticum unam extra portam
Trigeminam emporio ad Tiberim adiecto.* Nach Valerius Antias fanden die ersten scenischen Spiele 563 statt XXXVI 36; Livius hat
deren aber schon viel früher XXIV 43 XXXI 4 XXXIII 25 berichtet. Im Ganzen genommen sind diese Widersprüche in dem an-

7*

nalistischen Theil der vierten und fünften Dekade nicht häufig.
Ein desto schrofferer Gegensatz findet zwischen diesem und den
polybianischen Abschnitten statt. Der Ausspruch des Polybios
(ιϛ 14) ἐγὼ δέ, διότι μὲν δεῖ ῥοπὰς διδόναι ταῖς αὐτῶν
πατρίσι τοὺς συγγραφέας, συγχωρίσαιμ᾽ ἄν, οὐ μὴν τὰς
ἐναντίας τοῖς συμβεβηκόσιν ἀποφάσεις ποιεῖσθαι περὶ
αὐτῶν hat allgemeine Gültigkeit für alle Zeiten und alle Völker,
ganz besonders aber für die antike Historiographie. Wir werden
später über einige kurze Berichte von Zeitgenossen dieser Periode
zu handeln haben und finden, dafs von Allen, dem alten Cato und
Scipio Nasica wie dem Makedoner Poseidonios und dem Spartaner Aristokrates gegen den zweiten Theil jenes Satzes mehr oder
weniger gesündigt ist. Wir haben ferner gesehen S. 29 fg., dafs
Livius in der Benutzung des Polybios sich bedeutende Veränderungen zu Gunsten seiner Landsleute erlaubt hat. Es erscheint
passend hier an diese Thatsachen zu erinnern um die Annalistik
und ihre colossalen Ueberschreitungen in dieser Hinsicht überhaupt nur zu begreifen. Auf die Kriegsgeschichte brauchen wir
nach den Ausführungen S. 60. 93 fg. nicht nochmals zurückzu-
kommen. Die patriotische Lüge ist hier noch am Ersten begreiflich. Aber eine sehr bedenkliche Erscheinung ist es, dafs die
Annalisten sich sogar nicht gescheut haben Friedensurkunden!
zu interpoliren, wenn ihnen diese für den unterworfnen Feind zu
günstig oder für das siegreiche Rom zu wenig ruhmvoll erschienen. Dies ist der Fall gewesen bezüglich des Friedens mit Philippos XXXIII 30 (Kap. 9, 4) und zugleich liefert diese Interpo-
lation den Beweis, dafs den Annalisten nicht etwa besondere
Quellen, sondern im Wesentlichen nur die eigne Erfindungsgabe
zu Gebote stand. Als der Krieg gegen Perseus eine Notwendigkeit für Rom geworden war, fing man an Truppen nach Griechenland zu schicken und sich des Beistandes der übrigen Staaten zu versichern. Eine ausdrückliche Kriegserklärung ward nicht
erlassen; ein solcher Act wäre unpolitisch gewesen, weil man
sich noch nicht gerüstet hatte. Perseus dagegen ängstlich besorgt
den Frieden um jeden Preis aufrecht zu erhalten läfst sich in
Verhandlungen mit den römischen Commissaren in Griechenland
ein und wird vollständig dupirt. Um den Preis Gesandte nach
Rom schicken zu dürfen mufs er den factischen Kriegszustand
anerkennen und einen förmlichen Waffenstillstand abschliefsen.
Es wurden zwar Stimmen laut im Senat über die unrömische
Hinterlist, aber man nutzte die hochwillkommne Frist und
schickte die Boten des Königs unverrichteter Sache nach Hause

XLII 43. 47. 48. Das Ganze ist kein erfreuliches Blatt in der römischen Geschichte, in gleichem Mafse unrühmlich für die Weisheit wie für die Loyalität der regierenden Kreise. Begreiflicher Weise lautet in unsern Annalen die Sache ganz anders. Es werden Gesandte nach Makedonien geschickt um auf Grund des Vertrages Genugthuung zu fordern, aber aufs Unhöflichste und Anmafsendste abgefertigt c. 25. Nachdem darauf hin der Krieg von Senat und Comitien beschlossen, schickt Perseus zwar Gesandte nach Rom, dringt aber gleichzeitig mit gewaffneter Hand in Griechenland vor c. 36 (den nähern Nachweis s. Kap. 17, 4). Es erscheint überflüssig weitere Belege anzuführen. Wir haben in den Annalen der vierten und fünften Dekade eine historische Ueberlieferung vor uns, bei der das Wahre von dem Falschen und Erlogenen gänzlich verdeckt ist und aus welcher nur die strengste Kritik einige Ausbeute zu ziehen vermag. Im Allgemeinen steht das Gesetz durch, dafs sie um so wertvoller und verläfslicher ist, je mehr sie sich dem trocknen Notizenstil der Chronik nähert; um so verdächtiger, je ausführlicher und zusammenhängender sie wird. Zu ihrer weiteren Charakteristik genügen wenige Daten. Dafs man bei den Annalisten irgend welche Einsicht in den Zusammenhang der Ereignisse nicht erwarten darf, braucht kaum noch bemerkt zu werden. In ihrer Abhängigkeit von der Phrase verraten sie einen wahrhaft kindlichen Standpunkt. Ihre Unwissenheit mit Bezug auf auswärtige Verhältnisse ist oft gradezu erstaunlich. So z. B. soll Kerkyra, das seit 525 in Abhängigkeit von Rom stand, im Reiche des illyrischen Königs Genthios liegen XL 42 (Kap. 16, 2). In der Darstellung endlich findet sich nicht selten ein Zug von bornirter Naivität, die an das bekannte Gespräch zwischen Numa und Jupiter erinnert; vgl. die Unterhaltung des Senats mit den Aetolern XXXVII 48, die Erzählung vom Durst der Spanier XL 47. Im Grofsen und Ganzen freilich ist das Charakteristische durch die livianische Ueberarbeitung verloren gegangen und in Phrase aufgelöst worden.

An einen bestimmten Namen vermögen wir die annalistischen Abschnitte der vierten und fünften Dekade nicht zu knüpfen; nur lassen sich eine Anzahl von Partien mit Gewifsheit dem Valerius Antias zuweisen. Ohne Zweifel werden genauere Forschungen viel weiter führen: allein die Scheidung der Annalen im Einzelnen ist darum so äufserst schwierig und wol gradezu unmöglich, weil jeder äufsere Anhalt fehlt und weil denn doch schliefslich die verschiedenen Annalen einander zum Verwechseln

ähnlich sind. Im historischen Interesse ist dies auch kaum zu
bedauern; denn das unter Claudius Namen Ueberlieferte verdient
ebenso wenig Glauben wie die Berichte des Valerius. Es ist ein
trostloses Bild, welches die Annalistik des siebenten Jahrhunderts, wie sie uns hier vorliegt, darbietet. Wenn Mommsen
Gesch. des röm. Münzw. S. 364 bemerkt, man brauche die Geschichtsbücher nicht, um einzusehen, dafs es mit der Republik
zu Ende ging; die Münzen schon zeigten es, dafs in Rom die Mi-
litärmonarchie an der Zeit war: so dürfte sich bei weiteren Untersuchungen ergeben, dafs ein analoger Verfall in der Historiographie zu Tage tritt. Fabius Pictor, den Polybios als eine
Hauptquelle für die Darstellung des hannibalischen Krieges verwenden konnte, und Valerius Antias würden die beiden Pole dieser Entwicklungsreihe für uns bilden.

6. Nach den bisherigen Ausführungen und dem Kap. 4
gelieferten Nachweis ist es klar, dafs eine vollständige consequente Scheidung der vierten und fünften Dekade in einen polybianischen und annalistischen Theil stattfinden kann. Nur bei
ein oder zwei ganz unerheblichen Stücken wird man zweifelhaft
bleiben, welchem von beiden sie anzureihen sind. In dem Gegensatz zwischen einer römischen Chronik und einer griechischen,
pragmatischen Universalgeschichte ist von Vorn herein die Unmöglichkeit gegeben, dafs ein grofser Theil des als annalistisch
bezeichneten Restes überhaupt eine Stelle bei Polybios hätte einnehmen können. Eine trockne Aufzählung, wie die Provinzen
und Heere jedes Jahr an Consuln und Prätoren vertheilt wurden,
findet sich bei ihm nie. Noch weniger berücksichtigt er die Prodigien. Die Triumphe erwähnt er mit kurzen Worten, nicht in
ausführlicher und spezieller Schilderung z. B. γ 19, ις 23
vgl. XXX 45, ζβ 7 vgl. XXXVII 59. Auf den Triumph des Anicius ist er gelegentlich näher eingegangen, um den in Rom herr-
schenden Kunstgeschmack zu charakterisiren λ 13 vgl. XLV 43.
Ferner hatten alle die zusammenhangslosen Notizen über Spiele
Tempel Colonien Priestercollegien u. s. w., die ein rein antiqua-
risches Interesse besafsen und nur als Material der historischen
Forschung hätten dienen können, begreiflicher Weise bei Polybios keinen Platz. Dasselbe gilt von den S. 92 besprochnen
Schulreden: rhetorische Uebungen lagen ihm durchaus fern.
Selbst wichtigere Fragen wie die Verhandlung über das oppische
Gesetz XXXIV 1—8, die Entdeckung der Bacchanalien XXXIX
8—19 konnten auch nur in annähernder Ausführlichkeit in der
Universalgeschichte des Polybios gar nicht vorkommen. Wie

wenig derselbe auf die innere Geschichte Roms, seine Parteien und
ihre Kämpfe näher einging, zeigt der Umstand zur Genüge, dafs die
wichtigsten Daten aus dem Scipionenprozefs erst beim Tode des
Scipio Africanus zu dessen Charakterisirung angeführt werden
κδ 9. Sein Standpunkt ist eben auch ein ganz anderer und sein
Thema darzulegen, wie die Mittelmeerstaaten nach und nach unter die Botmäfsigkeit Roms gelangten. Deshalb schreibt er keine
fortlaufende Chronik der innern Geschichte Roms, sondern verarbeitet diesen Stoff zu gröfsern Abhandlungen, namentlich in
Buch ς, und vielen gelegentlichen kürzern und längern Betrachtungen. Den laufenden Inhalt der Erzählung nehmen fast ausschliefslich die auswärtigen Verhältnisse Roms, die Beziehungen
und Verwicklungen der einzelnen Staaten zu diesem und unter
einander ein. Demnach sind es nur zwei Arten von Gegenstän-
den, bei welchen Polybios mit den Annalisten collidiren kann,
bei den Kriegen im Ausland und den Verhandlungen der fremden Gesandten mit dem Senat in Rom.

Ueber die Kriegsberichte aus Gallien und Spanien ist S. 94
die Rede gewesen. Nach dem Gesagten leuchtet es ein, dafs
weder Polybios für jene, noch auch die Annalisten für die Geschichte der makedonischen und asiatischen Kriege irgend welche
gleichzeitige Verwendung haben finden können. Indefs mögen
wir hier die äufsern Kriterien, welche sich aus der Gegenüber-
stellung beider Quellengattungen ergeben, da sie in einzelnen
Fällen von Bedeutung sind, zusammenstellen. Es ist S. 88 bemerkt worden, dafs die annalistischen Erzählungen aus den Provinzen auf die Fiction amtlicher Berichte an den Senat zurückgehen. Von diesem Gesichtspunkt aus besitzen dieselben von
Vorn herein nur den Wert historischen Materials, nicht den einer
historisch geprüften Darstellung. Denn es ist erste Anforderung,
welche an den Geschichtschreiber gestellt werden mufs, dafs er
dem Richter gleich beide Parteien anhört und beide mit gleichem
Mafs mifst. Diese Anforderung, wie S. 72 bemerkt wurde, ist in
den polybianischen Partien in hohem Grade erfüllt. Bei den Annalen findet sich davon keine Spur: sie sind einseitig römische
Aufzeichnungen und wissen von den Feinden entweder gar Nichts
oder nur Albernheiten vorzubringen. Der griechische Ursprung
eines Theils der livianischen Bücher zeigte sich ferner in der
ganz auffallenden Berücksichtigung der Griechen den Römern
gegenüber. Dies wird schon aus der Anzahl von Namen, die aus
beiden Nationen bei Livius (der doch im Uebrigen die meisten
griechischen Namen gestrichen hat S. 28) angegeben sind, er-

sichtlich. Neben vielen griechischen wenig römische: der Tribun, welcher bei Kynoskephalai der siegreichen Phalanx in den Rücken fiel, wird gar nicht genannt $\iota\eta$ 9 XXXIII 9, auch nicht derjenige, welcher die makedonische Stellung im Aoosthal umging XXXII 11. Bei den Kriegen gegen Philippos Nabis Antiochos und die Aetoler wird kaum irgend ein römischer Offizier, wenn er kein selbstständiges Commando hatte, namentlich angeführt: mehr beim Krieg mit Perseus, für den Polybios Vorzugsweise römische Quellen benutzt hat. Auf der andern Seite vergleiche man die Menge von Namen, die in den Annalen XXXI 21 XXXIII 36 XXXIV 46 XXXV 5 u. s. f. figuriren. Diese wissen ferner durchgehends von den Nummern der Legionen und den verschiedenen Unterabtheilungen äufserst genau Bescheid und unterscheiden darin stets; nur darf man sich nicht, wie das Beispiel S. 95 zeigt, auf diese Angaben irgendwie verlassen. Von alledem Nichts in den polybianischen Partien: zwischen Römern und italischen Bundesgenossen wird kein Unterschied gemacht; ja es ist sogar mal von *legiones socium ac Latini nominis* die Rede XXXVII 39 (Kap. 13, 6). Endlich berücksichtigt Polybios nirgends die eroberten Feldzeichen und streicht römischen Quellen folgend die Angabe derselben $\iota\varepsilon$ 14 vgl. XXX 35. Die Annalisten versäumen niemals sie anzuführen z. B. XXXI 21 XXXII 6. 30 XXXIII 10. 36 u. s. f.

Auf die stete Berücksichtigung der Topographie als ein charakteristisches Merkmal der polybianischen Geschichte haben wir S. 73 hingewiesen. Davon ist in den Annalen gar Nichts zu finden. Es bleibt eine reine Unmöglichkeit auch nur annähernd ein anschauliches Bild von dem Gang der Feldzüge zu gewinnen. Zwar finden sich oftmals einige Angaben darüber wie XXXI 2. 10. 21 XXXII 30 u. s. f. Allein ebenso oft ist der Ort, wo ein bedeutendes Gefecht oder selbst eine entscheidende Schlacht stattgefunden, gar nicht genannt, so XXXII 7 XXXIII 36. 37 XXXIV 14. 46 XXXV 11 XXXVI 38 XXXVII 57. Und selbst bei den Partien, welche am Ausführlichsten erzählt und in topographischer Beziehung am Reichlichsten bedacht sind, wie bei den spanischen Feldzügen Catos XXXIV 8 fg., des Fulvius Flaccus XL 30 fg., des Gracchus eb. 47 fg. vermögen wir nicht einmal im Grofsen und Ganzen den Operationen zu folgen. Welcher Gegensatz zu Polybios, wo man bei allen wichtigen Actionen Tag für Tag die Armeen in ihren Bewegungen begleiten kann! Die geographische Kenntnifs der Annalisten ist überall höchst beschränkt. Sie kennen nicht viel mehr als die Namen der ver-

schiedenen Länder: etwa wie wenn für den ersten Unterricht auf
einer Generalkarte von Europa die einzelnen Länder durch verschiedene Farben bezeichnet werden. Frankreich rot, Deutsch-
land blau, Rufsland schwarz. In diesen weiten roten blauen und
schwarzen Räumen sind ihnen allenfalls die Hauptstädte geläufig: die andern Namen, welche sie in ihren Quellen fanden, werden auf gut Glück eingetragen. So ist die Vernichtung des römischen Heeres nach Valerius XXXVII 34. 48 in Asien, der Angriff
der Thraker nach Claudius XXXVIII 41 in Thrakien. die Ein-
schliefsung der Römer XXXV 11 in Ligurien erfolgt. Die Karthager streiten mit Massinissa um ein Stück Land XL 17. 34:
wo es aber lag und wie es hiefs, darüber liefsen sich, wenn wir's
nicht anderswoher wüfsten, tausend Vermutungen aufstellen.
Nicht besser steht es mit ihrer Kenntnifs bezüglich der griechischen Halbinsel: sie heifst *Graecia* oder nach späterm Sprachgebrauch *Macedonia* und wenn eine genauere Bezeichnung statt-
findet, im Norden *Macedonia*, in der Mitte *Aetolia*. So wird von
der Ankunft des Consuls auf dem Kriegsschauplatz XXXII 3 gesagt
P. Villium in Macedoniam cum venisset (auch aus andern Gründen gehört dies Kapitel den Annalen an s. Kap. 8, 1): nach Polybios dagegen c. 9 *T. Quinctius .... a Brundisio cum tramisis-
set, Corcyram tenuit ... ab Corcyra in proxima Epiri quinque-
remi traiecit et in castra Romana magnis itineribus contendit.*

Es kann nach dem Gesagten nicht schwer sein aus den 33
Kap. 4 ausgesonderten Partien fremdartige Zusätze als solche zu
erkennen und auszuscheiden. In der That hat Livius fast ausschliefslich sich darauf beschränkt die Abweichung der Annalen
gelegentlich zu constatiren, wobei er ihnen fast niemals Glauben
schenkt, so XXXII 6 XXXIII 10. 14. 30 XXXIV 41 XXXV 14
XXXVI 19 XXXVII 34 XXXVIII 23. 41 XLII 66 XLIV 13. Ferner hat er 2 Schulreden vor den Schlachten bei Thermopylai
und mit den Gallograekern eingelegt XXXVI 17 XXXVIII 17, die
weder bei Polybios stehen konnten, auch in einigen Kleinigkeiten
von der fortlaufenden Erzählung abweichen und wahrscheinlich
nach Valerius gearbeitet sind. Endlich flicht er B. XXXVI zwei
antiquarische Notizen ein c. 21. 35: die erste wo die Erzählung
auf die Verhältnisse in Rom kommt, die zweite wo er im Begriff
stand auf die Annalen überzugehen. Der Bemerkung über die
Mondfinsternifs XLIV 37 ist S. 69 gedacht worden: auch sie
trägt den annalistischen Charakter unverkennbar zur Schau.

Für die Aussonderung der polybianischen Abschnitte aus
dem annalistischen Theil des Livius ist das erste Kriterium

ihr historischer Charakter und ihre Uebereinstimmung mit der
Hauptmasse dieser Quellengattung. Dabei versteht es sich von
selber dafs sie den S. 66 Anm. aufgestellten Eintheilungskatego-
rien der polybianischen Geschichte zwanglos sich einfügen müssen. Es sondern sich nun zuerst aus dem Rest zwei Stücke über
karthagische Geschichte, XXXIII 45—49 Flucht Hannibals zu
König Antiochos und XXXIV 60—62 Versuch des Ersteren mit
seiner Partei zu conspiriren. Beide sind durchaus pragmatisch
gehalten und stimmen in jeder Weise zur polybianischen Erzählung. Es kommt hinzu XXXVII 60, die Operationen der römischen Flotte im östlichen Meer. Valerius wird als abweichend
erwähnt, der Zusammenhang weist dies Stück dem Polybios zu.
Diesem gehört endlich aus der Erzählung, die in Rom spielt, eine
Reihe von Senatsverhandlungen mit den Abgesandten der griechischen Staaten an, nämlich XXXIV 57—59 XXXVII 1. 49.
52—56 XXXIX 23. 24. 33. 46—48 XL 2. 20 XLII 11—18
29. 30 XLV 3. 19. 20. Zur Abgrenzung dieser Stücke liegt eine
bedeutende Fülle von Material vor, indem wir in den meisten
Fällen die Originale, in andern abgeleitete Darstellungen zur Controlle besitzen. Davon abgesehen, schlagen auch hier die allgemeinen Gesichtspunkte in derselben Art wie früher durch. Zunächst behandeln alle die bezeichneten Abschnitte die Angelegenheiten des hellenistischen Ostens, also den Stoff, für den allein
Polybios benutzt wird und stehen mit der übrigen polybianischen
Erzählung im engsten Zusammenhang. Ferner wird der Gegenstand von einem specifisch griechischen Standpunkt aus aufgefafst
und dargestellt: der Senat tritt zurück und die Angelegenheiten
des auswärtigen Staats sind das worauf es ankommt; man merkt
dafs hier offizielle Gesandtschaftsberichte aus griechischen Ar-
chiven verarbeitet sind*). Auf der andern Seite stehen die An-

----

*) Dafs ein bedeutender Theil des polybianischen Werkes auf archiva-
lischen Forschungen beruht, kann nicht verkannt werden. Polybios hatte
das römische Archiv (γ 22 fg. Dionys 1, 74 κβ 25 vgl. Kap. 14, 4) das rhodische (ις 15) und wie sich von selbst versteht, das achaeische für seine
Zwecke ausgebeutet. Es verdient Beachtung, dafs letzteres so umfassend
war, dafs es mit der Kenntnifs eines Lykortas und Philopoimen in diesem
Punkte bisweilen haperte χγ 9. Wir haben S. 104 bemerkt, dafs erst mit
dem Kriege gegen Perseus, auf den ja bald die Emigration nach Rom folgte,
römische Quellen von Polybios in reicherem Mafse verwandt sind. Aus
diesen schöpfte er die Verhandlung mit Eumenes XLII 14 App. Mak. 11.
Aber noch die Gesandtschaft der Rhodier λ 4 fg. ist nach griechischen Quellen beschrieben; der berühmten Rede Catos wird mit keiner Silbe
gedacht. In gleicher Weise werden wir in den vorhergehenden Verhandlungen nirgends, einige unbestimmte Andeutungen wie ιζ 11 ιη 25 abge-

nalisten entweder auf dem Standpunkt der offiziellen Phrase oder dem der reinen Dichtung. Im ersten Fall, auch wenn der Inhalt stimmt, kommt es ihnen auf reine Aeufserlichkeiten an: welche Geschenke den Gesandten gewährt wurden und wer sie in den Senat führte, mit wie höflichen Phrasen sie denselben begrüfsten und welche hübsche Antwort sie erhielten. Von alledem keine Silbe bei Polybios; und so ist es möglich selbst wenn beide Quellengattungen in einander gearbeitet sind, was nicht selten vorkommt, eine stricte Scheidung anzustellen. Um so mehr, als diese Verquickungen in der Regel mit geringer Sorgfalt gemacht sind. Endlich ist Polybios für 2 Reden des Aemilius Paulus an das römische Volk benutzt worden XLIV 22 XLV 41: vielleicht gehört ihm auch noch die Anekdote XLV 1 an.

7. Dem Umfang nach nehmen die polybianischen Abschnitte reichlich vier Siebentel der vierten und fünften Dekade ein. Wo die makedonischen und asiatischen Kriege erzählt werden, B. XXXI—XXXIII XXXV—XXXVIII XLII XLIV treten die Annalen ganz zurück, nehmen dagegen die Friedenszeit zwischen dem aetolischen und letzten makedonischen Kriege, B. XXXIX—XLI gröfstentheils ein. In der Verarbeitung und Verbindung beider Quellengattungen offenbart sich ein gewisser Fortschritt. B. XXXI liegen beide noch ganz unberührt neben einander, B. XXXII werden sie sich näher gerückt und von da an nimmt Livius in der griechischen Geschichte regelmäfsig an ein oder zwei Stellen die Annalen zur Hand um ihre Abweichung zu notiren. Die italische Geschichte des Polybios benutzt er vom XXXIV B. an; namentlich B. XXXVII XLII XLV hat er Stücke aus derselben mit den Annalen zu einer zusammenhängenden Erzählung zu verbinden gesucht.

Für die Richtigkeit unserer Scheidung, wie wir sie hier nach allgemeinen Gesichtspunkten zu entwickeln gesucht und wie wir sie in unserm zweiten Theil im Einzelnen nachweisen und begründen werden, sprechen zwei sprachliche Beobachtungen,

rechnet, über die Vorgänge im Senat unterrichtet. Dafs Polybios den letzten Schleier der römischen Politik nicht gelüftet, zeigt seine Darstellung des Vorgehens gegen Eumenes *κϑ* 1 bfg. *λ* 3. Er beschränkt sich durchaus auf die Verhandlungen mit den fremden Gesandten und giebt in der vorliegenden Periode nie mehr, als was diese nach Hause berichten konnten. Ueberall wo griechische Verhältnisse in Betracht kommen, erkennen wir durchschnittlich achaeische, wo asiatische, rhodische Relationen. So ist *κβ* 1—7 augenscheinlich nach rhodischen Berichten gearbeitet; die Rhodier, wie dies besonders in der Verhandlung über Soloi zu Tage tritt, bilden den Mittelpunkt des Ganzen vgl. Kap. 13, 4.

welche   wie ich wol ausdrücklich betonen darf — erst nachdem die Untersuchung dieser betreffenden Frage längst abgeschlossen war, fast zufällig gemacht sind. Ich zweifle nicht, dafs
bei näherem Eingehen auf die sprachlichen Eigenthümlichkeiten
des Livius von besseren Kennern noch weit mehr Unterschiede
entdeckt werden würden, die ebenfalls auf die Verschiedenheit
seiner Quellen zurückzuführen wären. Die erste Bemerkung liegt
sehr nahe: Polybios als Grieche rechnet nämlich nur nach Talenten, die Annalisten nach der römischen Rechnung nach Assen
oder Pfunden Silbers. In den kleineren Münzangaben findet kein
Unterschied statt, indem Livius für Drachme die entsprechende
Bezeichnung des Denars setzt, vgl. XXXIV 50. Mit wie geringer
Sorgfalt er in der Zusammenstellung der beiden Rechnungsweisen
verfuhr, zeigt sich XXXIII 30. Hier übersetzt er nach $\iota\eta$ 27
Philippos habe 1000 Talente an die Römer zahlen sollen, die
Hälfte baar, die Hälfte in 10 jährlichen Raten und fährt dann fort
*Valerius Antias quaternum milium pondo argenti vectigal in de-
cem annos impositum regi tradit.* Da nun das Talent = 80
pondo argenti ist $\varkappa\beta$ 26 XXXVIII 38, so stimmt die Angabe des
Valerius mit der polybianischen vollständig überein und derselbe
kann etwa nur die gleich zu zahlende Contribution übergangen
haben. Wir finden nun die Rechnung nach Talenten*) XXXII 40
XXXIII 13. 29. 30 XXXIV 35. 50. 62 XXXVII 1. 7. 45 XXXVIII
8. 9. 13. 14. 15. 18. 24. 37. 38 XXXIX 28 XLII 67 XLIV 23.
25. 27. 31. 45. 46; aber nirgends in den annalistischen Stücken,
wie umgekehrt nach Polybios auch niemals von *mille aeris* oder
pondo argenti die Rede ist. Letztere kommen vor XXXI 20. 49
XXXII 7. 26 XXXIII 23. 27. 30. 37 XXXIV 10. 46. 52 XXXVI
4. 21. 35. 39 XXXVII 46. 57. 58. 59 XXXVIII 55 XXXIX 5. 7.
42 XL 43 XLI 7. 13. 28 XLIII 4. 8. XLV 4. 40. 43. Aus der ersten
Dekade I 53. 55 ersehen wir, dafs Fabius Pictor nach Talenten
gerechnet hat. In der dritten werden sie genannt XXI 61 XXII
31 XXIII 13. 32 XXIX 4 XXX 16. 37, dagegen *pondo argenti*
oder *mille aeris* XXII 33 XXIV 11 XXV 3 XXVI 47 XXVII 10
XXVIII 9 XXX 16. 21. 38. — Ueber die Jahresrechnung ist S. 68
gesprochen. In den Längenmafsen findet sich nirgends ein Unterschied, indem Livius überall die Stadien nach dem richtigen
Verhältnifs von 8 : 1 auf Millien reducirt. — Allein es ist eine

---

*) An einer Stelle XXXVIII 9 nimmt Livius nach einer annalistischen
Reminiscenz $\tau\acute{\alpha}\lambda\alpha\nu\tau\sigma\nu$ für Pfund *corona aurea centum et quinquaginta
pondo,* wo aber nach $\varkappa\beta$ 13 kleine Goldtalente zu verstehen sind vgl. Hultsch
Metrologie S. 109.

Differenz in der Bezeichnung von Kriegsschiffen hervorzuheben. Polybios nennt nämlich solche, sobald die seit Alexanders Zeit gebräuchlichen Vier- und Fünfruderer zu verstehen sind, stets ναῦς καταφράκτους. Livius giebt diese Benennung wieder durch *naves tectae*, auch wol *naves constratae*. Der erstere Ausdruck kommt vor XXXI 46 XXXII 16. 21 XXXIII 19. 30 XXXIV 26. 60 XXXV 26. 43 XXXVI 42. 43. 45 XXXVII 11. 25 XXXVIII 16. 39 XXXIX 28 XLIV 10, der letztere XXXV 46 XXXVI 42. Diese ungefähr 27 mal gebrauchte Bezeichnung von Deckschiffen findet sich allein in den polybianischen Stücken der vierten und fünften Dekade. Der Ausdruck *naves longae* kommt in diesen nur an 3 Stellen vor: XXXVIII 38 entsprechend wie χβ 26, um damit im Allgemeinen die Gattung der Kriegsfahrzeuge zu bezeichnen; ferner XXXI 14, wo nach c. 22 Trieren gemeint sind, die nicht zu den Deckschiffen zählen, vgl. ιϛ 2; endlich XXXI 15, wo gleichfalls eine kleinere Art gemeint ist, vgl. c. 22 [ιϛ 26 steht nur ναῦς da, aber das Ende ist epitomirt s. S. 11]. Ferner gehört die Bezeichnung *naves apertae* (ἄφρακτα) im Gegensatz zu den *naves tectae* ausschliefslich den polybianischen Stücken an: XXXI 22 XXXII 21 XXXV 42. 43 XXXVI 42. 43 XXXVII 14. 16. 22. 24 XLIV 28. Endlich kommt in diesen noch die Benennung *navis rostrata* vor. An Einer Stelle XXXII 32 nach ιϛ 1 ist dadurch das Wort πρίστις, womit eine Art kleiner Schnellsegler bezeichnet wird, und welches Livius nach seiner gewöhnlichen Inconsequenz XXXV 26 XLIV 28 anzuwenden nicht ansteht, wiedergegeben und man kann wol auch an den übrigen Stellen diese kleinern Schiffe darunter verstehen XXXVI 42. 43 XXXVII 24 XLIV 28, oder der Ausdruck besagt wie in der dritten Dekade überhaupt Kriegsschiff. Ganz abweichend von dem polybianischen Sprachgebrauch werden in dem annalistischen Theil Vier- und Fünfruderer nie *naves tectae* oder *constratae*, sondern stets *naves longae* genannt: XXXII 1 XXXIII 43 XXXIV 8 XXXVI 2 XXXVII 2 XL 52 XLV 44. Ebensowenig kommt die erste Bezeichnung in der dritten Dekade, auch nicht in den Abschnitten, wo ich nach Allem vorläufig Polybios als Gewährsmann ansehen mufs, vor; hingegen *naves longae* XXI 17. 26. 51 XXII 22 XXIII 32. 40. 41 XXIV 11. 36. 40. 44 XXV 27 XXVII 22 XXVIII 4. 8. 45. 46 XXIX 4. 13 XXX 2. 16. 24. 27. 41. 43. und *naves rostratae* XXVIII 45. 46 XXIX 12. 25 XXX 10. 24. 36. 37. Diese Abhängigkeit des Livius im Ausdruck von seinen Quellen erscheint mir höchst beachtenswert zu sein.

Kapitel VI.

Die Quellen Diodors und Appians.

Für die Kritik der vierten und fünften Dekade des Livius besitzen wir noch ein sehr wichtiges Hülfsmittel, welches bisher unberücksichtigt geblieben ist. Es sind dies die verwandten Darstellungen anderer Schriftsteller. Für die Periode von dem Ende des hannibalischen Krieges bis zur Zerstörung Karthagos und Korinths ist das Werk des Polybios die bedeutendste gleichzeitige Quelle und als solche die Grundlage aller spätern Behandlungen dieses Zeitraums geworden, so dafs, von den Annalen abgesehen, fast unsere ganze Kenntnifs auf sie zurückgeht. Unter den erhaltenen Bearbeitungen ist nach der livianischen am Wichtigsten die des Diodor und Appian.

1. Diodor aus Sicilien lebte unter Caesar und Augustus zu Rom und schrieb von den ältesten Zeiten bis auf 60 v. Chr. eine Universalgeschichte in 40 Büchern. Davon ist nur B. 1 – 5 und 11 – 20 erhalten; aus den übrigen haben verschiedene Schriftsteller und besonders die Sammlungen des Konstantinos Bruchstücke gerettet. Aus diesen ersieht man, dafs Diodor das Werk des Polybios stark benutzt hat. Dies findet, soweit ich sehe, auf den 1. und 2. punischen Krieg — mit Ausnahme des afrikanischen Söldnerkriegs 25, 3 — 11. α 67 — 68 — keine Anwendung. Allein für den oben bezeichneten Zeitraum ist dieser in den B. 28 — 32 fast ausschliefsliche Quelle gewesen. Der uns vorliegende Abschnitt von 553 — 588 wird in ca. 110 meist kurzen Fragmenten von B. 28 — 31, 22 behandelt. Sie gehören gröfstentheils den Sammlungen des Konstantinos an; in Betreff des Textes gilt mithin das Kap. 1 Gesagte. Bei einer Reihe von Fragmenten ist eine directe Vergleichung mit dem polybianischen Original möglich: 28, 5. 6. 13 mit ις 1. 34. ιη 33; 29, 2. 4. 9.

10. 13. 14. 15. 16. 20. 21 — 24. 25. 35. 36. mit κ S. κα 1. 10.
13. 27. 22. 24. κγ 7. κδ Sbfg. κε 6. κς 10. p. 1181; 30, 1. 2.
5. 10. 11. 17. 21. 31. 33 mit κζ 7. κη 1. κζ 13. κη S. 9. κζ 16.
κη 17a. κϑ 6b. 7: 31, 2. 5—7. 14. 17. 22 mit κϑ 11. λ 4 fg.
15. κϑ 6c. λ 16; fr. scor. 7 mit κζ 14. Dieselben beschränken
sich nicht etwa auf einen besondern Theil der Pragmatie, sondern umfassen die römisch-hellenistischen Verwicklungen nicht
minder als die aegyptische syrische achaeische und kretische
Spezialgeschichte. Ebensowenig sind sie ausschliefslich der
eigentlichen Erzählung entnommen: vielmehr haben auch die be-
trachtenden Excurse reichlichen Stoff geboten. Im Allgemeinen
hat Diodor seine Quelle verkürzt, was schon daraus hervorgeht,
dafs er denselben Zeitraum, welcher bei jenem 25 Bücher einnahm, in 5 behandelt hat. Manche Partien indefs sind mit
gröfserer Ausführlichkeit wörtlich ausgeschrieben. Dafs unter
den erhaltenen Fragmenten verhältnifsmäfsig viele der letzteren
Gattung angehören, darf nicht weiter befremden: denn die konstantinischen Sammler schnitten eben die besseren Stücke aus
und die diodorische Darstellung ist natürlich um so besser, je
enger sie sich an Polybios anschliefst. Für das aufgestellte Gesetz der Quellenbenutzung in der antiken Historiographie giebt
Diodor einen sprechenden Beleg. Er entlehnt nicht nur die Darstellung und ihre Form, sondern auch die eigensten Gedanken
seines Gewährsmannes in einer für moderne Anschauung ganz
unfafsbaren Weise. Ein Beispiel wird dies am Besten veranschaulichen. Polybios führt nämlich bei der Betrachtung über
den Untergang Makedoniens einen Ausspruch des Demetrios
Phalereus an über den Wechsel der verschiedenen Weltreiche,
welcher von grofsartiger historischer Auffassung zeugt, und
Diodor schreibt ihn folgender Mafsen aus:

Pol. κϑ 6c.	Diod. 31, 17.
ὥστε πολλάκις καὶ λίαν μνη- μονεύειν τῆς Δημητρίου τοῦ Φαληρέως φωνῆς. ἐκεῖνος γὰρ ἐν τῷ περὶ τῆς τύχης ὑπομνήματι βουλόμενος ἐν- αργῶς ὑποδεικνύναι τοῖς ἀν- θρώποις τὸ ταύτης εὐμετά- βολον, ἐπιστὰς ἐπὶ τοὺς κατ᾽ Ἀλέξανδρον καιρούς, ὅτε κατέλυσε τὴν Περσῶν ἀρ- χὴν λέγει, ταῦτα.	ὅτι ἀκμαζούσης τῆς τῶν Μακεδόνων βασιλείας Δη- μήτριος ὁ Φαληρεὺς ἐν τῷ περὶ τύχης ὑπομνήματι, καθάπερ χρησμῳδῶν ὑπὲρ τῶν αὐτῇ συμβησομένων, εὐ- στόχως τούτοις τοὺς λόγους ἀποπεφοίβακεν.

Es folgt das Citat, mit unerheblichen stilistischen Abweichungen
bei Diodor *). Alsdann heifst es:

ὁ νῦν γέγονε κατὰ Περσέα.
ταῦτα μὲν ὁ Δ. ὡσανεὶ θείῳ
τινὶ στόματι περὶ τοῦ μέλ-
λοντος πεφοίβακεν· ἐγὼ δὲ
κατὰ τὴν γραφὴν ἐπιστὰς
τοῖς καιροῖς καθ᾽ οὓς συνέβη
καταλυθῆναι τὴν Μακεδό-
νων βασιλείαν, οὐκ ἔκρι-
νον ἀνεπιστάτως παραδρα-
μεῖν ἅτε γεγονὼς αὐτόπτης
τῆς πράξεως, ἀλλ᾽ αὐτός τε
τὸν πρέποντα λόγον ἐπι-
φθέγξασθαι καὶ Δημητρίου
μνησθῆναι· δοκεῖ γάρ μοι
θειοτέραν ἢ κατ᾽ ἄνθρωπον
τὴν ἀπόφασιν ποιήσασθαι·
σχεδὸν γὰρ ἑκατὸν καὶ πεν-
τήκοντα πρότερον ἔτεσι τά-
ληθὲς ἀπεφήνατο περὶ τῶν
ἔπειτα συμβησομένων.

ὃ συνέβη κατὰ τοὺς νῦν χρόνους συντελεσθῆναι. διόπερ
καὶ ἡμεῖς ἐκρίναμεν τῇ πε-
ριστάσει ταύτῃ τὸν ἁρμό-
ζοντα λόγον ἐπιφθέγξασθαι
καὶ τῆς ἀποφάσεως τῆς Δη-
μητρίου μνησθῆναι, μείζο-
νος οὔσης ἢ κατ᾽ ἄνθρωπον·
προεῖπε γὰρ ἑκατὸν καὶ πεν-
τήκοντα ἔτη περὶ τῶν ὕστερον συμβησομένων.

2. Was die Form betrifft, so besteht Diodors Thätigkeit
allein darin die Darstellung des Polybios zusammenzuziehen und
dessen Sprache in die seiner eignen Zeit umzusetzen. Dafs bei
dieser Modernisirung allerlei kleine Abweichungen sich von selbst
ergeben, braucht kaum bemerkt zu werden. Hinsichtlich des Inhalts sind zuerst mehrere Ungenauigkeiten in Namen und Zahlen
zu erwähnen, welche zum gröfsten Theil auf Rechnung der Schreiber gesetzt werden mögen vgl. S. 17: wie 29, 14 Αἰμίλιον statt
Μάνλιον κβ 27; 29, 20 εἴκοσι für 120 κγ 7, 29, 24 10500
für 15000 κδ 9 a; 30, 5 υἱός für ἐιωνός κζ 13 u. A. Dann ist
die Erzählung bisweilen durch starke Verkürzung und Zusammrien-
ziehung abgeblafst und ungenau geworden. So ist die Verhandlung über den Frieden mit Antiochos 29, 13 aus κα 13 und

*) Die Herausgeber des Polybios haben übersehen, dafs nach εἰ γὰρ
λάβοιτε aus Diodor πρὸ τῆς ἐννοίας einzuschalten sei. Dies wird schon
durch sprachliche Rücksichten gefordert, ganz abgesehen davon, dafs es
schwer denkbar wäre, wie Diodor diesen Zusatz aus eigenen Stücken hätte
machen sollen.

κβ 26 contrahirt, die Ordnung der asiatischen Verhältnisse 29, 14 aus κβ 7 und 27.

Aufser den 35 Fragmenten, welche auf Polybios direct zurückzuführen sind, lassen sich gegen 30 mit der livianischen Uebersetzung vergleichen 28, 7. S — XXXI 24, 34; eb. 10. 12 — XXXII 5. 10; eb. 14. 16 — XXXIV 48. 57fg.; 29, 3 — XXXVI 15; eb. 5. 12 XXXVII 31. 49; eb. 19 — XXXIX 26; eb. 28. 33 — XL 54fg. 58; eb. 37. 38. 30, 7 — XLII 14. 16. 47; 30, 12. 13. 14. 15. 16. 24. 25. 26. 30 — XLIV 4. 6. 10. 26. 33fg. 45. 44; eb. 31. 32. 31, 1. 13 — XLV 7. S. 11. 29. Oftmals entsprechen sich beide Schriftsteller wörtlich z. B. XXXII 5 *cum Heracliden amicum maxime invidiae sibi esse cerneret ... in vincla coniecit*; 28, 10 *θεωρῶν τῶν Μακεδόνων τοὺς πλείστους ἑαυτῷ χαλεπῶς ἔχοντας ἐπὶ τῷ τὸν Ἡρακλείδην ἔχειν φίλον, παρέδωκεν αὐτὸν εἰς τὴν φυλακήν.* Und in allen Fällen ist die Uebereinstimmung hier eine solche, dafs sie nur durch Annahme einer gemeinsamen Quelle erklärt werden kann, als welche Polybios mit Notwendigkeit anzusehen ist. Im Uebrigen finden natürlicher Weise manche Differenzen statt. Der Eine steht auf dem Boden der Universalgeschichte, der Andere ist Römer. Jener liebt das Raisonnement und opfert ihm häufig das Faktische; aber nationale oder rhetorische Neigungen trüben seine Darstellung nicht. Indefs verdient Livius, der weit ausführlicher ist und besonders in Namen und Zahlen zuverlässig, wo Abweichungen stattfinden, in der Regel den Vorzug, sobald nicht Gründe für die Annahme vorliegen, dafs er absichtlich oder unabsichtlich Veränderungen vorgenommen hat. In der That können wir einige Stellen mit Hülfe Diodors emendiren. Aus diesem Gesichtspunkt und dem noch wichtigeren, die polybianischen Stücke im Livius genau zu bestimmen, bilden die erhaltenen Fragmente, so dürftig sie auch sind, für die Kritik einen sehr erwünschten Beitrag. Wo die Annalen mit Diodor zusammentreffen, wie 29, 17 — XXXIX 3 eb. 31 — XL 30fg. findet selbstverständlich nur eine theilweise oder gar keine Uebereinstimmung statt. Wie die Anführungen des Synkellos und Photios zeigen 31, 13 am Schlufs, 31, 15. 28. 32, 11, hat Diodor neben Polybios noch andere Quellen in den bezeichneten Büchern benutzt, diesen aber — soweit sich erkennen läfst — nur allerlei Schnurrpfeifereien, Anekdoten und Wundergeschichten entnommen.

3. Weit wichtiger als Diodor ist für unsere Untersuchungen Appianos aus Alexandreia, welcher ca. 100 n. Chr. zu Rom

lebte und in 24 Büchern darlegte, wie die einzelnen Länder unter
die römische Herrschaft gelangt wären. Nur zum Theil ist sein
Werk uns erhalten. In den vorliegenden Zeitraum von 553 bis
588 fällt die erste Hälfte der syrischen Geschichte c. 1—44 und
Weniges aus der illyrischen; von der makedonischen sind leider nur Bruchstücke übrig, fast alle aus den bekannten Sammlungen des Konstantin. Appian führt in diesen Partien keinen
Gewährsmann namentlich an und erwähnt den Polybios überhaupt nur Ein Mal bei der Zerstörung Karthagos Libyk. 132.
Allein bei näherer Untersuchung stellt sich heraus, dafs dieser
für den ganzen Zeitraum, für welchen er Augenzeuge war, mit
ganz unerheblichen Zusätzen aus andern Büchern ausschliefsliche Quelle gewesen ist d. h. in der zweiten Hälfte der libyschen und der ersten der syrischen Geschichte, in der makedonischen, an einigen Stellen der illyrischen und am Anfang der
mithridatischen. Darin stimmt also die Benutzung Appians mit
derjenigen des Livius und Diodoros überein, dafs er erst vom
hannibalischen Kriege an sich derselben Quelle zugewandt hat.
Vergleicht man nun die Fragmente mit seiner Darstellung, z. B.
ιζ 1 fg. und Mak. 8, ιη 17 fg. 27 fg. Mak. 9, κδ 2 fg. Mak. 9, κζ 8
Mak. 12, κη 15 Mak. 17, ιη 32 Syr. 2. 3, κα 9 Syr. 23, κα 10
—12 Syr. 29, κα 13 Syr. 38, κβ 1 fg. Syr. 44, λ 16 Mithr. 2,
so ist sofort klar, dafs hier ein ganz anderes Verhältnifs der
Abhängigkeit vorliegt als bei den beiden Anderen. Denn wenn
er auch bisweilen bei Abschnitten, welche ihm besonders wichtig und anziehend sein mochten, z. B. Syr. 3 und 38 sich enger an die Worte seines Gewährsmanns anschliefst, so hat er
doch im Ganzen nach jenem eine neue selbstständige und
äufserst freie Darstellung geliefert. Sie umfafst etwa nur den
achten oder zehnten Theil der polybianischen und man mag sie
der Bearbeitung vergleichen, welche Florus vom Werk des Livius gegeben hat. Es liegt auf der Hand, dafs die Frage nach
den einer so kurzen und noch dazu so freien Erzählung zu
Grunde liegenden Quellen nur durch eine umständliche und eingehende Untersuchung Punkt für Punkt erledigt werden kann.
Wir werden eine solche im zweiten Theil zu geben und die hier
aufgestellte Ansicht nach allen Seiten hin zu vertreten suchen.
Fast Alles nämlich, was Appian über den betreffenden Zeitraum
berichtet, läfst sich durch die polybianischen Fragmente und die
verwandten Nachrichten Diodors und Plutarchs ganz besonders
aber durch die livianische Uebersetzung controlliren. Das Wenige,
bei welchem dies nicht gradezu möglich ist, fügt sich der Erzäh-

lung des Polybios so passend ein, dafs auch hierüber gar kein
Zweifel stattfinden kann. Seine Abweichungen sind auf seine
eigenthümliche Behandlungsweise zurückzuführen; von fremden Quellen ist nirgends eine Spur. Ich finde in diesen Partien
nur Einen thatsächlichen Zusatz Syr. 29 und hier hat unser
Autor das Unglück den jüngern Scipio Africanus mit seinem
Adoptivvater zu verwechseln.

4. Im Uebrigen können für seine Behandlungsweise folgende allgemeine Gesichtspunkte aufgestellt werden. Appian
behandelt seinen Stoff, wie auch sein aufgestelltes Schema verlangte, durchaus selbstständig und frei und sucht ihn zu einer
einheitlichen Erzählung umzugestalten. Dabei verfährt er mit
jener Gleichgültigkeit gegen die Genauigkeit und Richtigkeit des
Einzelnen, welche überhaupt die historischen Ueberarbeiter des
Alterthums kennzeichnet: eine Gleichgültigkeit, der es auf eine
Handvoll von Thatsachen und Jahren nicht im Mindesten ankommt. Es giebt einen Lehrsatz der Kritik, welcher in der Natur der Sache begründet liegt, dafs nämlich ein Bearbeiter um
so zuverlässiger ist, je ausführlicher er ausschreibt, um so un-
zuverlässiger, je mehr er verkürzt. Vielleicht nirgends bewahr-
heitet sich dieser Satz in höherm Grade als bei Appian. Denn
wiewol derselbe auch da Nichts weniger als sorgfältig ist, wo er
die polybianische Erzählung auf den dritten oder vierten Theil
ihres Umfangs reducirt, so kennt seine Nachlässigkeit gar keine
Grenzen, wenn es notwendig war 20 oder 30 Kapitel in ein
paar Sätze zusammenzufassen. Die Einleitung zum syrischen
Krieg c. 1 — 12 wimmelt von so viel chronologischen und thatsächlichen Fehlern und Entstellungen, dafs es zuerst ganz unmöglich erscheint Sinn und Zusammenhang hineinzubringen.
In der That mufs Appian mit einer enormen Flüchtigkeit gearbeitet haben. Ganz besonders hat er Namen und Zahlen in
einer wahrhaft horrenden Weise entstellt. So nennt er durchstehend statt des Ptolemaios Epiphanes seinen Vater Pt. Philopator, ἐξῆρης Mak. 9 für ἐκκαιδεκήρης ιη 27, Ἐρέννιος
Mak. 11 für Rammius XLII 17, Κλοίλιος Mak. 18 für Clondi-
cus XLIV 26, Γραῖος Syr. 3 für Λεύκιος ιη 32, verwechselt
Syr. 12 den syrischen General Menippos mit Mikythion, dem
Haupt der römischen Partei in Chalkis XXXV 50, Πανσίμαχος
Syr. 23 für Πανσίστρατος XXXVII 9, Εὔδωρος Syr. 27 für
Eudamus XXXVII 29. Diese Beispiele mögen genügen; das
ganze Sündenregister würde uns hier zu lange aufhalten. Wäh-
rend nach dieser Seite hin von einer Sorgfalt, die auch nur gerin-

gen Ansprüchen genügte, keine Rede sein kann, hat Appian
wiederum mit den geringfügigsten Lappalien sich ganz erstaunliche Mühe gemacht. Er besitzt eine krankhafte Anlage Schwierigkeiten zu finden, wo keine sind, und abweichende Erklärungen und Motive unterzulegen, als wie sie in seiner Quelle standen. So heifst es XXXIV 61, Hannibal habe nicht gewagt seine
Freunde in Karthago schriftlich von dem Kriegsplan gegen die
Römer in Kenntnifs zu setzen, damit der Brief nicht abgefangen
und das Vorhaben bekannt würde, er habe aber einen Boten hingeschickt. Man sollte meinen, der Grund nicht zu schreiben sei
Jedermann ohne Weiteres einleuchtend. Nicht so dem biedern
Alexandriner Syr. 8: „Hannibal schrieb nicht — denn er hielt
es nicht für sicher, weil die Römer alles auskundschafteten, der
Krieg noch nicht begonnen hatte, Viele in Karthago ihm feindse-
lig gesinnt waren und der Staat keine Festigkeit und Ordnung
besafs, was auch nach Kurzem den Untergang Karthagos herbei-
führte —" welche Masse von unnützen Worten! Bei dem Frieden mit Philippos Mak. 9 bemerkt er, das unerwartete Glück
sei der Grund gewesen von der Mäfsigung Flaminins und der
griechischen Bundesgenossen, während es bei jenem doch blofse
Berechnung war und bei diesen nach Erfüllung ihrer Wünsche
von einer weiteren Mäfsigung füglich keine Rede sein konnte.
In den Waffenstillstandspräliminarien eb. sieht er die Friedens-
bedingungen und, da der Friedensvertrag ganz anders lautete,
so mufs er hinzufügen, der Senat habe die durch Flaminin gestellten Bedingungen verschlechtert. Weit sonderbarer sind die
Widersprüche, welche er zwischen den verschiedenen Nachrichten des Polybios über den Frieden mit Antiochos herausgefun-
den und nach seiner Weise vermieden hat (s. Kap. 14, 4). Ich
will nur Eins anführen: bei der ersten Verhandlung vor der
Schlacht bei Magnesia fordern die Römer Abtretung von Asien
diesseit des Tauros und Erstattung der Kriegskosten κα 11
Syr. 29: nach der Schlacht heifst es κα 13, dieselben Bedingungen seien wieder gestellt worden. Allein hier war auch noch von
Geifseln und der Auslieferung Hannibals und Anderer die Rede.
Flugs entdeckt Appian Syr. 38 zwischen dem früher Erzählten und
der letztern Behauptung einen Widerspruch; daher fügt er wolweislich hinzu διδομεν δὲ ὅσα καὶ πρότερον αὐτῷ προυτείνο-
μεν, μικρὰ ἄττα προςθέντες, ὅσα καὶ ἡμῖν ἔσται χρήσιμα
καὶ αὐτῷ λυσιτελῆ πρὸς τὸ μέλλον ἐς ἀσφάλειαν. Am
meisten Not hat ihm der Charakter des Perseus gemacht: die
Mäfsigkeit und Milde seines Betragens im Gegensatz zu Philippos.

die entschieden glückliche Kriegführung in den ersten Jahren
und daneben der gemeinste Geiz, die elendeste Feigheit und
Kopflosigkeit, die Fähigkeit zu jeglichem Verbrechen — wie war
dies Alles zu reimen? Nach dem ersten Fragment Mak. 11 ist
seine Sache die gerechte; die Thatsachen werden zu seinen Gunsten entstellt, das Attentat auf Eumenes und der Vergiftungsver-
such durch Rammius XLII 15 fg. fallen ihm nicht zur Last. Als
nun der König nach dem Sieg bei Larissa seiner natürlichen Ver-
zagtheit folgend Friedensanträge macht κ. S, soll dies Mak. 12
in der albernsten Weise wegescamotirt werden ὅτι μετὰ τὴν
νίκην ὁ Περσεύς, εἴτ᾽ ἐπιγελῶν Κράσσῳ καὶ τωθάζων
αὐτόν, εἴτ᾽ ἀποπειρώμενος ὅπως ἔτι φρονήματος ἔχοι,
εἴτε τὴν Ῥωμαίων δύναμίν τε καὶ παρασκευὴν ὑφορώμε-
νος, εἴθ᾽ ἑτέρῳ τῳ λογισμῷ, προςέπεμπεν αὐτῷ περὶ διαλ-
λαγῶν. Endlich als durch den Einfall des Philippus in Makedonien die Erbärmlichkeit des Perseus in das hellste Licht trat,
kann sich der blöde Sinn des Appianos nicht länger diesem ver-
schliefsen und er stellt Mak. 16 eine Betrachtung darüber an,
wie der weise milde und tapfre König mit Einem Male in das
grade Gegentheil umgewandelt worden sei. Die Lösung dieses
Räthsels findet er darin, dafs die Tyche ihn zu verlassen begann,
oder, wie er sich c. 18 an 2 Stellen ausdrückt, dafs die Gottheit
ihn schlug. Dieselbe religiöse Auffassung findet sich öfters. Sie
würde Achtung abnötigen, wenn sie etwas besser verwandt wäre:
für die Erklärung der Charaktere eines Antiochos und Perseus
ist ein deus ex machina am Allerwenigsten am Platze. Es bleibt
noch übrig zu bemerken dafs Appian dem Geschmack seiner
Zeit gemäfs auf gröfsere abgerundete Reden viel giebt: vgl. Syr. 14
XXXVI 7 Syr. 38 za 13. Sie sind, wie zu erwarten stand, äufserst
schwach. Aus Allem geht hervor, dafs wir es hier mit einer
Quelle dritten Ranges zu thun haben, deren kritische Behandlung
viel Schwierigkeiten macht. Viel Neues läfst sich nicht aus ihr
schöpfen und ihre Bedeutung besteht hauptsächlich darin, dafs
sie neue Belege für unsere Ansicht über die polybianischen Partien des Livius abgiebt und manche Entstellungen der Letzteren
zu beseitigen gestattet.

Plutarch dient zu gleichem Zweck. Er hat in den Biographien des Philopoimen Flaminin Cato und Aemilius Paullus den
Polybios mehrfach genannt und ausgebeutet. Ueber die hier ver-
arbeiteten Quellen wird später eine eigne Untersuchung anzustellen sein. Auch Trogus Pompeius, dessen Universalgeschichte im
Auszug des Justinus vorliegt, hat wie Livius Diodor Appian fast

ausschliefslich den Polybios benutzt. Es soll später gezeigt werden, dafs er wegen der unzuverlässigen Weise seiner Ueberlieferung den treueren und besseren Bearbeitern gegenüber ohne
Wert ist.

Unter den übrigen Quellen ist nur noch Dio Cassius hervorzuheben, von dem wir einige Fragmente und den Auszug in der
Chronik des Zonaras besitzen. Er hat, wie im Anhang nachzuweisen sein wird, im Wesentlichen aus Livius geschöpft und ist
deshalb nach genauerer Prüfung für unsere Kenntnifs wertlos.

ZWEITER THEIL.

Analyse der Quellen.

Kapitel VII.

Das einunddreissigste Buch.

Da Livius für den in der vierten und fünften Dekade behandelten Zeitraum weitaus die bedeutendste Quelle ist, so wird eine Kritik desselben mehr weniger das gesammte und erhaltene Material in Betracht ziehen müssen. Es ist hier zuerst notwendig die annalistische und polybianische Ueberlieferung, wie sie uns äufserlich verbunden vorliegen, streng zu scheiden. Die letztere in Verbindung mit den polybianischen Fragmenten sammt Diodor und Appian ist als ein zusammenhängendes Ganzes, das sich an den Namen des Polybios knüpft, nachzuweisen. Es bildet die Grundlage unserer Kenntnifs dieses Zeitraums und von ihm aus ist die annalistische Darstellung zu prüfen. Die folgenden Erörterungen enthalten demnach eine Kritik des Quellenmaterials und damit zugleich die Beweise für die im ersten Theil gegebene Charakteristik. In Bezug auf den letzteren Punkt schien es ratsamer nicht so sehr von den allgemeinen durchschlagenden Principien auszugehen als vielmehr im Einzelnen nach den jedesmal vorliegenden Kriterien zu entscheiden.

1. Livius beginnt die vierte Dekade mit einer kurzen Vorrede c. 1, in welcher die Gründe des Kriegs mit Philippos von Makedonien angegeben werden. Es sind die Verletzung des 549 geschlossenen Friedens den Aetolern und andern Bundesgenossen gegenüber, die Unterstützung Hannibals mit Geld und Hülfstruppen,

endlich die Verwüstung des attischen Landes. — C. 2 berichten Gesandte des Attalos und der Rhodier, dafs auch die asiatischen Städte beunruhigt würden. Indefs man vertagt die weitern Mafsregeln bis zur Rückkehr der Consuln aus den Provinzen und schickt vorläufig eine Gesandtschaft an Ptolemaios von Aegypten um die Besiegung der Karthager anzuzeigen und auf einen Krieg gegen Makedonien vorzubereiten. — C. 3 Nachdem die Thaten des Consuls gegen die Gallier berichtet, wird nach dessen Rückkehr eine Flotte nach Makedonien geschickt. — C. 4 Notizen über eine Ackervertheilung, Wahlen und öffentliche Spiele. — C. 5 Mit Beginn des neuen Jahres 554 wird nach den Meldungen des römischen Befehlshabers und einem neuen Hülfsgesuch der Athener vom Senat der Krieg beschlossen. — C. 6. 7 Die Comitien verweigern die Annahme dieses Beschlusses, und werden erst durch eine Rede des Consuls umgestimmt. — C. 8 Religiöse Bedenken über die Weise der Kriegserklärung, Vertheilung der Provinzen und Heere. — C. 9 Eine aegyptische Gesandtschaft bietet für die Athener Hülfe an, wird aber freundschaftlichst abgewiesen; dann religiöse Bedenken über die Stiftung neuer Spiele nach erfolgtem Siege. — C. 10 Nachricht von einer grofsen Erhebung der Gallier. — C. 11 Mafsregeln dagegen; eine Commission wird an die Karthager, Vermina und Massinissa geschickt, an Letzteren mit dem Auftrag numidische Reiter für den makedonischen Krieg zu erbitten. — C. 12 Sühnung der Prodigien. — C. 13 Abkommen mit den Staatsgläubigern. Im Folgenden rückt der Consul Sulpicius gegen Makedonien ins Feld.

2. So die Darstellung der Annalen von den Gründen und der Einleitung des Krieges. Wir suchen jetzt die des Polybios aus dessen Fragmenten und der eng verwandten Erzählung Appians zu gewinnen. Nach dem Tode des Ptolemaios Philopator 549 hatte Philippos einen Vertrag mit König Antiochos von Syrien geschlossen um das aegyptische Reich zu theilen (ε 20 γ 2 *).

---

*) Der Theilungsvertrag selbst ist nicht bekannt. Fast scheint es als ob aufser der kleinasiatischen und thrakischen Küste Aegypten selbst dem Philippos bestimmt gewesen sei, wenn es ις 1a nach der Seeschlacht bei Lade heifst δῆλον ὡς ἐξῆν τελεῖν τῷ Φιλίππῳ τὸν εἰς τὴν Ἀλεξάνδρειαν πλοῦν. Immerhin wäre die Theilung sonderbar. Appian Mak. 4 bezeichnet es als Gerücht, dafs Antiochos Aegypten und Kypros, Philipp Kyrene die Kykladen und Ionien haben sollte. Dieser Version folgt Mommsen. Dafs es aber zunächst blofses Gerücht war, zeigen nicht nur die ersten Worte λόγος τε ἦν, sondern auch die folgenden τήνδε τὴν δόξαν ἐκταράσσουσιν ἅπαντας Ῥόδιοι μὲν Ῥωμαίοις ἐμήνυσαν. Schwerlich war der geheime Vertrag der beiden Könige den Rhodiern genau bekannt, wenn auch diese Ansicht der Wahrheit sehr nahe kommen mag.

Jener rüstet eine Flotte zur Unterwerfung der hellenischen Städte,
welche unter aegyptischer Oberhoheit standen Appian Mak. 4,
plündert Thasos ιε 24, erobert Lysimacheia Kalchedon und Kios
ιε 21 fg. Die Rhodier aber, welche schon Kios zu retten gesucht,
erklären auf Antrieb des Theophiliskos den Krieg, und Attalos muſs
sich ihnen notgedrungen anschlieſsen ιε 23 ις 9. Nach Unterwerfung von Samos und Chios App. Mak. 4, verwüstet Philippos 553
das Gebiet von Pergamon, belagert aber die Stadt vergebens ις 1.
2. App. a. O. Auf seinem Rückzug nach Samos wird er von der
vereinigten rhodisch-pergamenischen Flotte bei Chios völlig geschlagen ις 2—9. Indefs kurz darauf besiegt er die Rhodier
allein bei der Insel Lade, gewinnt Milet ις 15, und erobert eine
Reihe karischer Städte, Prinassos Myous Iasos Bargylia Euromos
ις 11. 24 ι⁻ 2. Nichts destoweniger sieht er sich bei Anbruch
des Winters aus Furcht vor den Aetolern und Römern zur eiligen
Rückkehr nach Makedonien genötigt ις 24. Nach dem folgenden
Fragment verhandeln Attalos und die Rhodier mit den römischen
Gesandten in Athen über ein Bündnifs gegen Philippos: wir finden dasselbe bei Livius c. 14. 15 übersetzt. Er bleibt nämlich
bei der Ankunft des Consuls in Makedonien stehen und berichtet
jetzt die Entstehung des Kriegs zwischen Athen und Philippos.
Die Akarnanen hätten mit makedonischer Unterstützung um den
Tod zweier Landsleute zu rächen einen Beutezug nach Attika gemacht; eine ordentliche Kriegserklärung sei erst erfolgt, als Attalos und die Rhodier auf der Verfolgung Philipps nach Athen
kamen. Nachdem diese mit den römischen Gesandten eins geworden, bewegen sie die Athener zur Kriegserklärung. Diese
Verhandlungen stimmen wie gesagt mit ις 25 überein. Hieran
schlieſst sich eine kurze Darlegung der Ereignisse des Winters
553/4, deren Inhalt der Betrachtung ις 28 durchaus entspricht.
C. 16 werden die Unternehmungen Philipps im Frühling dieses
Jahres erzählt. Die Schilderung der Belagerung von Abydos
c. 17. 18 ist, wie das Fragment ις 29—34 lehrt, aus Polybios
entnommen. Wir sind hiermit wieder auf den Punkt angelangt,
wo c. 14 die Erzählung stehen blieb, den Herbst 554; nachdem
c. 19—22 italische Ereignisse dargelegt werden, wird sie c. 22
weiter geführt.

So ist c. 14—18 eine neue Darstellung vom Ursprung dieses Krieges, welche — abgesehen vom ersten Satz der wegen
des unbestimmten *in Macedoniam traiecit* noch den Annalen angehört (s. S. 105) — nach ihrem Inhalt wie nach der Uebereinstimmung der Fragmente unzweifelhaft aus Polybios geschöpft

ist. Die Nachricht von dem Einfall der Akarnanen und Makedoner steht mit dem Folgenden in so engem Zusammenhang, dafs sie derselben Quelle angehören mufs. Denn nachdem Attalos sich mit den römischen Abgeordneten verständigt hatte, bewog er die Athener eben auf diesen Einfall hin den Krieg zu erklären: offenbar damit die Römer den nötigen offiziellen Vorwand zum Kriege in der Verletzung römischer Bundesgenossen erhielten*). Dies waren eben die Athener vgl. β 12 XXIX 12; aber ohne offne Erklärung dieser konnten doch füglich die Römer an Krieg nicht denken. Auch die Nachricht vom Bündnifs zwischen Philipp und Antiochos stimmt zu Polybios, ebenso die beiden Seeschlachten; neutro feliciter bello ist eine bei dieser Kürze entschuldbare Ungenauigkeit, insofern der Sieg bei Lade für Philippos ein hart bestrittner war, vgl. ις 14 15.

Bei Appian Mak. 4 haben wir gleichfalls eine kurze Darlegung der Gründe des Krieges. Die einzelnen Daten stimmen gut zu den polybianischen Fragmenten und dienen vielfach zu deren Verbindung. So erläutert z. B. die Nachricht von dem Versuch Philipps auf die Stadt Pergamon den ganz unverständlichen Anfang von ις 2, wo gar nicht gesagt ist, welche Stadt Philipp denn eigentlich belagerte. Einen Einfall der Makedoner in Attika fanden wir auch bei Livius; wenn Appian aufserdem von einer Belagerung Athens spricht, so ist dies entschieden ungenau und wahrscheinlich aus dem folgenden Jahr (Liv. c. 24) hierherbezogen. Neu sind endlich die ις 24 angedeuteten Gesandtschaften der Rhodier Athener Aetoler nach Rom.

3. Der Gegensatz der polybianischen Darstellung c. 14—18 zur vorhergehenden annalistischen c. 1—13 ist augenfällig. Dort eine zusammenhängende, von den Verhältnissen in Griechenland ausgehende Erzählung, hier eine Reihe lose neben einander gestellter Notizen, welche erst durch Polybios Bedeutung und Wert gewinnen. So findet sich die c. 2 erwähnte Gesandtschaft der Rhodier und des Attalos auch bei Appian: aber der Annalist weifs nur von ihr, dafs sie dem Senat angezeigt hätte Asiae quoque civitates sollicitari. Die preces Atheniensium c. 1 beziehen sich auf den Beutezug der Akarnanen c. 14, und werden auch von Appian erwähnt. Aber die Abgeordneten, welche nach c. 2 dem Ptolemaios die Besiegung Hannibals anzeigen sollten, sind bei Poly-

*) Vgl. die unkritische wol auf mündlichen Nachrichten beruhende Darstellung von Pausanias 1, 36. 5 7, 7. 7 fg. Kephisodoros der Führer des athenischen Volks, dessen Denkmal hier erwähnt wird, kommt ις 10 als Gesandter nach Rom vor.

bios mit der Bildung einer grofsen antimakedonischen Coalition
beschäftigt ις 25. 26. 27. 34 und erklären schliefslich den Krieg;
nach Aegypten waren sie bestimmt um den Frieden mit Antiochos zu vermitteln ις 27 App. a. O. Die zweite Sendung der
Athener c. 5 nach Rom erklärt sich durch den Angriff Nikanors
ις 27. Auch der *infida adversus Aetolos aliosque regionis eius-
dem socios pax* liegt etwas Richtiges zu Grunde: denn Appian
berichtet ausdrücklich von einem Hülfsgesuch der Aetoler. Man
hat zwar hiervon in der Regel keine Notiz genommen. Allein abgesehen von den Andeutungen ιε 23 ις 24 wird das Factum,
dafs die Aetoler die Intervention der Römer herbeizuführen suchten, durch die Erwähnung ihrer Gesandtschaft in c. 29, einem
polybianischen Abschnitt, aufser allen Zweifel gesetzt.

Wiewol nun diese Angaben der Annalen richtig sind, so ist
doch ihre Gesammtdarstellung, wie S. 98 ausgeführt wurde,
tendenziös gefafst. Es sind darnach nicht die grofsen politischen
Interessen wegen der Machtstellung im Osten, die den Krieg bestimmen, sondern andere, welche dem Verständnifs des römischen Bürgers, der sich die Pontificaltafel vorlesen liefs, näher
liegen mochten. Im J. 551 erschienen Boten der verbündeten
griechischen Städte in Rom, um sich wegen Uebergriffe Philipps
zu beklagen und anzuzeigen, dafs derselbe die Karthager mit
einem Hülfscorps von 4000 Mann und mit Geld unterstützt
hätte; der Senat schickt darauf hin Gesandte an den König
XXX 26. Nach der annalistischen Quelle, welcher sowol Livius
XXX 29 fg. als Polybios ιε 1 fg. über den Krieg in Africa gefolgt
sind, kämpfte das makedonische Corps in der Schlacht bei Zama.
Aber Polybios c. 11 hat diese Nachricht gestrichen und es ist anzunehmen, dafs er gewichtige Gründe zur Streichung gehabt hat.
Bei Livius verhandeln ferner 553 makedonische Gesandte mit
dem Senat; wir erfahren, dafs der römische Legat Angriffe der
Makedoner mit gewaffneter Hand zurückgewiesen habe. Den Boten des Königs ertheilt der Senat die drohende Antwort: der König suche den Krieg und werde ihn bald finden XXX 42. Grenz-
streitigkeiten fanden allerdings in Illyrien statt: Flaminin forderte
in der Conferenz am malischen Meerbusen ιζ 1 die Abtretung
der illyrischen Ortschaften, deren sich Philipp nach dem letzten
Frieden bemächtigt hatte; nach dem Vertrag XXIX 12 war er in
Illyrien auf Atintania beschränkt worden, Parthos und einige
andre Ortschaften sollten den Römern gehören; ιζ 30 wird Parthos und Lychnis dem Philipp genommen und an Pleuratos gegeben. Allein wie es auch mit diesen Streitigkeiten stehen

mochte, dafs sie keinen Grund zum Kriege abgeben konnten, erhellt zur Genüge daraus, dafs in dem römischen Ultimatum ις 27. 34 ihrer gar nicht gedacht wird. Der angebliche Bericht c. 3, dem zufolge Philippos nach dem Vorbild des Pyrrhos eine Invasion Italiens beabsichtigte, ist eine reine Tendenzlüge (s. S. 98).

Von der aegyptischen Gesandtschaft, welche Schutz für Athen anbot, hören wir nur bei den Annalen c. 9 *). Ihr Zweck kann offenbar nur der gewesen sein die Intervention der Römer in Griechenland zu verhüten. Freilich war Aegypten selbst um diese Zeit durch Antiochos bedroht, der 553 das Feld genommen hatte und Gaza belagerte ις 40 **). Allein auch 585 als ein neuer Krieg mit Syrien ausgebrochen war, sucht Aegypten nichts desto weniger zwischen Rom und Makedonien' zu vermitteln. Auch stimmt der Versuch die Festsetzung der Römer in Griechenland zu verhindern ganz zur merkantilen Politik jenes Staats. Nach der ganzen Lage der Dinge waren die Römer auf ein Bündnifs mit Aegypten und den Mittelstaaten gegen Makedonien und Syrien hingewiesen. Allein in Griechenland erkannte man die Gefahren eines solchen Bündnisses sehr klar. Die Achaeer suchten die Rhodier in die Neutralität herüberzuziehen ις 35 und es scheint als ob diese nur mit halbem Herzen bei der Sache waren (vgl. XXXI 28). Aus demselben Gesichtspunkt scheint das Vorgehen Aegyptens erklärt werden zu müssen. Man konnte mit Recht bedenklich sein einen neuen Factor in das bisherige Machtsystem aufzunehmen, das trotz aller Schwankungen doch immer das Gleichgewicht bewahrt hatte. Jedenfalls trat, wie aus den folgenden Ereignissen hervorgeht, römischer Seits eine Annäherung zu Syrien und eine Entfremdung von Aegypten zu Tage (s. Kap. 8, 3) ***).

4. Kehren wir zur polybianischen Erzählung c. 14 fg. zurück. Der Anfang derselben bis zur Verhandlung in Athen ist der Geschichte des J. 553 entnommen, das Folgende mit dem

---

*) Nach Pausanias 1, 36. 5 stand Aegypten mit Athen im Bunde gegen Philippos.
**) Dies Stück ist von Schweighäuser, dem Bekker folgt, falsch gestellt. Es steht in den Handschriften nach ις 22 und gehört mithin in das J. 553. Die Auseinandersetzung bei Schweighäuser beweist Nichts dagegen: denn Antiochos hat doch den Krieg angefangen, nicht Ptolemaios.
***) Ueber Justin 30, 3 und die Vormundschaft des Lepidus über Ptolemaios s. Anh. 2.

Winter anfangend der des J. 554*). Von Livius ist dies freilich
gar nicht angedeutet, und man müfste bei oberflächlicher Lectüre
annehmen, dafs die Seeschlachten, das Bündnifs der Könige, die
attischen Unruhen nebst dem Folgenden in das J. 554 fielen.
Zur Kritik der livianischen Darstellung im Einzelnen dient zuerst
das Fragment ıç 25. Den eigentlichen Kern der Sache, die Verhandlung mit den römischen Gesandten, hat Livius übergangen,
weil er eben schon früher die Veranlassung des Krieges von römischer Seite dargelegt hatte. Ueber seinen Irrthum in Betreff
der attischen Phylen s. S. 29, über die Verkürzung des Excerpts
am Ende S. 11. Im Uebrigen stimmt Livius aufser kleinen stilistischen und rhetorischen Abweichungen völlig mit seinem Original. Dasselbe gilt in Betreff der Belagerung von Abydos c. 17.
18 verglichen mit ıç 29—34 (s. S. 24). In dem ganzen Abschnitt c. 14—18 hat Livius bedeutend gekürzt: das Stück
ıç 27 ist aus dem oben angegebnen Grunde ausgelassen, ferner
die Betrachtung cb. 28 und der Excurs über die Lage von Abydos eb. 29, endlich Einzelnes, das sich mehr auf die Pläne des
Philippos bezieht als eigentliche Facta enthält vgl. p. 842, 5. 7.
    Die drei folgenden Kapitel 19—22 schliefsen sich an die an-
nalistische Erzählung c. 1—13. C. 19 wird der Erfolg der c. 11
nach Africa geschickten Commission berichtet, c. 20 die Rückkehr
eines Befehlshabers aus Spanien, c. 21 die Niederlage der nach
c. 10 und 11 aufgestandenen Gallier durch den Prätor Furius.
C. 22 kehrt die Erzählung zum Kriege gegen Philippos zurück und
bezieht sich auf c. 14 und 18. Wir erhalten c. 22—47 die Geschichte des ersten Kriegsjahres 555, welches nach polybianischer
Rechnung mit Ausgang des Herbstes beginnt. Die nach Athen geschickte römische Besatzung unternimmt einen erfolgreichen
Streifzug nach Euboea c. 22. 23. Hierdurch aufgestört marschirt
Philippos gegen Athen, aber vergeblich c. 24. Ebenso vergeblich
sucht er in Argos die Achaeer in den Krieg mit Rom zu verwickeln
c. 25. Nach einem zweiten erfolglosen Zug gegen Athen begiebt
er sich in sein Reich zurück c. 26. Unterdefs macht eine Abtheilung des römischen Haupttheeres einen glücklichen Beutezug in die
makedonischen Grenzlandschaften c. 27. Diese Partie steht mit
den übrigen aus Polybios genommenen in engem Zusammenhang
und trägt denselben anschaulichen detaillirten Charakter. Es
zeigt sich überall eine grofse Ortskenntnifs des Verfassers. Die

---

*) Livius hat eben B. ıç für seine Zwecke durchgemustert und daraus
unter Anderm auch das Citat XXX 45 nach ıç 23 entnommen.

Wendung c. 24 *speculator — hemerodromos vocant Graeci in-*
gens die uno cursu emetientes spatium - - weist auf Uebersetzung
aus dem Griechischen hin (s. S. 75). Die Verwüstungen am
Schlufs desselben Kapitels sind in übereinstimmender Weise von
Diodor 28, 7 geschildert, so dafs eine gemeinsame Quelle angenommen werden mufs. Denn dafs Diodor statt des Lykeion aus
dem Vorhergehenden fälschlich die Akademie nennt, darf nicht
befremden vgl. S. 112. Die Verhandlungen mit den Achaeern c. 25
zeugen, z. B. in dem Urtheil über Kykliades, von einer specifisch
achaeischen Auffassung des Verfassers. Dafs Philopoimen 554
Strateg gewesen, ersieht man aus ιç 36; über die neutrale Politik der Achaeer s. S. 124. Die abermalige Verwüstung Attikas
c. 26 wird ähnlich in der Rede c. 30 geschildert. Der am Anfang
erwähnte Philokles wird c. 16 mit gleichen Mitteln als Commandant nach Euboea geschickt und erscheint XXXII 16 fg. noch in
dieser Stellung. Athenagoras, der c. 27 im westlichen Makedonien commandirt, kommt c. 35. 43 XXXII 5 XXXIII 7 als einer
der bedeutendsten makedonischen Generale wieder vor. Es folgen die Vorbereitungen und Verhandlungen im Winter für den
bevorstehenden Feldzug. C. 28 Conferenz der Verbündeten im
römischen Lager: die historische Reminiscenz vom Krieg der
Dardaner gegen Philipps Vater Demetrios, worüber wir sonst
nur die Notiz bei Trogus prolog 28 haben, ist ächt polybianisch.
Auch die Rüstungen Philipps stehen mit dem Folgenden in
genauem Zusammenhang: Perseus war nach XL 6 571 30 Jahre
(Kap. 16, 1), mithin jetzt gegen 14 Jahr alt; die Besetzung der
pelagonischen Pässe wird erwähnt c. 33. 34, die Verwüstung von
Skiathos c. 45. — C. 29—32 enthalten die Verhandlungen mit
den Aetolern, welche man zum Anschlufs an die Coalition zu
bewegen suchte. C. 29 ist die Uebersetzung von *Παναιτώλιον*
bemerkenswert: *concilium Aetolorum stata die, quod Panaetolium*
vocant, futurum erat. Der Ausdruck kehrt wieder c. 32 XXXV
32, kommt aber in den erhaltenen Stücken des Polybios nicht
vor. Die Versammlung fand im Winter zu Naupaktos statt und
war anberaumt (*stata die*) um über die durch Amynander ver-
mittelten Anträge (c. 28) zu beraten vgl. XXVI 24 z 10; Schoe-
niann Gr. Alterth. II S. 104. Ueber die c. 29 erwähnte Gesandtschaft der Aetoler nach Rom s. S. 123. Philippos hatte die Aetoler
durch die Einnahme von Lysimacheia und Kios auf's Tiefste erbittert ιε 23. Die Römer aber standen seit dem eigenmächtigen
Friedensschlufs 550 auf sehr gespanntem Fufs mit ihnen XXIX
12, und so erklärt sich ihre Abweisung, welche wiederum ihrer-

seits eine zögernde abwartende Politik zur Folge hatte vgl. c. 15
und 46. Am Schlufs der Rede des makedonischen Gesandten
wird der tiefe Gegensatz in Sprache Sitte Gesetzen zwischen
Griechen und Römern hervorgehoben. Weissenborn bemerkt
hierzu „der grofse Unterschied beider Völker ungeachtet vieler
Berührungspunkte sei Livius also nicht verborgen." Die richtige
Erklärung liegt nach dem Folgenden und Plutarch Flam. 5 darin,
dafs man die Römer für Barbaren ausgab: vgl. ε 104 ια 4 wo
ganz derselbe Grundsatz ausgesprochen wird. — Die Rede der
Athener c. 30 stimmt mit der vorhergehenden Erzählung c. 24.
26 genau überein; über die hier vertretenen völkerrechtlichen
Grundsätze in Bezug auf den Krieg vgl. ϰε 3a. — Der römische
Gesandte wirft c. 31 dem Philippos eine Reihe von Grausamkeiten vor: gegen Kios ιε 22. Abydos c. 18, Ainos und Maroneia
c. 16, Thasos ιε 24, Paros, das nach c. 15 eine makedonische
Besatzung hatte, Samos App. Mak. 4, Larissa ιζ̈ 3 XXXII 33,
Messene ζ 11 ι, 10 ϑ 30 XXXII 21. In Betreff der *domestica
parricidia* mag man an die Vergiftung des Aratos denken η 14;
Anderes wird angedeutet ιε 22 ιζ̈ 7 XXXII 5. 21; nach Diod. 28,
2 liefs er die vornehmsten Männer seiner Rats umbringen; hierher ist wol auch die Tödtung des Admetos Pyrrhichos und Samos ϰδ S zu beziehen. C. 32 ist die livianische Uebersetzung
fehlerhaft. Der Strateg verschiebt nämlich die Entscheidung über
die Parteinahme gegen Makedonien als längerer Erwägung bedürf-
tig. Der folgende Satz *deliberationis eius [ut non] tempus ita iam
nunc [ius] statui posse* ist durch Hinzufügung der eingeschalteten
Worte nach Madvig Emend. Liv. S. 371 zu emendiren. Dann
heifst es weiter: da über Krieg und Frieden gesetzlich nur *in Pan-
aetolico et Pylaico concilio* verhandelt werden könne, so möchte
man den Beschlufs fassen dafs der Strateg nach eignem Gutdünken eine Versammlung mit derselben Vollmacht berufen dürfe.
Livius spricht nun von dem *Pylaicum concilium* der Aetoler nach
demselben Irrthum wie XXXIII 36 s. S. 29. Weissenborn meint,
Livius habe etwa Παναιτώλιον ἐν Θέρμοις gefunden und hierbei an die Thermopylen gedacht. Allein diese Vermutung ist nicht
stichhaltig, da auch in Naupaktos Herakleia Hypata über Krieg
und Frieden entschieden ward. Vielleicht stand da ἐν τῷ Παν-
αιτωλίῳ καὶ τῇ τῶν Θερμικῶν σινόδῳ [ιη 31] so dafs
mit diesem die feststehende Wahlversammlung zu Thermos im
Herbst, mit jenem die nach andern Orten wie Naupaktos Herakleia Hypata berufenen Zusammenkünfte gemeint waren. Allein
es scheint noch eine weitere Ungenauigkeit in der Darstellung des

Livius zu stecken. Denn es ist gar nicht abzusehen, was für ein
Unterschied zwischen einem *Παναιτώλιον* und einer vom Strategen berufenen Volksversammlung statt finden soll. Die erste
Bezeichnung steht weder XXVI 24 XXXV 43 fg. noch z. 10, wo
doch auch über Krieg und Frieden beschlossen werden soll, und
sie besagt eben nur einen allgemeinen Landtag, der bei gegebner
Veranlassung einberufen wird. Nach Allem vermute ich dafs mit
dem *concilium* hier und c. 40 die Apokleten gemeint sind und
dafs diesen die Vollmacht ertheilt ward über Krieg zu beschliefsen
vgl. δ 5 z 1 XXXV 34. Jedenfalls hat Livius die Sache ganz in-
correct erzählt.

5. C. 33 geht Livius zu den kriegerischen Unternehmungen
des Sommers über und behandelt c. 33—40 die Operationen
der beiden Hauptarmeen, welche sich in Illyrien und dem westlichen Makedonien gegenüberstanden. Der Autor offenbart eine
grofse Kenntnifs des Kriegswesens und verweilt mit Vorliebe bei
solchen Dingen: vgl. die Bemerkungen über die Verschiedenheit
der makedonischen und römischen Waffen c. 34, die Verschiedenheit ihrer Kampfweise c. 35, die Kritik über das Treffen bei
Ottolobos c. 38 s. S. 73, die Waffengattungen der Makedoner
c. 39. Nicht minder wird die Topographie in einer Weise berücksichtigt, wie dies den Annalen durchaus fremd ist. Eine Spur der
Uebersetzung findet sich c. 36 in dem Ausdruck *caetrati quos
peltastas vocant* vgl. S. 75; bei den illyrischen Truppen bemerkt
er stehend, dafs es Traller waren oder *vice versa* XXVII 32
XXXIII 4. — Hinsichtlich des Inhalts bedürfen zwei Punkte der
Besprechung. Als nämlich nach dem ersten Reitergefecht die
Leichen der Gefallnen öffentlich ausgestellt wurden, ergriff Furcht
das makedonische Heer über die noch nie gesehenen gräfslichen
Wunden c. 34. Es heifst weiter *ipsum quoque regem terror cepit
nondum iusto proelio cum Romanis congressum*; deshalb habe er
die Besatzung aus den pelagonischen Pässen herbeigerufen und
damit den Dardanern den Weg nach Makedonien geöffnet. Indefs
besitzen wir ein kurzes Fragment Diodors 28, 8, nach welchem
Philippos in einer Anrede seine Soldaten wegen jener Wunden
zu beruhigen suchte. Es liegt in der That auf der Hand, dafs
nicht plötzliche Furcht, sondern eher die Berichte der c. 33 und
34 erwähnten Ueberläufer den König zur Verstärkung seines
Heeres bewogen haben. Wir sehen aber aus dem diodorischen
Fragment, dafs Livius hier die polybianische Erzählung zusammengezogen, und zwar ungeschickt zusammengezogen hat. Auch
das Gefecht in den cordaeischen Pässen c. 39 ist unklar dar-

gestellt. Man sieht nicht recht: war es die ganze makedonische
Armee oder nur eine zurückgelassne Abtheilung, welche hier
geschlagen ward? Erwähnt wird das Gefecht $\iota\eta$ 6 und — rhetorisch übertrieben — XXXII 21.

Nachdem das römische Hauptheer ohne bedeutende Resultate erreicht zu haben wieder nach seinen Standquartieren bei
Apollonia zurückgekehrt war, wendet sich die Erzählung c. 40
—43 zu den andern Kriegsschauplätzen. Die Dardaner und Illy-
rier waren, als Philippos das Corps aus den pelagonischen Pässen
abberufen hatte, in Makedonien eingefallen und die Aetoler hatten
auf diese sowie die Kunde vom Gefecht bei Ottolobos hin, be-
stärkt durch das Erscheinen der römischen Flotte c. 46, in
Gemeinschaft mit den Athamanen losgeschlagen c. 40. Ihre
Bewegungen in Thessalien werden mit der bekannten topographischen Ausführlichkeit dargestellt c. 41. 42. Philipp treibt sie
in schleuniger Flucht nach Hause c. 42, und auch sein Feldherr
Athenagoras kämpft glücklich gegen die Dardaner c. 43. Ferner
werden die aegyptischen Werbungen durch Skopas in Aetolien
erwähnt. Nach dem Fragment bei Müller Frgm. histor. Graec. II
p. 27 fg. war Skopas schon von Agathokles nicht lange nach Phi-
lopators Tode auf Werbung ausgeschickt. Hier ist wol an einen
neuen Auftrag zu denken. Die hier geworbnen aetolischen Truppen finden wir wieder in der Schlacht am Berge Panion $\iota\varsigma$ 18.
19. Auch diese Beziehung auf den syrischen Krieg kennzeichnet
unsere Quelle; nicht minder die verächtliche Weise, in der durchgehends von den Aetolern gesprochen wird. Der ganze Abschnitt
c. 33—43 wird mit den Worten abgeschlossen *haec ea aestate
ab Romanis Philippoque gesta terra.*

C. 44—47 folgen die gleichzeitigen Unternehmungen der
verbündeten Flotte. In dem Urtheil über die Athener c. 44 tritt
dieselbe Abneigung gegen die athenische Demokratie zu Tage,
welche Polybios mehrfach ausgesprochen hat vgl. ε 106 ς 44
$\iota\varsigma$ 25 λ 18. Es ist nicht so sehr die besondere Ansicht des Livius, wie Weissenborn will, die hier ihren Ausdruck findet. Die
c. 45 erwähnte Zerstörung von Skiathos ist c. 28 erzählt; über
Kassandreia vgl. XLIV 11. C. 46 wird auf die Verwüstung von
Pergamon ($\iota\varsigma$ 1) und ein Bündnifs zwischen Attalos und den
Aetolern Bezug genommen. Die Andeutungen c. 15 und XXVII
29 (nach Polybios) beweisen dafs zwischen beiden ein enges Verhältnifs statt fand. Die hier erzählte Verhandlung fällt wol gleichzeitig mit dem Einfall in Thessalien c. 40. Im Folgenden ist der
Zusatz zu *Oreus — quia ante fuerat temptata*, unklar und un-

genau. Man kann an den Streifzug c. 23 denken; aber dieser war
speziell nicht gegen Oreos, sondern gegen Chalkis gerichtet. In
diesem Fall wird wol Polybios von Euboea im Allgemeinen gesprochen und berichtet haben, dafs dessen Besatzung, die nach
c. 16 und 26 etwa 2000 Mann betrug, verstärkt worden sei, und
Livius hätte dies ungeschickt verkürzt. Oder dieser denkt gleich
an die XXVIII 6 erzählte Eroberung, auf die er nachher Bezug
nimmt; aber auch so ist der Ausdruck ungenau. Der c. 46 erwähnte Herakleides ist der tarentinische Admiral Philipps; vgl.
XXXII 5 ιγ 4 ις 15 Diod. 28, 2. 10. Die Topographie von
Oreos stimmt zu der XXVIII 6 gegebenen (die Partie XXVIII 5
— 8 ist, wie S. 84 bemerkt, nach Polybios gearbeitet). Auch über
den euboeischen Busen c. 47 hat Livius dort gesprochen. Der
Ausdruck *sinus Euboicus quem Coela vocant,* deutet auf Uebersetzung aus dem Griechischen (über den Namen vgl. Strabo 10
p. 445). Weissenborn bemerkt ferner, dafs die Wendung *super
Maleam* dem griechischen *ὑπὲρ Μαλέαν* nachgebildet sei; ebenso
XXVIII 8 *super Sunium*, XLII 56 *super Maleam.* In der Mitte
von c. 47 wird die ganze Kriegsgeschichte des Sommers 555 mit
den Worten abgeschlossen: *haec ea aestate terra marique adversus Philippum sociosque eius ab consule et legato Romano adiu-
vantibus rege Attalo et Rhodiis gesta.*

Nachdem Livius nun so die Geschichte des J. 555 nach Polybios zu Ende erzählt hat, kehrt er mit den Annalen zurück in
das J. 554. C. 47—49, über die Verhältnisse in Gallien und den
Triumph des Furius, schliefsen sich unmittelbar an c. 22 an.
Die Spiele Scipios verbindet Polybios ις 23 gleich mit dem
Triumph, den er in den Anfang seines J. 554 setzt, während die
Annalen XXX 45 ihn noch in 553 verlegen: beide Datirungen
stimmen genau. Die Ackervertheilung bezieht sich auf c. 4 zurück. Weissenborn bemerkt mit Recht, dafs *in Hispania* im früheren Decret fehlte, dafs der spanischen Veteranen XXXII 1 ausdrücklich gedacht wird, auch dafs das spanische Heer nicht nach
Afrika geführt ward: es ist ohne Zweifel nur ein flüchtiger Zusatz
des Livius. Es folgen ähnliche Notizen über eine Schlacht in
Spanien, die Rückkehr des Consuls aus Gallien, die Wahlen für
das J. 555, über Getreidepreise Spiele Dedicationen Todesfälle,
den Eid eines *flamen Dialis,* das Commando in Spanien. Der
nach Spanien geschickte Cn. Cornelius Lentulus kehrt XXXIII 27
als Cn. Cornelius Blasio nach Rom zurück. Wir müssen in dem
geläufigern Lentulus anstatt Blasio einen Irrthum von Livius oder
seinem Gewährsmann sehen. Der Consular Cn. Cornelius Len-

tulus war zudem wol eine viel zu bedeutende Persönlichkeit um die Provinz Spanien als Proconsul sich übertragen zu lassen s. XXX 40.

So sind im XXXI. Buch c. 1—13, 19—22, 47—50, die das Ende von 553 und das Jahr 554 behandeln, einem Annalisten entnommen *). Dem Polybios gehören die Abschnitte c. 14— 18 und c. 22—47 an: es findet sich in ihnen nirgends die leiseste Spur einer fremdartigen Quelle. Von diesen beiden Stücken stammt das erstere, welches die griechische Geschichte von 554 enthält, aus Buch ις; das zweite umfasst die griechische Geschichte des Jahres 555 und gehört in das verlorene Buch ιζ.

---

*) Die annalistischen Abschnitte dieses Buchs gehören Einer Quelle an. Valerius Antias kann dies nicht sein (Kap. 12, 6) schwerlich auch Claudius: denn es finden sich Widersprüche mit folgenden Partien, welche mit grofser Wahrscheinlichkeit diesem beigelegt werden. Vielmehr scheint es dieselbe Quelle zu sein, welche am Ende der dritten Dekade Vorzugsweise verwandt ist.

Kapitel VIII.

Das zweiunddreissigste Buch.

1. Da Livius, wie oben bemerkt, die Kriegsgeschichte von 555 dem Jahr 554 zugetheilt hat, so umfafst das J. 555 bei ihm nur c. 1—7. Im Anschlufs an das vorhergehende Buch enthält c. 1 die Vertheilung der Provinzen und Heere, dann Prodigien, c. 2 Verhandlungen mit den Karthagern Gaditanern Narniensern und Cosanern. Es werden hier den Karthagern 100 von ihren Geifseln zurückgegeben; XXX 37 hatten sie im Ganzen nur 100 gestellt: an beiden Stellen liegen also jedenfalls verschiedene Quellen zu Grunde, desgleichen Nepos Hann. 7. C. 3 geht die Erzählung über nach Makedonien und handelt von einer Revolte unter den gezwungenen Freiwilligen des römischen Heeres, welche der Consul bei seiner Ankunft vorfand. Diese Thatsache steht mit dem Folgenden in keinem Zusammenhang; c. 6 ist von den Winterquartieren des Consuls auf Kerkyra die Rede. Eine solche inhaltsleere phrasenreiche Darstellung ist der Weise des Polybios durchaus fremd. Eine so unbestimmte Angabe wie *in Macedoniam cum venisset* ist den Annalen eigenthümlich; ebenso XXXI 14. Polybios giebt bestimmt den Ort an wo der Consul landet z. B. c. 6. 9. XXXVII 6 XLIV 1. Annalistisch ist ferner die Wendung *se de missione eorum ad senatum scripturum* vgl. S. 88. Ueber den weitern Verlauf dieser Sache erfahren wir Nichts.

2. C. 4 beginnt die Kriegsgeschichte des J. 556 nach Polybios. Dieses Kapitel schliefst sich an XXXI 42 und enthält die letzten Unternehmungen des Philippos vor Eintritt des Winters, nachdem seine Gegner schon die Operationen aufgegeben hatten XXXI 40. 47. Die Bemerkungen über die Lage von Thaumakoi und die Etymologie dieses Namens zeigen deutlich, auf welchem Boden wir stehen. C. 5 Vorbereitungen Philipps für den kom-

menden Feldzug. Er sucht die Achaeer zu gewinnen *) und giebt
ihnen Orchomenos (im kleomenischen Kriege von Antigonos erobert und besetzt gehalten β 54 δ 6) Heraea (β 54) Triphylia
(von Philipp im aetolischen Kriege erobert δ 80) und Aliphera
(δ 77. 78) zurück. Auf diese Abtretungen bezieht sich der Ausdruck c. 19 *Macedonum beneficiis et veteribus et recentibus
obligati erant.* Mit Unrecht behauptet Schorn Geschichte Griechenlands von der Entstehung des aetolischen und achaeischen
Bundes bis zur Zerstörung Korinths Bonn 1833 S. 236, dem
Weissenborn beistimmt, die Abtretung sei nicht erfolgt. Nur
bestreiten die Eleer den Achaeern den Besitz Triphyliens, die
Aetoler den Heraeas, die Messenier den einiger anderer Ortschaften η 25. Heraea und Triphylien wird ihnen XXXIII 34 gesi-
chert. Schon 547 hatte Philippos Heraea Triphylia Aliphera den
Achaeern überlassen XXVIII 8: wann er diese Plätze wieder an
sich genommen oder ob er sie gar nicht ausgeliefert hat, darüber
verläfst uns unsre zerstückelte Ueberlieferung. Der Eid, den die
Achaeer dem Philippos jährlich zu leisten hatten, von dem wir
weiter Nichts wissen. ist vielleicht aus dem Bunde mit Antigonos
im kleomenischen Kriege herzuleiten vgl. δ 9. In Betreff des Herakleides stimmt Diodor 28, 10 wörtlich mit Livius (s. S. 113).
Im Folgenden haben wir einen Beweis dafs Livius aus dem Griechischen übersetzt hat, in der Wendung *fauces — Stena vocant
Graeci.* C. 6 enthält den thatenlosen Beginn des Feldzugs, der
erst durch den folgenden Consul zur Entscheidung gebracht wird.
Livius erwähnt die den übrigen Quellen widersprechende Nachricht des Valerius Antias, dafs Villius einen grofsen Sieg erfoch-
ten habe vgl. S. 93, und geht darauf zu den Annalen über. ·Er
hat die polybianische Geschichte des J. 556 nach den beiden römischen Feldherrn Villius und Flaminin in zwei Theile zerlegt
und beide unter verschiedene Jahre gestellt. Dadurch bringt er,
nachdem das Jahr 555 nach Polybios der annalistischen Erzählung von 554 zuertheilt war, einiger Mafsen wieder eine chronologische Uebereinstimmung zwischen den annalistischen und polybianischen Partien zu Stande.

    3. C. 7 Wahl von Censoren und deren Amtsführung. Rück-
kehr eines spanischen Statthalters, Ereignisse in Gallien, Wahlen,
Spiele, Todesfälle. Von Flamininus heifst es dafs er noch nicht
Praetor und Aedil gewesen sei; indefs nach XXXI 4 war er 553

---

  *) Vielleicht gehört ις 38 hierher; es kann aber auch sich auf XXXI
25 beziehen.

Aedil: wie der Widerspruch zu erklären, ist nicht gut zu sagen. Plutarch Flam. 2 weicht von der Darstellung der Wahl Flaminins nicht ab, läfst ihn aber gegen c. 2 in der Commission für die Colonisirung Narnias und Cosas sein. C. 8 Vertheilung der Heere und Provinzen für 556; Gesandtschaft des Attalos, welcher gegen Uebergriffe des Antiochos den Schutz der Römer nachsucht. Ueber die Stellung der Römer zu Antiochos sind wir aus Mangel an Nachrichten nicht recht im Klaren. Die nominell nach Aegypten bestimmte Gesandtschaft war noch im Sommer 554 mit der Bildung der antimakedonischen Ligue beschäftigt und begab sich erst dann zu den Königen ις 34. Antiochos hatte aber schon 553 die Belagerung von Gaza begonnen S. 124. Auf jeden Fall suchte Rom während des makedonischen Krieges in gutem Einvernehmen mit Antiochos zu bleiben. Wir hören beiläufig von einer 557 von demselben nach Rom geschickten Gesandtschaft XXXIII 20, von der es heifst *comiter auditi dimissique ut tempus postulabat incerto adhuc adversus Philippum eventu belli.* Dem entsprechend bewegt sich auch hier die Antwort des Senats in den freundlichsten Ausdrücken über Antiochos, den *socius et amicus populi Romani* und dieser leistet auch den Wünschen des Senats sofort Folge. Ferner ist zu beachten dafs bei den Spannungen zwischen den Römern und Antiochos in späterer Zeit nirgends gegen die Eroberung von Koelesyrien remonstrirt wird (S. 142). Dafs derselbe persönlich in das pergamenische Gebiet eingefallen sei, ist unmöglich, weil er sich in Syrien befand und in diesem Jahr die Schlacht am Berge Panion schlug ις 39*). Es kann aber immerhin ein Angriff von Zeuxis, dem Satrapen von Lydien, erfolgt sein. Jedenfalls liegt der Form nach den Annalen hier eine alte und gute Nachricht zu Grunde. C. 9 enthält zuerst Prodigien, dann die Abreise der Consuln in ihre Provinzen.

4. Von den Worten *T. Quinctius alter consul* etc. an folgt Livius den Polybios. Ich setze diese Scheidung so scharf, weil, wie S. 132 bemerkt, die Annalisten nicht so genau die Abreise der Consuln anzugeben pflegen; ferner ist schon c. 8 die Zahl der Verstärkungsmannschaften angegeben, und ich kann nicht glauben, dafs dieselbe Quelle die Angabe hier wiederholt oder dafs Livius sie aus dem Gedächtnifs hinzugefügt hätte**). Es schliefst

---

*) Die Handschriften des Josephos setzen diese Notizen in ις oder ια; sie gehören ohne Zweifel in ιζ.
**) Vgl. Ennius 10, 4 (ed. Vahlen) *insigne ita fere tum milia militum octo duxit dilectos bellum tolerare potentes.*

sich die folgende Erzählung unmittelbar an c. 6 an. Die bedeutend kürzere und unvollständigere Darstellung Plutarchs Flam. 3 fg. stimmt so mit Livius überein, dafs beiden die gleiche Quelle vorgelegen haben mufs. Plutarch berichtet dafs Flaminin 3000 scipionische Veteranen mit sich geführt habe. Ist diese Nachricht wahr, so hat er die übrigen Verstärkungen übergangen und Livius, weil er schon im Anfang des Kapitels nach den Annalen Aehnliches berichtet, dies ausgelassen. Möglicher Weise kann · auch Plutarch nach seiner bekannten Flüchtigkeit sich in den Zahlen geirrt haben. Die Beschreibung des Terrains am Flufs Aoos stimmt mit c. 5, nur dafs dort die Vergleichung mit dem Tempethal, die einem Römer ziemlich fern lag, fehlt. Die Beratung c. 4 entspricht der bei Livius; allein Plutarch drückt sich entschiedener und gewifs mehr im Sinne des Polybios über das Fehlschlagen des vorjährigen Feldzugs aus. Die folgenden Verhandlungen c. 10 übergeht er und knüpft gleich an die Gefechte an. Man kann in der ganzen Partie eine Reihe gemeinsamer Wendungen erkennen, so z. B. *nocte itinera fieri iubet, et pernox forte luna erat* ὥδευον δὲ νύκτωρ πρὸς τὴν σελήνην· καὶ γὰρ ἦν διχόμηνος. Wenn Plutarch aber von mehreren, Livius nur von Einem Hirten spricht, so wird die Autorität des Letzteren auch durch eine kurze von Suidas erhaltene Notiz Appians Mak. 5 und Diodor 30, 5 gestützt[*]. Richtiger ist was jener über Charops berichtet; auch der Name seines Vaters Machatas stimmt zu dem was wir über die Namen dieser Dynastie wissen κζ 13. Die Folge der Begebenheiten ist von Livius nicht deutlich dargelegt: nach ihm plänkelt Flaminin um die Aufmerksamkeit der Feinde abzulenken zwei Tage, schickt darauf die Abtheilung zur Umgehung aus und greift *interim die tertio* an c. 12. Genauer Plutarch: der Hirt versprach in drei Tagen die Truppen in den Rücken des Feindes zu führen, unterdefs beschäftigt der Consul denselben und greift am bestimmten Tage an. Der Angriff bei beiden stimmt, aber der Wendepunkt der Schlacht ist von Plutarch ganz abgeschmackt ausstaffirt. Ohne Gewifsheit dafs die Umgehung wirklich ausgeführt, stürzt Flaminin sein Heer in die gröfste Gefahr, da geht die Sonne auf, ein feiner Rauch wird sichtbar, die Römer fassen Mut, der Rauch verdichtet sich, sie dringen mit lautem Schlachtruf vor, ihre Freunde antworten von der Höhe und der Feind ist geschlagen. Alles sehr schön, wär's nicht handgreiflicher Unsinn. Die richtigen Bestandtheile dieser

---

[*] Vgl. Ennius 10, 5 fg. Vahlen p. LXIX.

Schilderung hat auch Livius; aber ihre Anordnung nebst einigen
Ingredienzien gehört Plutarch. In dem Ergebnifs der Schlacht
stimmen wieder Beide überein. Zur Vergleichung mit den von Plutarch übergangnen Unterhandlungen c. 10 haben wir ein verstümmeltes Fragment Appians
Mak. 7 und ein längeres bei Diodor 28, 12. Die Uebereinstimmung aller drei ist klar; es finden sich bei Livius und Diodor
mehrere gemeinsame Sätze. Letzterer hat gekürzt und ist dadurch ungenauer als jener geworden. — C. 13 — 15 enthalten den
Rückzug Philipps nach Thessalien und das Vordringen der Aetoler Athamanen und Römer dorthin. Die sorgfältige Detailangabe
und topographische Schilderung gestatten über die zu Grunde
liegende Quelle keinen Zweifel. Die kurzen Bemerkungen über
den Marsch der Römer durch Epeiros und Philipps Verfahren in
Thessalien bei Plutarch c. 5 stimmen. — C. 16 und der Anfang
von c. 17 behandeln die gleichzeitigen Unternehmungen der
Flotte. Die Darstellung zeigt den nämlichen Charakter wie in den
vorhergehenden Partien. Livius spricht c. 16 von einer Insel
Zama; den Namen mögen wir seiner eignen Eilfertigkeit oder den
Schreibern beimessen. Es ist offenbar $\Sigma\acute{a}\mu\eta$ gemeint, von dem
er auch XXXVI 42 als einer Insel zu reden scheint. Allein es
war eine der vier Städte Kephallenia's vgl. XXXVIII 28 und es
liegt ein geographischer Irrthum des Livius vor. — C. 17 kehrt
zum Landheer zurück und schildert die Belagerung von Atrax.
Ein Anzeichen dafs Livius übersetzt hat, liegt in dem Ausdruck
cuneus Macedonum — phalangem ipsi vocant vgl. S. 74. Was
von der Fechtweise der Phalanx erzählt wird, entspricht dem
ausführlichen Excurs $\iota\eta$ 12fg. C. 18 enthält den Zug des Consuls nach Phokis.

C. 19—23 umfassen die Verhandlungen mit den Achaeern,
welche man für die Coalition zu gewinnen sucht. Die Erzählung
offenbart eine Lebendigkeit, Anschaulichkeit und Kenntnifs der
achaeischen Verhältnisse, welche mit Notwendigkeit auf Polybios
zurückgeführt werden mufs. Sie steht ganz auf dem Boden
achaeischer Politik, in der Schilderung der Ratlosigkeit der
Achaeer c. 19. 20, der Darlegung der bestimmenden Verhältnisse
durch den Strategen c. 21, dem Urtheil über die dissentirenden
Städte c. 22. Ueber Kykliadas vgl. $\iota\zeta$ 1. Mit den *vetera benefi-
cia Macedonum* ist ihre Unterstützung im kleomenischen und
aetolischen Kriege gemeint, die *recentia* sind c. 5 angegeben s.
S. 133. Ueber den Krieg mit Nabis vgl. XXXI 25. Dafs den
Achaeern der Besitz von Korinth versprochen ward, ist $\iota\eta$ 28 er-

wähnt, in der Uebersetzung XXXIII 31 übergangen. Die Namen
der Gesandten hat Livius c. 19 nach seiner Gewohnheit (S. 28)
mit Ausnahme des römischen übergangen: in der Rede des Aristainos c. 21 kommt der des makedonischen mehrfach vor.
Wenn c. 21 gesagt wird, Philippos habe *priore anno* die Achaeer
in den Krieg zu verwickeln gesucht, so erklärt sich dies nur aus
der polybianischen Rechnung, indem die Verhandlung XXXI 25
in den Anfang des J. 555 fällt. 554 war Philopoimen Strateg,
555 Kykliadas, 556 Aristainos, 557 Nikostratos c. 39. Nach
δ 37 ε 1 und 30 fand der Amtsantritt der Strategen am Anfang
des Sommers *περὶ τὴν τῆς Πλειάδος ἐπιτολὴν* im Mai statt;
aber nach den dortigen Ausdrücken ist er später verschoben worden und fällt in das Ende des Herbstes oder den Winter, so mit
Philopoimen XXXVIII 33, Archon *ϰη* 6 u. A. Weissenborn zu
dieser Stelle nimmt jetzt und im Folgenden den alten Jahresanfang an, was gradezu unmöglich ist. Aber Schorn, den er citirt,
hat S. 210 fg. überzeugend nachgewiesen, dafs seit Ol. 140, 4
diese Veränderung eingetreten ist. Die Grausamkeiten Philipps
werden ähnlich wie hier XXXI 31 erwähnt. Ueber die Ermordung des Chariteles ist nichts Näheres bekannt; über die des
Aratos s. *η* 14, den Raub Polykratia's XXVII 31 (nach Polybios).
Das Lob des Antigonos findet sich öfter bei Polybios vgl. *β* 70
δ 87 ε 9 XL 54 *ϰη* 16 *λ* 20. Die Wendung c. 22 *magistratus
gentis — damiurgos vocant* deutet auf Uebersetzung hin*). Die
Verdienste des Antigonos um Megalopolis sind dargelegt *β* 55.
64 fg. δ 69 ε 93: da es aber erst 25 Jahre seit der Eroberung
von Megalopolis sind, so ist der Ausdruck *avorum memoria* ungenau; ähnliche Nachlässigkeit XXXIV 26 *per aliquot aetates*.
Ueber die Zerstörung Dymes durch die Römer s. Pausan. 7, 17.
3; in Betreff seiner Wiederherstellung durch Philippos ist Nichts
überliefert. Wann der Abschlufs des Bündnisses zwischen Rom
und den Achaeern erfolgte, ist nicht berichtet; 558 *ιη* 25 standen demselben Schwierigkeiten im Wege. Mit dem ganzen Abschnitt c. 19—23 ist das kurze und flüchtige Fragment Appians

---

*) Eine sprachliche Bemerkung scheint hier am Platze zu sein. Livius
braucht hier und XXXVIII 30 die Form *damiurgos*, *ϰϑ* 5 heifsen sie *δη-
μιουργοί*. Ebenso XXXVII 12 fg. *Eudamus* ϰαὶ *Εὔδημος*: XXVI 24
Oeniadas Nasumque ϑ 39 *Οἰνιάδας καὶ Νῆσον*; XXV 24 fg. *Nason* eb.
Tycham; endlich *Cephallania*, Polyb. *Κεφαλλήνια*. Daraus folgt dafs die
dorischen Formen in dorischen Namen ursprünglich wirklich von Polybios
gebraucht, später aber von den Schreibern in die gemeingriechischen verändert sind.

Mak. 6 zu vergleichen. Wenn dieser angiebt, dafs das römische
Bündnifs bei den Achaeern unpopulär war wegen des Sulpicius
Verfahren im ersten makedonischen Krieg, so mag Livius aus
patriotischen Gründen die Nachricht vertuscht haben. Aber die
Megalopoliten Argiver Dymaier machten doch nicht die Majorität
der Versammlung aus, welche nach Appian fortgegangen sein
soll. Wir haben schon S. 117 bemerkt, dafs er in der makedonischen Geschichte Partei gegen die Römer nimmt. Nach der
Verhandlung mit den Achaeern handelt c. 23 von der erfolglosen
Belagerung Korinths, c. 24 von der Eroberung Elateias durch
den Consul, c. 25 von der Einnahme von Argos durch die Makedoner. In der Schilderung vom Untergang des Ainesidemos zeigt
sich die achaeische Gesinnung des Verfassers; auf sie weist auch
die schmerzliche Bemerkung hin *et post pactam inter Achaeos et
Romanos societatem duae nobilissimae urbes, Argi et Corinthus in
potestate regis erant.* Livius schliefst hier die Geschichte des
Jahres 556 mit den Worten *haec ea aestate ab Romanis in Graecia terra marique gesta.* Die Operationen des Landheeres und
der Flotte sind in diesem Abschnitt nicht so scharf gesondert
wie im vorigen, weil sie eben mehr in einander greifen.

5. C. 26—31 sind den Annalen entnommen. C. 26 werden die Begebenheiten in Gallien, von denen schon c. 9 die Rede
war, vielleicht nach einer andern Quelle wiederholt. Den *praetor
urbanus* benennt Livius oder sein Gewährsmann nicht L. Cornelius Merula, wie er c. 8 heifst, sondern nachlässig mit dem geläu-
figeren Familiennamen L. Cornelius Lentulus. Nach c. 2 sollten
die karthagischen Geifseln in Signia und Ferentinum sich aufhalten; hier werden sie in Setia bewacht. Daraus folgt, dafs c. 26
eine andere Quelle benutzt ist wie c. 2. C. 27 Danksagung
des Attalos im Anschlufs an c. 8, Zufuhr von Getreide an das
Heer in Griechenland, Amtsführung Cato's, Wahlen und Spiele.
C. 28 Vertheilung der Provinzen und Heere für das Jahr 557.
Die Nachricht dafs die Consuln die Provinzen Italien und Makedonien verlosen wollten, aber durch die Intercession zweier Tribunen daran verhindert dem Senat die Entscheidung überliefsen,
der dann dem Flaminin sein Commando verlängerte, wird im
Wesentlichen bestätigt durch ιζ 11; allein den eigentlichen Zusammenhang der Sache lernen wir erst aus Polybios kennen.
C. 29 Prodigien, Beschlufs 5 neue Colonien zu gründen. C. 29
—31 Feldzug der beiden Consuln gegen die Gallier und Ligurer.
Der c. 30 citirte ungenannte Annalist ist derjenige, welchem Livius diese Partie entnommen hat. Denn wollte er nur die Abwei-

chung desselben von derjenigen Version, welcher er selbst im
Vorhergehenden gefolgt ist, notiren, so würde dieser Erzählung
ja das Ende fehlen. Offenbar mifstraut Livius den Angaben seiner Quelle über das Resultat der Schlacht, welches ihm eine zu
grofse Aehnlichkeit mit dem XXXI 21 mitgetheilten zu haben
schien; ebenso XXXIII 23 XL 50 (Kap. 16, 2). In der That ist
diese Erzählung ganz die nämliche, welcher wir vor 2 Jahren
XXXI 10. 21 begegnet sind. An beiden Stellen sind Insubrer
Cenomanen Boier, von den Ligurern dort Celiner Ilvaten und
andre Stämme, hier Celeiaten Cerdiciaten und Ilvaten unter Waffen.
Die entscheidende Schlacht wird dort gegen die Gallier, hier speziell gegen die Insubrer geschlagen. Dort werden 35000 Mann
erschlagen oder gefangen, hier 35000 Mann erschlagen und 5200
gefangen; dort fällt Hamilkar, hier wird er gefangen. Auf jeden
Fall beweist diese letzte Differenz, dafs hier eine andere Quelle
benutzt ist als im XXXI. Buch. Die vorliegende Version, nach
welcher die Unterdrückung des gallischen Aufstandes in 557 fällt,
ist glaubwürdiger als der grofse Sieg des Furius. Denn auch
ιζ 11 wird ὁ ἀπὸ τῶν Κελτῶν φόβος erwähnt und dafs beide
Consuln gegen sie geschickt wurden. Andern Quellen ist Plinius
7, 29 gefolgt.

6. Mit c. 32 beginnt das Jahr 557 nach polybianischer
Rechnung, und zwar werden bis zum Ende dieses Buchs die
Ereignisse des Winters erzählt. Ueber die Anknüpfung dieser
Partie vgl. S. 54. In Betreff der Uebergabe von Opus an Flaminin stimmt die Notiz bei Plutarch Flam. 5 zur Erzählung des Livius. Von da an bis zum Ende von c. 37 können wir seine Bearbeitung durch das Excerpt ιζ 1—12 controlliren vgl. S. 22.
26. 29. Bei den Verhandlungen in Rom hat Livius Mehreres,
über das er schon c. 28 nach den Annalen berichtet hatte, ausgelassen. C. 38 überläfst Philippos das c. 25 genommene Argos
an den Tyrannen Nabis. C. 39, 40 wird dieser nach einer Zusammenkunft mit den Alliirten vom Bunde mit Philipp abgezo-
gen. Zwei kleine valesische Fragmente ιζ 16. 17 finden sich am
Ende von c. 40 übersetzt. — Im XXXII. Buch stammen aus den
Annalen c. 1—3. 7—9. 26—31 in 555 556 557 gehörend;
aus Polybios c. 4—6. 9—25. 32—40. Die beiden ersten Abschnitte enthalten die griechische Geschichte von 556 und sind
B. ιζ entnommen, der dritte die griechische Geschichte von 557
zur Hälfte umfassend, B. ιη. C. 6 ist die Abweichung des Valerius notirt.

Kapitel IX.

Das dreiunddreissigste Buch.

1. Die Geschichte des Jahres 557 nach Polybios wird hier fortgesetzt, wie gleich die ersten Worte *haec per hiemem gesta. initio autem veris* etc. zeigen. C. 1. 2 enthalten die Gewinnung Boeotiens für die römische Ligue; es stimmt Plutarch Flam. 6. Wenn aber Livius c. 2 sagt, Attalos sei vom Schlag getroffen worden, weil er zu alt und schwach war um die Anstrengung des Redens ertragen zu können, jener dagegen er habe sich dem Flaminin als tüchtigen Redner zeigen wollen und dabei seine Kräfte überschätzt, so ist letztere Version sicherlich die richtige und wir haben hier ein Beispiel jenes liebenswürdigen Zuges, nach dem Livius die Fehler und Schwächen grofser und guter Männer gern vertuschte. Eine Flüchtigkeit ist es, wenn er kurz darauf Aristainos Praetor der Achaeer nennt; er war gewesener Strateg s. S. 137. — C. 3 werden die Rüstungen des Philippos und der Beginn der Operationen erzählt. Hinsichtlich der Verluste in den Seeschlachten gegen Attalos und die Rhodier vgl. ις 7. Die Stärke der aetolischen Hülfstruppen giebt Livius auf 600 Fufsgänger und 400 Reiter an, Plutarch Flam. 7, der abgesehen von der Anekdote am Ende des Kapitels dem Polybios folgt, auf 6000 Fufssoldaten 400 Reiter. Man hat in der Regel die Zahl bei Livius für falsch gehalten; so Lachmann Weissenborn u. A. Allein seine Zahlenangaben sind durchstehend sorgfältiger als die Plutarchs Appians Diodors. In dem vorliegenden Fall spricht für ihre Richtigkeit die folgende Schlacht, in welcher 6000 Aetoler nirgends eine Stelle finden *). Ferner erscheint es zweifelhaft, ob

---

*) Wenn es c. 7 heifst 500 *equites* 2000 *peditum, maxime Aetolorum, cum duobus tribunis militum,* so ist dies nachlässig übersetzt. Die Infanterie bestand aus Legionssoldaten, die Reiter waren gröfstentheils Aetoler ιη 4.

die Aetoler nach den aegyptischen Werbungen XXXI 43 so viel
Mannschaft aufbieten konnten. Endlich würde nach der plutarchischen Zahl die Stärke des römischen Heeres viel zu gering sein,
da sowol bedeutende Ersatzmannschaft geschickt war XXXII 8.
28, als auch die Hastaten einer Legion c. 1 auf 2000 Mann angegeben werden: nach diesem Verhältnifs zählte die Legion 6000
Mann Infanterie ç 20. Nun betrug nach c. 4 das Fufsvolk der
Verbündeten ca. 23500 Mann, darunter 2600 oder 3200 (wenn
die Truppen des Nabis XXXII 40 mitgerechnet werden) Mann
Bundesgenossen. Wären aufserdem 6000 Aetoler da gewesen,
so blieben für die Legionen höchstens 15000 Mann nach. Die
Schlacht bei Kynoskephalai c. 5—10 läfst sich nach c_1 1—10
controlliren*) vgl. S. 24. 32. Der Anfang von c. 11 findet sich
noch in dem Fragment c_1 16. Der Excurs über die makedonische und römische Taktik c. 11—15 sowie die Bemerkungen über
den Charakter des Philippos c. 16 sind von Livius übergangen.
Das Ende von c. 11 sowie c. 12. 13 haben wir in dem Original
c_1 17—22 erhalten vgl. S. 33.

2. C. 14. 15 berichten die kriegerischen Ereignisse im Peloponnes. Die Erzählung beginnt mit den Worten *eodem tempore
atque, ut quidam tradidere, eodem die ad Corinthum Achaei
ducem regium Androsthenem iusto proelio fuderunt.* Lachmann
p. 53 meint es sei hier auf eine andere Quelle Bezug genommen,
das Folgende gehöre dem Polybios an. Es ist in der That sehr
wahrscheinlich dafs sich die Worte *ut quidam tradidere* auf einen
der c. 10 Genannten beziehen; schwerlich sind die Worte aus
Polybios übersetzt. — C. 16. 17 umfassen die Ereignisse in
Akarnanien vor der Schlacht bei Kynoskephalai; nach dieser ergeben sich die Akarnanen. Ueber Leukas bemerkt Livius c. 17
es sei jetzt eine Insel, durch einen seichten Kanal von Akarnanien geschieden, damals, im J. 557, sei es noch eine Halbinsel
gewesen. Allein nach Strabo 10 p. 452 haben die Korinthier bei
der Gründung von Leukas die Landenge durchstochen, ὃς ἦν
ποτε μὲν ἰσθμὸς, νῦν δὲ πορθμὸς γεφύρᾳ ζευκτός. Weissenborn entnimmt aus den Worten *nunc insula est,* der Kanal sei ver-
sumpft und später von den Römern wieder hergestellt worden.
Dieser Vermutung widerspricht die Stelle aus Plinius N. H. 4. 1.
5. auf die er sich bezieht, *Leucadia ipsa paeninsula quondam Ne-*

*) Plutarch Flam. 8 hat nach Polybios gearbeitet; die Nachricht am
Ende, dafs die Aetoler den Philippos entkommen liefsen, scheint blofs eine
Vermutung Plutarchs zu sein.

ritis adpellata, opere adcolarum abscisa continenti ac reddita ventorum flatu congeriem arenae adcumulantium qui locus vocatur Dioryctus stadiorum longitudine trium, oppidum in ea Leucas.
Vielmehr hat Livius hier nachlässig übersetzt: das *nunc insula* ist im Sinn des Polybios richtig, und für *tum paeninsula erat* sollte es heifsen *olim paeninsula erat.* Der Kanal scheint, wie auch an dieser Stelle bemerkt ist, schon früh sehr seicht gewesen zu sein. Bei Thukydides 3, 81 schaffen die Peloponnesier ihre Schiffe über den Isthmos ohne den Kanal zu benutzen; ε 5 fährt Philippos durch denselben hindurch mit besondern Vorbereitungen aber, wie es scheint, εὐτρεπισάμενος τὰ περὶ τὸν Διόρυκτον καὶ ταύτῃ διακομίσας τὰς ναῦς. — C. 18 enthält die Unternehmungen der Rhodier gegen die makedonische Besatzung in Peraia. Von Stratonikeia heifst es, dafs es nur durch Antiochos für die Rhodier genommen werden konnte. Es ist hierüber Nichts überliefert aufser der Erwähnung λα 7, wo Niebuhr Ἀντιόχου τοῦ Σελεύκου für Ἀ. καὶ Σ. mit Recht geschrieben hat. Hier schliefst die Erzählung vom makedonischen Krieg mit den Worten ab *haec in Thessalia haec in Achaia haec in Asia per eosdem dies ferme gesta.*
C. 19 wendet sich Livius zur speziellen Landesgeschichte Makedoniens und erzählt einen Feldzug des Philippos gegen die Dardaner. Hierauf geht er zur syrischen Geschichte über. Nachdem der aegyptische Feldherr Skopas im J. 555 unter seinen aetolischen Landsleuten umfassende Werbungen angestellt XXXI 43, gewann er im Winter des folgenden Jahres Judaea ις 39, ward aber später am Berge Panion völlig aufs Haupt geschlagen ις 18. 19. Nach diesem Siege unterwarf Antiochos Samaria Judaea und andere Landschaften ις 39. Hierzu stimmt die Nachricht bei Livius dafs er *priore aestate,* d. h. 556, ganz Koelesyrien unterworfen, vortrefflich. Die c. 20 erwähnte Gesandtschaft wird wahrscheinlich die Garantie dieser Eroberung vom römischen Senat erlangt haben; denn als später die Beziehungen Roms zu Antiochos sehr unfreundlich wurden, ist doch von Koelesyrien nicht weiter die Rede ιη 30. 33. Das besondere Lob der Rhodier c. 20 erklärt sich aus der Vorliebe des Polybios für diesen Staat vgl. S. 72. Ueber die Erwähnung des Kimonischen Friedens s. S. 72, das Fragment bei Suidas S. 63, den Schlufs dieses Abschnitts S. 81. Kaunos haben die Rhodier nach λα 7 um 200 Talente vom aegyptischen Commandanten losgekauft. Der Nekrolog des Attalos c. 21 entspricht ιη 24.
3. Das Folgende ist den Annalen entnommen. C. 21 Bericht

aus Spanien: es wird hier dem M. Sergius, der nach XXXII 28.
31 *praetor urbanus* war, die *iurisdictio inter civis et peregrinos*
zugetheilt. Die Differenz wird auf eine Nachlässigkeit des Livius
zurückzuführen sein. Die Verhandlungen über die Triumphe
der aus Gallien zurückgekehrten Consuln c. 22. 23 sind aus
derselben Quelle geschöpft wie der Feldzug XXXII 29—31.
Dort wird Hamilkar gefangen, hier im Triumphe aufgeführt. Denn
dafs mit *inter quos quidam Hamilcarem ducem Poenorum fuisse
auctores sunt* kein anderer, sondern eben der Gewährsmann, dem
Livius folgt, gemeint ist, ergiebt sich aus den S. 139 angegebnen
Gründen. Wenn es hier heifst dafs die Placentiner und Cremo-
nenser vom Consul Cethegus aus der Belagerung befreit, zum
grofsen Theil aus der Sklaverei der Feinde erlöst worden seien,
so wird die Ansicht, dafs die Erzählung vom Aufstand des Jahres 557 im Wesentlichen dieselbe sei wie die des J. 554, dadurch
bestätigt. Denn wenn auch Livius unter dem Jahre 557 Nichts
von einer Eroberung Placentias und einer Belagerung Cremona's
erzählt, so mufs doch Beides nach diesen Andeutungen vorausgesetzt werden. Es ist wahrscheinlich von Livius, der noch die
gleichlautende Erzählung XXXI 10. 21 im Andenken hatte, mit
Absicht ausgelassen worden (vgl. XXXIV 22).

C. 24 Wahlen, Bericht über die Schlacht bei Kynoskephalai.
Dafs derselbe erst am Ausgang des Jahres in Rom eingetroffen
sei, ist ganz unglaublich. Die Schlacht fand statt ιη 3, als das
Getreide zum Schneiden reif war, am Ende von Ol. 145, 3. Die
Angabe von Eusebios, dafs Antigonos Doson Ol. 139, 4 starb
und Philippos bis zu dieser Schlacht 23 Jahr 9 Monate regiert
hatte, stimmt hierzu vgl. Schorn S. 252. Livius oder sein
Gewährsmann widerspricht sich übrigens selber, wenn er c. 25
die Festfreude an den römischen Spielen durch die kriegerischen
Erfolge erhöht sein läfst. Denn die römischen Spiele wurden im
September gefeiert (Preller Röm. Myth. S. 195) also 6 Monate vor
dem neuen Jahre und an die Siege in Gallien XXXII 31 läfst sich
der Zeit nach schwerlich denken, wol aber an die Schlacht von
Kynoskephalai. Die Annalen setzen die Ankunft der Gesandten
Philipps und Flaminins nach der Wahl, aber vor dem Amtsantritt der Consuln des J. 558. Die Datirung scheint richtig zu
sein. Denn die Lesart ιη 25 ὅτι ἐπὶ Μαρκέλλου Κλαυδίου
ὑπάτου παρειληφότος τὴν ὕπατον ἀρχήν mufs geändert werden; der Sinn erfordert etwa zu schreiben οὐκέτι: als der
(designirte) Consul Marcellus das Consulat noch nicht angetreten
hatte. Dagegen erfolgte die Wahl einer Commission für die nä-

here Bestimmung der Friedensartikel erst nachdem die Comitien
den Frieden bestätigt hatten. Die Bemühungen des Consuls Marcellus Letzteres zu hintertreiben sind von den Annalen in die Se-
natssitzung statt in die Volksversammlung verlegt. Man ersieht
hieraus, wie selbst für die Ereignisse in Rom die Annalen im
Einzelnen keine volle Glaubwürdigkeit in Anspruch nehmen können. C. 25. 26 Spiele, Bestätigung des Friedens mit Philippos,
Bericht aus Spanien, Vertheilung der Provinzen und Heere, Prodigien. Da c. 25 scenische Spiele erwähnt werden, folgt es dafs
nicht Valerius Antias, also wahrscheinlich Claudius hier benutzt
ist s. XXXVI 36. Sempronius Tuditanus, der XXXII 27 als
Praetor in die Provinz gegangen war, wird hier Proconsul genannt. Die Befehlshaber in Spanien heifsen bald *praetores* und
propraetores, bald *proconsules.* Dies Schwanken in der Benennung scheint sich nicht auf Verschiedenheit der Quellen zurückführen zu lassen. Livius bemerkt c. 26 dafs nach fünfjähriger
Waffenruhe jetzt wieder der Krieg in Spanien ausgebrochen sei:
*bellum in Hispania quinto post anno exortum est, quam simul
cum Punico bello fuerat finitum.* Nun aber meldet er XXXI 49
einen grofsen Sieg aus Spanien und eb. c. 20 XXXII 7 die siegreiche Heimkehr römischer Feldherrn. Man wird diesen Widerspruch nicht aus einer Flüchtigkeit des Livius, sondern daraus
erklären müssen, dafs hier eine andere Quelle zu Grunde liegt
wie im XXXI. Buch. C. 27 Rückkehr zweier Befehlshaber aus
Spanien. Mit den Worten *haec per hiemem ferme gesta* schliefst
die annalistische Partie.

4. C. 27—35 enthalten die griechische Geschichte des
Jahres 558 nach Polybios. C. 27—29 behandeln den Conflict
Flaminins mit den Boeotern. Der Anfang dieser Partie entspricht
dem Excerpt $\iota\eta$ 26; über die Lücke in diesem s. S. 12, über die
Veränderung zu Gunsten Flaminins S. 29, über die Sentenz aus
Polybios, welche in c. 28 gehört, S. 63. In dem Hervorheben der
achaeischen Gesandtschaft c. 29 erkennt man den Localpatriotis-
mus des Polybios. C. 30—35, den Friedensschlufs und die
Ordnung der griechischen Angelegenheiten behandelnd, lassen
sich durch das ursinische Fragment $\iota\eta$ 27—31 controlliren.
C. 30 enthält den Friedenstraktat zwischen den Römern und
Philippos. $\tau\grave{o}$ $\tau\tilde{\eta}\varsigma$ $\sigma\nu\gamma\varkappa\lambda\acute{\eta}\tau ov$ $\delta\acute{o}\gamma\mu\alpha$ $\tau\grave{o}$ $\pi\varepsilon\varrho\grave{\iota}$ $\tau\tilde{\eta}\varsigma$ $\pi\varrho\grave{o}\varsigma$ $\Phi\acute{\iota}$-
$\lambda\iota\pi\pi ov$ $\varepsilon\grave{\iota}\varrho\acute{\eta}\nu\eta\varsigma$. Livius übersetzt ungenau *legati . . . quorum ex
consilio pax data Philippo in has leges,* wol nach einer Remini
scenz an den Ausdruck der Annalen c. 24; ebenso XXXVIII 38
nach $\varkappa\beta$ 25. Von einigen Flüchtigkeiten in der Uebersetzung

abgesehen s. S. 21, stimmen seine Bedingungen zu denen bei
Polybios. Allein zwischen dem 5ten Artikel über die Auslieferung
der Kriegsschiffe und dem 6ten über die Zahlung des Tributs
stehen bei Livius zwei neue *ne plus quinque milia armatorum
haberet nere elephantum ullum* und *bellum extra Macedoniae
fines ne iniussu senatus gereret.* Dann fügt er noch einige Bestimmungen aus Valerius und Claudius hinzu und fährt c. 31
nach Polybios fort. Lachmann p. 53 und nach ihm Tillmanns
p. 52 haben geglaubt, dafs jene beiden Artikel in dem polybianischen Fragment ausgefallen wären. Diese Ansicht erweist sich
von Vorn herein als unrichtig. Denn Appian Mak. 9 giebt ganz
dieselben Bedingungen wie Polybios, weifs aber von jenen Nichts;
auch Plutarch Flamin. 9 giebt im Wesentlichen dieselben*). Dafs
er bei seiner Kürze die Auslieferung der Gefangenen und Ueberläufer als zu unwichtig übergeht, kann Niemanden befremden;
aber dafs er so wichtige Bestimmungen wie die vorliegenden hätte
auslassen sollen, ist unbegreiflich. Genug es steht unzweifelhaft
fest dafs die betreffenden Punkte bei Polybios sich nicht fanden,
sondern von Livius aus den gleich darauf citirten Annalisten in
die polybianische Erzählung eingeschoben sind.

Sehen wir uns die Angaben, welche aus diesen hinzugefügt
sind, etwas näher an. Wenn Valerius die Contribution auf 4000
Pfund Silber in 10 jährlichen Raten setzt, so stimmt dies mit Polybios s. S. 108; es fehlt dafs die nämliche Summe gleich zu zahlen war. Nach Claudius sollten 20000 Pfund baar, 4200 Pfund
jährlich auf 30 Jahre gezahlt werden; dies beträgt 1825 Talente,
fast das Doppelte der Summe bei Polybios. Die Stellung von
Geifseln war schon in der Stipulation durch Flaminin c. 13 *η* 22
festgesetzt worden. Wir erhalten ferner Nachrichten von Valerius über Schenkungen an die römischen Bundesgenossen. Darnach würde der im vorigen Jahr c. 20 gestorbene Attalos noch
am Leben sein; denn an den Bruder des Eumenes läfst sich unmöglich denken. Dem Attalos also wird Aegina nebst den makedonischen Elephanten gegeben. Nun aber hatte Attalos Aegina
im ersten makedonischen Krieg um 30 Talente von den Aetolern
gekauft *xy* S und benutzt es seitdem als Station in Griechenland
z. B. XXXI 15. 28, der Elephanten aber bedienen sich wol die
Römer im Kriege gegen die Makedoner XXXIII 9 XLIV 41, nicht

*) Der Anfang von c. 9 ist aus einer Anekdotensammlung genommen,
das Folgende aus Polybios. Dafs Plutarch aus 5 Schiffen 10 macht, ist aus
seiner bekannten Flüchtigkeit zu erklären, dafs er die schon früher erfolgte
Stellung von Geifseln hierher zieht, aus seiner Kürze.

aber diese. Ferner sollen die Rhodier Stratonikeia und die
übrigen karischen Städte, welche Philippos besetzt gehalten, be-
kommen haben: indefs die karischen Städte sollen nach dem
Friedenstraktat frei sein und diese Bestimmung wird $\iota\eta$ 31 ausgeführt; Stratonikeia aber ward von Antiochos erobert und den
Rhodiern geschenkt c. 20 $\lambda\alpha$ 7. Endlich erhalten die Athener
Lemnos Imbros Delos und Skyros: nun aber wird Myrina auf
Lemnos nach dem Traktat frei erklärt und das Gleiche geschieht
$\iota\eta$ 31 mit Hephaistia; überhaupt werden Lemnos und Delos den
Athenern erst 588 λ 18 gegeben, und nach XXXI 15 gewinnen
die Rhodier alle Inseln aufser Andros Paros und Kythnos für
ihren Bund. Es leuchtet nach Allem ein, dafs diese Schenkungen bei Valerius völlig corrupt sind. So bleiben nur die beiden
eingeschalteten Bestimmungen nach, dafs Philippos nicht mehr
als 5000 Mann Soldaten und keine Elephanten halten und aufserhalb Makedoniens ohne Erlaubnifs des Senats keinen Krieg führen
durfte. Was das Erste betrifft, so marschirt Philippos XXXVIII 2
mit 6000 Mann gegen die Athamanen, und XLII 12 wird die
Stärke der makedonischen Armee auf 30000 Mann Infanterie und
5000 Mann Kavallerie angegeben: aber weder hier noch XLII 40
wird dies als eine Verletzung des Vertrags angeführt, wiewol die
Römer um plausible Kriegsgründe gegen Perseus sehr verlegen
waren. Dafs ferner das Verbot Elephanten zu halten auf Makedonien keine Anwendung finden konnte, ist schon bemerkt. Mithin ist die erste Bestimmung ganz entschieden falsch. Dasselbe
gilt von der zweiten: denn Philippos führt mehrfach ohne Erlaubnifs des Senats Krieg XXXIX 35. 53 XL 21; und XLII 52
ist von fortwährenden Grenzkriegen gegen die Thraker die Rede.
Wenn Claudius das ausdrückliche Verbot gegen Eumenes Krieg
zu führen hinzufügt, so ist das, wie wir später sehen werden, in
gewissem Sinne richtig. Fassen wir aber Alles zusammen, so
tritt die gänzliche Unzuverlässigkeit der Annalisten wol nirgends
so schroff zu Tage wie bei diesem Friedenstraktat. Einiges Richtige steckt hinter einzelnen Angaben, aber dieses Richtige ist
durch Uebertreibung und Flüchtigkeit ganz entstellt. Die hier erwähnten falschen Bestimmungen begegnen uns auch später in
den Annalen z. B. XLII 25.

Polybios giebt hier nicht, wie er es bei dem Friedensschlufs
mit den Aetolern und Antiochos thut $\varkappa\beta$ 15 und 26, den authentischen Text der Friedensurkunde, welchen er vielleicht für die
makedonische Geschichte aufspart, sondern nur die Hauptpunkte
derselben $\tau\dot{\alpha}$ $\sigma\nu\nu\acute{\epsilon}\chi\nu\tau\alpha$. Die Stellung von Geiseln, welche Fla-

minin stipulirt hatte, wird hier näher bestimmt worden sein sowie manches Andere, von dem wir später gelegentlich hören.
Nach XLII 40 ist Perseus gegen den Vertrag nach Delphi gerückt,
hat den Byzantiern Hülfstruppen geschickt und einen geheimen
Bund mit den Boeotern geschlossen vgl. zβ 22 a. Es wird ihm
auch vorgeworfen dafs er den thrakischen König Abrupolis, einen
Freund und Bundesgenossen des römischen Volkes, aus dessen
Reich vertrieben. Aber diese Beschuldigung weist Perseus c. 41
zurück, weil es ein nach dem Vertrage erlaubter Vertheidigungs-
krieg gewesen sei. Es werden ihm ferner Eingriffe in die mit
Rom verbündeten Staaten der Aetoler Thebaner und des illyrischen Dynasten Arthetauros vorgehalten. Was die Verwüstung
des Landes der Doloper betrifft, so behauptet er sie seien seine
Unterthanen; nach XLI 22 hatten sie nach Rom appellirt. Gegen
welchen Feind er den Byzantiern Hülfstruppen geschickt, ist nicht
bekannt; zu ihren Gunsten unternimmt Philippos XXXIX 35
einen Feldzug gegen die Thraker, ohne dafs dagegen remonstrirt
wird. Nach zδ 3 XXXIX 46 scheint es ihm nicht gestattet gewesen zu sein dem Prusias Truppen gegen Eumenes zu schicken.
Aus zδ 1 erfahren wir endlich, dafs Philippos nach dem Vertrag,
$\varkappa\alpha\tau\grave{\alpha}$ $\tau\grave{o}$ $\sigma\acute{\upsilon}\mu\beta o\lambda o\nu$, verpflichtet war Streitigkeiten mit seinen
Nachbarn, d. h. römischen Bundesgenossen, zur Entscheidung
vor den Senat zu bringen. Fassen wir diese Daten zusammen,
so resultiren daraus die Bestimmungen, welche am Anfang und
Ende des Vertrags mit Antiochos zβ 26 stehen, nämlich: 1, Philippos und seine Unterthanen dürfen Feinde der Römer und ihrer
Bundesgenossen auf keine Weise unterstützen, und umgekehrt:
2, Philippos darf gegen keine römischen Bundesgenossen Krieg
führen; 3, wenn ihn diese zuerst angreifen, so darf er sich vertheidigen; 4, er darf kein Bündnifs mit römischen Bundesgenossen schliefsen; 5. über Streitigkeiten zwischen denselben und
Philippos findet ein Schiedsgericht statt. Nach den Annalen sind
die Philippos gestellten Bedingungen dieselben, welchen Karthago
$\iota\varepsilon$ 18 sich unterwerfen mufste, und auch Mommsen spricht diese
Ansicht aus. Allein die Unterschiede sind doch sehr wesentlich.
Makedonien behält vor Allem seine Armee und das wenn auch
eingeschränkte Recht der Kriegführung. Karthago mufste ferner
seine ganze Kriegsflotte bis auf 10 Trieren ausliefern, Makedonien
nur die Deckschiffe bis auf 5; die Hauptstärke seiner Marine aber
beruhte grade auf den kleinern Kriegsfahrzeugen vgl. $\iota\varsigma$ 2
XLIV 28. Im Ganzen sind die Bedingungen noch etwas günstiger als die Antiochos gestellten.

Zonaras 9, 16 oder richtiger Dio Cassius hat aus Livius geschöpft. Justin 30, 4 bemerkt nur, dafs Philipp auf den Besitz Makedoniens beschränkt ward. Eutrop 4. 2 giebt zum Theil mit Valerius Antias übereinstimmend an *ne Graeciae civitatibus, quas Romani contra eum defenderant, bellum inferret, ut captivos et transfugas redderet,* 50 [5] *solum naves haberet, reliquas Romanis daret, per annos decem quaterna milia pondo argenti praestaret, et obsidem daret filium suum.*

5. C. 31 die Beratungen der römischen Commission. Die folgende Erzählung c. 32. 33 von der Proklamation der Freiheit der Hellenen an den Isthmien ist von Livius mit besonderer Liebe und Sorgfalt behandelt worden. Und in der That mochte seiner Neigung zum Rhetorischen dieser Stoff weit mehr behagen als die nüchterne Beschreibung militärischer Operationen, und auch sein Patriotismus konnte hier trefflich seine Rechnung finden. In mehreren Punkten hat er die Darstellung seiner Quelle ausgeschmückt. So schaltet er gleich Anfangs eine Notiz über die Frequenz der isthmischen Spiele ein vgl. S. 28. Kurz darauf fügt er hinzu *et praeco, ut mos est, in mediam aream, unde solemni carmine ludicrum indici solet, processit,* was nach dem Folgenden [προάγειν τὸν κήρυκα εἰς μέσον τὸ στάδιον ... ἐξέλετον] nicht richtig ist. Auch XXXII 20 wird auf die griechische Sitte durch den Herold die Versammlung zu eröffnen aufmerksam gemacht. Dann giebt er zum bessern Verständnifs den Zusatz *percensuerat omnis gentis, quae sub dicione Philippi regis fuerant,* der auf keinen Fall genau ist; denn auch die Doloper und Orester, welche c. 34 *η̣* 30 frei erklärt werden, hatten unter Philippos gestanden*). C. 33 fügt er die beiden Sätze *sed erat trium ferme et triginta annorum* etc. bis *sermonibus renovata* hinzu. Das Alter Flaminins citirt Livius wol nach dem Gedächtnifs und fügt deshalb *ferme* hinzu. Die Angabe ist auch nicht genau: denn 556 wird Flaminin Consul οὕτω τριάκοντα ἔτη γεγονώς Plut. Flam. 2, ein Jahr später 557 πλείω τῶν τριάκοντα ἐτῶν οὐκ εἶχε ιζ 12; darnach kann er höchstens seit einigen Monaten das 32ste Lebensjahr zurückgelegt haben. Das Uebrige sind nur Worte**).

---

*) Schorn S. 259, dem Weissenborn folgt, hält die Auslassung der Doloper für ein Versehen des Polybios oder einen alten Fehler im Texte, der dann auch in Livius und Plutarch Flam. 10 überging. Zu einer solchen Annahme fehlt denn doch die Berechtigung.

**) Plutarch Flam. 10 hat zum grofsen Theil nach Polybios gearbeitet; die hübsche Anekdote am Anfang und der unsinnige Schlufs gehören irgend einem Anekdotenschreiber an. C. 11 ist nicht polybianisch; den gröfsern

C. 34 nach den Isthmien verhandelt die römische Commission zuerst mit den Gesandten des Antiochos. Dieser hatte
den c. 20 theilweise erzählten Zug bis Ephesos fortgesetzt, sich
der Stadt bemächtigt und am Anfang 558 seine Winterquartiere
hier aufgeschlagen c. 38 *η*, 32. Eine Gesandtschaft des Ptolemaios begab sich mittlerweile nach Rom um über den Verlust
von Koelesyrien und Phoenikien Klage zu führen Appian Syr.
2; vom Senat ward L. Cornelius abgeordnet diese Streitigkeiten zu
schlichten c. 39 *η*, 32. Auf der andern Seite war Antiochos
durch die Eroberung der hellenischen Städte in Asien, welche
theils unter aegyptischer Botmäfsigkeit standen, theils von Philippos besetzt gehalten wurden. in Collision mit den Römern geraten, die im Frieden mit Philippos die Abtretung und Befreiung
dieser Städte stipulirt hatten c. 30 *η* 27. Auch Smyrna und
Lampsakos hatten die Intervention Flaminins angerufen App.
Syr. 2. Auf die letzten Punkte bezieht sich die Verhandlung c. 34
zwischen den syrischen Gesandten und Flaminin. Es heifst nun
bei Livius dafs die ersteren schon in Rom gewesen waren. Dies
fehlt im Excerpt durch Verkürzung des Schreibers (S. 12). Den
Abschnitt aber über Italien, auf den sich die Worte des Livius
beziehen müssen, hat dieser wie gewöhnlich übergangen. Es
liegt nahe dieselben auf die c. 20 erwähnte Gesandtschaft zu beziehen: allein dies ist zeitlich wie nach dem ganzen Zusammenhang unmöglich. Vielmehr schickte der Senat über die aegyptische Streitfrage einen eignen Commissar und verwies in Betreff
der hellenischen Städte den Antiochos an die mit der Regelung
der griechischen Verhältnisse betrauten Zehnmänner vgl. XXXIV
25. 57. Ueber die Orester s. Kap. 15, 2, die Lücke *η* 30 S. 16,
die Uebersetzung in c. 35 S. 25. 29. Am Ende von c. 35 schliefst
Livius dem Polybios folgend den makedonischen Krieg ab *hunc
finem bellum cum Philippo habuit* und geht über zu den Annalen.

6. C. 36. 37 setzt er die c. 27 unterbrochne annalistische
Geschichte des Jahres 558 fort und handelt zuerst von einer
Sklavenverschwörung, dann von den Thaten der Consuln gegen
die Gallier und dem Triumph des Einen. Nachdem die Insubrer
im vorigen Jahre XXXII 30 in einer entscheidenden Feldschlacht
geschlagen, erleiden sie jetzt eine ähnliche Niederlage. Livius
scheint hier dem Valerius Antias zu folgen. Die c. 36 erwähnte

---

Theil nehmen Betrachtungen ein. — Appian Mak. 9 folgt allein dem Polybios, über einige Abweichungen vgl. S. 116. Die Ehrenbezeugungen gegen
Flaminin und die Römer stammen aus andern Partien des Polybios.

Abweichung der Quellen (*id quoque inter scriptores ambigitur* etc.)
ist nicht, wie Weissenborn will, von einem Gegensatz des Valerius
und Claudius zu den übrigen Schriftstellern zu verstehen, sondern von einem Gegensatz dieser beiden unter einander. Der
Triumph des Marcellus c. 37 wird durch die Fasten bestätigt.
Man sollte erwarten dafs auch Furius Purpurio triumphirt hätte;
aber weder hiervon noch von seiner Rückkehr ist im Folgenden
die Rede.

7. C. 38—41 enthalten die syrische Geschichte von 558
nach Polybios. C. 19. 20 war die des Jahres 557 behandelt, aber
abgebrochen worden und deshalb ist zwischen c. 20 und 38 in
der Erzählung eine Lücke vgl. S. 81. Zu c. 38 stimmt im Allgemeinen Appian Syr. i ; aber ganz unsinnig ist seine Nachricht
dafs Lysimacheia nach dem Tode des Lysimachos, mithin 471,
zerstört worden sei; richtig Livius *paucis ante annis*, nämlich
jedenfalls erst nach 554 iΞ 4 vgl. S. 70. C. 39. 40 die Verhandlungen der römischen Abgeordneten mit Antiochos über die asiatischen Städte lassen sich controlliren durch das ursinische Fragment *ιη* 32 — 31, das bis auf den Anfang auch in der Epitome des Ungenannten vorliegt. Livius hat seine Quelle um
Einiges verkürzt, die Rückkehr der c. 34 erwähnten syrischen Gesandten und die Verhandlung mit den Vertretern von
Smyrna und Lampsakos ausgelassen. So erklärt es sich auch
dafs c. 38 das Hülfsgesuch der Letzteren bei Flaminin, welches
nach Appian c. 2 offenbar dorthin gehört, fehlt. Im Uebrigen stimmt Livius mit seinem Gewährsmann überein, nur dafs
er auf rhetorische Anordnung und Darstellung mehr Gewicht
legt als auf die eigentlichen Thatsachen. So hat er den unschein-
baren Satz παρήνει δὲ καὶ τῶν αὐτονόμων ἀπέχεσθαι πόλεων ganz übersehen. Wenn Lachmann p. 54 und Tillmanns
p. 53 eine Lücke hier annehmen wollen, so ist dies unrichtig, weil
Antiochos die Forderungen der Römer nach bestimmter Anordnung Punkt für Punkt zurückweist, diesen aber ausläfst. Die
Ansicht Lachmanns p. 69 Livius habe die Antwort des Antiochos
als zu anmafsend ausgelassen, ist noch weniger stichhaltig.

C. 41 enthält die weiteren Unternehmungen des Antiochos
im Jahre 558; es stimmt damit Appian c. 4, der auch die Verhandlungen c. 3 ziemlich richtig gegeben hat, abgesehen von der
Erwähnung Hannibals, (s. Kap. 11, 2). Nachdem die Erzählung
bis zum Winter geführt ist, wird sie mit den Worten abgeschlossen *in hoc statu regum erant res.*

8. C. 42—45 stammen aus den Annalen. C. 42 Ernen-

nung von *triumviri epulones*, Streit mit der Priesterschaft, Todesfälle, Wahlen, Getreidevertheilung, Spiele. C. 43 Vertheilung der Provinzen für das Jahr 559. C. 44 *ver sacrum*, Jnauguration des Claudius Pulcher, ein Bericht aus Spanien. Es folgt der Bericht der Commission für die Angelegenheiten des Ostens. Die Darstellung trägt von Anfang bis zu Ende jenen phrasenhaften Charakter an sich, der die Annalen kennzeichnet. Sie steht mit der polybianischen Erzählung in gar keinem Zusammenhang. Die Zehnmänner berichten zuerst *quibus legibus Philippo data pax*: aber nach *η* 27 brachten sie schon den Senatsbeschlufs hierüber nach Griechenland mit vgl. S. 144. Die Nachrichten über Antiochos stimmen zu c. 41, sind indefs sehr allgemein gehalten, zumal da er noch im freundschaftlichsten diplomatischen Verkehr mit Rom stand vgl. XXXIV 25. Ob mit den Worten *nisi avertisset . . . . mox bello Graeciam arsuram fuisse* ein Aufstand der Griechen, wie Weissenborn will, oder ein Einfall des Antiochos angedeutet werden soll, ist unklar. Beides widerspricht in gleichem Mafse der Erzählung des Polybios. Dafs Antiochos die Aetoler und Nabis verdächtig waren, wird auch bei der Provinzvertheilung c. 43 bemerkt. Wenn ferner c. 45 der Krieg gegen Nabis dem Gutdünken Flaminins anheimgestellt, XXXIV 22 aber ein *senatus consultum, quo bellum adversus Nabim Lacedaemonium decretum erat*, ihm überbracht wird, so hat Lachmann p. 54 richtig geschlossen dafs die letztere Stelle dem Polybios, die erstere den Annalen entnommen sei.

9. Livius knüpft an die Verhandlung über den Krieg gegen Nabis ziemlich ungeschickt eine Erzählung c. 45 — 49 über die Zustände Karthagos und die Flucht Hannibals. Die Gegner denuncirten denselben in Rom wegen seiner Verbindungen mit Antiochos: *irritaverat etiam recenti facto multorum potentium animos*. Als Prätor nämlich hatte Hannibal das Richtercollegium reformirt und die Unterschleife in der Finanzverwaltung abgestellt. Defshalb stachelten seine Feinde die Römer gegen ihn auf; diese schicken eine Commission zur Untersuchung; Hannibal flieht *media aestate* nach Tyros[*]). Er sucht den Antiochos in Antiocheia auf, da dieser aber schon nach Kleinasien gegangen, trifft er ihn erst in Ephesos *fluctuantem adhuc animo incertumque de Romano bello*. Gleichzeitig wurden die Aetoler erbittert, da ihre

---

[*]) Weissenborn zu c. 48 bemerkt dafs Hannibal auf seiner Flucht von Karthago nach der Insel Kerkina in der Nacht und einem Theil des folgenden Tages über 30 deutsche Meilen hätte zurücklegen müssen. Mit Relais war dies für einen Reiter wie Hannibal nicht zu viel.

Boten, welche einige Städte vom Senat verlangten, an Flaminin
zurückverwiesen wurden. Die chronologische Feststellung dieser
Thatsachen hat manche Schwierigkeiten gemacht; vgl. Nipperdey
zu Nepos Hannibal 7 Lachmann p. 95. Die Aetoler waren mit
ihrer Forderung von Leukas und Pharsalos von den Zehnmännern im Sommer 558 an den Senat verwiesen worden c. 34
ιη 30. Im Frühjahr 559 beschweren sie sich auf's Bitterste, dafs
sie um Echinos und Pharsalos betrogen würden XXXIV 23.
Folglich gehört die Verhandlung mit dem Senat zwischen beide
Daten, in den Winter 559. Ferner hatte Antiochos 558 in Ephesos überwintert c. 38, und war am Ende dieses Jahres nach Antiocheia in die Winterquartiere gegangen c. 41. Da nun Hannibal
ihn hier aufsucht und zugleich mitten im Sommer von Karthago
geflohen ist, mufs seine Flucht in das Jahr 558 fallen. Man darf
denn freilich nicht unter dem Gesandten M. Claudius Marcellus,
wie Weissenborn thut, den Consul von 558 verstehen, sondern
etwa denjenigen, der XXXVIII 35 Praetor wird. Auch Nepos
Hannib. 7 verlegt die Flucht in 558. Wenn derselbe die Prätur
in 557 setzt, so stimmt auch dies mit Livius (*recenti facto*) wiewol die Zeit nicht genau bei ihm bestimmt ist. Auch Plutarch
Flam. 9, der die Flucht Hannibals nach dem Friedensschlufs mit
Philippos, also 558 setzt, würde diese Angaben bestätigen, wenn
man auf seine chronologische Genauigkeit viel geben dürfte.
Hannibal traf also mit Antiochos im Winter 559 zusammen in
Ephesos. Appian c. 4 setzt die Zusammenkunft in's vorige Jahr
bei der Fahrt nach Aegypten, wo Antiochos gleichfalls in Ephesos vorsprach. Dieser Irrthum erklärt sich aus der flüchtigen
epitomirenden Weise des Autors vgl. Kap. 11, 2.

Lachmann p. 54 hat erkannt dafs die c. 45—49 zu Grunde
liegende Quelle Polybios sei. In der That zeigen sich in diesem
Abschnitt alle jene Merkmale, die wir als charakteristisch für Polybios ansehen müssen, genaue Detail- und Ortsangaben sowol
wie Mangel an Phrasen. Noch mehr aber ist die Unparteilichkeit,
die offne Anerkennung gegen den grofsen Mann, *vir tam clarus
omni genere honorum*, hervorzuheben; so haben die römischen
Annalisten nicht von Hannibal gesprochen. Die feilen verräteri-

*) Justin 31, 2 läfst Hannibal bei seiner Flucht Prätor sein: dann
konnte er schwerlich die Ausrede brauchen als Gesandter nach Tyros zu
gehen. Im Uebrigen steht Justin von rhetorischen Ungenauigkeiten und
Flüchtigkeiten abgesehen der livianischen Erzählung nicht gar fern. Zur
Zeitbestimmung läfst sich aus ihm ebensowenig wie aus Zonaras 9, 18
Etwas entnehmen.

schen Aristokraten werden sonst bei Livius als musterhafte Tugendhelden hingestellt z. B. XXI 10 fg. XXX 42. Andrerseits steht diese Partie ohne alle Verbindung zu den Annalen, stimmt aber vortrefflich zur polybianischen Erzählung. Es ist eben die karthagische Geschichte des Jahres 558 (und vielleicht auch 557), welche von Polybios unter der italischen Geschichte von 559, wo sie in die allgemeinen Weltereignisse, die Verwicklungen zwischen König Antiochos und Rom eingriff, nachgeholt ist (ganz dieselbe Stellung nimmt die Partie XXXIV 60 — 62 ein) und so erklärt sich die chronologische Anordnung des Livius ohne Mühe. Es ist das einzige Stück, welches wir seit der Unterwerfung über die Zustände Karthagos aus Polybios Feder haben. Welcher Contrast zu den annalistischen Notizen XXXI 19 XXXII 2. 26. Ein Annalist hatte erzählt, dafs gleich nach der Unterwerfung Hannibal zu König Antiochos geflohen wäre XXX 37. Keinen gröfsern. Glauben verdient die Nachricht von der Anklage gegen Hannibal bei Zonaras 9, 14 und von seiner Kriegführung Nepos Han. 7.

Es gehören mithin im XXXIII. Buch c. 21 — 27, c. 36. 37, c. 42 — 45 den Annalen; c. 1 — 21 griechische Geschichte 557, c. 27 — 35 griechische c. 38 — 41 syrische c. 45 — 49 karthagische Geschichte 558 dem Polybios an, von den Citaten c. 10. 14. 30 abgesehen. Alle diese Partien stammen, die letzte ausgenommen, aus Buch $\iota\eta$.

Kapitel X.

Das vierunddreissigste Buch.

Für die Kritik dieses Buches entbehren wir des wichtigsten äufsern Hülfsmittels mit dem völligen Verlust des 19ten Buchs von Polybios. Und da auch die verwandten Schriftsteller nur dürftiges Material darbieten, so ist hier wie im XXXI. und der ersten Hälfte des XXXII. Buches nach innern Kriterien und dem Zusammenhang der Erzählung zu entscheiden: ein Verfahren, welches nicht minder sichere Resultate liefert.

1. C. 1—22 enthalten die Geschichte des Jahres 559 nach den Annalen, und zwar zuerst c. 1—8 die Verhandlungen über die Abschaffung des Oppischen Gesetzes. Die *lex Oppia* war nach c. 6 und 8 539 erlassen; sie ist XXIII 32 — XXIV 49 nicht erwähnt, das Gesetz XXVI 36 stimmt nicht zu ihrem Inhalt. Die Rede, welche Livius dem Cato in den Mund legt c. 2—4, ist nach dem XLV 25 ausgesprochnen Grundsatz schwerlich dem Cato selbst entlehnt. Indefs enthält sie doch manche originelle Züge wie z. B. die *fabula* c. 2, die Bewunderung der griechischen Bildwerke c. 4. welche auf diesen zurückgeführt werden zu müssen scheinen. Die Origines werden c. 5 nach einem Anachronismus erwähnt, da Cato sie erst in seinem Alter verfafste Nepos Cato 3 und jetzt im 40sten Jahre stand s. Kap. 15, 5. Die Rede des Tribunen zeigt nicht jenen originellen Charakter wie die erste. Beide werden wol von Livius frei nach einem Annalisten, vielleicht dem Valerius Antias, bearbeitet sein. Abweichend sind die Reden bei Zonaras 9, 17, wahrscheinlich von Dio Cassius selbst verfafst.

C. 8—21 werden die Thaten Catos in Spanien im Jahre 559 erzählt. Valerius Antias wird citirt c. 11 und 15; an letzterer Stelle beruft sich Livius auf das eigne Zeugnifs Catos gegen ihn. Mit den übrigen Feldzügen verglichen. welche nach den

Annalen dargestellt sind, ist der vorliegende ausführlich und zum
Theil detaillirt geschildert: ein Umstand der sich aus der Benutzung catonischer Schriften leicht erklärt. In Betreff der Fahrt
nach Spanien stimmen die Fragmente 6 — 9 der Rede Catos über
sein Consulat, Jordan p. 33. 34, gut zu c. S. Es folgt c. 9 eine
Digression über die Stadt Emporia, in welcher Livius auf die Verhältnisse seiner Zeit Bezug nimmt vgl. XXVIII 12. Ueber den
Zeitpunkt, wo Cato in Emporia anlangte, heifst es *id erat forte
tempus anni, ut frumentum in areis Hispani haberent.* Demnach
mufs er sehr früh von Rom abgegangen sein, wenn auch über
diese frühe Reise kein Wort gesagt wird: denn man mufs doch
den Winter als die bezeichnete Jahreszeit verstehen. Auch im
Fragment 6 heifst es dafs er ungewöhnlich früh nach Spanien
abgereist sei. C. 10, welches den Abgang des Helvius aus der
Provinz und seinen Einzug in Rom erzählt, ist nach der Anführung von Livius dem Valerius Antias entnommen. Es stimmt
weder zum Vorhergehenden noch zum Folgenden. Denn Cato
lagert c. 9 und 11 in der Nähe Emporia's; Valerius denkt sein
Lager viel weiter landeinwärts. Ferner soll Q. Minucius dem
Helvius in der *provincia ulterior* gefolgt sein; allein auf Helvius
folgte Q. Fabius XXXIII 26, auf diesen Appius Claudius cb. 43.
Vielmehr war Minucius Nachfolger des Sempronius in der *provincia citerior* XXXIII 26, nach ihm Cato und Manlius eb. 43, so
auch c. 17. C. 11. 12 wird eine Kriegslist des Consuls erzählt,
durch welche er die treu gebliebnen Hergeter unterstützt. C. 13
eröffnet er seine Operationen: *cum iam id tempus anni appeteret
quo geri res possent, castra hiberna tria milia passuum ab Em-
poriis posuit* Weissenborn hält *hiberna* für ein Glossem oder
verschrieben; „denn es lasse sich nicht denken dafs Cato den ganzen Sommer unthätig gewesen sei, etwa der Hitze wegen, welche
die Scipionen und andere Feldherrn alter und neuer Zeit in ihren
Unternehmungen nicht gehindert habe." Sehr richtig: Cato bezieht aber auch kein Winterlager, sondern bewegt dasselbe vor-
wärts. Wir finden ganz dieselbe Wendung in dem Fragment aus
Fronto, Jordan p. 35 *sed ubi anni tempus venit, castra hiberna ...*
Hierdurch wird die Zeitbestimmung in c. 9 bestätigt. Nachdem
Cato seine Truppen durch Streifzüge geübt und durch eine An-
sprache ermutigt hatte, rückt er zur entscheidenden Schlacht vor.
Sie wird c. 14 — 16 geschildert. Es finden sich in dieser Schilderung einige charakterische Züge: die Person des Consuls tritt
sehr stark hervor z. B. c. 15 *si quis extra ordinem procurrit, et
ipse interequitans sparo percutit, et tribunos centurionesque casti-*

gare iubet. Das Wort *sparus* oder *sparum* ist sehr selten; ebenso
wird *soliferreum* c. 14 nach Weissenborn nur noch von Festus
und Paulus Diaconus erwähnt: Anzeichen dafs wir es hier nicht
mit den gewöhnlichen Schlachtbeschreibungen der Annalisten zu
thun haben, welche alle so ziemlich nach derselben Schablone
abgefafst sind. Die Todten hatte Valerius nach seiner Lieblings-
zahl auf 40000 angegeben, Cato unbestimmt gelassen. Appian
Iber. 40 weicht im Wesentlichen nur darin von der livianischen
Darstellung ab, dafs er den Consul die Flotte nach Massilia
schicken und so die Rettung nach einer Niederlage unmöglich
machen läfst, während er hier dasselbe dadurch erreicht dafs er
das Heer in den Rücken des Feindes führt. Im Uebrigen scheint
die Schlachtbeschreibung Appians (ungewifs aus welcher Quelle)
mittelbar auf Cato wegen ihrer Uebereinstimmung mit der livianischen zurückgeführt werden zu müssen. Wenn Plutarch Cato
c. 10, wie es scheint, an der Hauptschlacht keltiberische Söldner
Theil nehmen läfst, so ist dies wahrscheinlich aus dem Folgenden vorweggenommen vgl. Frontin 4, 7. 35. Es folgt c. 16. 17
die Unterwerfung Spaniens diesseit des Ebro. Den Unterworfenen werden die Waffen genommen und die Mauern aller Städte
an Einem Tage niedergerissen: die Ungehorsamen bezwingt Cato
durch sein Erscheinen. C. 18 werden seine Verdienste um die
Unterwerfung Spaniens hervorgehoben. Ausführlicher erzählen
die Niederreifsung der Mauern Appian c. 41 und Frontin 1, 1. 1.
Nach Ersterem sind es die Städte περὶ "Ιβρα, während Polybios
nach Plutarch Cato 10 die Mafsregel auf alle Städte ἐντὸς Βαί-
τιος ausdehnt. Durch diese Nachricht, welche nach allen Gesetzen
der Kritik vollen Glauben in Anspruch nimmt, wird die Erzählung von Livius, nach welcher bis dahin der Consul den Ebro
nicht überschritten hatte, sehr erschüttert. Die Zahl der genommenen Städte hatte Cato selbst auf 400 angegeben. C. 19 rückt
er dem Prätor Manlius gegen die Turdetaner zu Hülfe. Vielleicht
bezieht sich auf den hier erwähnten Versuch die Keltiberer zu
gewinnen der Ausspruch Catos Plut. 10 Frontin 4, 7. 35. Da am
Ende dieser Expedition den Soldaten der Sold ausgezahlt wird,
so ist damit der Feldzug als beendigt anzusehen und das Heer
bezieht Winterquartiere. C. 20 geht Cato mit 7 Cohorten zum
Ebro zurück und unterwirft mehrere Völkerschaften, unter diesen die Lacetaner. Bei Plutarch c. 11 fällt diese Unterwerfung
in das Jahr 560 nach der Ankunft seines Nachfolgers. C. 21 erobert er *Vergium castrum* und verkauft die Vergestaner in die
Knechtschaft; aber schon c. 16 hat er die empörten Bergestaner

zweimal unterworfen und zuletzt verkaufen lassen. Es kann keinem Zweifel unterliegen, dafs *Bergestani* soviel ist als *Vergestani* und dafs dieselbe Sache zweimal erzählt wird. Ebenso ist nach der allgemeinen Betrachtung c. 18 die Provinz als beruhigt anzusehen, aber c. 21 kehren seine Anordnungen *pacata provincia* wieder. So scheint c. 20. 21 einer andern Quelle entnommen zu sein als die vorhergehende Erzählung. Allein hierüber läfst sich kaum völlig in's Reine kommen. Dafs die Reden oder die Origines Catos für den Abschnitt über den spanischen Krieg benutzt sind, scheint unzweifelhaft. Indefs geht aus den Nachrichten Plutarchs hervor, dafs die Benutzung sich nicht weit erstreckt hat[*]. Nach den erhaltenen Fragmenten wie dem eignen Urtheil des Livius zu schliefsen war die catonische Darstellung so ausführlich und grofsrednerisch gehalten, dafs sie seinem Geschmack durchaus nicht entsprechen und unmöglich so ausgebeutet werden konnte, wie es mit Polybios der Fall ist. Er hat sich im Wesentlichen an seine Annalisten gehalten, und so ist es zu erklären dafs diese ganze Erzählung ein ebenso unklares Durcheinander ist, wie wir das in der Regel bei diesen finden. Ein anschauliches Bild vom Gang der Operationen zu gewinnen ist nicht möglich.

2. Es folgt c. 22 eine kurze Notiz über die Thaten des Consuls Valerius in Gallien. Darauf wendet sich die Erzählung nach Griechenland und hier stehen wir wieder auf sicherm Boden. C. 22-41 umfassen die griechische Geschichte des Jahres 559 nach Polybios, welche die Schilderung des Kriegs gegen Nabis enthält. C. 22—24 Beschlufs des Krieges durch die Römer und ihre griechischen Bundesgenossen; Lachmann p. 54 bemerkt dafs diese Beratungen einen durchaus polybianischen Charakter tragen. Der Widerspruch in Betreff des Senatsbeschlusses zwischen c. 22 und den Annalen XXXIII 45 ist S. 151 notirt. Dafs diesem Beschlufs die folgende Rede und der Antrag Flaminins nicht widerstreitet, braucht kaum bemerkt zu werden; das Alles war eben blofse Formalität. Allein möglicher Weise ist der Form nach die annalistische Version *faceret quod e re publica censeret esse correcter*. Den aetolischen Abgeordneten Alexander nennt Livius c. 23 *principem gentis* ebenso wie auch XXXII 33. Obwol Polybios schwerlich so gesagt hat, ist der Ausdruck nicht unrichtig: Alexander war eben der hervorragendste aetolische Di-

---

[*] Anderen Quellen folgt Frontin 1, 2. 5 3, 1. 2 4, 1. 33 4, 7. 35 Valerius Max. 4, 3. 11.

plomat $i\xi$ 3 $i\eta$ 19 $\varkappa\beta$ S. 9. Ueber die zwischen Römern und
Aetolern streitigen Städte vgl. S. 152. Die Beschuldigungen
wegen der Besatzungen in Chalkis und Demetrias finden sich in
ähnlicher Weise $i\eta$ 2S XXXIII 31, ihre Wichtigkeit ist dargelegt
$i\xi$ 11 XXXII 37. C. 24 erfahren wir dafs Aristainos für 559
achaeischer Strateg war, 557 war es Nikostratos S. 137, der des
Jahres 558 ist nicht bekannt. Wie hier, wird auch $i\xi$ 5 XXXII 34
behauptet dafs die Aetoler keine wahren Hellenen seien. C. 25.
26 Marsch der Verbündeten gegen Argos, darauf nach Lakonien.
Die c. 25 erwähnte Gesandtschaft des Antiochos wird abgeschickt
XXXIII 11. Philippos sendet c. 26 Hülfstruppen, weil er, wie
nach $i\eta$ 31 XXXIII 35 zu erwarten stand, in die römische Sym-
machie eingetreten ist; auch am Kriege gegen Antiochos nimmt er
demgemäfs Theil. Livius übersetzt am Ende c. 26 flüchtig die
Tyrannenherrschaft sei *iam per aliquot aetates* in Sparta gewesen vgl. XXXII 22: Kleomenes regierte 519—533. Ueber den
rechtmäfsigen König Agesipolis vgl. δ 35 [sein Tod $\varkappa\delta$ 11]; seine
Vertreibung durch Lykurgos ist in den Fragmenten nicht erhal-
ten. Ueber Kleomenes vgl. δ 81; Tyrann wird er genannt β 47
ϑ 23. 29. C. 27 Rüstungen des Nabis. Die Wendung *campus —
Dromon ipsi vocant* weist auf Uebersetzung aus dem Griechischen
vgl. XXXV 35, noch mehr die ganz singuläre Form *Ilotarum*.
statt der gebräuchlichen *Ilelotes* (s. S. 75). Die Erklärung *hi sunt
iam inde antiquitus castellani agreste genus* scheint Livius selber
hinzugethan zu haben. C. 28 Marsch gegen Sparta: über Terrain
und Schlacht bei Sellasia vgl. β 65fg. C. 29 Einnahme Gythions
durch die römische Flotte*). C. 30—33 Conferenz mit Nabis.
Den Namen des rhodischen Admirals, der c. 26 ausgelassen war,
lernen wir c. 30 kennen vgl. S. 28. Nabis sagt c. 31, dafs das
Bündnifs Roms und Spartas sehr alt sei. Wir erfahren c. 32,
dafs es mit Pelops, dem Sohn des Tyrannen Lykurgos, den Nabis
nach Diodor 27. 1 hatte umbringen lassen, abgeschlossen wurde.
Wenn Pelops c. 32 *iustus ac legitimus rex* genannt wird, so ist
das insofern richtig als sein Vater zum rechtmäfsigen Nachkommen des Herakles sich hatte stempeln lassen δ 35. XXIX 12
werden die Spartaner unter den römischen Bundesgenossen aufgeführt; erneuert wird das Bündnifs XXXII 40. Ueber die Befreiung von Sklaven und die Ackervertheilung an die Besitzlosen

---

*) Zu Gythion ist die Basis einer Statue des Flaminin gefunden wor-
den mit der Inschrift *Τίτον Τίτον Κοίγκτιον στρατηγὸν ὕπατον 'Ρω-
μαίων ὁ δᾶμος ὁ Γυθεατῶν τὸν αὐτοῦ σωτῆρα.* C. I. Gr. 1325.

vgl. *cy* 6 *is* 13; letztere erfolgte vielleicht auch in Argos XXXII
3S. Die Ansicht, welche Nabis von der römischen Verfassung als
sei sie eine Aristokratie ausspricht, war, wie Lachmann treffend
bemerkt, unter den Auswärtigen, welche nur mit dem Senat in
Berührung kamen, nach ς 13 die gewöhnliche. Wenn c. 32 gesagt wird dafs Nabis *hoc Macedonico bello* die Tyrannis usurpirt
habe, so ist das jedenfalls unrichtig vgl. *cy* 6 XXIX 12. Messene
war mit Rom verbündet nach XXIX 12 *cy*, 25; überfallen ward
es von Nabis 553 *is* 13. 16. 17. Ueber den Seeraub der Lakonen vgl. *cy* S; Livius braucht hier die griechische Form *navibus
piraticis.* c. 36 die lateinische *naribus praedatoriis.* Mit der Angabe des Aristainos c. 33 über zurückgetretene Tyrannen und
über die Politik der Achaeer gegen selbige vgl. *β* 44 und 60.
C. 33—35 Beratungen im Lager der Coalition: sie geben ein
anschauliches Bild von den innern Zuständen Griechenlands wie
von der Politik Flaminins. Die c. 33 erwähnte Gesandtschaft des
Villius an Antiochos ist nicht, wie Weissenborn will, auf das Jahr
55S XXXVII 3S zu beziehen, sondern fällt in dieses Jahr
(Kap. 10, 6). Hinsichtlich der Frauen der Verbannten c. 35 vgl.
cy 9 *is* 13, der Verbindung des Nabis mit Kreta *cy* 8. C. 36. 37
die Lage in Sparta. Ueber die Verbindung zwischen Söldnern
und Tyrannen vgl. *ca* 13. C. 3S. 39 Sturm auf Sparta: die
Schilderung offenbart sowol Ortskenntnifs als militairisches Verständnifs des Verfassers. C. 40. 41 Waffenstillstand, Rückkehr
nach Argos und Feier der Nemeen. Der Termin nach welchem
die Nemeen abgehalten wurden ist nicht genau bekannt (Schoemann Plut. Agis et Cleom. prol. p. 3Ssq.) und da er hier verschoben ist, läfst sich um so weniger bestimmen, welche Nemeen
gemeint sind. Ueber Timokrates aus Pallene c. 40 vgl. c. 29
ι͜ξ 17. Die Notizen bei Plutarch Flam. 12 im Anfang scheinen
trotz der ungenauen chronologischen Anordnung dem Polybios
entnommen zu sein. Wenn er aber an den Nemeen die Freiheit
aller Hellenen proklamirt werden läfst, so ist die livianische Version c. 41, welche dies auf die Argiver beschränkt, ohne Frage
glaubwürdiger.

Die ganze Erzählung c. 22—41 vom Krieg gegen Nabis trägt
auf's Deutlichste den polybianischen Charakter zur Schau: dieselbe einfache klare zum Theil meisterhafte Schilderung, genaue
Detail- und Ortsangaben, militairisches Verständnifs, endlich eine
Reihe historischer Bezüge, die nur aus dem Werk des Polybios
ihre Erklärung finden. Die achaeische Gesinnung des Verfassers
zeigt sich in der ausgesprochnen Feindseligkeit gegen die Aetoler

und lakonischen Tyrannen, in dem Hervorheben der Achaeer und
dem kaum versteckten Tadel gegen Flaminin c. 33 und 41. Von
einer andern Quelle ist nirgends die leiseste Spur vorhanden.
Am Schlufs dieser Partie notirt Livius die völlige Abweichung
anderer Autoren, d. h. eines Annalisten, welchem er gleich nachher folgt. Nach diesem soll Nabis lange auf aetolische Hülfstruppen gewartet haben, endlich durch ein Vorpostengefecht zur
Schlacht gezwungen worden sein. Er wird besiegt und verliert
15000 Todte und mehr als 4000 Gefangene; nach c. 27 und 29
beträgt sein ganzes Heer höchstens 18000 Mann. Es ist unnötig
über diese Nachrichten ein Wort weiter zu sagen.

3. C. 42—48 sind den Annalen entnommen. C. 42
Berichte aus Griechenland und Spanien, Wahlen, Senatsbeschlufs
über das Bürgerrecht der Colonisten. C. 43 Friedensschlufs mit
Nabis, Provinzvertheilung für das Jahr 560. Die Gesandten des
Nabis erlangen die Bestätigung des mit Flaminin stipulirten Friedens. In dem Vertrag c. 35 war es zuerst bestimmt worden dafs
Gesandte von Flaminin und Nabis nach Rom zum Senat geschickt
werden sollten. So berichtet auch Diodor 28, 14; die Annalen
sprechen nur von Gesandten des Nabis. Diodor fügt den Beschlufs des Senats hinzu die Besatzungen und das Heer aus Griechenland abzuführen. Aehnlich die Annalen, der Senat habe trotz
der Opposition Scipios die Rückkehr des Heeres verfügt. Scipio
Africanus verlangte nämlich die Provinz Makedonien gegen Antiochos und die Aetoler. Nach Nepos Cato 2 wollte er dem Cato
in Spanien nachfolgen; als ihm dies verweigert ward, blieb er
nach seinem Consulat als Privatmann in der Stadt. Letzteres
nun entspricht wol dem Brauch wie er zu Nepos Zeit, aber nicht
wie er in der vorliegenden Periode statt hatte. Plutarch Cato 11
erzählt, Scipio Africanus sei als Nachfolger Cato's nach Spanien
gekommen, habe aber, da der Senat die Einrichtungen des Letzteren bestätigte, wenig Ruhm davon getragen. Plutarch hat nun
augenscheinlich den Scipio mit seinem gleichnamigen Vetter, der
als Prätor die *provincia ulterior* erhielt, verwechselt. Aber auch
so bleibt der grofse Gegensatz zwischen den livianischen Annalen
auf der einen, Nepos und Plutarch auf der andern Seite, indem
nach ersteren die scipionische Politik der Angelegenheiten des
Ostens, nach diesen derer des Westens vergeblich sich zu bemächtigen bemühte. Vielleicht sind beide Versionen zu vereinigen, die
scipionische Partei kann sehr wol Beides versucht haben und
beide Male gescheitert sein.

C. 44 *ver sacrum*, Wahl von Censoren, entdeckte Brand-

stiftung. Das hier erwähnte *ver sacrum* war angestellt worden
XXXIII 44: dort ist aber von *ludis magnis* keine Rede und nach
dem Folgenden sind die XXXI 9 gelobten Spiele gemeint. Es ist
daher der Zusatz *qui una voti essent* ein Irrthum des Livius;
denn die XXII 9 gelobten Spiele, auf welche sich dies beziehen
müfste, sind schon XXVII 33 gefeiert worden. Die Nachricht
über die Absonderung der Senatorenplätze an den *ludis Romanis*
stammt nach der Anführung bei Asconius zu Cicero Cornel. 1 fr. 12
(Krause fr. p. 276) aus Valerius Antias. Asconius aber irrt
darin dafs er glaubt Cicero a. a. O. sei auch dem Antias gefolgt
s. S. 162. Ueber das Attentat des Pleminius hat Clodius Licinus
XXIX 22 anders berichtet, anders Livius ebend., womit Diodor
27, 5 und Valerius Maximus 1, 1. 21 übereinstimmen. Sulpicius
Galba, der 554 Consul war, heifst sonst Publius, hier wol aus
Verwechslung mit einem Späteren, Servius. C. 45 Coloniengrün-
dungen, Prodigien. C. 46 Schlacht in Gallien, Triumph Cato's.
C. 46—48 Unternehmungen der Consuln in Gallien. Die c. 48
erwähnte Abweichung der Quellen in Betreff Scipio's bezieht sich
auf Valerius und Claudius. Auf die Version dafs Scipio nichts
Bemerkenswertes in seiner Provinz ausgerichtet, läfst sich vielleicht die Nachricht bei Nepos (S. 160) zurückführen.

4. C. 48—52 enthalten die griechische Geschichte von 560
nach Polybios, den Abschied Flaminins von den Hellenen, seine
letzten Anordnungen in Griechenland, endlich seinen Abzug nach
Italien. Livius seiber citirt c. 50 über die Zahl der römischen
Kriegsgefangenen in Griechenland den Polybios als Gewährsmann
vgl. S. 37. Ferner stimmt das kurze Fragment Diodors 28, 14;
nur macht dieser in seiner eilfertigen Weise aus den Gesandten
c. 48 τοῖς ἀρίστοις τῶν Ἑλλήνων und aus zwei Monaten c. 50
Einen. Derselben Quelle gehören die Notizen bei Plutarch
Flam. 12 (am Anfang) und 13. Indefs verwechselt er ganz Griechenland mit Achaia, wie Schorn S. 268 vermutet, durch den
Sprachgebrauch seiner Zeit veranlafst. Die Gesammtzahl der
Freigekauften giebt Valerius Max. 5, 2. 6 auf 2000 an. Von den
heillosen Zuständen in Thessalien heifst es c. 51 dafs sie *usque
ad nostram aetatem* fortdauerten. Dies ist nur im Sinne des Polybios verständlich; XLII 5 wird ein Bürgerkrieg in Thessalien,
durch die Schuldenlast veranlafst, von einem römischen Commissar vermittelt.

5. C. 52—57 sind den Annalen entnommen. Der Triumph
Flaminins kann nicht aus Polybios stammen vgl. S. 102. Plutarch Flam. 14, der einem andern Annalisten folgt [Cod. οἱ περὶ

ʾΙτανον. vulg. Τουδίτανον] giebt im Wesentlichen dieselben
Geldsummen wie Livius (vgl. Madvig Emend. Liv.). C. 53 Colo-
niengründungen, Dedicationen. Es wird hier ein Tempel der
Juno Matuta geweiht; nach XXXII 30 war er der Juno Sospita gelobt. Die Differenz ist vielleicht auf Verschiedenheit der Quellen
zurückzuführen. Die Weihe des Faunustempels stimmt zu
XXXIII 42. P. Sempronius heifst hier Sophus, sonst Tuditanus;
den Fortunatempel hat er gelobt XXIX 36, aber Censor war er
vor seinem Consulat gewesen XXVII 11. Den Jupitertempel
hatte Furius im Jahre 554 gelobt XXXI 21. C. 54 Comitien,
Spiele. Während Livius c. 44 nach Valerius den Censoren die
Absonderung der Senatorenplätze beigelegt hatte, folgt er hier
einer andern Quelle, nach welcher der Consul Scipio Urheber dieser Mafsregel war. Aehnlich Cicero de harusp. resp. 12 Cornel.
prim. fr. 12 Valer. Max. 2, 4. 3; indefs setzen diese die Veränderung an den Megalesien. Auch die Erwähnung der scenischen
Spiele zeigt dafs Valerius hier nicht benutzt ist (Kap. 12, 6).
C. 55 gottesdienstliche Handlungen, Provinzvertheilung für das
Jahr 561. C. 56 Berichte aus Gallien und Rüstungen.

　6. Hieran schliefsen sich c. 57—59 die Verhandlungen mit
den Gesandten des Antiochos. Livius hat die syrische Geschichte
des Polybios 559 und 560 gänzlich übergangen. Wir erfahren
gelegentlich XXXIV 33, dafs Antiochos, der im Winter 559 nach
Ephesos gegangen war XXXIII 49, im Sommer mit einem grofsen
Heer nach Thrakien rückte und dort mit Villius verhandelte.
Ebenso befand er sich 560 in Lysimacheia: dorthin waren P. Sulpicius P. Villius und P. Aelius geschickt worden und hatten die
Freiheit der hellenischen Städte in Asien von ihm gefordert c. 59
Diod. 2S. 16. Näheres erfahren wir aus Appian. Derselbe hat
den Zug des Antiochos nach dem Chersonnes im Jahre 559 ganz
ausgelassen, offenbar weil dieser Zug denen der Jahre 55S und
560 ganz ähnlich zu sein schien, und deshalb auch das Zusammentreffen Hannibals mit Antiochos während dessen Aufenthalt
in Ephesos 55S, und nicht 559 gesetzt. Dagegen mufs man, was
er zwischen den Jahren 55S und 560 von den Heiratsprojekten
des Antiochos erzählt, der Zeit nach in 559 setzen. Nun ist freilich die Vermählung des Ptolemaios mit der Kleopatra erst 561
XXXV 13 vollzogen worden. Allein da nach ιη 34 55S diese
Verbindung noch nicht fest abgemacht war, so ist die Vermutung
nicht allzu kühn dafs 559 die Verlobung gefeiert ward und dafs
Appian nach seiner gewöhnlichen Weise die Ereignisse zusammenzuziehen hier gleich die Vermählung mit erzählt hat. Was

er ferner über den Versuch Eumenes zu gewinnen und über
dessen Politik berichtet, wird durch $z\beta$ 3 XXXV 13 bestätigt.
Nach c. 6 unterwarf Antiochos 560 einen grofsen Theil Thrakiens, suchte die hellenischen Städte, namentlich Byzanz zu
gewinnen und schlofs ein Bündnifs mit den Gallograeckern.
Hierauf begab er sich nach Ephesos und schickte Gesandte nach
Rom. Wir sind damit auf dem Punkte angelangt, wo die livianische Erzählung eingreift. Ueber die Verhandlungen nämlich mit
den syrischen Gesandten in Rom haben wir 3 Berichte: von
Appian c. 6, einen ausführlicheren von Diodor 28, 16, den
ausführlichsten von Livius c. 57—59. Alle drei stimmen in
einer solchen Weise überein, dafs sie mit Notwendigkeit auf eine
gemeinsame Quelle, d. h. auf Polybios zurückgeführt werden
müssen. Der Anfang bei Livius bis zu den Worten *benigneque*
omnibus responsum ist den Annalisten entlehnt. Er enthält die
gewöhnlichen leeren Formalitäten, in welchen sich diese zu er-
gehen pflegen. Auch erzählt Diodor abweichend, der Senat habe
in Voraussicht des Krieges mit Antiochos die Hellenen zu
gewinnen gesucht, namentlich den Gesandten des Philippos
grofse Versprechungen gemacht: letzteres wird erwähnt XXXV
31. Von da an stimmt Livius mit Appian und Diodor. Er nennt
als *principes legationis* Menippos und Hegesianax, insofern diese
allein reden; Appian fügt noch den Lysias hinzu. Sie werden
nach Livius und Diodor an eine besondere Commission von zehn
Männern verwiesen. Die Auseinandersetzung über die verschiedenen Arten von Bündnissen, welche der syrische Gesandte vor-
trägt, steht nur bei Livius. Der König wundert sich über die römischen Forderungen bei Livius Diodor Appian. In der Angabe
derselben stimmen die beiden Ersten überein*); der Letztere an-
ticipirt nach seiner gewöhnlichen Flüchtigkeit aus dem Folgenden. Hierauf bemerkt Diodor, diese Forderungen seien von den
römischen Gesandten in Lysimacheia gestellt worden; Livius läfst
dies aus, weil er jene Verhandlung mit der syrischen Geschichte
von 560 übergangen hat. Darin ist er indefs keineswegs consequent, indem er c. 59 sagt: dieselben seien zum König geschickt
worden, welche in Lysimacheia bei ihm gewesen wären. Alle drei
Berichte sagen nun übereinstimmend, dafs solche Forderungen

---

*) Diodor sagt zwar $\tau\iota\nu\grave{\alpha}$ $\mu\grave{\epsilon}\nu$ $\tau\tilde{\omega}\nu$ $\varkappa\alpha\tau\grave{\alpha}$ $\tau\grave{\eta}\nu$ $E\mathring{v}\varrho\acute{\omega}\pi\eta\nu$ $\mu\grave{\eta}$ $\pi o\lambda\nu$-
$\pi\varrho\alpha\gamma\mu o\nu\epsilon\tilde{\iota}\nu$: dafs aber $\varkappa\alpha\tau\grave{\alpha}$ $\tau\grave{\eta}\nu$ $A\sigma\acute{\iota}\alpha\nu$ bei Polybios stand, ersehen wir
aus Livius und noch mehr aus der Wendung Appians $\varkappa\alpha\grave{\iota}$ $\tau\tilde{\eta}\varsigma$ $A\sigma\acute{\iota}\alpha\varsigma$ $\check{\epsilon}\varrho\iota\alpha$
$\mu\grave{\eta}$ $\pi o\lambda\nu\pi\varrho\alpha\gamma\mu o\nu\epsilon\tilde{\iota}\nu$: hiermit soll freilich nicht behauptet werden, dafs ein
Versehen des Schreibers und nicht Diodors selber vorliege.

nur an Besiegte gestellt zu werden pflegten. Die Alternative,
welche Flamininn auf diese Rede den Syrern stellt, entweder die
europäischen Besitzungen aufzugeben oder die Intervention der
Römer in Asien zu Gunsten der hellenischen Städte sich gefallen
zu lassen, ist bei Livius und Diodor gleich. Appian läfst mit
grofser Flüchtigkeit beide Forderungen gleichzeitig gestellt werden und bricht damit ab. Die folgende Erörterung über Thrakien
[in Betreff der Rechtstitel des Antiochos auf Thrakien vgl. c_7 34
XXXIII 3S. 39 App. Syr. 1] läfst Diodor aus und giebt nur das
Schlufswort des Gesandten, er könne auf keine Verkleinerung
des Reiches sich einlassen, entsprechend wie Livius. Auch die
Verhandlungen am folgenden Tage stimmen bei Beiden, zum
Theil wörtlich, überein. Diese Vergleichung stellt aufser allen
Zweifel, dafs c. 57—59 dem Polybios entnommen sind. Sie
gehören der italischen Geschichte des Jahres 561 an, und es ist
das erste Mal dafs wir diesen Abschnitt von Livius benutzt
finden, insofern die Erzählung XXXIII 45—49 nicht in Rom spielt.

7. Livius schliefst hieran c. 60 eine Gesandtschaft der
Karthager. Hannibal hatte nämlich im Einverständnifs mit Antiochos sich mit seiner Partei in Karthago in Verbindung zu
setzen gesucht c. 60. Dies ward entdeckt und man beschlofs in
Rom davon Anzeige zu machen, zugleich sich über die Unbilden
Massinissas, der um diese Zeit Emporia in Besitz genommen
hatte, zu beschweren c. 61. Es folgt der Bericht der karthagischen Gesandtschaft im Senat und die Vertheidigung der Numidier. Hierauf wird eine Commission nach Afrika geschickt,
welche die Streitfrage unentschieden läfst c. 62. Auch Appian
läfst auf jene Gesandtschaft c. 6, die Verhandlungen zwischen
Antiochos und Hannibal und dessen Versuch auf Karthago c. 7
und S folgen. Dieser Bericht ist weit kürzer als der livianische
und der flüchtigen wortreichen Weise Appians entsprechend.
Von neuen Thatsachen enthält er nur die Eine und glaubwürdige,
dafs der Emissär Hannibals ein Kaufmann gewesen und unter
dieser Maske aufgetreten sei. Bezeichnend für die Methode Appians ist es, dafs der Grund Hannibals in Italien den Krieg zu
führen nicht der Abfall der Italiker, sondern die entstehende
Hungersnot sein soll; er liebte es eben andere Motive aufzusuchen
als er in seiner Quelle vorfand vgl. S. 116. Ebenso erschöpft er
sich c. S höchst weitschweifig in der Angabe von Gründen, warum
denn Hannibal seine Landsleute nicht schriftlich zum Aufstande
aufforderte: auch ohne all dies ist die Sache von selbst einleuchtend. Indefs beweist die wesentliche Uebereinstimmung des ap-

pianischen und livianischen Berichts sowie ihre gleiche Ver-
knüpfung, dafs beiden dieselbe Quelle d. h. Polybios zu Grunde
liegt. Auch von der damit in engster Verbindung stehenden Erzählung c. 62 kann dies keinem Zweifel unterliegen. Die genaue
Ortsbeschreibung und die freimütige Beurtheilung des römischen
Verfahrens beweisen dies um so mehr, wenn man annalistische
Partien, die karthagische Verhältnisse betreffen, vergleicht z. B.
XL 17. 34. Auch stimmt der Inhalt hinsichtlich der Wichtigkeit
Emporias und der mangelnden Rechtsgründe von Seiten Massi-
nissas vollständig mit $\lambda_{i}\beta$ 2 überein. Der Ausdruck c. 61 *seniores — ita senatum vocabant* beweist dafs Livius aus einer griechischen Quelle übersetzt hat. Das Erstere bezeichnet offenbar
γέροντας, und auch Appian läfst den Anschlag an die γερουσία
gerichtet sein, wenn er gleich kurz vorher ungenau von Buleuten
gesprochen hat. Aber Polybios *t* 18 macht einen Unterschied
zwischen Gerusie und Senat. Desbalb ist der Zusatz, den Livius
hier gemacht hat um das Wort *seniores* zu erläutern, falsch, während er es XXX 16 nach einer andern Quelle durch *id sanctius
apud illos concilium erat* richtig erklärt. So enthalten c. 60—62
die karthagische Geschichte des Jahres 561 nach Polybios in
enger Verbindung mit der italischen stehend.

Aus dem XXXIV. Buch stammen c. 1—22. 42—48. 52—
57 aus den Annalen, c. 22—41 die griechische Geschichte 559.
c. 48—52 die von 560, c. 57—62 italische und karthagische
von 561 aus Polybios. Diese Partien gehören dem verlorenen
ιϑ Buch desselben an.

Kapitel XI.

Das fünfunddreissigste Buch.

1. Am Anfang dieses Buchs wendet sich Livius zur annalistischen Geschichte von 561 zurück, die er XXXIV 57 verlassen hatte, und erzählt c. 1 die Ereignisse in Spanien. C. 2 berichtet er den Abgang des Prätors Flaminius dorthin und führt am Schluß als seinen Gewährsmann Valerius Antias an, zu dessen Nachrichten er augenscheinlich kein rechtes Zutrauen hatte. Es klingt in Wirklichkeit sehr fabelhaft daß der Prätor ohne Erlaubniß des Senats in Sicilien und Africa Aushebungen anstellt und gar Soldaten aus dem Heer des Scipio Africanus, die 8 Jahr dort herumvagabondirt haben sollen, den Fahneneid schwören läßt. C. 3 geht er zum Krieg mit den Ligurern über: die Erzählung stimmt zu XXXIV 56. C. 4. 5 Feldzug gegen die Boier. C. 6 Berichte der Consuln an den Senat. C. 7 Erlaß eines Wuchergesetzes, Unternehmungen der Prätoren in Spanien. C. 8 Verhandlungen des Consuls Cornelius mit dem Senat. C. 9 Lustrum, Prodigien, Gründung einer Colonie (s. Mommsen G. d. r. M. S. 316 A. 80). Es verdient bemerkt zu werden, daß die Prodigien in der Regel vor dem Abgang der Consuln in ihre Provinzen, hier aber am Ende des Jahres erzählt werden. Daß Cato in Spanien der Victoria einen Tempel gelobt, ist XXXIV 11 fg. nicht berührt worden, wird dagegen auf Münzen erwähnt (Mommsen N. 197). C. 10 Wahlen: die Rückkehr Scipio's aus Spanien ist von Livius nicht erzählt: wenn er ferner den Triumph Flaminins, der 559 fällt XXXIV 52, in dieses Jahr setzt, so ist das wol nur ein Irrthum. Nachdem er noch die Thätigkeit der Aedilen berichtet, wendet er sich c. 11 zum ligurischen Krieg. Da aber c. 21 genauen Bezug nimmt auf c. 3, so muß dies Stück aus einer andern Quelle stammen. Es wird hier von einem Marsch

des Consuls berichtet — woher und wohin ist nicht gesagt —
und das Ganze läuft auf ein Kunststück der numidischen Reiter
hinaus, das besser bei Frontin als in den livischen Annalen seinen
Platz hätte.

2. C. 12. 13 enthalten die griechische Geschichte von 561
nach Polybios. Die Aetoler suchen eine Coalition gegen Rom zu
Stande zu bringen und stacheln Nabis Philippos und Antiochos
auf; Nabis schlägt gleich los. Ueber diese Gesandtschaften vgl.
z,β 14, die lakonischen Verhältnisse XXXIV 36; auch XXXVIII 31
wird erwähnt dafs die freien Lakonen von Flaminin unter den
Schutz der Achaeer gestellt waren.

C. 13—19 umfassen die syrische Geschichte desselben
Jahres nach Polybios. Antiochos, der 560 aus Lysimacheia nach
Ephesos zurückgekehrt war S. 163, hatte seine Tochter diesen
Winter in Phoenikien dem Ptolemaios vermählt, war vor Anbruch des Frühlings wieder in Ephesos angelangt und darauf
gegen die Pisider gezogen c. 13. Unterdefs langt die XXXIV 59
abgeschickte römische Gesandtschaft bei Eumenes an, geht nach
Ephesos und verkehrt dort mit Hannibal c. 14. Livius schiebt
hier ein Stück aus Claudius ein: *Claudius secutus Graecos Acilianos libros P. Scipionem in ea fuisse legatione tradit* etc. C. 15
nimmt er die Erzählung wieder auf und berichtet im Folgenden
die resultatlosen Unterhandlungen mit Antiochos. Nach der Abreise der Gesandten hält dieser einen Kriegsrat c. 17. 18. Endlich c. 19 gewinnt Hannibal, der durch den Verkehr mit den Römern dem König verdächtig geworden war, das Vertrauen desselben zurück: die gleiche Erzählung findet sich γ 11 nur in etwas
kürzerer Fassung um dort den Hafs Hamilkars gegen die Römer
zu veranschaulichen (ähnlich XXI 1 nach den Annalen *fama est
etiam* etc. und Nepos Hann. 2)). Livius beschliefst jetzt diesen
Abschnitt und wendet sich zur annalistischen Geschichte des folgenden Jahres. Da nun c. 18 der aetolischen Bemühungen und
der Feindseligkeiten des Nabis nicht die mindeste Erwähnung
geschieht, so folgt daraus dafs die Partie c. 12. 13 zeitlich der
folgenden c. 13—19 nachzustellen ist. Sie gehört in den Ausgang von 561, da die Geschichte 562 c. 25 unmittelbar an sie
anknüpft. Die syrischen Verhältnisse werden von Livius c. 42
kurz vor Ausbruch des Krieges im Jahre 562 wieder aufgenommen. Zwischen diesen beiden Abschnitten ist eine offenbare
Lücke: der Einflufs der Aetoler auf den Entschlufs des Königs
ist ganz übergangen, die c. 12 erwähnte Gesandtschaft des Dikaiarchos und eine noch wichtigere des Thoas, welche wir c. 32

und XXXVI 7 gelegentlich kennen lernen, sind ausgelassen. Die
Sendung des Thoas fällt auf jeden Fall in 562, da Thoas 561
Strateg ist c. 12, 562 aber Damokritos c. 33, und die Strategen-
wahl nach der Herbstnachtgleiche statt fand δ 37. Ferner beginnt die Erzählung c. 42 fg. nicht mit dem Winter, wie das doch
die Regel ist. Aus alle dem folgt, dafs der Anfang der syrischen
Geschichte von 562 fehlt.

Wir wenden uns jetzt zu Appian. Dafs er 561 die Verhandlungen der syrischen Gesandten in Rom und den Versuch Hannibals in Karthago Einverständnisse anzuknüpfen c. 6—8 nach
Polybios erzählt, ist S. 165 gezeigt worden. C. 9 fährt er fort
καὶ τὰ μὲν Καρχηδονίων ὧδε εἶχε, es kamen aber römische
Gesandte ἕτεροί τε καὶ Σκιπίων. Diese verweilen aus demselben Grunde wie bei Livius c. 15, weil der König gegen die
Pisider gezogen war, in Ephesos und verkehrten vielfach mit
Hannibal um ihn zu compromittiren. Da auch γ 11 die nämliche Absicht berichtet wird, so versteht es sich von selbst dafs
Livius aus gutem Patriotismus diese Hinterlist vertuscht hat.
Darin stimmt er völlig mit Appian überein, dafs sie den Hannibal
über seine Gefahr von Seiten Roms zu beruhigen suchten und
dafs er dadurch dem König verdächtig ward. Dann heifst es
λέγεται δ᾽ ἐν ταῖςδε ταῖς διατριβαῖς κτλ. und nun folgt eine
Unterredung zwischen Scipio und Hannibal, welche der von Livius c. 14 nach Claudius erzählten zwar ähnlich, aber im Einzelnen durchaus abweichend ist. Hieran schliefst sich eine Erzählung von Hannibals Tod, wie er später unwürdiger Weise
von Flaminin verfolgt ward. Zum Schlufs bemerkt Appian καὶ τάδε
μὲν ἐς ὑπόμνημα τῆς ᾽Αννίβου καὶ Σκιπίωνος μεγαλονοίας
καί Φλαμινίνου σμικρότητος παρεθέμην und geht nun wieder
zu den Verhandlungen zwischen Antiochos und den römischen
Gesandten zurück. Diese Erzählung c. 10 u. 11 zeigt sich schon
ihrer äufsern Form nach als Episode. Der Name Scipio's ist
c. 9 zu den andern Gesandten hinzugefügt, um diese Episode
mit der fortlaufenden Erzählung zu verbinden. Allein sie widerspricht derselben auf das Entschiedenste: denn wie kann von
einer Hochherzigkeit Scipio's die Rede sein, wenn er seinen
Gegner auf so heimtückische Weise zu compromittiren sucht?
Ferner heifst es c. 9, die Gesandten verkehrten häufig mit Hannibal, da Karthago ihnen verbündet und Antiochos noch nicht
offenkundig Feind war; c. 11 schlägt Scipio die Einladung Hannibals aus ὅτι συνῆσθα νῦν ᾽Αντιόχῳ πρὸς ῾Ρωμαίους ὑπόπτως
ἔχοντι: auch das will sich mir nicht reimen. Genug, die ganze

Erzählung gehört nicht hierher. Plutarch Flaminin 20 erzählt den Tod Hannibals ausführlicher als Appian, aber übereinstimmend (Kap. 15,6). Er fährt c. 21 fort, man habe die Handlungsweise Flaminins mit der Hochherzigkeit Scipio's verglichen, und erzählt nun jenes Gespräch in Ephesos kürzer als jener, aber nicht abweichend.*) Es folgt, da bei Beiden die Thatsachen übereinstimmen und deren eigenthümliche Verbindung gleich ist, dafs Beiden eine gemeinsame Quelle zu Grunde liegt. Welche aber kann das sein aufser Polybios? Bei Appian ist von keiner andern eine Spur zu entdecken, und Plutarch führt c. 20 ausdrücklich den Polybios an (nach einer Kap. 15. 6 zu rechtfertigenden Conjectur). Nach dem Bisherigen folgt, dafs Polybios wirklich eine Gesandtschaft Scipio's an Antiochos berichtet hat Scipio war 561 als Commissar in Afrika thätig XXXIV 62. Seine Sendung nach Ephesos mufs in der Partie der syrischen Geschichte von 562, welche vor c. 42 von Livius ausgelassen ist, erzählt gewesen sein. Dies würde zu der folgenden Darstellung der Annalen passen: denn c. 17 kehren Sulpicius und Villius *nec remissa ulla re nec impetrata aeque ac venerant omnium incerti* nach Rom zurück. Im Jahre 562 wird dem Consul vom Senat verboten vor Ankunft der Gesandten aus Syrien die Stadt zu verlassen c. 20: diese erfolgt c. 22. Der Zeit nach kann sich dies unmöglich auf jene erste, wol aber auf die Gesandtschaft des Scipio beziehen. Ich kehre zu Appian zurück. Antiochos kommt, wie bei Livius c. 15, vom Krieg gegen die Pisider nach Ephesos zurück und weigert sich gleicher Weise die Unabhängigkeit der ionischen und aeolischen Städte zuzugestehen. Der vorhergehende Satz er wolle die Selbstständigkeit der Rhodier, Byzantier und Kyzikener nicht antasten, wenn die Römer einen Vertrag mit ihm schlössen, ist in dieser Fassung Unsinn. Denn dafs von einer Abhängigkeit dieser mächtigen Staaten, um deren Freundschaft Antiochos aufs Eifrigste buhlte (Appian c. 6 XXXIII 20), nicht im Mindesten die Rede sein konnte, liegt auf der Hand. Richtiger ist die Bemerkung, welche sich gleichfalls bei Livius nicht findet, dafs die Römer nicht so sehr zum Verhandeln als zum Kundschaften gekommen waren. Hierauf langen aetolische Abgeordnete, unter Anderen Thoas an und verlocken den König

---

*) Plutarch Pyrrhos 8 erwähnt das Gespräch in Ephesos nach der verlorenen Biographie Scipio's. Dort ist er einer andern Quelle gefolgt, indem Hannibal als den besten Feldherrn Pyrrhos, den zweiten Scipio, den dritten sich selbst nennt. Lucian in den Todtengesprächen 12 behandelt dasselbe Thema.

durch ihre Vorspiegelungen zur Ueberfahrt nach Griechenland.
Er folgte trotz des Todes seines Sohnes. Dieser aber war schon
im vorhergehenden Jahre gestorben nach Livius c. 15, und fer-
ner müssen wir drei Sendungen der Aetoler unterscheiden: die
des Dikaiarchos, eine erste und zweite des Thoas c. 32 u. 42.
Von nun an, d. h. dem Beginn des Krieges wird die appianische
Erzählung ausführlicher, zusammenhängender und mit Livius
übereinstimmender als bisher. — So habe ich den Stand des
Quellenmaterials darzulegen gesucht. Der Abschnitt c. 12—19
bei Livius kann seinem Inhalt und Zusammenhang nach nur aus
Polybios entnommen sein. Eingeschoben ist ein Stück aus den
Annalen, welches er nicht aus Polybios schöpfen konnte, weil er
dessen syrische Geschichte von 562 noch nicht gelesen hatte. Auch
Appian steht auf demselben Boden; es findet sich keine einzige
abweichende Nachricht bei ihm. Aber seine Einleitung zum syrischen Kriege c. 1—12 ist mit einer weit gröfsern Flüchtigkeit
abgefafst als die folgende Erzählung desselben. Er wollte aus
der ausführlichen Geschichte von 556—562 eine kurze Uebersicht zusammenstellen; indefs diese Aufgabe hat er, zumal in der
chronologischen Folge der Begebenheiten, auf die bedenklichste
Weise gelöst. Das Jahr 559 ist wegen seiner Aehnlichkeit mit
dem folgenden und vorhergehenden ausgelassen S. 162, die Ankunft Hannibals ist ein Jahr, die ägyptische Heirat zwei zu früh
gesetzt S. 152. 162. Der Grund dieser Ungenauigkeiten ist Verkürzung: statt eine Sache an zwei Stellen getrennt zu behandeln
wird sie gleich auf Ein Mal abgemacht. So hat er denn auch
hier die Gesandtschaft des Villius und Sulpicius mit der späteren
des Scipio zu einer einzigen verbunden, und die verschiedenen
Sendungen der Aetoler unter die eine und letzte des Thoas sum-
mirt. Es ist ein bestimmtes System in der Ungenauigkeit, mit
welcher der gute Alexandriner arbeitete. Dafs er übrigens die
Episode über Hannibals Tod hier aufnahm, ist um so erklärlicher,
als er anderswo keine Gelegenheit fand die letzten Schicksale
des grofsen Karthagers zu erzählen.

C. 20—21 umfassen den gröfseren Theil der annalistischen
Geschichte von 562. C. 20 Provinzvertheilung und Rüstungen;
c. 21 Prodigien, ligurischer Krieg; c. 22 Absendung einer Flotte
gegen Nabis, Thaten der Consuln in Gallien und der Practoren
in Spanien: c. 23 Rüstungen gegen Antiochos: c. 24 Wahlen.
Die Angabe c. 20, dafs dem Practor Atilius 30 Fünfruderer
gegen Nabis gegeben werden, stimmt mit der polybianischen
Erzählung, indem Atilius c. 37 mit 24 Fünfruderern vor Gythion

erscheint und im folgenden Jahre XXXVI 12 25 Deckschiffe hat.
Die achaeische Gesandtschaft c. 22 wird nach Polybios auch
c. 13 u. 25 erwähnt. Wir lernen ferner c. 23 die Namen der
nach Griechenland geschickten Commissare kennen, von denen
nach Polybios aufser Flaminin nur noch Villius c. 39 ausdrücklich genannt wird. Es ist weiter von einem Gerücht die Rede,
dafs Antiochos Sicilien bedrohen würde, und demzufolge wird
diese Insel stark besetzt. Die Gerüchte, welche so oft in den
Annalen erwähnt werden, verdienen im Allgemeinen wenig
Glauben, und von einem Anschlag des Antiochos auf Sicilien
hören wir nirgends bei Polybios. Indefs mag bei den umfassenden Rüstungen der Römer (App. c. 15) auch die Besetzung Siciliens ihre Richtigkeit haben. Schliefslich wird die Ankunft
des Attalos berichtet: da nun nach c. 39 Eumenes nach Griechenland gekommen ist, so hat die Sendung des Attalos nichts
Unwahrscheinliches. Dasselbe gilt von seiner Meldung, dafs
Antiochos den Hellespont überschritten habe; wenigstens belagert er c. 42 Lampsakos und segelt von dieser Gegend aus nach
Griechenland; auch c. 35 wird sein Uebergang nach Europa angedeutet. Die Annalen scheinen übrigens die Sache so zu verstehen, als werde Antiochos den Landweg einschlagen; wie
sie auch XXXIII 44 von dem Uebergang über den Hellespont
einen baldigen Ausbruch des Krieges in Griechenland erwar-
teten. Dafs indefs Antiochos ohne den Beitritt Philipps von
Makedonien unmöglich den Landweg einschlagen konnte
und dafs diese ganze Auffassung der Annalen falsch ist, liegt
auf der Hand. Ueber das Heer von 2 Legionen und 15500
Bundesgenossen, das c. 24 nach Epeiros geschickt wird, vgl.
Kap. 12, 2.

Mit c. 25 beginnt die griechische Geschichte von 562 nach
Polybios; die Erzählung schliefst sich unmittelbar an c. 13 an.
Es wird nämlich zuerst c. 25—30 der Krieg der Achaeer mit
Nabis erzählt; der Gegenstand ist, da die Römer eigentlich
nirgends in Betracht kommen, specifisch achaeisch, die Darstellung noch weit mehr. Sie trägt entschieden das Gepräge des
achaeischen Patriotismus und namentlich Philopoimen wird der
höchsten Lobsprüche gewürdigt: *terrestrium certaminum arte
quemvis clarorum imperatorum vel usu vel ingenio aequabat*
c. 26. Daneben zeigt sich grofse Ausführlichkeit in den Ortsangaben und der Schilderung militairischer Operationen: kurz,
es kann keinem Zweifel unterliegen dafs diese Partie aus Poly-

bios stammt. Abgesehen von ihrem äufsern Zusammenhang,
der auf denselben Schlufs führt, wird dies noch durch die Uebereinstimmung Plutarchs bewiesen, welcher seinen Philopoimen
gröfstentheils nach der Specialschrift des Polybios über denselben gearbeitet hat (vgl. Anh. 1, 1). Plutarch berichtet den Versuch zur See c. 26, ebenso c. 14; wenn er jenes alte Parade-
schiff nicht 80, sondern 40 Jahr vorher erobert werden läfst,
so ist das aus seiner Flüchtigkeit in Zahlen zu erklären.*) Dafs
Philopoimen lange in Kreta gewesen, erfahren wir bei Plutarch
c. 13. Den Ueberfall des lakonischen Lagers c. 24 finden wir
bei demselben c. 14, ebenso die gefährliche Lage, in welche das
achaeische Heer geriet. Die c. 28 ausführlich beschriebenen
strategischen Studien Philopoimens sind c. 4 erzählt. Die folgenden Gefechte fafst Plutarch c. 14 kürzer zusammen und giebt
endlich das nächtliche Blutbad und die Verehrung der Athener
gegen Philopoimen wie c. 30. Livius scheint hier die Eifersucht
Flaminins gegen Philopoimen, welche er c. 47 berührt, aus Vorliebe für seinen Landsmann übergangen zu haben. Wenn aber
Plutarch c. 15 erzählt, Flaminin habe deshalb dem Nabis Frieden
gewährt, so ist das, wie c. 35 fg. zeigen, ein Irrthum, dessen
Grund indefs leicht zu erklären ist. Bei dem Kriege nämlich,
welchen Flaminin 569 gegen den Tyrannen führte, bemerkt er
Flam. 13. derselbe habe Frieden geschlossen, entweder aus
Furcht vor einem Nachfolger (ebenso XXXIV 33) oder aus Neid
gegen Philopoimen, der aber seit 555 noch immer in Creta ver-
weilte, und braucht nun ganz dieselben Worte wie Philop. 15.
So bringt er an dieser Stelle fälschlich den Frieden, an jener
fälschlich den Neid hinein und macht aus den beiden Feldzügen
von 559 u. 562 einen einzigen.

C. 31 fg. schildern die gleichzeitigen Bemühungen der römischen Abgeordneten die Griechen in ihrem Festhalten an
Rom zu bestärken. Die Verhältnisse der Magneten werden ausführlich behandelt; die Wendung *Magnetarchen summum magistratum vocant* verrät eine griechische Quelle. Nach Diodor 28.
16 hatte der Senat im vorhergehenden Jahr dem Philippos für

---

*) Schorn S.271 weist nach, dafs bei Livius hinter Crateri wahrschein-
lich filii oder filii Alexandri ausgefallen sei. Nikaia war Gemablin von
Alexander, dem Sohn des jüngeren Krateros, Fürsten von Korinth Plut.
Arat. 17. Bei Trogus prolog 26 wird ein Krieg zwischen Alexander und
Antigonos Gonatas erwähnt. Im Uebrigen ist Nichts über die Sache be-
kannt.

seine Treue im Krieg mit Antiochos Freigebung seines Sohnes
Demetrios und Erlafs der rückständigen Contribution versprochen.
Livius hat dies XXXIV 57, da er im Anfang den Annalen
folgt, übergangen, nimmt aber hier ausdrücklichen Bezug darauf. — C. 32. 33 erfolglose Verhandlungen mit den Aetolern.
Das alte Bündnifs zwischen Athen und den Aetolern stammt
wol aus der Zeit des lamischen Krieges, vgl. Diodor 18, 9: ihre
freundschaftliche Verbindung zeigt sich auch XXXI 30 XXXVII
6 XXXVIII 9. Die Renommage des Strategen Damokritos c. 33
wird bei seiner Gefangennehmung wieder erwähnt XXXVI 24
App. 21. — C. 34—38 Versuche der Aetoler sich der Städte
Chalkis, Sparta, Demetrias zu bemächtigen. Die Wendung c. 34
*per apocletos, ita vocant sanctius consilium: ex delectis constat
viris* deutet auf Uebersetzung hin, vgl. S. 74. Die Darstellung
der Ereignisse in Sparta c. 35fg. knüpft an c. 30 wieder an.
Bei dem Attentat auf Nabis c. 36 bemerkt Weissenborn, dafs
hastas ponere hier nicht *deponere*, sondern zum Angriff senken,
einlegen, $\varkappa\alpha\tau\alpha\beta\dot\alpha\lambda\lambda\epsilon\iota\nu$ sei. Es ist mir denn doch sehr zweifelhaft, ob das Wort dies bedeuten kann, viel wahrscheinlicher,
dafs Livius hier, wie an der bekannten Stelle XXXIII 8 $\varkappa\alpha\tau\alpha$-
$\beta\dot\alpha\lambda\lambda\epsilon\iota\nu$ mifsverstanden und wirklich an ein Wegwerfen der
Lanzen gedacht hat. Der von den Aetolern aufgestellte Prätendent heifst bei Livius Laconicus, vielleicht nach einem Mifsverständnifs des Adjectivs ($\pi\alpha\tilde\iota\varsigma\ \tau\iota\varsigma\ \varLambda\alpha\varkappa\omega\nu\iota\varkappa\acute o\varsigma$ oder ähnlich); nach
δ 35 gab es mehrere legitime Thronerben. Ferner wird $\chi\alpha\lambda$-
$\varkappa\iota o\tilde\iota\varkappa o\varsigma$ übersetzt mit *templum aereum*. Die Einverleibung
Spartas in den achaeischen Bund erwähnt auch Plutarch Philop.
15. — C. 39 erfolgloser Versuch der Römer Demetrias zurück
zu gewinnen. Die wenigen Andeutungen, die wir gegeben, bestätigen es zur Genüge, dafs Polybios hier überall zu Grunde
liegt. Während nun dieser nach Asien übergeht um die
dortigen Ereignisse bis zum Uebergang des Antiochos nach
Griechenland nachzuholen, wendet sich Livius zu den Annalen
und entschuldigt sich bei seinen Lesern, dafs er so lange
bei den Verhältnissen in Griechenland verweilt hat vgl.
S. 82.

4. C. 40. 41 sind den Annalen entnommen. Livius hatte
die annalistische Geschichte des J. 562 c. 20—24 zu Ende geführt. Jetzt aber nimmt er eine neue Quelle zur Hand: *Consulibus designatis — inde namque deverteram — L. Quinctius et Cn.
Domitius consules in provincias profecti sunt.* Die folgenden

Unternehmungen der Consuln gegen die Boier und Ligurer sind
die nämlichen, welche sie nach Beendigung der städtischen Ge-
schäfte im Sommer 562 c. 22 ausgeführt haben (S. 97). Jedoch
weicht diese Darstellung besonders darin ab, dafs die Unternehmungen des Proconsuls Minucius c. 21 hier dem Consul
Quinctius beigelegt werden: nach c. 22 führen die Consuln nur
den Krieg gegen die Boier. Ferner war c. 24 nur Einer der
Consuln zu den Wahlen nach Rom zurückgekehrt, auch c. 41
wird nur die Anwesenheit des Quinctius in Rom vorausgesetzt
und nach XXXVI 37 ist sein College in der Provinz zurückge-
blieben. Daraus folgt dafs Livius zwar nachgesehen hat, wo
er c. 24 in der annalistischen Erzählung stehen geblieben war,
dafs er aber nicht von diesem Zeitpunkt, den Neuwahlen im Winter, sondern von dem Abgang der Consuln in die Provinzen, dem
Sommer an seine neue Quelle benutzt hat: eine Wiederholung,
welche sich nur aus grofser Eilfertigkeit erklären läfst. Die Gründung der Colonie Vibo weicht nicht ab von XXXIV 53 (vgl.
Mommsen G. d. r. M. S. 317. 51); aber das 38tägige Erdbeben,
dessentwegen Ferien sind und ein dreitägiges Bittfest abgehalten
wird, ist schwerlich ein anderes als das XXXIV 55 erzählte.
Es folgen c. 41 Bestimmungen über die Provinzen; darauf
werden zwei Tempel geweiht, welche Furius im gallischen
Krieg gelobt hatte. Sonst ist nur von Einem die Rede und
dieser ist bereits vor zwei Jahren XXXIV 53 geweiht. Dann
wird von den Prozessen der curulischen Aedilen gesprochen; auch hier findet eine Wiederholung nach c. 10 statt
vgl. S. 99.

C. 42–51 enthalten die Fortsetzung der griechischen Geschichte von 562 nach Polybios, den Krieg mit Antiochos und
den Aetolern bis zum Beginn der Feindseligkeiten. Der Zeit
nach fällt dieser Abschnitt in den Herbst, nach unserer Rechnung die Monate October und November. Dafs Livius den
gröfsern Theil der Erzählung, welche in Asien spielt, ausgelassen hat, haben wir S. 167 gesehen. Er mochte dies der
Kürze halber thun in dem Glauben, wie er auch c. 40 sagt,
durch das Vorhergehende genugsam die Ursachen des Krieges
dargelegt zu haben. Und dann hatte er ja auch das bedeut-
samste Ereignifs, welches in der ausgelassenen Partie stand,
die Gesandtschaft Scipios schon ins vorhergehende Jahr nach
den Annalen gesetzt. Auf die Einnahme von Demetrias c. 34
hin entschliefst sich Antiochos zur Ueberfahrt nach Griechen-

land*) c. 42. 43. Polybios liegt nach dem ausdrücklichen Zeugnifs des Livius hier zu Grunde, indem dieser XXXVI 19 in Betreff seiner Zahlenangaben denen des Valerius gegenüber bemerkt: *ex decem milibus militum, quos Polybio auctore traiecisse secum regem in Graeciam scripsimus* etc. C. 44. 45 verhandelt Antiochos mit den Aetolern und macht c. 46 einen vergeblichen Versuch auf Chalkis. Die zwei kleinen Sätze aus Polybios p. 599, 18 u. 19, welche Suidas unter dem Wort ἀπόκλητοι erhalten hat, finden sich am Ende von C. 45 und am Anfang von 46 übersetzt. C. 47 werden Pläne gefafst um die Hellenen für die antirömische Coalition zu gewinnen; über die böotischen Verhältnisse vgl. XXXIII 27 fg. τ 26, die Feindschaft zwischen Flaminin und Philopoimen S. 172. C. 48. 49 verhandeln ihre Gesandten mit den Achaeern. Ueber die Prahlerei des Archedamos vgl. S. 70; sie wird auch von Plutarch compar. Philop. et Flam. 2 erwähnt. Derselbe berichtet Flam. 17 die witzige Vergleichung des Flaminin. Auf die Kriegserklärung der Achaeer gegen Antiochos und die Aetoler wird μ 8 Bezug genommen und gesagt, dafs sie vier Monate vor dem Eintreffen des römischen Heeres in Griechenland erfolgte. C. 50 Zustände in Athen. Rückkehr der Gesandten aus Böotien; letzteres ist auch in dem Excerpt κ 2 erhalten. C. 50. 51 Einnahme von Chalkis und Eröffnung der Feindseligkeiten. Den Ueberfall bei Delion erwähnt das flüchtige Fragment Diodors 29, 1: Livius hat wol der Kürze halber übergangen, dafs Flaminin in Korinth Menschen und Götter zu Zeugen anrief, der König habe den Krieg begonnen. Der Ausdruck *templa quae asyla Graeci appellant* deutet auf Uebersetzung vgl. S. 74. Appian hat c. 12, wie S. 170 bemerkt, die verschiedenen Gesandtschaften der Aetoler unter Einer zusammengefafst. Dann läfst er mit Uebergehung des dazwischen Liegenden den Antiochos gleich nach Euboea rücken. Den syrischen General Menippos verwechselt er mit Mikythion, welcher das Haupt der römichen Partei in Chalkis war und sich bei dem überfallenen römischen Haufen befand. Endlich erzählt er c. 13 mit grofsem Behagen die Geschichte von dem makedonischen Prätenden-

---

*) Wenn c. 42 gesagt wird, der König habe Hannibal mit offenen Schiffen nach Afrika schicken wollen, so ist das entweder ein Irrthum, insofern nach XXXIV 60 100 Deckschiffe zu dieser Expedition bestimmt waren, oder bezieht sich auf andere Nachrichten, welche Livius ausgelassen hat.

ten in Megalopis, der von Alexander dem Grofsen abzustammen glaubte, welche wir bei Livius c. 47 finden. Von dem XXXV. Buch gehören c. 1— 11, 20—24, 40. 41 den Annalen an; c. 12 — 19 griechische und syrische Geschichte von 561, c. 25— 39, 42—51 griechische Geschichte von 562 sind aus dem ιϑ und κ Buch des Polybios entnommen. Von Einschiebseln aus den Annalen findet sich in diesen Partien nur Eins c. 14.

Kapitel XII.

Das sechsunddreissigste Buch.

1. C. 1—4 sind den Annalen entnommen. C. 1 Opfer und Gebete für den bevorstehenden Krieg, Beschlufs desselben durch die Comitien, militärische Mafsregeln. C. 2 Gelöbnifs von Spielen, Provinzvertheilung nach den Bestimmungen XXXV 41. Ueber die Rüstungen der Römer haben wir einige Nachrichten bei Appian c. 15, die ohne Zweifel auf Polybios zurückzuführen sind. Vergleichen wir mit diesen die annalistische Darstellung. Im vorhergehenden Jahr ist der Praetor Baebius mit 2 Legionen und 15,500 Bundesgenossen nach Apollonia geschickt worden XXXV 20. 24. Aufser der Flotte von 30 Fünfruderern, die gegen Nabis geschickt wird, sollen 100 Fünfruderer ausgerüstet, später 50 neue erbaut werden, eb. 21 u. 24. Zur Deckung Siciliens werden 20 Schiffe hingeschickt und ein Heer von 12,000 Mann nebst 400 Reitern dort ausgehoben eb. 23. Am Ende des Jahres werden 4300 Mann Römer und 6400 Mann Bundesgenossen für den Krieg mit Antiochos, 2 Legionen nebst 20,800 Bundesgenossen für Bruttium ausgehoben eb. 41. Es wird ferner 563 dem Befehlshaber gegen Antiochos gestattet bis 5000 Mann ausländischer Hülfstruppen anzunehmen; als Reserve bleibt ein consularisches Heer in Rom c. 1, endlich geht eine neue Flotte von 30 Deckschiffen nach Griechenland. Wir sehen diese Rüstungen sind sehr energisch, und als solche bezeichnet sie auch Appian. Er erzählt übereinstimmend mit den Annalen, dafs nach allen Provinzen Heere geschickt, dafs ein grofses Heer bei Tarent gesammelt war und eine Flotte die Küsten deckte. Gegen Antiochos selbst aber rüstete man ein Heer von 20000 Römern und 40000 Bundesgenossen: eine Angabe, welche der Summe der nach Griechenland bestimmten Abtheilungen und der Reserve-

armee in Rom, wie die Annalen sie haben, ungefähr entspricht.
Allein nach Appian c. 17 und Livius c. 14 wird das Haupttheer
erst vom Consul hinübergeführt, und das Corps in Epeiros kann
schwerlich über 10000 Mann betragen vgl. S. 180. Ferner erhält der Praetor Livius nicht 30, sondern nach c. 42 50 Deckschiffe. So lassen sich also auch über die Größe und Stellung
der Streitkräfte die Angaben der Annalen mit den polybianischen
nur zum Theil vereinigen; sie im Einzelnen zu controlliren ist
bei der Dürftigkeit unsers Materials nicht weiter möglich. C. 3
Verhandlung über den Flottendienst der Colonisten; Befragung
der Fetialen in Betreff der Kriegserklärung, ähnlich wie XXXI 8.
Aus ihrer Antwort geht hervor, dafs der Ueberfall bei Delion
den Annalen gar nicht bekannt war, während er nach Appian
c. 15 und XXXV 51 die Kriegserklärung veranlafste. Die Zeit-
angabe über den Abgang des Consuls nach Griechenland, Mitte
Mai d. h. nach unserer Zeitrechnung Mitte März, stimmt zu
c. 12. C. 4 Verhandlung mit den makedonischen unh aegyptischen Gesandten, ferner denen von Karthago und Massinissa.
Die Bedeutung und den Zusammenhang der Sendung des Philippos lernen wir erst aus der polybianischen Erzählung c. 8
kennen. Dafs die Karthager verpflichtet waren, den Römern
Schiffe zu stellen, wird durch c. 42 bestätigt.

2. C. 5—35 umfassen die griechische Geschichte des Jahres 563 nach Polybios. Die Erzählung schliefst sich an das vorhergehende Buch an. Ihr Anfang entspricht dem Fragment z 3
über die Verhandlungen des Antiochos mit den Abgeordneten der
Eleer und Epeiroten, in welchem die Auseinandersetzung über
die Politik der Epeiroten durch Verkürzung fehlt (S. 13). Die
Verhandlung des Antiochos mit den Boeotern c. 6 ist in dem
Fragment z 7 erhalten: den Excurs über die boeotischen Zustände z 4—6 hat Livius in seiner ganzen Ausführlichkeit übergangen und passend durch den Satz *per multa iam saecula* etc.
wiedergegeben. Antiochos veranstaltet jetzt einen grofsen Kriegsrat c. 6—8, bei welchem Hannibal sich ausführlich über die
Sachlage ausspricht. Hierzu stimmt die weit kürzere und flüch-
tigere Rede bei Appian c. 14, bisweilen auf's Wort z. B. *ipse cum
omnibus terrestribus copiis in Bullinum agrum procedes, inde Graeciae praesidebis et speciem Romanis traiecturum te praebens et si res
poposcerit traiecturus, χρὴ* . . . *αὐτὸν δέ σε τῷ πεζῷ παντὶ
προκαθήμενον τῆς Ἑλλάδος ἀγχοῦ τῆς Ἰταλίας δόξαν ἐμ-
ποιεῖν ἐσβολῆς καὶ εἰ δύνατό ποτε καὶ ἐσβαλεῖν; nihil
eorum factum est nisi quod ad classem copiasque arcessendas ex*

*Asia Polyxenidam misit, μεϑῖχαν ἅπαντα πλὴν ὅτι Πολυξε-
νίδας ἐπὶ τὴν στρατιὰν εἰς τὴν Ἀσίαν ἐπέμφϑη.* Die Erwähnung der Lakedaimonier fehlt bei Livius, vielleicht aus rhetorischen
Gründen, da er in der Rede eine strenge Eintheilung durchführt (Einleitung, über Philippos, über den Kriegsplan im Allgemeinen) *).
Appian giebt hierauf c. 15 eine Uebersicht der Weltlage, die Be-
fürchtungen der Römer und ihre Rüstungen, welche wie bemerkt ohne Frage aus Polybios geschöpft ist **). Livius hat
dieselbe ausgelassen, weil er bekanntlich die Ereignisse in Rom
nach den Annalen zu erzählen pflegt. Dann entsprechen sich
wieder Beide in der Bestattung der bei Kynoskephalai gebliebe-
nen Makedoner c. 8 App. c. 16 ***). Die einzelnen Unternehmungen in Thessalien c. 9. 10 übergeht Letzterer, berichtet aber
übereinstimmend den Entsatz von Larissa. Wenn er dabei die
Stärke des römischen Corps, welche bei Livius fehlt, auf 2000
Mann angiebt, so ist dies ohne Frage richtig, weil Polybios dergleichen Angaben nie zu unterlassen pflegt. Ueber die Winterquartiere des Antiochos c. 11 sind zu vergleichen z S. von
Athenaeos bewahrt, Diodor 29, 2, Appian 16, Plutarch Flam. 16, von
denen das Fragment dem ursprünglichen Text am Nächsten steht.
Florus 1, 24 giebt eine andere Schilderung als die livianische.

*) Schorn p. 250 meint, die Aeufserung *Aetoli Philippum, quod inter
omnes constat, viceruut* sei Hannibals durchaus unwürdig: ja wol wenn's nicht
bittere Ironie wäre.
**) Appian hat dies Stück der italischen Geschichte des Polybios ent-
nommen, aber um die Erzählung von den ersten Unternehmungen des
Antiochos in Griechenland und deren Bedeutung c. 13. 14 nicht zu unter-
brechen, diesen nachgestellt.
***) Weissenborn glaubt, die Bestattung der Makedoner sei erst, nach-
dem die XXXIX 28 erwähnten Verhandlungen gescheitert waren und
Philippos sich schon mit den Römern verbunden hatte, erfolgt, da Antiochos
ohne diesen Grund sich selbst entgegengearbeitet hätte. Livius habe wie
Appian die Sache nur von der psychologischen, nicht der politischen Seite
aufgefafst. Da aber bekannter Mafsen der politische Unverstand in der
Weltgeschichte eine ebenso grofse Rolle spielt als der Verstand, so wird
man doch wol den Bericht des Polybios für wahr halten müssen. Ueber
die Verhandlungen zwischen Antiochos und Philippos haben wir einzig die angeführte Stelle, nach welcher Letzterem für seinen Beitritt Zurückerstattung
seiner früheren Besitzungen in Griechenland nebst 3000 Talenten und 30 Deckschiffen angeboten ward. Zonaras 9, 19 sagt, Philippos habe zu den Römern gestanden aus andern Gründen und weil Antiochos ihm einige Plätze
in Thrakien entrissen hatte. Soll diese Nachricht einen Sinn haben, so ist
es der, dafs die Unterhandlung an der Forderung des Philippos, dafs Antiochos ihm die thrakische Küste wieder abtreten sollte, scheiterte. Aber
es ist mir höchst bedenklich, auf einen so unzuverlässigen Schriftsteller
wie Zonaras Vermutungen zu bauen.

12 *

Die Expedition nach Akarnanien c. 11. 12 wird kurz von Appian
c. 16 erzählt. Die Operationen Philipps und des römischen Un-
terfeldherrn in Thessalien c. 13 erwähnt er im Folgenden.
C. 14 landet der Consul mit seinem Heer in Griechenland. Die
Stärke desselben beträgt nach der gewöhnlichen Lesart 20000
Mann 2000 Reiter nebst 15 Elephanten; so auch App. 17.
Weissenborn folgt derselben in der Teubnerschen Ausgabe, setzt
aber in der Weidmannschen angeblich nach den Handschriften
nur 10000 Mann Fußvolk. Er sucht die Richtigkeit der letzteren
Lesart daraus abzuleiten, daß nach den Annalen XXXV 24 das
consularische Heer bereits in Epeiros stand und hier nur die
cb. 41 erwähnte Ersatzmannschaft gemeint sein könnte. Allein
die Reiter stimmen doch auch so nicht; entscheidend ist die
Uebereinstimmung Appians für die Vulgata. Auch kann nach
der ganzen Sachlage c. 7 kein so großes Heer in Epeiros sein,
wie die Annalen wollen, ebensowenig nach μ S u. Zonar. 9, 19. Livius tadelt c. 14 den Spott des Philippos gegen den gefangenen Prä-
tendenten; Appian mehr im Sinne des Polybios bemerkt ironisch,
er habe noch immer auf die makedonische Krone gehofft vgl.
S. 30. Die Eroberung Athamaniens durch Philippos findet sich
bei Beiden. Ebenso die Vorbereitungen des Antiochos c. 15;
außerdem ist hier das Fragment Diodors 29, 3 zu vergleichen:
alle drei Darstellungen entspringen aus derselben Quelle. Livius
giebt hierauf einen geographischen Excurs über die Thermopylen, indeß verkürzt, wie Appian zeigt, der besonders die
Umgebung derselben berücksichtigt. Da nun im Folgenden
Alles erwähnt wird, so wäre es genauer gewesen, gleich hier die
Namen der Berge, die Erwähnung des hafenlosen Meeres und
des daran stoßenden Sumpfes zu geben. Appian hingegen macht
fälschlich aus den beiden Berggipfeln Teichius und Rhoduntia
Einen und übersieht ganz, daß der Sumpf am Meere liegt.
Ueber die Spuren der Uebersetzung bei Livius c. 15 u. 16 vgl.
S. 75. C. 17 nennt er den Cato und Valerius Flaccus consularische Legaten (übereinstimmend Phlegon de mir. 3; im Uebrigen wertlos); aber nach Appian waren sie Tribunen, Flaccus
wird als solcher z 10 bezeichnet, ebenso Plut. Cat. 12, Cicero
Cato 10, Frontin 2, 4. 4 u. A. Livius ist hier wol irrthümlich
dem Gebrauch seiner Zeit gefolgt. aber in der vorliegenden Periode kommen Consulare mehrfach als Kriegstribunen vor, z. B.
XLII 49 XLIV 1. In Betreff der folgenden Rede bemerkt Weissenborn, sie sei, da weder Appian noch Plutarch eine Andeutung
von ihr hätten. wahrscheinlich von Livius selbst entworfen, nicht

aus Polybios entlehnt. Das ist entschieden richtig; denn wenn
Polybios diese oder eine ähnliche Rede gehabt hätte, so würde
Appian, welcher der Rhetorik sehr ergeben ist, sich die Gelegenheit zur Declamation nicht haben entgehen lassen; auch ist
Polybios in seinen Ermunterungsreden vor der Schlacht z. B.
υ, 6 entfernt nicht so ausführlich, und bei der Schlacht von Magnesia XXXVII 39 fehlt eine solche gänzlich. Noch mehr erhellt
dies aus dem Inhalt: es ist eine der gewöhnlichen Schulreden,
vielleicht nach dem c. 19 citirten Valerius frei gearbeitet. Die
junge Gemahlin des Königs heifst hier *obscuri etiam inter popu-
laris generis*; nach z S war ihr Vater εἷς τῶν ἐπιφανῶν und will
bei Livius c. 11 von dem königlichen Schwiegersohn anfänglich
Nichts wissen. Der Schlachtbeschreibung c. 18. 19 entspricht
die appianische c. 18—20. Abgesehen von einigen Flüchtigkeiten, wie rechts statt links und links statt rechts, scheint
Letzterer den Gang der Schlacht richtiger dargelegt zu haben.
Zuerst leisteten die Leichtbewaffneten, nicht wie bei Livius die
Phalangiten, Widerstand und zogen sich darauf hinter die Phalanx zurück. Jedenfalls ist die livianische Schilderung unklar.
Indefs über die Gemeinsamkeit der Quelle kann nicht der geringste Zweifel stattfinden; Livius selber nennt c. 19 Polybios
als seinen Gewährsmann und verwirft die ungeheuern Zahlenangaben des Valerius.

3. Ueber die Schlacht bei den Thermopylen haben wir aufser
dem polybianischen Bericht, wie er bei Livius und Appian steht,
noch den eines Augenzeugen, Cato's bei Plutarch Cato c. 13. 14
und es ist von grofsem Interesse beide mit einander zu vergleichen. Im Grofsen und Ganzen stimmen sie entschieden überein; ihre Differenzen erklären sich aus der mafslosen Prahlerei
Catos und daraus, dafs er vom bornirt römischen Standpunkt
schrieb. Zunächst vindicirt er sich selber die Ehre die Umgehung des Feindes auf dem bekannten Pfad über die seitlichen
Höhen veranlafst zu haben; davon weifs Polybios Nichts. Bei
Plutarch wird das Corps, das er zu führen hatte, unbestimmt gelassen (μέρος τι τῆς στρατιᾶς), jener giebt es bestimmt auf
2000 Mann an. Die Beschreibung des Marsches fehlt bei Polybios. Wenn Cato die Zahl der Feinde auf 600 angiebt, so entspricht dieselbe Livius c. 16, wonach 2000 Aetoler sich auf die
drei Berggipfel vertheilt hatten. Auch die Zeitbestimmung,
welche Appian hat, dafs der Ueberfall um die letzte Nachtwache
erfolgte, stimmt zur catonischen Erzählung. Bezüglich desselben
heifst es, dafs die Aetoler überrascht und meistens im Schlaf

begriffen, nach tapferem Widerstand geschlagen und grofsen
Theils niedergehauen wurden; Cato, der sich freilich nur sehr
kurz darüber ausdrückt, läfst sie augenblicklich fliehen.
Von dem Zusammenhang der Operation mit dem ganzen
Schlachtplan, namentlich von der vereitelten Unternehmung des
Flaccus schweigt er. C. 14 fährt er fort, unterdefs habe auch
der Consul den Pafs mit ganzer Macht angegriffen; Antiochos,
von einem Stein auf den Mund getroffen, so dafs ihm die Zähne
herausfielen, wandte von Schmerzen gepeinigt sein Rofs, kein
Theil des Heeres leistete mehr Widerstand, Alles warf sich in
wilde Flucht. Die Schilderung der Flucht pafst zur polybianischen, aber von einer Verwundung des Königs weifs diese
Nichts. Vielmehr flieht er ἀπὸ τῆς πρώτης τροπῆς d. h. als
Cato im Rücken erschien, unaufhaltsam mit seiner ganzen Reiterei. Man sieht auch nach dem ganzen Bilde der Schlacht gar
nicht ein, wie und wo der König hätte verwundet werden sollen.
Man begreift weiter nicht, wie ein so wichtiger Umstand dem
Polybios hätte entgehen sollen; denn es lag doch sicherlich im
höchsten Interesse des Antiochos eine solche Entschuldigung für
seine schimpfliche Flucht recht unter die Leute zu bringen. In der
That braucht uns auch nicht das Stillschweigen des Polybios
stutzig zu machen. Vielmehr mufs der hohe römische Offizier
den Wachstubengesprächen seiner Soldaten ein zu williges
Ohr geliehen haben: denn schon 546 in einem Gefecht mit
baktrischer Reiterei hatte der Grofskönig einen Hieb bekommen, der ihm mehrere Zähne kostete ι 49. Plutarch bemerkt mit Recht, dafs Cato seine eigenen Thaten über alles Mafs
gepriesen habe: dafs auch Polybios seiner Tapferkeit gerecht
geworden, zeigt die Wendung ὡς δὲ ὁ K. ἐπεφαίνετο διώκων
αὐτοὺς μετὰ πολλῆς βοῆς. Im Ganzen gewährt der hier besprochene Bericht ein glänzendes Zeugnifs für die Zuverlässigkeit des Polybios; denn alle Angaben, worüber Cato als Augenzeuge am Besten unterrichtet sein konnte, stimmen nach Abzug
der Uebertreibungen vortrefflich mit seiner Darstellung überein.
Auch die Nachrichten über die schnelle Reise nach Rom Liv.
c. 21 entsprechen denen Plutarchs. Es ist keine Differenz, wenn
er bei diesem gleich nach der Schlacht, dort einige Tage später,
nach der völligen Vertreibung der Asiaten aus Griechenland ab-
geht. In Betreff der sonstigen Thätigkeit Catos, die von Polybios nicht berührt wird, vgl. Jordan p. LXXI.

4. C. 20. 21 erzählt Livius den Marsch der Römer durch
Phokis und Boeotien nach Chalkis, einige Unternehmungen zur

See, endlich die Flucht des Antiochos nach Ephesos; die beiden
letzten Punkte hat auch Appian c. 20. Nachdem Antiochos
Griechenland vollständig geräumt hatte, wird Cato vom Consul
nach Rom geschickt, *per quem quae gesta essent senatus populus-
que Romanus haud dubio auctore sciret.* Derselbe vollzieht
die Reise mit ungewöhnlicher Schnelligkeit. Er kommt dem
L. Cornelius Scipio, der einige Tage früher vom Consul ent-
sandt war, im Bericht an den Senat zuvor. Vereint thun Beide
dem Volke *de rebus in Aetolia gestis* kund. Es wird ein dreitägiges Dankfest angeordnet, 40 Rinder geopfert. In denselben
Tagen kehrt auch Fulvius Nobilior aus Spanien zurück; die
Geldsummen, die er mitbringt, werden genau angegeben. Wir
wissen dafs dergleichen Notizen den Annalen angehören. Und
in der That erzählt Appian an dieser Stelle, dafs die Römer
Dankopfer anstellten für den raschen Sieg, der ihre frühere
Furcht vor dem Grofskönig als ganz unbegründet erwies, und
dem Philippos als Lohn für seine Treue den Sohn Demetrios
zurückgaben; hiervon fällt das letztere indefs später. Im Folgenden stimmen beide Autoren wieder völlig überein. Aus dem
Gesagten folgt, dafs Livius nach seinem Hauptgrundsatz römische Quellen eingesehen hat, als die Erzählung nach Rom überging. Dies wird ferner bestätigt durch die annalistische Geschichte dieses Jahres. Denn hier wird c. 39 mit denselben
Worten wie c. 21 die Rückkehr des Fulvius berichtet; es ist
keine Abweichung, wenn an der einen Stelle *qui biennio ante
praetor in Hispaniam erat profectus* steht, an der andern *ex ul-
teriore Hispania* und ebendaselbst das selbstverständliche *extra
numeratum* fehlt. Zugleich werden wir auf andere Bedenken geführt. C. 38 erzählt Livius einen Sieg des P. Cornelius Scipio
über die Boier dem Valerius Antias folgend; den Zahlen desselben mifstraut er zwar, aber dafs es ein grofser Sieg gewesen
sei, könne man unter Anderem daraus ersehen, dafs der Senat
ein Dankfest und grofse Opfer veranstaltete. Dann folgt die
Rückkehr des Fulvius. Ganz dieselbe Anordnung c. 21: *suppli-
catio, maiores hostiae, reditus Fulvii.* Nun aber ist die hier vorhergehende Erzählung entschieden corrupt. Cato wird als *haud dubius
auctor* von Acilius abgeschickt. War denn etwa L. Cornelius Scipio,
der spätere Asiaticus, ein *dubius auctor?* Oder welche andere
Annahme bleibt übrig? Die scipionische Partei hatte ferner in
ihrer griechischen Politik eine entschiedene Niederlage erlitten
und die altrömische Richtung vollständig die Oberhand gewonnen. Wie sollte nun Scipio in das Lager seines politischen

Gegners kommen, von diesem die Mission der Siegesbotschaft
erhalten, endlich von einem zweiten viel später abgeschickten
Boten überholt werden? Lauter Unwahrscheinlichkeiten; in der
Umgebung des Acilius finden sich nur Männer seiner Farbe erwähnt. Die Lösung dieser Schwierigkeiten ist, wie ich glaube,
nur folgende: bis zur Ankunft Catos in Rom folgt Livius dem
Polybios; diesem allein kann die topographische Genauigkeit in
der Reiseroute angehören. Wie er nach Rom kommt, verläfst er
diesen Gewährsmann und wendet sich zu Valerius Antias. Der
Bote *de rebus in Aetolia gestis* kommt dem L. Cornelius Scipio
zuvor, der *aliquot diebus ante a consule dimissus est*, aber nicht
vom Consul Acilius, sondern vom Consul P. Cornelius Scipio aus
Gallien. Diese Annahme wird im höchsten Grade wahrscheinlich
durch den Zusammenhang der Erzählung c. 38. 39. Livius giebt
dort die gewöhnliche Form der Erzählung auf und bemerkt nur,
der Sieg sei aus den und den Gründen bedeutend gewesen. Er
verläfst diese Form, weil Valerius hier auf das Zusammentreffen
der Siegesnachrichten aus Aetolien und Gallien kommt, welches
Livius schon c. 21 ihm entlehnt hatte. Das Standquartier der
scipionischen Partei war eben in Gallien dies Jahr und von hieraus ist die Sendung des L. Scipio sehr natürlich. Dafs Livius
dieselbe übersehen und auf Griechenland beziehen konnte, wird
dadurch begreiflich, dafs er in diesem Abschnitt nur die griechischen Verhältnisse behandelte, von einem Sieg in Gallien kein
Wort gemeldet hatte und nach dem Plan seines Werks erst später zu melden beabsichtigte. Ich gestehe, dafs bei dieser Erklärung der Nachlässigkeit unsers Autors viel zugemutet wird;
allein nicht selten zeigt sich solche bei dem Uebergang von der
polybianischen zur annalistischen Erzählung und umgekehrt in
erstaunlichem Grade. Ich weifs keinen andern Weg um aus all
den Schwierigkeiten, die sich hier darbieten, herauszukommen.
Auf jeden Fall ist das Stück von *ante lucem ingressus urbem* bis
zum Ende des Kapitels aus den Annalen in die polybianische Erzählung eingeschoben.

5. C. 22—24 Belagerung von Herakleia, c. 25 von Lamia.
Die Gefangennahme des Damokritos c. 24 wird auch von Appian
c. 21 erwähnt. Dagegen fehlen bei ihm die Unterhandlungen
und Friedensversuche der Aetoler c. 26—29. Allein dieser Abschnitt läfst sich fast ganz durch das Excerpt z 9—11 controlliren vgl. S. 30 u. 33. Auch die Begegnung zwischen Philippos
und Nikander hat Livius aufgenommen, während er doch die
Notiz über die ferneren Schicksale des Letzteren ausläfst. C. 30

werden die Feindseligkeiten erneuert. Eine geographische Bemerkung aus Stephanos von Byzanz p. 907 findet hier ihre Stelle. Auch die Wendung *locus, quem Pyram quod ibi mortale corpus eius dei sit crematum, appellant* zeigt die griechische Quelle an. Endlich stimmt Appian, der höchst ungenau hier die Erzählung vom aetolischen Kriege mit der mehrere Monate später fallenden Gesandtschaft der Aetoler nach Rom abschliefst. Während die Belagerung von Naupaktos sich lange hinzieht, geht die Darstellung über zu den gleichzeitigen Begebenheiten im übrigen Griechenland. — C. 31. 32 die Verhältnisse in Achaia. Es wird eine Digression über die Schicksale der Insel Zakynthos gegeben, welche sich aus dem vorhandenen Material nicht genau controlliren läfst. ε 102 ist Zakynthos im Besitz von Philippos: 543 XXVI 24 wird es von den Römern erobert, scheint aber nicht behauptet worden zu sein. Der hier erwähnte Zug Philipps nach Aetolien fällt wol in 548 oder 549, wo Livius die Ereignisse in Griechenland nicht berücksichtigt hat s. XXIX 12. Flaminins Vergleichung des achaeischen Bundes mit einer Schildkröte findet sich auch bei Plutarch Flam. 17. C. 33 die Unternehmungen Philipps: die einzelnen Daten schliefsen sich an die frühere Erzählung genau an. C. 34 kehrt zum aetolischen Krieg zurück. Die Bewerkstelligung eines Waffenstillstandes durch Flaminin erzählt Plutarch c. 15 übereinstimmend, nur dafs er noch seinen Helden vor Rührung weinen läfst. Wenn derselbe bei Livius dem Consul Vorstellungen macht, dafs Philippos Athamanien, Perrhaebien, Aperantia und Dolopia eingenommen habe, so fügt Plutarch mit Recht noch Magnesia hinzu, wie das Vorhergehende zeigt. C. 35 Verhandlungen mit den Achaeern. Uebereinstimmend Plutarch Philop. 17; das Fragment z 12, welches Weissenborn hierher zieht, gehört ins folgende Jahr. Auch die Nachricht von der Sendung der Epeiroten an den Consul und den Senat gehört wegen der genauen Uebereinstimmung mit c. 5 dem Polybios an. Dagegen ist die Gesandtschaft Philipps den Annalen entnommen: dies zeigt sowol die äufsere Form als die Vergleichung mit dem Fragment z 13, welches aus der italischen Geschichte von 564 stammt. Appian c. 20 hat ungenau die Freilassung des Demetrios gleich nach der Schlacht bei den Thermopylen gesetzt. Von den weiteren Versprechungen des Senats an Philippos erwähnen die Annalen Nichts. Livius beschliefst hierauf die Geschichte des Kriegs in Griechenland im Jahre 563 mit den Worten *bellum, quod cum Antiocho rege in Graecia gestum est a Manio Acilio consule, hunc*

finem habuit. Es ist beachtenswert dafs in keinem andern polybianischen Abschnitt so viele Einschaltungen sich finden. Aufser
der Rede c. 17 sind an drei Stellen c. 19. 21. 35 kurze Stücke
aus den Annalen eingeschoben.

6. C. 36—40 wird die Geschichte des Jahrs 563, welche
c. 1—4 begonnen war, fortgesetzt und ungefähr beendigt.
Die c. 36 erwähnten Spiele des Jupiter hatte P. Scipio XXXV 1
gelobt. Wenn ferner gesagt wird, dafs die idaeische Götter-
mutter 549 eingeholt wurde, so ist dies nach XXIX 11 ein Jahr
später 550 geschehen. Von dem Tempel, dessen Bau die Censoren 550 verdungen haben sollen, ist weder XXIX 37 noch
auch sonst die Rede gewesen. Hierauf nennt Livius als seinen
Gewährsmann den Valerius Antias *ludi ob dedicationem eius
facti, quos primos scenicos fuisse Antias Valerius est auctor Me-
galesia appellatos.* Obgleich Livius keine andere Quelle nach-
sieht, so traut er doch dieser Nachricht nicht recht. Und in der
That hat er nach Anderen die Einsetzung der Megalesien XXIX
14, ihre Feier XXXIV 54, scenische Spiele aber XXIV 43
XXXI 4 XXXIII 25 berichtet: an den Stellen ist mithin Valerius
nicht benutzt. Es zeigt übrigens diese Abweichung, wie geringen
Glauben derselbe verdient: denn nach Varro ist seit 514 durch
Livius Andronicus das Drama in Rom eingebürgert (s. Fischer
Röm. Zeittafeln). Von dem Tempel der Juventas endlich ist
weder XXVII 48 fg. noch XXIX 37 die Rede gewesen. C. 37
geht der Consul nach Sühnung der Prodigien in seine Provinz
und entläfst das Heer des Proconsuls, während es gemäfs der
Bestimmung c. 1 nach Rom geschickt werden sollte. C. 38 wird
ein Sieg des Proconsuls Minucius über die Ligurer erzählt; die
Situation entspricht XXXV 21, nicht eb. c. 40. Dann ein Sieg
des Consuls über die Boier, gleichfalls nach Valerius. Hinsichtlich
der Wiederholung von c. 21 s. S. 183. Die Verhandlungen über
den Triumph Scipio's c. 39. 40 sind auch Valerius entnommen,
wie die genaue Uebereinstimmung mit dessen Angaben c. 38
beweist.

7. C. 41—45 enthalten den zweiten Theil des Kriegs
mit Antiochos im Ausgang des Jahres 563 nach Polybios,
die Unternehmungen zur See. — C. 41 Rüstungen des Antiochos. C. 42 Aufbruch des römischen Admirals mit 50 Deckschiffen; die Annalen c. 2 geben ihm nur 30. Er langt nach
der Schlacht bei den Thermopylen bei Kerkyra an, verwüstet
Zakynthos (der Handel der Achaeer um diese Insel c. 32 ist also
noch nicht zu Ende gebracht), vereinigt sich mit der Flotte

des Atilius im Peiraieus und langt bei Delos an um die Zeit, wo der Consul Naupaktos belagerte. C. 43 Vorbereitungen der Syrer und Römer, c. 44. 45 Seeschlacht bei Kyssus. Die Erzählung schließt mit dem Eintritt des Winters. Wir finden in ihr überall die Anschaulichkeit und Detaillirtheit, die genaue topographische Bestimmung, die stete Beziehung auf die übrigen gleichzeitigen Ereignisse, welche die polybianischen Partien kennzeichnen. Auch stimmt die Darstellung Appians in gewohnter Weise überein. Die Ratlosigkeit des Königs c. 41 hat er c. 21 übergangen, dagegen seine Vorbereitungen, die Herbeirufung des Heeres aus dem obern Asien und die Befestigung von Sestos Abydos Lysimacheia genauer dargestellt. Daß er die Consulwahlen hier setzt, kann nach den genauen Zeitangaben bei Livius nicht richtig sein. Den Aufbruch der Flotte hat er c. 22 übereinstimmend, aber natürlich kürzer als c. 42 erzählt. Neu ist bei ihm die Notiz, daß Phokaia die Römer aus Furcht aufnahm, aber dem Folgenden wol angemessen. Die Angabe der syrischen Flotte auf 200 anstatt wie Livius 100 Schiffe verdient keinen Glauben, einestheils weil Appian in Bezug auf Zahlen sehr nachlässig ist und weil dann 130 offene Schiffe in der syrischen Flotte hätten sein müssen und diese Zahl zu der der Deckschiffe in keinem Verhältnis stände. Den Anfang der Seeschlacht hat er durch Flüchtigkeit entstellt: das Eine punische Schiff wird genommen, nicht beide und das römische Admiralschiff, nicht die Syrer entern. Wenn er endlich die rhodische Flotte auf 27, Livius auf 25 Schiffe angiebt, so verdient Letzterer ohne Frage wieder den Vorzug. Es ist überhaupt zu beachten, daß Appian den Krieg in Griechenland mit weit größerer Sorgfalt behandelt hat als die folgenden Partien; je mehr er verkürzt, desto nachlässiger wird er.

Am Schluß von C. 45 fügt Livius mit wenig Worten die Wahlen aus den Annalen hinzu und beendigt damit das XXXVI. Buch. Dasselbe enthält das Jahr 563 aus den Annalen c. 1—4, 36—40, 45, aus Polybios c. 5—35, 41—45 griechische und asiatische Geschichte von 563. Darin aber fanden sich Einschaltungen c. 17. 19. 21. 35.

Kapitel XIII.

Das siebenunddreissigste Buch.

___

1. Es beginnt mit dem Jahr 564. C. 1—4 entstammen den Annalen, abgesehen von der Verhandlung mit den Aetolern, welche dies Buch eröffnet. Das ursinische Fragment *κα* 1 nämlich berichtet, die Römer hätten nach dem Seesieg bei Kyssus Dankfeste veranstaltet und darauf über die Aetoler verhandelt; Livius c. 1 *L. Cornelio Scipione C. Laelio consulibus nulla prius secundum religiones acta in senatu res quam de Aetolis.* Das Fragment läfst die Namen der aetolischen Abgesandten sowie den des Flamininus offenbar durch Verkürzung des Schreibers aus; denn dergleichen übergeht Polybios niemals. Ebenso ist durch Verkürzung die ganze Verhandlung mit den Worten abgethan *γενομένων δὲ πλειόνων παρ' ἀμφοῖν λόγων* vgl. *κγ* 6. Die Bedingungen des Senats stimmen bei Beiden, nur dafs Livius das wichtige *παραχρῆμα* übersieht. Der folgende Satz *exprimere cupientibus* etc. steht gleichfalls so im Excerpt. Das Ende ist augenscheinlich ein abschliefsender Zusatz des Schreibers; nach dem flüchtigen Fragment Diodors 29, 4 hätte Polybios sich über die Lage der Aetoler ausgesprochen. Da demnach Livius mit dem Excerpt in dem Anfang und in zwei Sätzen wörtlich stimmt, dieses aber im Uebrigen verkürzt ist, so unterliegt es keinem Zweifel, dafs das ganze Stück dem Polybios angehört. Es schliefst sich ferner der polybianischen Erzählung c. 4 eng an, weicht von der gewöhnlichen Darstellung bei den Annalen entschieden ab; endlich ist c. 49 ebenfalls eine aetolische Gesandtschaft aus Polybios mitten in eine annalistiche Partie gesetzt vgl. S. 195.

2. C. 1 Verfügung über die consularischen Provinzen: Scipio Africanus erbietet sich seinen Bruder als Legat zu beglei-

ten. Wir haben zwei andere Versionen der Sache bei Cicero
Phil. 11, 7 und pro Mur. 14. Appians Bemerkung c. 21 ist
weit prosaischer und ohne Frage richtiger. C. 2 Vertheilung der
Provinzen und Heere: für den Krieg mit Antiochos erhält der
Consul an Ersatzmannschaften 8000 Mann und 300 Reiter, dazu
c. 4 5000 Freiwillige; diese Angabe stimmt zur polybianischen
Erzählung, insofern Scipio c. 6 mit 13000 Mann und 500 Rei-
tern durch Epeiros marschirt, die Differenz also nur 200 Reiter
beträgt. Das consularische Heer, welches Bruttium besetzt ge-
halten und nach XXXV 41 XXXVI 2 zwei Legionen und 20800
Bundesgenossen enthielt, soll nach Aetolien geschickt werden
und wird c. 4 zum Aufbruch befohlen; Valerius c. 48 setzt seine
Anwesenheit dort voraus. Aber Polybios weifs gar Nichts von
diesem Heer vgl. XXXVIII 3. L. Aemilius endlich erhält 20
Kriegsschiffe, hat aber c. 14 nach Polybios nur zwei Fünfruderer.
Die Angaben über das Commando des Q. Minucius stimmen zu
XXXVI 38. 39. 40, auch zu XXXV 20; hingegen ist XXXVI 1
seiner keine Erwähnung geschehen. Ferner sind nach c. 2 im
vorigen Jahre städtische Legionen ausgehoben worden und darauf führt auch XXXVI 37 hin: dem widerspricht aber XXXVI 1.
Nach XXXVI 2 commandiren in Sicilien L. Valerius und M.
Aemilius, hier ist nur von Letzterem die Rede. Daraus erhellt,
dafs hier eine andere Quelle benutzt ist als im Anfang des vorhergehenden Buchs; dagegen entsprechen diese Nachrichten der
Partie XXXVI 36—40. — C. 3 Prodigien, Dedicationen, Ankunft von aetolischen Gefangenen und aegyptischen Gesandten.
Hier wie im vorigen Jahre XXXVI 4 offenbart Aegypten den leb-
haftesten Wunsch am Kriege gegen Antiochos Theil zu nehmen,
wird aber beide Male höflichst zurückgewiesen. Fast scheint hier
die alte Verstimmung (S. 124) noch wirksam zu sein; auf keinen
Fall wollte man aber das syrische Küstenland in aegyptischen
Besitz wissen. Sonst würde eine Diversion von dieser Seite den
Angriff auf Asien wesentlich erleichtert haben. Die Gefangennahme des Damokritos war nach Polybios XXXVI 24 berichtet.
C. 4 Aufbruch des Consuls und Praetors: nach dem offiziellen
Kalender erfolgte er in der Mitte des Quinctilis. Eine hier er-
wähnte Sonnenfinsternifs gestattet dies Datum auf die iulianische
Zeitrechnung zurückzuführen, nach welcher es mit dem 20. März
zusammenfällt, Ideler Handbuch der Chronologie 2 S. 92. Die
Angabe stimmt mit der polybianischen Erzählung c. 5. 6 gut
überein.

3. C. 4—45 umfassen die Geschichte des syrischen Kriegs

von 564 nach Polybios. C. 4—7 erzählen die Ereignisse in Europa, die Unternehmungen gegen die Aetoler, den Abschluſs eines Waffenstillstands, endlich den Marsch des römischen Heers durch Makedonien. Für die Unterhandlungen c. 6. 7 dient zur Vergleichung das Fragment ϰα 2. 3 s. S. 25. Ueber den Marsch durch Makedonien haben wir entsprechende Nachrichten bei Appian Syr. 23. Livius hat — ich weiſs nicht weshalb — übergangen, daſs die Scipionen nach Auftrag des Senats (ϰ 13) dem Philippos den Rest seiner Contribution erlieſsen. So Appian a. a. O.: ähnlich Mak. 9, nur daſs er hier nach seiner gewöhnlichen Weise der Verkürzung die Zurückgabe des Demetrios und den Erlaſs der Contribution zusammenfaſst. Die Erzählung geht c. S nach Asien über, schlieſst sich an das Ende vom XXXVI. Buch an und beginnt mit dem Winter. Hinsichtlich der Verhältnisse in Phokaia c. 9. stimmt die Notiz aus Suidas ϰα 4; auch das längere ursinische Excerpt weicht nicht ab, sondern zeigt nur daſs Livius nach seiner Gewohnheit in vielen Punkten, welche römischen Lesern geringeres Interesse darboten, die polybianische Erzählung verkürzt hat. Den Zug nach dem Hellespont c. 9 bringt auch Appian, corrumpirt indefs den Namen Pausistratos in Pausimachos und sagt ungenau, daſs der gröſsere Theil der römischen Flotte aufgebrochen sei. Den Vorfall mit den gallischen Priestern haben wir gleichfalls in einer kurzen Notiz bei Suidas ϰα 4. C. 10. 11 schildern den Ueberfall und die Niederlage der rhodischen Flotte übereinstimmend mit Appian c. 24, der hier ausführlicher und damit auch zuverlässiger als gewöhnlich ist. Die Zahl der genommenen Schiffe, welche Livius ausläſst, Appian auf 20 angiebt, dürfen wir als richtig ansehen. Mit der Beschreibung der rhodischen Brander stimmt abgesehen von Appian auch die Notiz aus Suidas ϰα 5. Die folgenden Begebenheiten c. 12. 13 erwähnt Appian kurz c. 25: der Name Nikandros steht aus dem Vorhergehenden fälschlich statt Andronikos. Mit dem Urtheil über Pausistratos c. 12 stimmt das Excerpt ϰα 5, aus welchem im Uebrigen ersichtlich ist, daſs Polybios in der Charakteristik der verschiedenen rhodischen Befehlshaber viel ausführlicher gewesen ist als Livius. Die folgenden unwichtigen Unternehmungen der verbündeten Flotte c. 13—17 fehlen bei Appian. Allein auch hier zeigt sich unverhohlen der Charakter der polybianischen Darstellung, so daſs nirgends ein Zweifel über die zu Grunde liegende Quelle möglich ist. C. 17 ist von Livius übergangen was ϰα 6 zur Zeitbestimmung vom Eintreffen der Nachricht über den Waffenstillstand mit den Aetolern angegeben

wird. C. 18—21 enthalten die Unternehmungen des Antiochos
zu Lande sowie seine Verhandlungen mit den Verbündeten.
Zur Controlle der letzteren dient das am Anfang und Ende verkürzte Fragment *za* 5 s. S. 13. Ueber die Thaten der Achaeer
bei Pergamom c. 20. 21 haben wir die ziemlich ausführliche
Darstellung Appians c. 26 zur Vergleichung. Die ursinischen
Fragmente *za* 7 weichen nicht ab, sondern zeigen nur dafs Livius verkürzt hat. Uebrigens trägt die Erzählung bei Livius
eine specifische Färbung von achaeischem Patriotismus an sich;
Polybios hat sie ohne Zweifel nach Mittheilungen seines Lands-
manns Diophanes gearbeitet. Die Operationen gegen die phoe-
nikische Flotte unter Hannibal c. 22—25 werden als zu unwichtig nur kurz von Appian c. 22 erwähnt. Die Verhandlungen mit
Prusias c. 25 giebt übereinstimmend das am Schlufs verkürzte
Excerpt *za* 9 s. S. 14 und 26. C. 26—30 handeln von den
Operationen der Flotten und der Schlacht bei Myonnesos. Ein
Beispiel des Suidas, von Bekker unter die unbestimmten Fragmente gestellt p. 1182, 94, findet c. 27 seine Stelle s. S. 64.
Mit der livianischen Schlachtbeschreibung c. 29. 30 ist Appian
c. 27 zu vergleichen. Die Zahl der verbündeten Schiffe giebt er
auf 83 statt 80, die der rhodischen auf 25 statt 22 an. Er läfst
die Syrer 29 Schiffe verlieren, unter denen 13 vom Feinde genommen waren: aber sie verloren 29 Schiffe aufser den 13 genommenen. Aus dem Namen Eudamos macht er Eudoros. Den
Kampf zwischen dem rhodischen und sidonischen Schiff, welchen Livius nur beiläufig am Ende erwähnt, stellt er unrichtig
als Wendepunkt der Schlacht hin. Eben so falsch läfst er den
Anker des sidonischen Schiffes das rhodische festhaken, während das Umgekehrte der Fall war; denn den Anker des feindlichen Schiffs hätten die Rhodier doch leicht über Bord werfen
können. In Betreff der unsinnigen Mafsregeln, welche Antiochos
nach der Schlacht bei Myonnesos nahm, stimmen Appian c. 28
und Diodor 29, 5 mit c. 31. Die Wendung *Naustathmon ab re
appellant quia ingentem vim navium capit* weist auf ein griechisches Original. C. 32 enthält den Schlufs der Operationen zur
See; die Flotte begiebt sich beim Einbruch des Winters in die
Häfen von Phokaea.

4. Ich verweile noch bei der Darstellung des Seekriegs
c. 9—32, insofern dieselbe ein passendes Beispiel um die Methode, nach welcher die antiken Geschichtsschreiber gearbeitet
haben, kennen zu lernen abgiebt. Es zeigt sich nämlich bei Polybios und, wie S. 71 bemerkt, auch in der livianischen Bearbei-

tung eine grofse Vorliebe für Rhodos, die um so begreiflicher
ist, weil Rhodos und Achaia die beiden einzigen hellenischen
Staaten waren, welche ihre Selbstständigkeit geraume Zeit den
Ansprüchen der römischen Hegemonie gegenüber behaupteten
und schliefslich nach dem Fall Makedoniens gleichem Schicksale entgegengingen. Dafs Polybios die rhodischen Archive gekannt und benutzt hat, erhellt zur Genüge daraus dafs er ιϛ 15
den Bericht des rhodischen Admirals an den Rat und die Prytanen über die Seeschlacht bei Lade im Prytaneion eingesehen
zu haben erwähnt. Es geht ferner aus seiner Polemik gegen die
rhodischen Historiker Zenon und Antisthenes hervor, dafs er
auch diese für die rhodischen Angelegenheiten (τὰς κατὰ
θάλατταν πράξεις) benutzt und sie im Wesentlichen nur wegen ihrer Parteilichkeit für Rhodos nach amtlichen Berichten
verificirt hat. Genug, aus der Darstellung selbst ergiebt sich an
vielen Punkten, dafs Polybios nach rhodischen Quellen gearbeitet hat. Nirgends ist dieser Ursprung deutlicher, als, trotz der
doppelten Ueberarbeitung durch Polybios und Livius, in der
Schilderung des Seekriegs von 564. Hier erscheinen die Rhodier durchaus als Hauptpersonen, ihre Interessen als die mafs-
gebenden, von ihnen wird mit besonderer Ausführlichkeit und
Vorliebe gesprochen. C. 9 kommt die rhodische Flotte an; dann
werden die Unternehmungen des römischen Geschwaders am
Hellespont ziemlich kurz abgemacht. C. 10 wird die Ueberlistung
des rhodischen Admirals Pausistratos durch den syrischen, c. 11
sein Untergang in aller Ausführlichkeit erzählt, dabei die rhodischen Brander beschrieben. C. 12 kehren auf die Kunde hiervon
der römische Prätor und Eumenes nach Samos zurück. Dann
wird der Eindruck jener Niederlage in Rhodos und die neuen
Rüstungen geschildert. Es folgen Operationen der römischen
Flotte c. 12. 13: nach einiger Zeit stöfst ein rhodisches Geschwa-
der zu ihr. Man achte hier auf einige minutiöse Detailangaben,
welche auf den Ursprung aus offiziellen Schiffsjournalen scheinen zurückgeführt werden zu müssen. C. 13 werden von Samos
2 italische und 2 rhodische Triremen unter dem Rhodier Epikrates gegen die kephallenischen Seeräuber abgeschickt. C. 14
treffen sie im Peiraieus mit dem neuen römischen Admiral zusammen; nachdem dieser die Niederlage der Rhodier gehört,
nimmt er die Schiffe mit zurück, weil er selber nur 2 Fünfruderer hatte. Es geleiteten ihn auch offene Schiffe der Athener.
Er segelt nach Chios. Hierher kommt von Samos der Rhodier
Timasikrates in einer stürmischen Nacht mit 2 Vierruderern

und sagt, zum Aemilius geführt, er komme zu dessen Bedeckung
gegen feindliche Kaper. Auf der Ueberfahrt von Chios nach
Samos begegnen ihm 2 entgegengeschickte rhodische Vierrude-
rer und Eumenes mit 2 Fünfruderern. Es folgt ein Kriegsrat
der Verbündeten c. 14. Ihre verschiedenen Ansichten werden
aufgezählt. Der abgetretene römische Admiral will den Maian-
dros durch versenkte Lastschiffe verstopfen und so die feindliche Flotte in Ephesos einschliefsen und unschädlich machen.
Der Plan scheint nicht übel; mit Zurücklassung einer genügen-
den Escadre zur Bewachung der Flufsmündung stand es dem
Gros der Flotte frei sich gegen die Festungen am Hellespont zu
wenden und dem Landheer den Uebergang nach Asien zu ermöglichen. Allein Eumenes und die Rhodier hatten ihre eigenen
Pläne. Epikrates — derselbe, welcher den Aemilius von Athen
geholt — setzt eine Diversion gegen Lykien durch, die im Wesentlichen nur Rhodos zu Gute kam. C. 16 wird C. Livius mit
2 römischen Fünfruderern, 4 rhodischen Vierruderern und 2
offenen Schiffen aus Smyrna hingeschickt, kehrt in Rhodos vor,
erleidet aber eine Schlappe. C. 17 auf die Kunde hiervon bricht
Aemilius mit der ganzen Flotte dorthin auf. Die Belagerung von
Jasos wird auf Wunsch der Rhodier abgebrochen. Kurz darauf
nötigt der Unwille der römischen Offiziere, welche mit Recht bemerkten dafs Meer und Küste in ihrem Rücken der feindlichen
Flotte Preis gegeben sei, den Aemilius zur Umkehr. Kein Wort
des Tadels steht bei Livius über diese unsinnige Kriegsführung.
Allein es ist nicht schwer zwischen den Zeilen zu lesen. Der
Rhodier Epikrates hat kein Interesse daran die Seeräuber von
Kephallenia in Zaum zu halten und bewegt daher den Aemilius
seine Schiffe mit zurückzunehmen. Fortan ist der rhodische Einflufs entscheidend. Aemilius führt seine ganze Flotte nach Lykien
um Eroberungen für die Rhodier zu machen. Ein Blick auf die
Karte genügt um die Verkehrtheit eines solchen Zuges einzusehen. C. 18 folgen die Unternehmungen der Syrer zu Lande.
Antiochos macht Friedensvorschläge, die Rhodier, vielleicht in
Folge ihrer mifslungenen Pläne auf Lykien, sind bereit darauf
einzugehen, aber Eumenes widersetzt sich energisch c. 19. In
c. 20. 21 dürfen wir eine achaeische Relation sehen. Es folgen
gemeinsame Operationen der Flotten. C. 22 stirbt der Bruder
des römischen Praetors. Die Rhodier feiern erst die Leichen-
spiele und brechen dann gegen die Südflotte unter Hannibal
nach Rhodos auf. C. 22—24 enthalten die ausführliche und lebendige Schilderung vom Sieg der Rhodier über Hannibal.

C. 24 wird Eudamos zurückgeschickt um die Römer zur Belagerung von Patara zu vermögen. Aber so viel Gewicht man auch
darauf legte — es ging nicht. Dann Verhandlungen mit Prusias.
C. 26—31 werden die gemeinsamen Operationen der Römer
und Rhodier und die Seeschlacht bei Myonnesos erzählt. C. 26
wird der römische Praetor, als er nach dem Hellespont segeln
will, wieder von den Rhodiern beraten. Dieselben Gründe, aber
noch viel gewichtiger, hätten ihn vom Zuge nach Lykien zurück-
halten müssen. C. 28 wird dem Eudamos halbwegs der Ruhm
vindicirt die verbündete Flotte vor unvermeidlichem Untergang
gerettet zu haben. In der Schlacht c. 30 treten die Rhodier weit
mehr hervor als die Römer. der Eroberung eines rhodischen
Schiffes wird ausführlich gedacht. C. 31 werden die letzten
Dienstleistungen der Rhodier besonders hervorgehoben. Es ist
klar dafs Polybios diese Partie ganz nach rhodischen Quellen
und nach rhodischen Gesichtspunkten gearbeitet hat. Und
obwol Livius Römer war und römische Geschichte schrieb, tritt
dieser Grundcharakter eben wegen seiner Art zu arbeiten d. h.
auszuschreiben aufs Deutlichste zu Tage.

5. Ich kehre nach dieser Abschweifung zur Vergleichung
der livianischen Bearbeitung mit den verwandten Darstellungen
zurück. Dafs Livius über die Mafsregeln des Antiochos c. 31
mit Appian und Diodor übereinstimmt, ist schon bemerkt. In
Betreff der religiösen Auffassung Appians s. S. 117. Livius übergeht dafs Antiochos alle Vorräthe in Lysimacheia zurückliefs,
während er es c. 33 erwähnt. Dies erklärt sich daraus, dafs,
wie aus Appian und Diodor erhellt, Polybios weitläuftig die Verkehrtheit dieses Beginnens dargelegt, und dafs Livius wie gewöhnlich diesen Excurs übergangen und mit wenig Worten wiedergegeben hat. Für die Unterhandlungen c. 33—36 besitzen
wir zur Vergleichung das ursinische Fragment κα 10—12. mit
welchem Livius, abgesehen von rhetorischen Aenderungen
(S. 26) völlig übereinstimmt. Indefs treffen wir hier einen der
seltenen Fälle. wo er aus den Annalen ein Stück in die polybianische Erzählung eingeschoben hat. Er bemerkt nämlich in Betreff der Gefangennahme von Scipio's Sohn c. 34 *is ubi et
quando et quo casu captus sit, sicut pleraque alia, parum inter
auctores constat. alii principio belli a Chalcide Oreum petentem,
circumrentum ab regiis navibus tradunt.* Dies ist die Angabe
von Polybios: συνέβαινε γὰρ ἐν ἀρχαῖς τοῦ πολέμου τὸν
υἱὸν τὸν τοῦ Σκιπίωνος γεγονέναι τοῖς περὶ Ἀντίοχον ὑποχείριον. Dafs die nähere Bezeichnung des Ortes vom Schreiber

ausgelassen ist, kann gar keinem Zweifel unterliegen. Denn in dergleichen Angaben ist Polybios sehr genau und ausführlich; ferner sagt Appian c. 29 $\ddot{\epsilon}\varrho\dot{\eta}\varkappa\epsilon\iota\ \gamma\dot{\alpha}\varrho\ \alpha\dot{\upsilon}\tau\dot{\partial}\nu\ \dot{\epsilon}\varsigma\ \varDelta\eta\mu\eta\tau\varrho\iota\dot{\alpha}\delta\alpha$ $\dot{\epsilon}\varkappa\ X\alpha\lambda\varkappa\dot{\iota}\delta\partial\varsigma\ \delta\iota\alpha\pi\lambda\dot{\epsilon}\partial\nu\tau\alpha$ *) und Diodor 29, 10 $\ddot{\partial}\nu\ \dot{\eta}\nu\ \epsilon\dot{\iota}\lambda\eta\varphi\dot{\omega}\varsigma$ $\ddot{\partial}\tau\alpha\nu\ \pi\epsilon\varrho\dot{\iota}\ E\ddot{\upsilon}\beta\partial\iota\alpha\nu\ \delta\iota\dot{\epsilon}\tau\varrho\iota\beta\epsilon\nu$. Die zweite Angabe bei Livius *alii postquam transitum in Asiam est* etc. steht in engster Beziehung zu jener Fabelei, welche er c. 48 nach Valerius Antias erzählt. Dort bemerkt er, *quia neminem alium auctorem habeo, neque adfirmata res mea opinione sit nec pro vana praetermissa.* Die Fabel stach ihm wegen ihrer Abenteuerlichkeit offenbar sehr in die Augen, und so fügt er diese Bemerkung von der Abweichung der Quellen hier ein. Eine andere Darstellung lag allem Anschein nach Valerius Max. 3, 5, 1, Plinius N. H. 35, 4. 21 vor; Justin 31, 7 folgt dem Polybios.

6. In Betreff der Krankheit Scipios und des Rückzuges von Antiochos c. 37 stimmt Appian c. 30. Seine Angabe, daſs Domitius von nun an *de facto* Feldherr war, hat Livius ausgelassen, vielleicht mit Rücksicht auf den Ruhm der Scipionen. Dagegen kann die Nachricht, daſs Domitius aus Ehrgeiz die Entscheidung herbeigeführt hätte, recht wol blofse Vermutung Appians sein. Die weiteren Operationen c. 38. 39 entsprechen sich bei Beiden: Appian läſst, schwerlich mit Recht, dem Antiochos die Schlacht von den Römern vorher angezeigt werden. Die Schlacht bei Magnesia, welche bei Livius c. 39—44 erzählt wird, ist von Appian c. 31—36 ziemlich ausführlich und daher auch ziemlich gut behandelt. In der Aufstellung der Heere sind manche Ungenauigkeiten bei ihm. Er läſst die römischen und italischen Legionen neben einander stehen, während jene die Mitte einnahmen, faſst die ganze Infanterie als den einen und 3000 Reiter als den andern Flügel, verwechselt den rechten und linken Flügel. Die syrische Phalanx läſst er durch die Aehnlichkeit des Namens getäuscht auf beiden Seiten von Gallograekern, Panzerreitern und Gardecavallerie umgeben sein, die eben nur auf der rechten Flanke standen; später giebt er auf der linken ganz richtig gallische, kappadokische und gemischte Söldner zu Fufs an. Die Argyraspiden macht er zu Reitern, statt 1200 berittner Schützen nennt er nur 200 und mischt die verschiedenen

---

*) Der Name Demetrias für Oreos ist um so eher der Flüchtigkeit Appians beizumessen, als Ersteres schon früh in Feindes Hand war vgl. XXXV 39, 43. Ueber den Irrthum Appians hinsichtlich Scipios Sohn vgl. S. 115.

Corps ohne Ordnung durch einander; den Namen Minnio endlich verdreht er in Mendis. Abgesehen von diesen Flüchtigkeiten
sind seine Angaben vollständig richtig und stimmen vielfach mit
den livianischen wörtlich überein. Das römische Heer wird von
ihm als 30000 Mann stark angeführt; bei Livius fehlt die Zahl,
aber sie ergiebt sich, wenn man die einzelnen Abtheilungen sum-
mirt. Hinsichtlich der Stärke der syrischen Armee stimmt Livius c. 37. Die Eröffnung der Schlacht und die Niederlage des
linken syrischen Flügels ist von Beiden in gleicher Weise erzählt. Appian c. 33 fügt sehr passend hinzu, Eumenes habe den
Befehl ertheilt auf die Pferde, nicht auf die Männer zu schiefsen.
Den Kampf mit der Phalanx hat Livius c. 42 sehr kurz behandelt,
und wir müssen seine Erzählung aus Appian erweitern und
emendiren. Dafs die Phalanx im Gebrauch der Sarissen behin-
dert war, ist eine ganz unverständliche Nachricht, welche nur aus
der völligen Unkenntnifs des Verfassers vom Kriegswesen ihre
Erklärung findet. Bei dem Kampf auf dem linken römischen
Flügel hebt Appian, ohne Frage richtig, mit weit gröfserem Nachdruck als jener hervor, dafs Antiochos vollständig gesiegt hatte.
In der Zahl der Gefallenen stimmen Beide überein: *ad quinquaginta
milia peditum caesa eo die dicuntur, equitum tria milia;* Ἀντιόχου δὲ σὺν τοῖς αἰχμαλώτοις εἰκάζοντο ἀπολέσθαι περὶ
πεντακισμυρίοις· οὐ γὰρ εὐμαρὲς ἦν ἀριθμῆσαι διὰ τὸ πλῆθος. Wenn Appian hierunter die Reiter und Gefangenen mit-
begreift, so ist diese Ungenauigkeit durch seine Verkürzung
leicht erklärlich; ebenso wenn er den Verlust des Eumenes auf
15 statt 25 angiebt. Florus 1, 24 — ohne Frage nach annalistischer Quelle — läfst das syrische Heer 300000 Fufsgänger
und ebensoviel Reiter und Wagenkämpfer umfassen. Der betrachtende Excurs über die Schlacht bei Magnesia bei Appian
c. 37, welcher durchaus polybianischer Weise und Anschauung
entspricht, ist von Livius nach seiner Gewohnheit ausgelassen. —
Nachträglich eine sprachliche Bemerkung. Livius spricht nämlich
c. 39 von *duae legiones Romanae duae socium ac Latini nominis.* Man hat *alae* einfügen wollen. Dagegen sieht Nitzsch Die
Gracchen und ihre nächsten Vorgänger Berlin 1847 S. 106fg.
in der gleichen taktischen Eintheilung der Römer und Bundesgenossen eine wichtige Reformmafsregel der Scipionen, die aber
von keinem Bestand gewesen sei. Beide Ansichten sind nicht
stichhaltig. Die Annalisten zwar nennen die *alae socium* nie *legiones* und machen auch in der taktischen Eintheilung einen
Unterschied, indem sie in der Regel von Manipeln der Römer

und von Cohorten der Bundesgenossen reden. Allein diese
stricte Scheidung findet sich bei Polybios keineswegs: in den
Schlachtbeschreibungen unterscheidet er nicht zwischen Römern
und Bundesgenossen und spricht von Legionen der Letzteren ı 16.
Wir haben in dem vorliegenden Ausdruck bei Livius einfach eine
Uebersetzung aus Polybios zu sehen. Auch XLIV 1 wird von
Ersatzmannschaft für die Legionen gesprochen, wo natürlicher
Weise die Bundesgenossen mit zu verstehen sind. Andererseits
ist von *alae socium* die Rede XLIV 41. Es ist leicht begreiflich
dafs Polybios in der Benennung derselben keine ängstliche
Consequenz beobachtete. - - Die Friedensverhandlungen c. 45
entsprechen dem am Ende verkürzten Fragment za 13 vgl.
S. 14. Ueber die Darstellung Appians und Diodors 29. 13 s.
S. 207 fg.

7. Hiermit ist die polybianische Geschichte des Jahres 564
abgeschlossen und Livius wendet sich zu den Annalen. C. 46
Triumph des Manius Acilius *), Bericht aus Spanien. Ergänzung
der Colonisten in Placentia und Cremona. Wenn hier 36 Anführer im Triumph aufgeführt, c. 3 43 eingebracht werden, so
braucht man darin keinen Widerspruch zu sehen. C. 47 Rückkehr des Consuls aus Gallien. Siegesnachrichten aus Asien,
Wahlen. C. 48 wird jenes oben erwähnte Gerücht von der Niederlage der Römer und die damit in Verbindung stehende Gesandtschaft der Aetoler nach Valerius Antias erzählt. Nitzsch
a. a. O. S. 113 meint, das Gerücht sei vielleicht von den Gegnern
der Scipionen ausgegangen: indefs ist die ganze Sache so abgeschmackt erfunden, dafs sie nur aus so trüben Quellen, wie Valerius Antias sie benutzt, sich herleiten läfst. Zuerst mufste es
bekannt sein dafs Scipios Sohn schon im vorhergehenden Jahr
gefangen genommen war. Dann sollen die Aetoler in Makedonien Werbungen anstellen, gegen das sie eben im Begriff sind
loszuschlagen. A. Cornelius soll, wie c. 2 u. 4 mit einem consularischen Heer in Aetolien stehen: aber zur Führung des Krieges mufs erst ein neues Heer hinübergeschickt werden XXXVIII
3. Was die aetolischen Gesandten in Rom und was sie nach
dem Waffenstillstand beim Consul wollten, ist ganz unbegreiflich.
Zu diesem Bericht contrastirt ein zweiter c. 49 sehr auffallend.
Nach Abschlufs des Waffenstillstands c. 7 za 3 sollten die Aetoler
Gesandte an den Senat nach Rom schicken: ihre Verhandlungen
werden c. 49 nach Polybios erzählt. Dies wird durch die Ueber-

---

*) Ueber Catos Reden gegen Minucius Thermus s. Jordan p. LXXII seq.

stimmung zwischen Livius und dem Excerpt Diodors 29, 12 aufser Frage gestellt. Bei beiden erwähnen die Gesandten nicht ihre Schuld, sondern ihre Verdienste; die Frage des ersten Senators *permitterentne arbitrium de se populo Romano* steht ebenso bei Diodor εἰ παραδιδόασιν ἑαυτοὺς Αἰτωλοὶ εἰς τὴν πίστιν τῶν Ῥωμαίων, die des zweiten fehlt. Der Senat nimmt an *totos adhuc Antiochi Aetolos esse et ex unica ea spe pendere animos eorum* τοὺς Αἰτωλοὺς ἀντέχειν ταῖς κατὰ τὸν Ἀντίοχον ἐλπίσιν. Die letzten Worte bei Diodor ἀπράκτους ἀπέστειλεν εἰς τὴν Ἑλλάδα sind augenscheinlich verkürzt. Die Angabe von den Unternehmungen der Aetoler steht in engster Beziehung zur nachfolgenden polybianischen Erzählung XXXVIII 3 κβ S. Auch der Befehl Italien in bestimmter Frist zu verlassen gehört derselben Quelle an; ebenso XXXVII 1. κζ 7. Das Folgende ist unpassend aus den Annalen angeflickt: A. Terentius Varro kam eben nach Valerius c. 48 aus Aetolien um jene abenteuerliche Nachricht zu überbringen. Dem Verbot des Senats wieder Gesandte zu schicken widerspricht die polybianische Erzählung XXXVIII 3, insofern die Aetoler dies ohne Anstand thun. Uebrigens fällt die Verhandlung in Rom vor der Niederlage des Antiochos. Da aber diese in den Winter gehört und die letzten Begebenheiten des Feldzugs über das Ende, welches Polybios gewöhnlich dem Jahr setzt, hinausgehen, so ist dies Stück der italischen Geschichte von 565 entnommen. Eine ähnliche Stellung nahm c. 1 ein vgl. S. 188.

S. C. 50 Vertheilung der Provinzen und Heere für 565, c. 51 Streitigkeiten, Siegesberichte aus Asien. Daran schliefst sich c. 52: kurz darauf kamen nach Rom der Abgesandte Scipios, die Botschafter des Antiochos, König Eumenes und die Rhodier. Ersterer stattet Bericht ab vor Senat und Volksversammlung, es werden Dankfeste und Opfer angeordnet, darauf Eumenes in den Senat geführt. Er hält eine Gratulationsrede, weigert sich aber seine Wünsche vorzutragen. Bis hierher folgt Livius den Annalen, wie der Anfang des Excerpts κβ 1—7 zeigt. Von den Worten *ad ea rex* übersetzt er aus Polybios. Diese Verquickung zweier verschiedener Quellen ist höchst ungeschickt. Denn mit geringer Modification wird von der bescheidenen Zurückhaltung des Eumenes jetzt zweimal das Nämliche erzählt. Der nichtssagende Anfang aus den Annalen ist der folgenden wichtigen Verhandlung völlig unangemessen. Wo kommen c. 54 die Smyrnäer und c. 55 die Abgeordneten des übrigen Asiens her? Aus der polybianischen Erzählung c. 20. 21 ist ferner nicht ersichtlich, aus welcher Belagerung Eumenes durch die Römer befreit worden sei; und neben der Weigerung von seinen Verdiensten zu sprechen nimmt sich doch die folgende Rede sehr wunderlich aus. Ueber die Behandlung der Reden c. 53. 54 vgl. S. 27. Im Folgenden treffen wir offenkundige Spuren einer grofsen Verkürzung des ursinischen Fragments. Wenn es von den Gesandten des Antiochos heifst, sie hätten μετ’ ἀξιώσεως καὶ παρακλήσεως gesprochen, Livius dagegen kurz den Inhalt ihrer Rede angiebt, so konnte er dies allerdings leicht selber hinzufügen. Die Angaben hingegen dafs Antipater Brudersohn des Königs war (ebenso c. 41) und dafs der Vertrag auf dem Capitol abgeschlossen wurde, mufs der Schreiber bei Polybios ausgelassen haben; denn es ist nicht möglich zu begreifen, wie Livius diese unbedeutenden Zusätze aus dem Gedächtnifs oder woher sonst hätte einfügen sollen. Ebenfalls fehlen die Namen der rhodischen und anderer Abgeordneten am Anfang des Fragments wahrscheinlich nur durch die Schuld des Schreibers. Noch schlimmere Spuren von der Thätigkeit des Epitomators finden sich, wie schon Lachmann p. 56 vermutet hat, im Folgenden. Das Excerpt berichtet in Uebereinstimmung mit Livius: die Gesandten der asiatischen Kleinstaaten hätten mit dem Senat verhandelt und die gleiche Antwort erhalten, dafs eine Commission von 10 Männern ihre Angelegenheiten ordnen würde. Livius fährt fort: der Senat habe die Fremden im Grofsen und Ganzen über die Ordnung der asiatischen Verhältnisse unterrichtet, führt darauf die erwählten Commissare namentlich an und giebt endlich c. 56 ihre ausführliche Instruction. Uebereinstimmend mit dem Fragment erzählt er alsdann von einer Verhandlung mit den Rhodiern über Soloi. So Livius; der Schreiber aber des Konstantinos bemerkt ἅπασι δὲ τὴν αὐτὴν ἔδωκαν ἀπόκρισιν. αὕτη δ’ ἦν ὅτι δέκα πρεσβεύοντας ἐξαποστελοῦσι τοὺς ὑπὲρ ἁπάντων τῶν ἀμφισβητουμένων ταῖς πόλεσι διαγνωσομένοις. δόντες δὲ ταύτας τὰς ἀποκρίσεις. Diese Wiederholung ist sehr anstöfsig, um so mehr als der Senat ja hier nur Eine Antwort ertheilt. Das Fragment berichtet weiter die Ernennung der Zehnmänner ohne ihre Namen anzugeben: als Instruction erhalten sie jenes allgemeine Programm, das bei Livius als Antwort des Senats an die hellenischen Gesandten bezeichnet war. Dies Letztere ist in seiner Unbestimmtheit mehr als unwahrscheinlich; der Schreiber läfst ferner die Commissare nach Asien abgehen und erzählt ἤδη τούτων διῳκημένων die Verhandlung der Rhodier mit dem

Senat; am Schlufs derselben sind die Zehnmänner und übrigen
Gesandten plötzlich erst im Aufbruch begriffen. Aus diesen unverkennbaren Ungereimtheiten erhellt dafs der polybianische
Text epitomirt ist. Die Auslassung der Instruction an die asiatische Commission ist um so erklärlicher, als dieselbe dem guten
Schreiber nur eine ausführlichere Wiederholung der Antwort
an die Gesandten erscheinen mochte; und überall war es nicht
seine Aufgabe Senatsbeschlüsse auszuschreiben, sondern Gesandtschaftsverhandlungen vgl. S. 8. Es kann nun keinem Zweifel unterliegen. dafs die im Excerpt fehlenden, bei Livius aber
stehenden Stücke dem Polybios entstammen und keiner andern
Quelle. Die Darstellung ist durchaus einheitlich: von einer Verquickung nicht die geringste Spur. Dafs auch die Mitglieder der
römischen Commission von Polybios aufgeführt gewesen sind, dem
steht nicht entgegen. dafs beim Frieden mit Philippos ἡ 25 und
nach der Unterwerfung Achaias Cic. ad Att. 13, 30 dies nicht der
Fall war. Consequenz wird man in dergleichen Dingen von dem
Verfasser eines so weitschichtigen Werks nicht verlangen können: ohne Zweifel richtete er sich nach dem ihm jedesmal vorliegenden Material (vgl S. 106 Anm.). Den Triumph Scipios,
am Ende des Fragments erwähnt, giebt Livius c. 5S. 59 nach
einer ausführlichen annalistischen Quelle.

9. C. 57—59 sind den Annalen entnommen. C. 57 Berichte aus Ligurien und Spanien, Abführung einer Colonie, Wahl
von Censoren, Prozefs des Acilius. C. 5S Triumph des Aemilius
Regillus, Dankfest. Rückkehr Scipios, c. 59 sein Triumph (vgl.
Plin. N. II. 33, 14S). Ueber die Thaten des Aemilius Paulus in
Spanien c. 46 und 57 ist Plutarch Aem. c. 4 einer andern Quelle
gefolgt. In dem Erfolg des Feldzugs allein stimmen Beide mit
einander überein. Ueber Catos Reden gegen Acilius Glabrio
s. Jordan p. LXXV. Im Uebrigen ist zu bemerken. dafs in den
verschiedenen annalistischen Partien dieses Buchs keine Widersprüche vorkommen.

10. C. 60 schildert die Unternehmungen der römischen
Flotte gegen Kreta 565. Die Abweichung des Valerius Antias
wird notirt: aus diesem hat also Livius jedenfalls nicht geschöpft.
Es liegt durchaus die einfache detaillirte Art polybianischer Darstellung vor, und da auch die polybianische Erzählung XXXVIII
39 XXXIX 27 zu hier Erwähntem in Verbindung steht, können
wir nicht umhin dies Kapitel dem Polybios zuzuschreiben, obwol
immerhin die Stellung desselben vor dem aetolischen Krieg befremdend ist. Der Triumph, den Valerius dem Fabius Labeo zu-

ertheilt, wird XXXVIII 47 erwähnt, aber von Livius nicht erzählt. Da indefs auch Münzen sich auf denselben beziehen (Mommsen N 140), so ist an der Nachricht nicht zu zweifeln. Auf die Anwesenheit des Q. Fabius in Kreta wird, wie es scheint, in dem Schiedspruch C. I. Gr. II N. 2561b, 73 Bezug genommen. Endlich mag hier noch die kindische Anekdote bei Valerius Max. 7, 3. 4 als ein Beispiel erwähnt werden, wie wenig Glauben diese spätere Ueberlieferung verdient.

Es ist beachtenswert wie im XXXVII. Buch annalistische und polybianische Stücke durch einander geworfen sind. Den Annalen gehört an c. 1—4, 46—52, 57—59; dem Polybios c. 1 italische, c. 4—45 aetolisch-asiatische Geschichte von 564, c. 49. 52—56 italische Geschichte von 565, c. 60 kretische. C. 34 und 60 sind Abweichungen des Valerius bemerkt.

1. Die Geschichte des Jahres 565 nach Polybios wird hier fortgesetzt. C. 1—11 enthalten den aetolischen Krieg nach dem Waffenstillstand, welchen die Scipionen 564 bewilligten XXXVII 7, bis zum endlich erfolgten Friedensschlufs. Die von Philippos XXXVI 14 unterworfenen Athamanen schütteln mit aetolischer Hülfe das fremde Joch ab. Die Aetoler entreifsen jenem aufserdem die XXXVI 33 eroberten Landschaften Amphilochia Aperantia Dolopia c. 1—3. Mit c. 3 stimmt vollständig das ursinische Fragment $z\beta$ S. Nach den resultatlosen Verhandlungen XXXVII 49 wird ein römisches Heer gegen die Aetoler geschickt. Nach den Annalen XXXVII 2. 4. 48 müfste eine Armee von ca. 30000 Mann in Griechenland stehen, und c. 50 werden für dieselbe noch 12000 Mann und 600 Reiter ausgehoben. Allein jenes erste Heer existirte höchstens auf dem Papier, und nach Allem scheint mit der c. 50 bezeichneten Ersatzmannschaft der Krieg geführt worden zu sein *). Die Berathungen über den Kriegsplan c. 3 finden sich genau entsprechend $z\beta$ 9; der gröfsere Theil des Fragments, über die Schicksale der aetolischen Gesandten handelnd, ist, wie sich erwarten liefs, von Livius übergegangen. Die Belagerung von Ambrakia wird c. 4—8 geschildert; denselben Gegenstand behandeln drei polybianische Fragmente, bei Heron erhalten, zu welchen die livianische Uebersetzung stimmt vgl. S. 32. Das zweite indefs giebt den Text stark zusammengezogen (S. 7). C. 9—11 die Unterhandlungen und der Abschlufs des Friedens mit den Aetolern, lassen sich durch das Fragment

---

*) Cato begleitete den Fulvius als Legat Jordan p. 44. Wohin Frontin 2, 7. 14 zu beziehen sei, läfst sich nicht erkennen.

ϰβ 12 15 controlliren vgl. S. 21. 31 *) **). Hinsichtlich der von
Nobilior fortgeschleppten Statuen vgl. C. I. L. p. 146. Polybios
schliefst hier die griechische Geschichte von 565 ab ϰαὶ τὰ μὲν ϰατὰ
τοὺς Ἀιτωλοὺς ϰαὶ ϰαϑόλου τοὺς Ἕλληνας τοιαύτην ἔσχε τὴν
ἐπιγραφήν. Er bemerkt nun nach dem folgenden Excerpt ϰβ 16,
dafs gleichzeitig mit den Verhandlungen in Rom über die asiatischen Angelegenheiten und mit dem aetolischen Kriege in Griechenland die Gallier in Asien unterworfen worden wären, ὑπὲρ
οἷ νῦν ἐπιστάμεϑα τὴν διήγησιν. Livius übersetzt dies, läfst
aber die Verhandlungen in Rom aus, weil er für die dortigen
Ereignisse die Annalen zu Grunde legte und diese eben nur dann
und wann aus Polybios erweiterte.

2. C. 12—27 umfassen den Krieg mit den Gallograeckern.
Die Erzählung zeigt überall eine grofse Kenntnifs und Ausführlichkeit in topographischen Bestimmungen. Ebenso verraten
manche Bemerkungen den Militair von Fach und zugleich den
Ausländer; ein Römer würde schwerlich, wie dies c. 21 der Fall
ist, sich über die Bewaffnung der Veliten weiter ausgelassen haben. Anderes deutet auf Uebersetzung aus dem Griechischen,

---

*) Der athenische Redner heifst ϰβ 14. Ἰάμις ϰιϰησίων, bei Livius c. 10
Leon Hicesiae filius. Die letztere Lesart ist vorzuziehen; Leon wird auch
XXXV 50 als römischer Anhänger genannt. Mit Bezug auf Namen finden
sich zahlreiche Fehler in den konstantinischen Excerpten z. B. ϰβ 9 σελευ-
ϰίδου für Ἀευϰάδος, ϰα 14 οἵ τε παρὰ τῶν Ῥωμαίων πρεσβευταί für
οἵ τε π. τοῦ Ἀντιόχου (s. ϰβ 1. XXXVII 45), ϰα 5 Πασίστρατος oder Πει-
σίστρατος für Πανσίστρατος, ϰα 4 unverständlich ἡρόδων, ϰ 2 Φιλίππου
statt Ἀντιόχου, ιη 25 ἀσίου und ϰρεῶν für Ἀσίνης und Ἠραιέων u. s. w.
**) In dem ersten Entwurf des Vertrags sollen die Aetoler alle Städte
abtreten, welche genommen sind oder Freundschaft mit den Römern geschlossen haben μετὰ τὴν Ἀευϰίου Κορνιλίου διάβασιν (so die Münchener Handschrift: von Ursinus geändert in Τίτου Κοιντίου) Livius *post id
tempus quo T. Quinctius in Graeciam traiecisset.* Die Lesart bei Polybios
kann sich nur auf den mit L. Scipio geschlossenen Waffenstillstand beziehen. Seit der Zeit sind aufser Amphissa und Ambrakia keine Städte genommen worden und deshalb werden Lamia und Herakleia den Aetolern
wieder gegeben. Diese Bestimmung wird in der ratificirten Friedensurkunde verschärft, indem die Städte abgetreten werden sollen, welche seit
dem Consulat des L. Quinctius und Cn. Domitius genommen sind oder
Freundschaft geschlossen haben, d. h. seit 562 wo die Aetoler die Kriegserklärung gegen Rom erliefsen XXXV 33. Die Ausgaben des Polybios
(gegen die Ueberlieferung) und die Handschriften des Livius nennen irrthümlich T. Quinctius und Cn. Domitius, aber diese sind niemals Consuln
gewesen. Der doppelte Fehler bei Letzterem wird auf die handschriftliche
Ueberlieferung, um die es für die 5. Dekade bekanntlich nicht zum Besten
bestellt ist, zurückzuführen sein. Allenfalls auch kann Livius die erste
Bestimmung, deren Beziehung ihm dunkel sein mochte, geändert haben und
durch den ersten Irrthum der zweite veranlafst worden sein.

wie c. 18 *axylon quam vocant terram; ab re nomen habet* etc.
C. 12—15 wird der Zug des Consuls bis an die Grenze Galatiens
erzählt. Den Anfang c. 12 finden wir wie gesagt nach $\varkappa\beta$ 16 übersetzt. Die Unterwerfung des Tyrannen Moagetes c. 14 haben wir
übereinstimmend in dem Fragment $\varkappa\beta$ 17, dessen Anfang verkürzt ist vgl. S. 15. Zur Vergleichung mit c. 15 dienen zwei
ursinische Excerpte $\varkappa\beta$ 18 und 19. Dafs der Anfang des letzteren durch Verkürzung entstellt ist, ward S. 15 bemerkt. Die
beiden nächsten Sätze stimmen. Dann aber fehlt im Excerpt
die Schilderung vom Lande der Sagalasser; dafs sie nicht von Livius hinzugefügt sein kann, wie Weissenborn meint, liegt auf der
Hand: woher sollte sie stammen? Andererseits ist es leicht ersichtlich, warum der Schreiber, welcher Gesandtschaftsverhandlungen zu excerpiren hatte, jene Beschreibung ausliefs. Die folgenden Sätze entsprechen sich wieder. — C. 16 enthält einen
Excurs über die Geschichte der Gallograeker, dem wir unsere
wichtigste Kenntnifs derselben verdanken. Dafs er nur aus Polybios herrühren kann, ergiebt sich von selbst. — C. 17 giebt
eine längere Rede des Consuls um seine Soldaten auf den bevorstehenden Kampf vorzubereiten. Sie trägt, namentlich in der
Hervorhebung der älteren römischen Geschichte, ganz den Charakter der Annalen an sich und ist wie XXXVI 17 nach diesen
gearbeitet vgl. S. 180. Von den Feinden heifst es hier *hi iam
degeneres sunt, mixti et Gallograeci vere quod appellantur*, dagegen nach Polybios XXXVII 8 *bellicosiores ea tempestate erant,
Gallicos adhuc nondum excoleta stirpe gentis servantes animos.*
Ferner soll Attalos sie oft in die Flucht getrieben haben, aber
c. 16 war doch nur von Einer Schlacht die Rede. — C. 18 fährt
die polybianische Erzählung fort. Wir haben zur Vergleichung
drei kleine Fragmente $\varkappa\beta$ 20, welchen die livianische Uebersetzung völlig entspricht. — C. 19 Kriegsplan der Gallier. C. 20—
23 Schlacht auf dem Berge Olympos: in Betreff der militärischen
Bemerkungen s. S. 73, über die Kampfweise der Gallier vgl. β 29.
30. Polybios hatte die Zahl der Gefallenen nicht angegeben, dagegen die Gefangenen auf 40000. So auch Appian, der c. 42
eine kurze Uebersicht dieses Feldzugs giebt, aber irrthümlich
die Schlacht nach Mysien verlegt. Livius citirt den Claudius,
der von zwei Schlachten auf dem Olympos redet (wol eine Verwechslung mit der Schlacht auf dem Berge Magaba) und 40000
erschlagen werden läfst, und Valerius, der sich mit 8000 Todten
begnügt. Dafs er den Annalisten nichts weiter als diese Anführungen entnimmt, zeigen sowol seine eigenen Worte als die

Uebereinstimmung Appians. — Zur Vergleichung mit c. 24, Gefangenschaft und Befreiung der Chiomara, deren Namen Livius merkwürdiger Weise übergeht, haben wir bei Plutarch *κβ* 21. Plutarch verkürzt bedeutend und läfst um die Sache pikanter zu machen die Heldin den Befehl zur Ermordung des Centurio ertheilen, während dieser sie umarmt; eine entsetzlich alberne Erfindung. Das *ut traditur* c. 24 am Ende, bezieht sich auf die persönliche Bekanntschaft des Polybios mit jener Frau, von der uns Plutarch unterrichtet*). — Den verräterischen Ueberfall der Gallier c. 25 haben wir gröfstentheils in dem Fragment *κβ* 22, über dessen Ende s. S. 15. — Mit der Beschreibung der Schlacht auf dem Magaba c. 26. 27 stimmt Appian überein.

3. Nachdem nun Livius die italische, griechische und asiatische Geschichte des Jahres 565 bei Polybios benutzt hat, wendet er sich c. 28 zu den Annalen und giebt einiges über die Verhältnisse in Rom, die Thätigkeit der Censoren und eine Ueberschwemmung, kehrt aber gleich nach Griechenland zurück und erzählt c. 28—34 nach Polybios die griechische Geschichte von 566. Nach dem Friedensschlufs mit den Aetolern geht der Consul an die Unterwerfung Kephallenias c. 28. 29. Sie scheint noch 565 begonnen zu sein, nahm indefs lange Zeit in Anspruch und ward erst im Winter 566 beendigt. Die ausführliche Erwähnung der achaeischen Schleuderer c. 29 weist auf Polybios hin (vgl. Suidas *Ἀχαϊκὸν βέλος*), ebenso die warme Anerkennung, welche der Tapferkeit der Kephallenen gezollt wird. Ein Satz bei Suidas *ὁ Φούλβιος πραξικοπήσας νυκτὸς κατέλαβε τὸ μέρος τῆς ἀκροπόλεως καὶ τοὺς Ῥωμαίους εἰσήγαγεν* wird gewöhnlich hierher bezogen *Romani nocte per arcem ... muro superato in forum pervenerunt*. C. 30—34 handeln von Achaia. Seit 563 XXXVI 31. 35 ist von den achaeischen Verhältnissen bei Livius nicht die Rede gewesen. Philopoimen, der jetzt Strateg ist, hat das Vorrecht Aigions alleiniger Sitz der Bundesversammlung zu sein, beseitigt und ferner sind zwischen den Lakedaimoniern und den Verbannten an der Seeküste Streitigkeiten ausgebrochen. Die Erzählung fällt in den Winter und Sommer des Jahres 566. Die achaeische Gesinnung des Verfassers tritt klar zu Tage in dem

---

*) Aus dieser Notiz scheint Mommsen II S. 427 auf die Theilnahme des Polybios an dem vorliegenden Feldzuge geschlossen zu haben. Allein Chiomara kann jedenfalls erst nach dem Friedensabschlufs in Sardes gewesen sein und Polybios scheint Asien systematisch bereist zu haben *δ* 35 fg. *ιϛ* 15 *ιϛ* 12 vgl. Markhauser der Geschichtschreiber Polybius München 1858 S. 75.

versteckten Tadel gegen den Consul und Senat und der ganz
unbefangenen Darstellung des harten und ungesetzmäfsigen
Verfahrens gegen die Lakedaimonier. κα 16 (Exc. gnom. ed.
Heyse p. 62) wird die That Philopoimens gar gelobt. Plutarch
Philop. 16 sagt: nach Polybios seien 80 Spartaner hingerichtet
worden, und diese Zahl hat auch Livius. Andererseits hat dieser
natürlicher Weise Manches verkürzt: den Ort, wo die Metzelei
stattfand, Kompasia, erfahren wir erst XXXIX 36 κγ 1. Auf die
Verhandlung mit Fulvius bezieht sich κγ 10. Die wunderbare
Stellung der griechischen Geschichte von 566 unter dem Jahr
565 erklärt sich aus dem Princip des Livius, nach welchem er
die Zeitrechnung der Annalen zu Grunde legte und diesen die
polybianischen Stücke einfügte. Nun aber war nach den Annalen XXXVII 50 bestimmt, dafs der Consul Fulvius zu den Wahlen nach Rom kommen sollte, und demgemäfs kommt er auch
wirklich c. 35. Da aber Polybios ihn zu dieser Zeit auf Kephallenia Krieg führen läfst, so setzt Livius dies Alles getrost noch
ins Jahr 565 und springt mit den Worten *a concilio ubi ad consulem inter Achaeos Lacedaemoniosque disceptatum est* glücklich
nach Rom über. Nur begreift man nach seiner Anordnung gar
nicht, warum denn dem Fulvius das *imperium* prorogirt wird.
Sehr erklärlich ist dies, wenn die Unterwerfung Kephallenias
noch nicht beendet ist, und die Ereignisse c. 28—34 später fallen als c. 35 fg. C. 35. 36 sind den Annalen entnommen: Wahlen, Dedicationen, Spiele, Provinzvertheilung für 566, Prodigien.
Ertheilung des Connubiums an die Campaner, des Bürgerrechts
an mehrere Municipien, Lustrum. Die Erzählung ist bis zum
Abgang der Consuln in die Provinzen geführt.

4. C. 37—41 enthalten die asiatische Geschichte des Jahres 566 nach Polybios. Der Anfang schliefst sich an das Ende
des vorhergehenden Jahres c. 27 an. Die Verhandlungen des
Winters c. 37 und den Vertrag mit Antiochos c. 38 haben wir
im Original κβ 24 26. Abgesehen von einigen Flüchtigkeiten
und rhetorischen Aenderungen stimmt die livianische Ueber
setzung vollständig vgl. S. 21. Der Text bei Livius ist an zwei
Stellen lückenhaft (s. Madvig Emend. Liv. und Weissenborn), der
des Fragments an sechs vgl. S. 16. Es ist für die richtige Erkenntnifs, nach welcher Methode die von uns besprochenen
Autoren, speciell Appian und Diodor ihre Quellen bearbeitet
haben, notwendig auf deren Darstellung näher einzugehen. Aus
den Worten des Polybios ὑπὲρ ὧν οὐδὲν ἂν δέοι πλείω διατί-
θεσθαι λόγον, ἀλλ' ἐξ αὐτῶν τῶν ἐγγράπτων ποιεῖσθαι

τὰς διαλύσεις. ἣν δὲ τοιαύτη τις ἡ τῶν κατὰ μέρος διάταξις folgt dafs er den authentischen Text der Friedensurkunde hier mitgetheilt hat. Es geht ferner aus seiner Darstellung hervor, dafs die Zehnmänner diesen Vertrag bereits ausgearbeitet mitgebracht haben. Nach der livianischen Uebersetzung wäre er erst hier *ex decemvirorum sententia* abgefafst; diese willkürliche Wendung, welche dem Livius aus den Annalen im Gedächtnifs steckt, findet sich auch beim Friedenstraktat mit Philippos XXXIII 30 s. S. 144. An drei Stellen handelt Polybios von dem mit Antiochos geschlossenen Frieden, κα 14 XXXVII 45 giebt er die von Scipio festgesetzten Präliminarien an, κβ 7 XXXVII 55 erzählt er, dafs die Bedingungen Scipios nach kurzen Verhandlungen vom Senat und Volksversammlung bestätigt worden seien, endlich hier theilt er die eigentliche Vertragsurkunde mit. Diese enthält mehrere neue Punkte, welche von Bedeutung erscheinen aber in den Präliminarien nicht standen, die Auslieferung der Elephanten und der Kriegsschiffe bis auf zehn, sowie der Ueberläufer, ferner Bestimmungen über die Abgrenzung Kleinasiens aufserdem viele Kleinigkeiten. Diesen scheinbaren Widerspruch zwischen den Präliminarien und dem Vertrage wollte Appian beseitigen und zugleich möglichst kurz sein. Er that dies dadurch dafs er in der Rede Scipios c. 38 hinzufügte: die Grenzen des abzutretenden Gebiets sollten näher bestimmt, die Elephanten und eine gewisse Anzahl Schiffe ausgeliefert werden, in Zukunft dürfte er nur eine bestimmte Zahl von Schiffen und keine Elephanten mehr halten, endlich sollte er auch Gefangene und Ueberläufer ausliefern. Im Uebrigen ist die Rede, welche Appian den Scipio halten läfst, wie S. 117 bemerkt, sehr frei gearbeitet und legt grade kein vortheilhaftes Zeugnifs für seine rhetorische Begabung ab. In ähnlicher Weise wie er hier einen Widerspruch zu vermeiden sucht, hat er auch einen solchen zwischen den vor der Schlacht bei Magnesia κα 11 gestellten Bedingungen und den vorliegenden gefunden. Während daher Polybios und nach ihm Livius sagen: die früheren Bedingungen würden jetzt wieder gestellt, bemerkt er wolweislich: δίδομεν δὲ ὅσα καὶ πρότερον αὐτῷ προὔτείνομεν, μικρὰ ἄττα προσθέντες, ὅσα καὶ ἡμῖν ἔσται χρήσιμα καὶ αὐτῷ λυσιτελῆ πρὸς τὸ μέλλον ἐς ἀσφάλειαν. Ebenso sieht er Mak. 9 in dem Vertrag mit Philippos eine Verschlechterung der von Flaminin bewilligten Praeliminarien ἡ βουλὴ ... τὰς προτάσεις τὰς Φλαμινίνου σμικρύνασα καὶ φαυλίσασα. Man sieht. Appian hat es in diesen Dingen an einer gut gemeinten aber bornirten Sorgfalt nicht fehlen lassen. Nach der

Annahme der Bedingungen läfst er die Zahlung der stipulirten Geldsumme und die Stellung der Geifseln sofort erfolgen: beides konnte er füglich aus den Worten des Vertrags entnehmen. Wenn er aber unter den Geifseln den Sohn des Antiochos erwähnt, so erfahren wir zwar später aus Polybios dafs der jüngere Antiochos ständiger Geifsel in Rom war; allein in den Verträgen ist davon nirgends die Rede. Es ist möglich, dafs dies irgendwo anders von Polybios bemerkt und von Livius übersehen sei, wahrscheinlicher aber dafs diese Bestimmung erst später getroffen und gleich hier von Appian hinzugefügt ward. Denn wie die Söhne von Philippos und Nabis XXXIV 52 im Triumph aufgeführt werden, so liefs sich ein Gleiches bei Antiochos erwarten; davon ist aber XXXVII 59 Nichts erwähnt. Appian fährt fort, die Praeliminarien Scipios seien bestätigt, die unbestimmten Punkte festgesetzt und einige Kleinigkeiten hinzugefügt worden. Darauf giebt er die Vorgebirge an, über die hinaus Antiochos nicht segeln dürfe (das sind freilich nicht die oben verheifsenen Grenzen von Kleinasien, wiewol Appian sie dafür hält), er dürfe zum Angriffskrieg nur 12 Schiffe haben, keine Werbungen auf römischem Gebiet anstellen, keine Flüchtlinge daher aufnehmen, und solle die Geifseln alle drei Jahr wechseln ausgenommen seinen Sohn. Abgesehen vom Letzten und dafs 12 Schiffe statt 10 da stehen, finden sich alle diese Punkte in der polybianischen Urkunde. Alsdann bemerkt er ταῦτα συγγραψάμενοί τε καὶ ἐς τὸ Καπιτώλιον ἐς δέλτους χαλκᾶς ἀναθέντες, οἳ καί τὰς ἄλλας συνθήκας ἀνατιθέασιν, ἔπεμπον ἀντίγραφα Μαλλίῳ. Diese Worte können unmöglich dem Appian selbst angehören. Denn auch Polybios behauptet, wie bemerkt, den Text der Urkunde zu geben. Alle Abweichungen aber bei Ersterem lassen sich in keiner Weise auf eine selbstständige Benutzung von Urkunden zurückführen, sondern einzig und allein auf seine kleinliche und absurde Methode. Die betreffenden Worte müssen aus Polybios entlehnt sein. Auch ist es nicht schwer zu bestimmen, wohin sie gehören. Ich habe S. 199 nachgewiesen, dafs die Erzählung vom Abschlufs des Friedens und den folgenden Senatsverhandlungen κβ 7 stark verkürzt ist. Nun hat Livius an der entsprechenden Stelle XXXVII 55 die Angabe dafs das Bündnifs auf dem Capitol abgeschlossen ward. Hierher gehört die Nachricht Appians von der aufgestellten Erztafel. Dafs Livius die Berufung seines Gewährsmannes auf römische Urkunden überging, lag sehr nahe, da er sich bekanntlich nie die Mühe gab dergleichen selber einzusehen. Allein der kleine Zusatz

in Capitolio deutet klar genug auf den gemeinsamen Ursprung
mit der Angabe Appians hin. — In ähnlicher Weise wie Appian
hat Diodor 29, 13 die Auslieferung der Elephanten und Kriegsschiffe der Rede Scipios eingefügt und die Sache mit den Worten erledigt Ἀντίοχος δὲ πάντα προσδεξάμενος διὰ τὴν τῆς
εἰρήνης ἐπιθυμίαν ἀπελύθη, τοῦ πολέμου. Ebenso im Folgenden s. unten. Eutrop 4, 4 giebt ungenau 10000 Talente
für 15000 an. Zonaras 9, 20 läfst die zu günstigen Bedingungen Scipios von seinem Nachfolger verschärft werden: eine ganz
grundlose Nachricht.

5. Ich kehre zu Livius zurück. Ueber die Anordnung der
asiatischen Verhältnisse stimmt mit c. 39 eine Notiz aus Suidas
p. 951. 15 und zβ 27. Der Text dieses Fragments ist an mehreren Stellen verdorben. Zuerst ist ausgefallen was Livius von
der Beschenkung der Ilier und der Befreiung der Dardaner sagt.
Denn während das Vorhergehende und Folgende wörtlich aus
Polybios übersetzt ist, woher sollte dieses sonst stammen?
Ueber das Verhältnifs der Ilier zu den Römern vgl. zγ 3 XXXVII
9. 37 Strabo 13, 594 Justin 31. 8 Sueton Claud. 25. Wenn
Livius ferner hinzufügt, den Rhodiern sei die Schenkung des
früheren Decrets bestätigt worden, so bezieht sich dies auf die
Antwort des Senats XXXVII 55. und ist vom Schreiber über-
gangen, weil er auch jene Antwort ausgelassen hatte s. S. 199.
Von den Mysern heifst es οὓς πρότερον αὐτὸς παρεσκευάσατο,
was kaum einen Sinn giebt, um so mehr als Livius *Mysiam quam
Prusias rex ademerat* hat. Wenn Tillmanns p. 60 für αὐτὸς
Προυσίας schreiben will, so dürfte diese Aenderung schwerlich
Beifall finden. Vielmehr scheinen beide Lesarten combinirt werden zu müssen, etwa οὓς πρότερον μὲν Ἄτταλος παρεσκευάσατο, ἔπειτα δὲ Προυσίας ἀφείλετο: obwol über diese Vorgänge Nichts weiter bekannt ist. Dieses Decret enthält im Wesentlichen die Beschlüsse des Senats XXXVII 56, wo der Text
auch mehrfach verdorben ist (Madvig Emend. Liv. p. 432 für
Mysiam regias silvas et Lydiae Joniaeque extra ea oppida —
Mysiam regiam et Milyas et Lydiae Joniaeque oppida extra ea,
und für *castella vicosque trans Maeandrum* — *castella vicosque ad
Maeandrum*). Appian c. 44 und Diodor 29, 14 haben diese Anordnungen sehr kurz behandelt; Diodor bringt fälschlich den Scipio
hinein, nennt Aemilius statt Manlius und Eumenes statt Attalos.

C. 40. 41 Rückmarsch des römischen Heeres durch Thrakien. Es stimmt Appian Syr. 43, der sich weit mehr als Livius
auf die Kritik der vom römischen Feldherrn begangenen Fehler

einläfst *). Ein Stück aus Claudius ist am Schlufs eingeschoben,
welches von der polybianischen Darstellung abweicht *quamquam
tum quoque Claudius auctor est — accessisse.* Diese Einschal-
tung ist beachtenswert; denn Scipios Zug durch Thrakien geschah 564, also 2 Jahr früher als die hier erzählten Begebenheiten,
und diese Abweichung hätte XXXVII 7 oder 33 bemerkt werden
müssen. Wie erklärt es sich denn, dafs Livius doch nachträglich diese Bemerkung einflicht? Offenbar dadurch dafs er erst
jetzt und noch nicht im XXXVII. Buch den Claudius nachge-
lesen hatte. Ich habe S. 189. 200 notirt dafs von XXXVI 36 an
in den annalistischen Partien des XXXVI. u. XXXVII. Buches
sich keine Widersprüche finden. Nun aber wird Valerius Antias
XXXVI 36. 38 XXXVII 34. 48. 60 als Quelle citirt. Deshalb ist
die Annahme geboten, dafs alle diese Stücke demselben entnommen sind: eine Annahme, welche durch das nachträgliche Citat
aus Claudius bestätigt wird, insofern Livius diesen für die betreffenden Partien gar nicht eingesehen hat. Ueber den Wert dieser
Nachricht vgl. S. 93. — Die letzten Bemerkungen stammen wieder aus Polybios, wie die Uebereinstimmung Appians beweist.
Dafs dieser die Ueberwinterung in Epeiros übergeht und das Heer
gleich nach Italien übersetzen läfst, kann bei seiner Kürze nicht
auffallen.

6. Mit c. 42 verläfst Livius die Quelle, welche er bisher
am Meisten ausgebeutet hat, den Polybios und schöpft für die
nächsten Jahre ausschliefslich aus den Annalen. C. 42 Rückkehr
des Consuls aus Ligurien, Wahlen, Provinzvertheilung für 567.
Die neuen Consuln verlangen, dafs M. Fulvius und Cn. Manlius
aus Griechenland und Asien abberufen und entweder ihnen selber das Commando übertragen oder die Heere zürückgeführt
werden sollen. Es ist die alte Eifersucht gegen die Verlängerung
des Oberbefehls, welche XXXII 28 XXXIII 25 XXXIV 43 gegen
Flaminin zu Tage tritt und auch öfters von Polybios erwähnt wird
ιζ 11 ιη 22. 25 XXXIV 33. Allein die vorliegende Nachricht
kann nicht richtig sein. Zwar ist der Rückkehr des Fulvius aus
Griechenland in den polybianischen Partien nicht ausdrücklich
gedacht: aber wir müssen sie 566 setzen, eben weil von seiner
späteren Thätigkeit Nichts vorkommt. Und Manlius ist ja schon
auf dem Rückmarsch nach Epeiros gelangt und nur durch Stürme
abgehalten worden gleich nach Italien überzusetzen c. 41.

_____

*) Auf den Tod des Minucius Thermus bezieht Mommsen den Denar
N. 189.

C. 43. 44 Verhandlungen des Senats über Ambrakia: Gesandte
der Ambrakioten beschweren sich über die durch Fulvius erlitt-
nen Unbilden und erlangen Genugthuung. XXXIX 4. 5 am Ende
von 567 kommt Fulvius aus Aetolien zurück, beklagt sich über
den früheren Senatsbeschlufs und erhält schliefslich den Triumph
bewilligt. Vergleichen wir die hier vorgebrachten Thatsachen mit
der Erzählung des Polybios, so zeigt sich ein grofser Gegensatz.
Zuerst entbehrt die Behauptung der Ambrakioten c. 43 sie seien
unschuldiger Weise überfallen und zur Notwehr gezwungen worden, allen Grundes, insofern sie zum aetolischen Bunde gehörten $z\beta$ 9 XXXVIII 3; von einer Plünderung der Stadt hören wir
c. 9 $z\beta$ 13 Nichts, dagegen ist dort wie hier die Beraubung der
Tempel erzählt. Hinsichtlich der Belagerung ist XXXIX 4 von
einem erfolgreichen Ausfall und von häufigen Kämpfen über und
unter der Erde die Rede; dies weicht von c. 6. 7 nicht ab.
Allein nach den Annalen ist Ambrakia durch Sturm genommen
worden: c. 44 setzt der Consul Aemilius den Beschlufs *Ambra-
ciam non videri vi captam esse* böswilliger Weise *per infrequen-
tiam senatus* durch, aber XXXIX 4 erzählt uns Fulvius, der
Kampf in der Stadt habe von Tagesanbruch bis in die Nacht ge-
dauert und 3000 Feinde seien erschlagen worden. Davon steht
bei Polybios keine Silbe, die Einnahme Ambrakias erfolgt durch
eine Capitulation auf Bedingungen c. 9 $z\beta$ 12. So ist diese
Waffenthat, welche schon von Ennius, dem Schützling des Nobilior gefeiert ward Aurel. Victor de ill. vir. 52 (vgl. Vahlen
p. LXXIV), von den Annalisten in ähnlicher Weise übertrieben
worden, wie dies bei allen Kriegen geschehen ist. Was nun die
hier erzählten Senatsverhandlungen betrifft, so läfst sich schwerlich bestimmen, wie wenig oder wie viel daran wahr ist. Der
Beschlufs zu Gunsten der Ambrakioten darf wohl auf Glauben
Anspruch machen; nach dem Friedensvertrag c. 11 $z\beta$ 15 werden sie vom aetolischen Bunde losgetrennt. Dafs gegen Fulvius
Nobilior heftige Angriffe in Rom statt fanden, zeigt die Rede
Catos gegen ihn Gellius N. A. 5, 6 Cicero Tuscul. 1, 2.

7. Es folgen die Verhandlungen über den Triumph des
Manlius c. 45—50. Aehnlich wie Fulvius, wird er von den
Zehnmännern, welche die asiatischen Angelegenheiten geordnet
hatten, auf's Heftigste angegriffen und vertheidigt sich gegen die
erhobenen Beschuldigungen. Wenn es von den Ersteren heifst,
sie seien abgeschickt worden *pacis cum Antiocho faciendae causa
foederisque legum, quae cum L. Scipione inchoatae fuissent, per-
ficiendarum*, so ist dies der annalistischen Auffassung entspre-

chend, aber unrichtig s. S. 207. Ihre Anwesenheit in Asien wird
hier 565 gesetzt, allein sie kamen dorthin erst 566 c. 37 z,β 25.
Ferner wird Manlius beschuldigt auf jede Weise eine Erneuerung
des Krieges gesucht zu haben, er soll sich sogar durch Hinterlist der Person des Antiochos haben bemächtigen wollen. Von
alle dem bei Polybios kein Wort; die Sache ist auch ganz un-
unglaublich. Da eine Erneuerung des Krieges mit Antiochos nicht
gelingt, wendet sich der Consul eigenmächtig gegen die Gallograeker. Ein ausdrücklicher Senatsbeschlufs hierüber wird in
den Annalen nicht angeführt, sondern XXXVII 51 nur angedeutet. Dagegen kommt er bei Polybios c. 12 gleich mit dieser
Absicht nach Asien, weil die Gallograeker den Antiochos unterstützt hätten, und weil ihnen, wenn nicht gedemütigt, die Herrschaft Kleinasiens zufallen würde. Die ganze Unternehmung war,
wie auch c. 12 bemerkt wird, im Wesentlichen zum Vortheil
des Eumenes, und insofern erscheinen die hierauf gerichteten
Vorwürfe c. 45 berechtigt. Wie weit Manlius seine Aufträge
überschritten, läfst sich nicht sagen: aber dafs er ohne Befehl
des Senats den ganzen Krieg unternommen, ist zumal beim
Stillschweigen des Polybios unglaublich. Die Zehnmänner erheben endlich Anklage gegen seine Kriegführung. Der Punkt,
den sie hervorheben, dafs er die Gallier in ihrer festen Stellung
angegriffen habe, ist allerdings äufserst schwach. Allein auch
Polybios tadelt die strategischen Dispositionen in der Schlacht
auf dem Olympos, dafs nämlich der Consul ohne Reserve vor-
rückt, was bei Livius c. 22 etwas vertuscht ist, und spricht sich
über den Rückzug durch Thrakien noch schärfer aus App. Syr.
43. So sehen wir, dafs diesen Verhandlungen immerhin etwas
Wahres zu Grunde liegt: allein dieses Wahre ist durch mafslose
Uebertreibung und rhetorische Effecthascherei der Annalisten
bis zur Unkenntlichkeit entstellt. Dasselbe aus dem Phrasenwust,
wie er vorliegt, herauszuschälen ist selten möglich, sowol weil
das Werk des Polybios uns so unvollständig und mangelhaft
überliefert ist, als auch weil dieser mit hellenischen Sympathien
und von hellenischen Gesichtspunkten aus schreibt und auf den
Stand der römischen Parteien gar nicht eingeht. — Die c. 45—
50 zu Grunde liegende Quelle ist Valerius Antias. Denn c. 47
wird der Triumph des Q. Fabius Labeo erwähnt, den Livius
nicht erzählt hat, den er aber XXXVII 60 der Autorität des Valerius beilegt; und c. 58 wo er demselben folgt, nimmt er auf
den vorliegenden Streit Bezug. Claudius kann nicht benutzt

sein, weil nach ihm c. 23 die Todten allein 40000 betrugen, hier
aber für Todte und Gefangene diese Zahl angegeben wird.
S. C. 50 geht Livius zum Scipionenprocefs über und giebt
am Anfang der Erzählung Valerius Antias als seinen Gewährsmann an. Zwei Tribunen Q. Petillius belangen den Scipio Africanus wegen Bestechung beim Friedensschlufs mit Antiochos.
Am ersten Termin vertheidigt er sich durch blofsen Hinweis auf
seine Thaten. Am zweiten als am Jahrestag der Schlacht bei
Zama führt er das Volk zu einer Dankfeier auf das Capitol und
läfst die Ankläger allein zurück c. 50. 51. Hierauf begiebt er
sich nach Liternum. Beim dritten Termin wird auf die Intercession des Tiberius Gracchus hin die Ausrede, dafs er krank
sei, angenommen. Kurz nachher stirbt er und wird in Liternum
begraben: es folgt eine kurze Charakteristik von ihm c. 52. 53.
Nach seinem Tode wird auf Catos Antrag eine Untersuchung
über Unterschleife aus der syrischen Beute beschlossen c. 54.
Die Untersuchung wird dem Praetor Terentius Culleo, einem er-
bitterten Feind der Scipionen übertragen (Livius erwähnt hier
eine abweichende Version). L. Scipio, ein Legat und ein Quästor
werden verurtheilt. Livius kritisirt die Angaben des Antias über
die unterschlagenen Summen, fügt aus einer andern Quelle Einiges hinzu und handelt c. 56. 57 von den Abweichungen der
Quellen unter einander. C. 58 fährt er nach Valerius fort.
L. Scipio soll verurtheilt ins Gefängnifs abgeführt werden, Scipio Nasica appellirt an die Tribunen und hält eine Vertheidi-
gungsrede. Tiberius Gracchus intercedirt. Durch die Einziehung
von Scipios Vermögen wird seine Unschuld offenbar *verteratque
Scipionum invidia in praetorem et consilium eius et accusatores.*
Hiermit ist die Erzählung c. 50 — 55, 58—60 abgeschlossen.
Ihre Einheit läfst sich nicht verkennen. C. 50 und 55 wird Valerius ausdrücklich als Gewährsmann genannt und den Schlufs
c. 58—60 erwähnt Gellius 6, 19. S als die abweichende Darstellung des Antias. — Nach der zweiten Quelle, welche Livius
eingesehen und deren Abweichungen er nachgetragen hat, stellt
sich die Sache folgender Mafsen dar. Im Senat wird Rechenschaft von Africanus über 4 Millionen Sesterze gefordert c. 55.
Später erhebt der Tribun Naevius eine Anklage gegen ihn. Scipio begiebt sich als Gesandter nach Etrurien. Während seiner
Abwesenheit wird Asiaticus verurtheilt und soll ins Gefängnifs
geführt werden, als er durch die Intercession des Gracchus gerettet wird. Diesem verlobt Africanus seine Tochter am selben
Tage (bei Valerius erfolgt dies nach dem Tode des Vaters) c. 56. 57.

Africanus starb ferner in Rom und ward hier begraben. Terentius Culleo gab ihm zu Ehren einen Leichenschmaufs. Auch
über das Jahr des Todes und die Zeit des Processes differirte
dieser Autor von Valerius. Livius hatte ferner das Denkmal
Scipios in Liternum selber gesehen. Auf dem Grabmal der Scipionen vor der porta Capena aber standen drei Statuen, von denen eine nach der gewöhnlichen Ansicht den Africanus vorstellte: *tres statuae sunt, quarum duae Q. et L. Scipionum dicuntur esse, tertia poetae Q. Ennii* c. 56 (ebenso Cic. pro Archia 9
vgl. Plin. N. II. 7, 31). — Aufser der Rede Catos *de pecunia regis Antiochi*, die er gar nicht weiter benutzt, hatte Livius zwei
angebliche Reden des P. Scipio und Tiberius Gracchus, an deren Aechtheit er selber zweifelt, vor sich c. 56. Die Aufschrift
der ersteren nannte als Ankläger M. Naevius, in der Rede selbst
kam der Name gar nicht vor: *modo nebulonem modo nugatorem
appellat.* Gellius 4, 18 führt Einiges aus derselben an (*relinquamus nebulonem hunc*) und bemerkt, dafs sie von Einigen für
unächt erklärt wurde. Die Rede des Gracchus wufste von der
Anklage gegen Africanus Nichts und handelte von der Intercession des Gracchus zu Gunsten des Asiaticus. Hierin stimmte sie
zum Theil mit dem zweiten Annalisten überein. Diesem aber
kann ich nicht das Attentat des Africanus auf die Tribunen beilegen, welches sich offenbar auf den Inhalt der folgenden Rede
bezieht c. 56. Der Annalist c. 57 hatte den Gracchus schwören
lassen, seine Feindschaft gegen die Scipionen bestehe ungeschwächt fort u. s. w. Man setze hinter *tradunt* ein Punctum
und lese nach Weissenborns Vorschlag *atque post famam* etc.
Wollte man dies noch als Erzählung des Annalisten auffassen,
so müfste man eine dritte Quelle annehmen. Allein überall lassen sich die Gegensätze auf zwei, den Valerius und — wie wir
nach Allem annehmen müssen — den Claudius zurückführen.
Wir finden nirgends Andere aufser diesen genannt und müssen
so lange uns auf die bekannten Factoren beschränken, bis sich
ein neuer unbekannter als zweifellos ergiebt. — Aufser den von Livius benutzten Valerius und Claudius haben wir eine dritte Darstellung bei Gellius N. A. 4, 18 und 6, 19. Dafs das letztere Stück
aus Nepos *de exemplis* entnommen sei, weist Mercklin Die Citirmethode und Quellenbenutzung des A. Gellius in den *Noctes
Atticae* Jahns Jahrbücher 1860 3. Supplementb. p. 668, nach.
Das Nämliche gilt auch von dem ersten Stück, wo es in gleicher
Weise heifst *haec duo exempla*; die erwähnte Rede Scipios kann
doch nicht für das erste Beispiel alleinige Quelle sein, und von

einer Rede gegen die Petillier, aus der Mercklin a. a. O. das zweite
Beispiel entlehnt sein läfst. ist mir wenigstens Nichts bekannt.
Die Darstellung des Nepos ist mit der des Claudius nahe verwandt. Die Forderung der Rechenschaftsablage, c. 55 erwähnt,
wird hier den Petilliern zugeschrieben. Der Ankläger des Africanus heifst bei Beiden Naevius. Nach den Angaben des Claudius ist anzunehmen, dafs die Klage erfolglos war, weil Scipio
nach wie vor sich an den Geschäften betheiligt, und von einer
Verurtheilung gar Nichts gesagt wird. Bei Nepos führt Scipio
das Volk zur Feier der Schlacht von Zama auf das Capitol, und
damit scheint die Sache erledigt. Ueber den Procefs des Asiaticus weichen sie von einander ab darin, dafs Claudius von einer
Verurtheilung wegen Bestechung spricht. Nepos den Tribunen
Minucius Augurinus ihn in eine Bufse verurtheilen und Bürgschaft fordern läfst. Nepos führt die Decrete der 8 Tribunen
und des Gracchus ihrem Wortlaut nach an, von denen die Erzählung des Claudius nicht abweicht. — Sehen wir uns die Nachrichten der übrigen Schriftsteller an. Gellius 12. 8 hat aus Valerius Maximus 4. 2. 3 geschöpft s. Mercklin p. 670. Valerius hat
an dieser Stelle sowie 3, 7. 1 4. 1. 8 8. 1. 1b vielleicht nur den
Livius gekannt: Selbstständiges und Neues bringt er nicht, wol
aber hat er Einzelnes ins Absurde ausstaffirt. Plutarch Cato 15
und 18 stimmt mit Livius und hat nichts Neues. Dasselbe gilt
von Aurel. Vict. de vir. ill. 49. Cassius Dio fr. 63 Zonaras 9, 20.
Appian Syr. 40 erzählt dafs Scipio von zwei Tribunen wegen
Bestechung angeklagt am Jahrestag von Zama das Volk zum
Capitol geführt habe, und dafs hierauf die Anklage unterblieben
sei. Die Erwähnung eines Gerichtshofes ist ein Anachronismus
Appians. Hinsichtlich der Ankläger stimmt diese Darstellung
mit Valerius, im Uebrigen mit Claudius und Nepos. Woher sie
entnommen, ist nicht zu bestimmen. Wegen der Parallele mit
Sokrates und Epaminondas c. 41 schwerlich aus einem älteren
Annalisten. Diese würde eher auf Polybios hinweisen, allein das
ist unmöglich, wie wir gleich sehen werden. —

9. Polybios giebt zδ 9. 9a beim Tode Scipios einige Daten
über den Procefs, die von Diodor 29, 24 ungenau ausgeschrieben
sind. Darnach ward Africanus von Jemandem vor der Volksversammlung angeklagt. Er erwidert nur, es schicke sich nicht für das
römische Volk einen Ankläger gegen P. Scipio anzuhören, dem
auch die Ankläger die Möglichkeit zu reden verdankten. Diese Nachricht ist ohne Frage authentisch, und damit fällt die ganze Darstellung des Valerius c. 50—53, ferner Appians, endlich des Nepos und

die angebliche Rede Scipios. Bestätigt werden die beiden Letzten nebst Claudius darin, dafs sie nur Einen Ankläger kennen
und ferner, wie auch Appian erzählt, dafs die Klage damit erledigt war. Polybios stimmt ferner mit Claudius in Betreff der
eigenmächtigen Eröffnung des Schatzes überein, nur ist er genauer als dieser. Im Wesentlichen gilt dies auch von der ver-
weigerten Rechenschaftsablage im Senat. Nach Gellius 4, 18 hätten sie die beiden Petillier verlangt; Polybios unbestimmt ἀπαι-
τοῦντός τινος. Bei Livius c. 55 handelt es sich um 4 Millionen Sesterze ca. 166⅔ Talente, bei Polybios um 3000 Talente.
Wenn Scipio bei Ersterem sich rühmt 200 Millionen Sesterze
in's Aerar gebracht zu haben, so ist nicht ersichtlich, worauf
sich diese Summe beziehen soll. Polybios spricht von der ganzen dem Antiochos auferlegten Contribution von 15000 Talenten. Endlich widerlegt er beide Versionen der Annalen über die
Verheiratung von Scipios Töchtern c. 57. Beide scheinen nach
den Worten des Livius die Heirat des Scipio Nasica mit der
Einen noch in die Lebzeit des Vaters zu setzen. Allein derselbe
mufs schon gestorben sein, weil die Mutter die Mitgift auszahlt
λβ 13 und Nasica im Jahre 586 noch ein junger Mann ist XLIV
36 Plut. Aem. 15. 17. Die Anekdote von der Verlobung der andern Tochter mit Gracchus wurde nach Plutarch Tiber. Gracch. 4
von dessen Sohn erzählt, und Polybios hatte ausdrücklich die
Verlobung der Cornelia mit Gracchus dem älteren nach dem
Tode des Africanus gesetzt. Dieser erfolgte aber nach Polybios
570, und damit ist die Angabe des Valerius c. 53 auch hierüber
hinfällig. Im Ganzen, sehen wir, verdient die von Livius verworfene Erzählung weit mehr Glauben als die von ihm angenom-
mene des Valerius. — Für den Unterschleifsprocefs gegen Scipio Asiaticus entbehren wir leider der zur Controlle unschätz-
baren Daten des Polybios. Nach Valerius Antias ergab die Untersuchung, dafs Scipio mit 1000 Talenten von Antiochos be-
stochen worden sei, 6000 Pfund Gold 480 Pfund Silber. Livius sieht darin ein Versehen des Schreibers, hält es für wahrscheinlicher, dafs die Summe des Silbers gröfser gewesen wäre
als die des Goldes, und reducirt sie, indem er die Sache umkehrt,
480 Pfund Gold und 6000 Pfund Silber, auf den 6ten Theil —
vgl. Mommsen Geschichte des römischen Münzwesens S. 402
Anm. 115 — um so mehr weil nach der oben erwähnten Nachricht über so viel, nämlich 4 Millionen Sesterze, Rechenschaft
im Senat gefordert worden wäre. Diese Art der Kritik, welche
in dem Mifstrauen des Livius gegen die grofsen Zahlen des

Antias wurzelt, wird schwerlich Beistimmung finden. Die Rede
des Gracchus, an der auch Livius selber zweifelt, ist nach den
c. 56 gemachten Anführungen eine Declamation aus irgend einer
Rhetorenschule. Das Thema ist ganz absurd und die Nachricht
über die dem Scipio angetragene ständige Dictatur, von der kein
Schriftsteller auch nur Eine Silbe erwähnt (Valerius Maximus 4,
1. 6 hat eben aus dieser Stelle geschöpft) gradezu Blödsinn. So
sind uns von den Annalisten im Wesentlichen zwei Darstellungen überliefert, die des Valerius auf der Einen und die des Claudius und Nepos auf der andern Seite. Nepos stützt sich auf
Decrete und alte Annalen und verwirft ausdrücklich die Erzählung des Antias. Gegen die Aechtheit der Decrete macht Weissenborn geltend, dafs die Tribunen dem L. Scipio schwerlich den
Titel Asiaticus gegeben haben würden. Allein dieser konnte un-
beschadet der Authenticität der Form leicht von den Annalisten
hinzugefügt werden, da bekanntlich die Alten in der Anführung
von Aktenstücken keineswegs sich an den Buchstaben klammern.
Nun aber haben wir gesehn, dafs hinsichtlich des Africanus die
Darstellung des Claudius und Nepos weit zuverlässiger ist als die
des Antias. Und deshalb müssen wir die Kritik des Nepos für
berechtigt halten und ebenfalls die Erzählung des Valerius über
den Procefs des Asiaticus verwerfen. —

10. Was bleibt denn nun aus all dem Wirrwar widerstrei-
tender Nachrichten übrig? Nach Livius XXXIX 52 sollen Polybios und Rutilius den Tod des Africanus 571 gesetzt haben.
Dies ist, wie S. 51 bemerkt, ein Irrthum und in Wirklichkeit
findet zwischen der gangbaren römischen Ueberlieferung und
Polybios kein Widerspruch statt. Livius widerlegt ferner die Angabe des Valerius, welche er selbst XXXVIII 53 acceptirt hatte,
nach der Scipio 567 starb, durch die apokryphe Rede gegen
Naevius. Dieser Naevius sei nach den *libri magistratuum* vom
10. Decemb. 569 bis 10. Dec. 570 Tribun gewesen. Von ihm
sei Scipio 569 angeklagt worden und bald darauf gestorben. Dieselbe Angabe findet sich bei Cicero de sen. 6 und wol auch Plutarch Cat. 18. Daraus läfst sich schon schliefsen, dafs sie ursprünglich nicht von Livius stammt. Nun haben wir bereits gesehen, dafs auch Claudius c. 55 den Ankläger Naevius nennt,
ebenso derjenige, welcher den Titel auf die Schulrede schrieb,
ferner Gellius 4. 18 und Cicero de orat. 2, 61. Auch hatte Claudius den Procefs und den Tod Scipios nicht in 567 gesetzt.
Livius aber hat, wenigstens in der ersten Dekade IV 7. 20, die
Magistratsverzeichnisse gar nicht selber eingesehen, und hätte er

sie in dieser benutzt, so würde er jedenfalls die vorliegende
Frage besser haben lösen und auch im Vorhergehenden manche
Widersprüche vermeiden können. Ich schliefse daraus, dafs die
hier vorgetragene Ansicht und das Citat aus den *libri magistra-
tuum* dem Claudius angehört, welchem Livius in der Darstellung
der Censur XXXIX 42fg. nicht gefolgt ist. In das Jahr 569
fällt mithin nach dem beglaubigten Zeugnifs des Claudius die
Anklage des Naevius. Wie Scipio derselben begegnete, erfahren
wir zd 9. Kurz darauf begab er sich in ein freiwilliges Exil.
Dafs dies wirklich Liternum war, wie Valerius Antias c. 53 berichtet, wird durch das Denkmal daselbst, welches Livius c. 55
sah und Strabo 5 p. 243 kannte, bestätigt. Strabo fügt hinzu
dafs Scipio hier seine letzte Lebenszeit verbracht ἀφεὶς τὰς
πολιτείας κατ' ἀπέχθειαν τὴν πρός τινας. Was das Grabmal der Scipionen vor der porta Capena betrifft, so konnte gar
wol eine Statue des Africanus dort stehen, ohne dafs derselbe
auch dort begraben lag; sein Sarg ist bekanntlich nicht unter
den aufgefundenen. An diese Statue knüpft sich die Version
c. 55. nach welcher er in Rom starb und bestattet ward; auch
mag die Nachricht von dem Leichenschmaus, welchen Terentius
Culleo gab, ihre volle Richtigkeit haben. Die Forderung der
Rechenschaftsablage von den Scipionen c. 55 zd 9b. müssen
wir in das Jahr 567 verlegen, weil Livius nach den Annalen sie
nicht früher erwähnt; später kann sie auf keinen Fall statt gefunden haben. Auf die Forderung der Rechenschaftsablage wird
wol auch die von Livius erwähnte Rede Catos *de pecunia regis
Antiochi*, die er im Uebrigen nicht weiter benutzt, zu beziehen
sein. Hierher gehört ferner nach dem übereinstimmenden Zeugnifs von Valerius Claudius Nepos das Verfahren gegen den Asiaticus. Wir müssen aber die Darstellung des Letzteren, nach
welcher kein gerichtliches Erkenntnifs vorlag, sondern eine Mult
von einem Tribunen ihm auferlegt ward, den beiden anderen vor-
ziehen. Die Intercession des Gracchus. die auch Cicero de prov.
cons. S Plinius N. H. praef. 10 erwähnt, auf Anrufung des
Africanus ist vollständig beglaubigt. Valerius mufste statt des
Africanus den Nasica nennen, eben weil er den Tod jenes schon
voraussetzt. Die Folge der Begebenheiten war mithin diese:
567 Forderung der Rechenschaftsablage im Senat, Verurtheilung
des Asiaticus durch die Tribunen in eine Mult, Intercession
des Gracchus; 569 Anklage des Africanus durch Naevius, sein
freiwilliges Exil und Tod in Liternum.

11. **Auf diese dürftigen Daten reducirt sich unsere ganze**

Kenntnifs von dem vielbesprochenen Procefs der Scipionen.
Die einfachen Thatsachen sind durch den rhetorischen Eifer und
die Kritiklosigkeit der Annalisten immer mehr und mehr bis zu
völliger Unkenntlichkeit entstellt worden. Aus der stolzen Gering-
schätzung, mit der Scipio seinem Ankläger trotzt und nach Hause
geht, wird zuerst die Feier des Jahrestages von Zama bei Gellius 4,
18. Damit begnügt Valerius Antias sich nicht, sondern macht zwei
Geschichten daraus, wenn er Scipio am ersten Termin nur von
seinen Thaten reden, am zweiten nach dem Capitol ziehen läfst.
Den Gipfel erreicht der Schwulst bei Valerius Maximus 3, 7. 1, wo
der Ankläger schliefslich zum Verehrer seines Gegners wird.
Wie Antias die Vertheidigung Scipios verdoppelt hat, so auch
die Intercession des Gracchus: diese findet hier nicht blofs
bei der Abführung des Asiaticus, sondern auch bei der Verhandlung über die Abwesenheit des Africanus statt. Sein gröfster
Fehler bleibt immerhin, dafs er die Anklage und den Tod Scipios vor die Verurtheilung seines Bruders gesetzt hat: wenn indefs, wie Gellius 4, 18 berichtet, die beiden Petillier die Rechenschaftsablage im Senat verlangten — und wir haben keinen
Grund dies zu bezweifeln — so erklärt es sich wie auf diese die
eigentliche Anklage übertragen und damit auch der Tod Scipios
verschoben werden konnte. Denn darin sind alle einig, dafs der
Tod kurze Zeit nach der Anklage folgte. Im Ganzen genommen
ist die von Livius verworfene Darstellung des Claudius, welche
auch den Angaben des Cicero Nepos u. A. entspricht, weit
glaubwürdiger als die des Valerius Antias. Nur behält dieser
darin Recht dafs der Tod Scipios zu Liternum erfolgte. Jene
andere Version lehnte sich, wie bemerkt, an das Scipionengrab-
mal an der via Appia. Dafs beide Versionen von dem Begräbnifs
zu Liternum oder zu Rom allgemein cursirten zeigen die unbestimmten Wendungen Ciceros pr. Arch. 9 *in sepulcro Scipionis
putatur esse constitutus* (Ennius) und Livius c. 56 *statuae ... P. et
L. Scipionum dicuntur esse.* Livius ist dem Widerspruch seiner
Quellen gegenüber ganz rathlos gewesen. Zuerst folgt er der rhetorisch ausgeschmückten Darstellung des Antias, ohne jedoch
seine Bedenken zu verschweigen, wie er noch XXXIX 1 bemerkt
dum haec, si modo hoc anno acta sunt, Romae geruntur. Vier
Jahr später stöfst er auf die Erzählung des Polybios, den er für
rein römische Fragen nicht einzusehen pflegt, und diese widerlegt er nach Claudius, welchen er oben dem Valerius nachgesetzt
hatte. Dessen Argumente einmal angenommen, blieb ihm nichts
Anderes übrig als auch seine eigne Darstellung noch nachträglich

zu verwerfen. Eine solche Inconsequenz und Flüchtigkeit kann bei der Weise, in der er arbeitete d. h. indem er seine Quellen mit geringen Modificationen einfach ausschrieb, Niemanden Wunder nehmen.

Im XXXVIII. B. stammen aus den Annalen c. 28, c. 35. 36, c. 42—60; aus Polybios c. 1—27 griechische und asiatische Geschichte von 565. c. 28—34 griechische, c. 37—41 asiatische Geschichte von 566. C. 17, 23, 41 finden sich Einschaltungen aus den Annalen.

Kapitel XV.

Das neununddreissigste Buch.

Nach der Beendigung des syrischen Krieges wird das Verhältnifs des Livius in seiner Abhängigkeit von Polybios ein anderes als bisher. Die Begebenheiten der folgenden Jahre sind weniger in die Augen fallend. Das Eingreifen der Römer in die Angelegenheiten des Ostens ist nur ein diplomatisches. Den gröfsten Theil der polybianischen Darstellung nehmen die speciellen Verhältnisse der einzelnen Staaten, namentlich Achaias und Makedoniens ein. Es ist klar dafs Livius fortan nur kleinere Partien für seine Jahrbücher verwerten konnte. Er giebt in der Regel jährlich eine Uebersicht der Verhandlungen zwischen dem Senat und den Abgeordneten der hellenischen Staaten aus der italischen Abtheilung des Polybios, und fügt einzelne Stücke aus den Specialgeschichten hinzu, die in besonderer Beziehung zur römischen Politik standen oder für einen römischen Leser von besonderem Interesse waren. Das Princip, welches ihn hierin leitet, giebt er bei Gelegenheit des messenischen Krieges c. 48 selber an vgl. S. 82. Für die Jahre 567 und 68 ist Polybios gar nicht benutzt.

1. Im Anfang dieses Buchs beendet Livius die Geschichte von 567 nach den Annalen. Zuerst wendet er sich zu den Consuln, deren Abgang nach Ligurien schon XXXVIII 44 gemeldet war, und vergleicht den dortigen Kriegsdienst mit dem asiatischen. Die nachtheiligen Einwirkungen Asiens berührt er auch c. 6 und XXXVIII 17 vgl. Plin. N. H. 37, 12. C. 2 ihre Thaten gegen die Ligurer und Strafsenbauten: über letztere ungenau Strabo 5 p. 217 (vgl. C. I. L. p. 147). C. 3 handelt von dem gewaltthätigen Verfahren des Praetors Furius gegen die Cenomanen; zum Theil abweichend Diodor 29, 17, der den Namen Furius in Fulvius corrumpirt. Wenn Diodor ihm ferner Unbilden gegen ligurische Bundesgenossen vorwirft und ihn mit einer Geldbufse bestraft werden läfst, so beweist

dies, dafs er aus einer andern Quelle als Livius, möglicherweise
aus Polybios geschöpft hat. Hierauf Verhandlungen über Latiner, die sich in die römischen Censuslisten eingeschlichen haben.
C. 4. 5 Triumph des Fulvius Nobilior s. S. 211. C. 6 Wahlen,
Triumph des Manlius Vulso; in Betreff dieses stimmt eine Notiz
aus Piso bei Plinius N. H. 34, 8. C. 7 Zurückzahlung der Kriegs-
steuer, Berichte aus Spanien, Spiele. C. 8 geht Livius zum Jahr
568 über, erwähnt kurz die Provinzvertheilung und erzählt darauf bis c. 19 die Entdeckung und Bestrafung der Bacchanalien.
Eine lebendige detaillirte zum Theil rhetorisch gehaltene Erzählung, wie sie der Gewährsmann des Livius dem Munde des Volkes entnehmen und dann weiter ausschmücken mochte. Auf historische Wahrheit kann sie selbstverständlich gar keinen Anspruch
machen (vgl. Cic. de Leg. 2, 15 C. 1. L. p. 43). C. 20 gehen die Consuln in die Provinzen, der Eine erleidet in Ligurien eine Schlappe.
C. 21 Berichte aus Spanien. C. 22 Spiele, Einmarsch von transalpinischen Galliern in Venetien. In Betreff des L. Scipio wird Valerius
als Gewährsmann citirt. Er soll nach der Confiscation seines Vermögens als Gesandter nach Asien geschickt sein um Streitigkeiten
zwischen Antiochos und Eumenes beizulegen. Abgesehen von der
Confiscation, welche fraglich erscheint, ist die Nachricht durchaus glaubhaft. Nach den Vorgängen 567 mufste eine zeitweilige
Entfernung aus Rom für den Asiaticus höchst erwünscht sein.
Durch die Spiele wollte er sich beim Volke ohne Frage angenehm
machen. Die Streitigkeiten zwischen Antiochos und Eumenes
werden die Grenze betroffen haben vgl. κβ 27 XXXVIII 39. C. 23
Wahlen: abweichend von c. 20 ist nach dieser Stelle der Consul
Sp. Postumius gar nicht in die Provinz gekommen.

2. Hierauf wendet sich Livius nach Makedonien und setzt
c. 23—29 das Verhältnifs zwischen Philippos und den Römern
auseinander. Er beginnt mit einer Darlegung, wie der dritte
makedonische Krieg schon von Philippos vorbereitet worden sei.
Polybios erörtert denselben Punkt im mai. Fragment κβ 22 a,
welches im ersten Satz von Livius wiedergegeben ist. Derselbe
zählt jetzt die Gründe für Philipps Erbitterung gegen die Römer
auf. Die Abtretung der Landschaft Orestis ist erwähnt ιη 30
XXXIII 34. Der Ausdruck *qui ab se defecerant in bello* ist hier
wie dort nicht ganz correct. Von einem eigentlichen Abfall der
Orester lesen wir XXXI 40 Nichts. sondern nur von einer freiwilligen Uebergabe, und Polybios a. a. O. sagt nur διὰ τὸ προς-
χωρῆσαι σφίσι κατὰ τὸν πόλεμον. Allein dieselbe Wendung kehrt wieder bei Livius c. 28 *civitates Macedonum, quae*

a me inter indutias defecerant. Hat Livius genau übersetzt, so
mufs der Abfall anderer Städte in Orestis — denn XXXI 40 ist
nur von Keletron die Rede — während des Waffenstillstandes 557 erfolgt sein, und Polybios oder Livius dies übersehen
haben. Wahrscheinlicher ist mir, dafs Livius wie an der einen
Stelle, so auch an den beiden andern ungenau übersetzt hat.
Ueber die Belagerung von Lamia s. XXXVI 25. — Nach der aufge-
hobenen Belagerung von Lamia soll Philippos Athamanien, einige
Städte Thessaliens und Magnesia in Besitz genommen haben.
XXXVI 14 hatte er schon vor jener Belagerung Athamanien erobert; allein da er dasselbe auf seinem Zuge nach Dolopien doch
wieder berühren mufste, braucht man auch keinen leisen Widerspruch zwischen dieser Stelle und der früheren Erzählung anzunehmen. — Mit den *quaedam urbes in Thracia* sind, wie das
Folgende zeigt, Ainos und Maroneia gemeint. 554 waren sie
durch Philippos erobert XXXI 16 und wahrscheinlich 556 zugleich mit Lysimacheia geräumt worden $i\zeta$ 4. Später legte Antiochos Besatzungen hinein, welche 564 abgeführt werden
XXXVII 60. — Die Anklagen gegen Philippos in Rom c. 24
haben wir entsprechend in dem ursinischen Fragment $\varkappa\gamma$ 6, welches indefs bis zur Unkenntlichkeit verkürzt ist. Der Schreiber
erwähnt für sich nur die Gesandtschaften des Eumenes und der
Maroniten, und übergeht selbst hier die Einzelheiten; die der
Athamanen Perrhaiber und Thessaler fafst er zusammen und
läfst sich gar nicht auf die Verhandlungen im Einzelnen ein. Die
Wendung $\gamma\varepsilon\nu o\mu\acute{\varepsilon}\nu\omega\nu$ $\delta\grave{\varepsilon}$ $\pi\lambda\varepsilon\iota\acute{o}\nu\omega\nu$ $\lambda\acute{o}\gamma\omega\nu$ deutet hier wie $\varkappa\alpha$ 1
(s. S. 188) klar die Verkürzung an. — Dafs aber wirklich im Li-
vius die treuere Fassung des polybianischen Textes vorliegt, geht
aus einer Anzahl gemeinsamer Wendungen zur Genüge hervor
z. B. $\mathring{\iota}\varkappa o\nu$ $\delta\grave{\varepsilon}$ $\varkappa a\grave{\iota}$ $\pi\alpha\varrho\grave{\alpha}$ $\tau o\tilde{\upsilon}$ Φ. $\pi\varrho\acute{\varepsilon}\sigma\beta\varepsilon\iota\varsigma$ $\pi\varrho\grave{o}\varsigma$ $\mathring{\alpha}\pi\alpha\nu\tau\alpha\varsigma$ $\tauo\grave{\upsilon}\varsigma$
$\varkappa\alpha\tau\eta\gamma o\varrho\acute{\iota}\sigma\alpha\nu\tau\alpha\varsigma$ $\mathring{\alpha}\pi o\lambda o\gamma\eta\sigma\acute{o}\mu\varepsilon\nu o\iota$; *venerant et a Philippo legati
ad purganda ea.* — Die Erörterungen mit den Thessalern und
Perrhaibern vor der römischen Commission c. 25. 26, desgleichen
mit den Gesandten des Eumenes c. 27—29 sind uns in den Titeln der ursinischen Excerpte $\varkappa\gamma$ 4 erhalten. Der zornige Ausspruch des Philippos c. 26 findet sich auch bei Diodor 29, 19.
Ueber die Grenzbestimmung durch Q. Fabius c. 27 vgl. XXXVII
60. Neu ist uns c. 28 die Nachricht von den Versprechungen
des Antiochos an Philipp; im Uebrigen stimmen die in dieser
Partie erwähnten Thatsachen mit der bekannten polybianischen
Erzählung überein. — Somit enthalten c. 23—29 die makedonische Geschichte nach Polybios; es frägt sich aber welchen

Jahres? Nach der folgenden Partie c. 33—37, welche derselben
Quelle angehört und unter 570 steht, des J. 569. Allein c. 23
steht Livius noch am Ende von 568, mithin müfste man den polybianischen Abschnitt diesem Jahr noch zuweisen. Aber c. 29
fährt er fort als ob er schon die Geschichte von 569 begonnen
hätte. Dies ist keineswegs der Fall: es fehlt die Provinzvertheilung, die Sühnung der Prodigien, überhaupt die ganze Thätigkeit der Consuln in Rom. In dieser Auslassung offenbart sich
eine bedeutende Nachlässigkeit: wir werden noch weiter § 8
sehen, wie Livius in diesem Buch das chronologische Verhältnifs
der polybianischen Abschnitte zu den Annalen in völlige Confusion gebracht hat.

3. C. 29 Rückkehr eines Proconsuls aus Spanien. Unruhen
in Apulien. C. 30. 31 Thaten der Praetoren in Spanien. C. 32
Unternehmungen der Consuln gegen die Ligurer. Wahlen. C. 33
37 sind aus Polybios entnommen: c. 33 aus der italischen,
c. 31. 35 der makedonischen, c. 35 — 37 der achaeischen
Geschichte, an den Anfang von 570 gestellt. C. 33 entspricht
dem weit ausführlicheren Fragment zγ 11. 12. Livius nimmt
hier auf die Verhandlung des Caecilius mit den Achaeern zγ 10
Bezug, die er nebst der achaeischen Geschichte des vorigen Jahres
übergangen hatte. C. 31. 35 stimmen mit dem Excerpt zγ 13. 14,
welches an Einer Stelle verkürzt ist s. S. 15, überein. C. 35—37
behandeln die lakonischen Wirren: über den Gegenstand ist der
Titel eines Fragments zγ 5 erhalten. Die hier erwähnten Thatsachen stehen mit der übrigen polybianischen Erzählung in genauem
Zusammenhang. Ueber den Hafs der Achaeer gegen die lake-
daimonischen Flüchtlinge vgl. zγ 11, den Anfang der Rede des
Lykortas zγ 12, die Unterwerfung Spartas XXXVIII 30. Unrichtig aber sagt Livius, die Achaeer seien an den Isthmien frei
erklärt worden: nur von einem Theil derselben, den Korinthiern,
ist dies richtig s. XXXIII 32.

4. C. 38 — 45 enthalten die Geschichte von 570 nach den
Annalen. C. 38 Vertheilung der Provinzen und Heere. C. 39
Streit über die Besetzung einer vacant gewordenen Praetur.
C. 40. 41 Bewerbungen um die Censur. Livius giebt hier eine
Charakteristik Cato's und bemerkt, dafs derselbe im 86sten Lebensjahr angeklagt gewesen und im 90sten den Servius Galba
belangt habe. Ebenso Plutarch Cato 15, der noch hinzufügt er
habe sich fast 50 Mal vertheidigen müssen: Plinius N. H. 7, 27
und Aurel. Vict. de vir. ill. 47 geben dies bestimmter auf 44 Ma
an. Ueber das Alter Cato's gehen unsere Quellen aus einander,

In der Anklage gegen Galba, welche 605 fällt, stimmen alle überein. Cicero Brut. 15 u. 20 berichtet ferner, dafs er in diesem Jahr gestorben sei, ebenso Velleius 1, 12; übereinstimmend setzt Plutarch c. 27 seinen Tod nach Beginn des dritten punischen Krieges. Allein es findet über das Geburtsjahr Widerspruch statt. Denn nach Livius und Plutarch c. 15 war er 605 90 Jahr alt, mithin 515 geboren; nach Cicero Brut. 20 und Plinius N. H. 29, 1 nur 85 Jahr, also 520 geboren. Ebenso de sen. 4: dazu stimmt wenn Cicero de sen. 5 585 ihn 65, cb. 10 604 84 Jahr alt sein läfst. Nach Cato's eigener Angabe bei Plutarch c. 1, mit der Nepos c. 1 stimmt, leistete er 17jährig den ersten Kriegsdienst, als Hannibal in seinem Glück Italien verheerte. Dies wäre nach Livius und Plutarch c. 15 532, wo der hannibalische Krieg noch gar nicht begonnen hatte; mithin ist die Rechnung des Annalisten, welchem diese Beiden gefolgt sind, falsch. Nach Cicero fällt der erste Dienst 537, wo die Schlacht am Trasimenersee geschlagen ward und dies pafst vortrefflich. Ueber die Widersprüche bei Plutarch s. Anh. 1, 4. — C. 41 erzählt Livius von Untersuchungen wegen Giftmischerei und giebt seine Quelle mit den Worten an *si Antiati Valerio credere libet, ad duo hominum milia damnavit*. Darauf berichtet er von Untersuchungen des Propraetors gegen Räuberbanden und Bacchanalien; ähnlich nach einer andern Quelle c. 29 unter dem vorigen Jahr. Der Zusatz *cui Tarentum provincia evenerat* zeigt, dafs Valerius ihm damals eine andere Thätigkeit angewiesen hatte. C. 42 Unternehmungen in Spanien. Triumphe der früheren Praetoren, *senatus lectio*. Da hier nicht erwähnt ist, dafs L. Valerius Flaccus *princeps senatus* ward, so liegt eine andere Quelle zu Grunde als c. 52: und zwar hier der c. 41 u. 43 citirte Antias, c. 52 Claudius vgl. S. 218. Ueber den Grund der Ausstofsung des L. Quinctius Flamininus aus dem Senat benutzt Livius eine Rede Cato's, gegenüber welcher er die Erzählung des Valerius verwirft. Eine dritte Version findet sich bei Cicero de sen. 12 und Plutarch Flam. 18 Cato 17. Letzterer hat an beiden Stellen dasselbe Excerpt verarbeitet, welches aus Cicero Livius und einem anderen Annalisten zusammengeschrieben war (vgl. Anh. 1, 4). 1, nach der Rede Cato's, welcher Livius folgt, erschlägt der Consul beim Mahl einem Buhlknaben zu Liebe einen edlen Boier, der zu den Römern übergetreten war. 2, Plutarch und — kurz aber übereinstimmend — Cicero c. 12 weichen darin ab, dafs es ein zum Tode Verurtheilter war, den Flaminin hinrichten liefs. 3, Valerius Antias, mit dem Valerius Maximus 2, 9. 3

stimmt, weicht von der ersten Version ganz ab und entspricht der
zweiten, soweit diese von der ersten verschieden ist. Statt des
Buhlknaben, der sich bei Beiden fand, ist es hier eine Buhldirne
aus Placentia. Dafs unter diesen drei Darstellungen die Rede Cato's
den gröfsten Anspruch auf Glaubwürdigkeit hat, braucht kaum
bemerkt zu werden vgl. Jordan p. LXXVIII. Von der Verhandlung der Sache vor dem Volk, von der Plutarch spricht, obwol
man sie aus der Rede Cato's folgern kann, und der spätern Be-
gnadigung, welche auch Valerius Maximus 4, 5. 1 erzählt, hat
Livius Nichts, ebenso wenig von der *nota* des Manilius. — C. 44
Mafsregeln der Censoren — übereinstimmend Plutarch Cato 18
— Bericht über zwei neue Colonien. — C. 45 nach kurzer Erwähnung der Thätigkeit der Consuln und der Wahlen geht Livius
über zum Jahr 571 und berichtet die Vertheilung der Provinzen,
dann einen Beschlufs über die eingewanderten Gallier c. 22.
C. 46 Veränderungen in der Besetzung der Priesterstellen,
Spiele, Prodigien. 569 und 70 sind die Prodigien bei Livius
übergangen.

5. C. 46—53 sind aus Polybios entnommen, und zwar
c. 46—48 der italischen, c. 49—52 der achaeischen, c. 53 der
makedonischen Geschichte, nach der Stellung bei Livius von 571.
Das erste Stück c. 46—48. welches die Verhandlungen des Senats mit den Gesandten des Ostens, zumal den makedonischen
und achaeischen enthält, entspricht völlig dem Fragment $\varkappa\delta$ 1—4.
Livius hat bedeutend gekürzt und all das Detail, welches für einen
Römer von geringem Interesse sein mufste, ausgelassen, wie er
denn c. 48 die lakedaimonische Frage mit den Worten abmacht
multae et parvulae disceptationes iactabantur. Dafs indefs so der
Zusammenhang und die Beziehung der Begebenheiten Einbufse erleidet, ist S. 70 an einem Beispiel nachgewiesen. — Hierauf kommt
Livius beim Durchlesen des Polybios auf den Krieg der Achaeer
gegen Messene, aus welchem er eine Episode, die Gefangennahme
und den Tod Philopoimens c. 49. 50 mittheilt (vgl. S. 82). Die
dürftigen Bemerkungen $\varkappa\delta$ 86 über das Alter und die Krankheit
Philopoimens stimmen. Zur weitern Vergleichung dient Plutarch
Philop. c. 18—20, der aber nicht aus dem Geschichtswerk des Polybios, sondern aus dessen Lobschrift auf Philopoimen geschöpft
hat (Anh. 1, 1). Die Darstellung in dieser Schrift war gewifs ausführlicher als diejenige, welche im Geschichtswerk dem Livius
vorlag. Einzelne Ungenauigkeiten bei Plutarch mögen sich darauf zurückführen lassen. Die meisten Abweichungen indefs sind
aus seiner Flüchtigkeit zu erklären: Alles ist bei ihm auf Rüh-

rung berechnet, auf die Richtigkeit der Thatsachen im Einzelnen geringes Gewicht gelegt. Die erste Differenz beider Autoren liegt im Betragen der Messenier gegen den gefallenen Helden: bei Livius behandeln sie ihn auf's Rücksichtsvollste, bei Plutarch binden und verhöhnen sie ihn. Es ist immerhin möglich daſs Polybios in seiner zweiten Darstellung von der ersten abgewichen ist, aber wahrscheinlich daſs Plutarch sich das Bild des grofsen Kriegers, wie er dem Schicksal verfallen von seinen Feinden verspottet wird, selbst zurecht gedacht hat. C. 19 erhalten wir einige Züge, wie von der Hülfe des Philopoimen gegen Nabis und dem Verhalten der achaeischen Ritter, welche bei Livius nicht stehen, aber durchaus ächt sind. Im Ganzen hat Plutarch sehr stark verkürzt und sich dadurch mehrerer Unrichtigkeiten schuldig gemacht. Er läfst den Philopoimen in der Nacht nach seiner Gefangennehmung tödten, während doch ein ganzer Tag dazwischen lag, und zwar durch Deinokrates allein, dem nur Wenige zustimmen. Degegen ist c. 21 von einem förmlichen Beschlufs hierüber die Rede ὅσοις μὲν ἀνελεῖν ἔδοξε, ὅσοις δὲ καὶ βασανίσαι κτλ. Die Schilderung des Todes c. 20 hält sich mehr an das Original und stimmt zum Theil wörtlich mit Livius überein. Die Rache und das Leichenbegängnifs c. 21 ist einer folgenden Partie entnommen, welche Nichts mit dem vorliegenden Stück, an das Livius sich hält, zu thun hat. Hier ist Diodor 29, 21 zu vergleichen, der auch die Ehren des Philopoimen weiter ausführt. Mit den am Schlufs dieses Kapitels erwähnten *scriptores rerum Graeci Latinique* sind, wie S. 41 bemerkt, die c. 52 genannten Polybios und Rutilius gemeint. Ersterer hatte, wie aus der Anordnung der valesischen und maischen Fragmente zд Sbfg. sowie derer Diodors 29, 21fg. hervorgeht, und wie Livius hier bemerkt, den Tod Hannibals und Scipios gleich nach dem Philopoimens, also unter der achaeischen Geschichte, nach Livius von 571 erzählt. Polybios hielt diese Drei für die gröfsten Feldherrn und die gröfsten Männer ihrer Zeit und von seinem Standpunkt als Grieche und seiner welthistorischen Auffassung aus durfte er sie dafür halten. Livius kann dieser Ansicht nicht ohne Weiteres beistimmen, und mit Recht, und führt sie deshalb als Ansicht seiner Quelle an. Hierauf geht er c. 51 der Anordnung des Polybios folgend zu den letzten Schicksalen Hannibals über.

6. Die Gesandtschaft des Flaminin an Prusias und Seleukos wird erwähnt zд 5. Zur weitern Controlle dient Plutarch Flam. 20. Wir haben S. 169 auf die enge Verwandtschaft seines

Berichts mit dem Appians Syr. 11, namentlich die eigenthümliche Verbindung bei Beiden zwischen dem Tode Hannibals und
dessen Verkehr mit Scipio in Ephesos hingewiesen. Beide erzählen ferner übereinstimmend, Flaminin habe aus eigenem Antrieb die Tödtung Hannibals verlangt πρεσβείων ἐφ' ἕτερα.
Plutarch läfst noch den Prusias flehentlich für seinen Gast bitten.
Dies ist ohne Frage eigne Zuthat um noch mehr auf die Gefühls-
nerven der Leser einzuwirken: der jämmerlichste unter den
Jammerprinzen Asiens, wie Mommsen den Prusias passend bezeichnet, wird schwerlich solche Umstände gemacht haben. Livius läfst es unentschieden, ob Flaminin dem Prusias die Anwesenheit Hannibals zum Vorwurf gemacht oder ob dieser von
selbst um den Römern einen Gefallen zu erzeigen den Plan der
Auslieferung oder Tödtung gefafst habe. Jedenfalls seien nach
der ersten Unterredung zwischen Prusias und Flaminin Soldaten
zur Bewachung Hannibals ausgeschickt worden. Vielleicht hat
Livius aus schonender Rücksicht gegen seinen Landsmann die
polybianische Darstellung gemildert: aber auch so erscheint derselbe in einem so gehässigen Lichte, dafs damit die verkürzte
Ausdrucksweise Plutarchs und Appians wol gerechtfertigt ist.
Diese erzählen ferner übereinstimmend von einem Orakelspruch
über den Begräbnifsort Hannibals: davon schweigt Livius. Appian
spricht von einem Flufs Λίβυσσος und einer Ebene Λίβυσσα,
Plutarch von einem Dorf Λίβυσσα, ebenso Pausanias 8, 11. 6
Plin. N. H. 5, 148 Aurel. Vict. de vir. ill. 42 Eutrop 4, 5 Tzetzes
Chil. 1, 27: vielleicht sind beide Versionen zu verbinden. Ueber den
Tod meldet Appian weiter Nichts als Φλαμινῖνος .... ἔκτεινε
τὸν Ἀννίβαν διὰ τοῦ Προυσίου φαρμάκῳ. Nipperdey zu Nepos
Hann. 12 sieht darin eine besondere Abweichung von allen übrigen Quellen. Allein der Ausdruck ist nur ungeschickt gewählt
und aus starker Verkürzung zu erklären. Man darf bei so flüchtigen und zu gleicher Zeit so schwachköpfigen Schriftstellern,
wenn sie stark verkürzen. die einzelnen Worte nicht auf die
Goldwage legen; dies Verfahren wird überall widerlegt, wo eine
unmittelbare Controlle möglich ist. Livius und Plutarch fahren
übereinstimmend fort: Hannibal habe aus Mifstrauen gegen den
Wankelmut des Prusias und aus Furcht vor dem Hafs der Römer 7 unterirdische Ausgänge aus seiner Wohnung angelegt gehabt: allein die Flucht wird verhindert und er tödtet sich. Ueber
seine Todesart bringt Plutarch drei Berichte, von denen die beiden ersten kurz eingeschoben sind, der letzte wegen der Nennung des Autors als Hauptquelle anzusehen ist, welcher er

Glauben schenkt. Derselbe stimmt mit Livius wörtlich überein,
nur dafs er kürzer gefafst ist. Die Handschriften haben hier
Λεύκιος δέ φησι; da aber dieser Name unsinnig ist, hat man
nach Stephanus allgemein _Λίβιος_ gelesen. Indefs da Plutarch
vorher und nachher Dinge erzählt, die gar nicht bei Livius stehen,
so ist diese Conjectur sehr unwahrscheinlich. Da ferner beide
Darstellungen entschieden verwandt sind, was liegt näher als die
Annahme eines gemeinsamen Ursprungs? Und so lese ich _Πο-_
λύβιος mit einer Aenderung, die ebenso leicht wie _Λίβιος_ ist.
Die Richtigkeit dieser Vermutung wird aufser Zweifel gestellt
durch die Verwandtschaft der appianischen Erzählung. Zudem ist es doch viel natürlicher, dafs Plutarch aus der primären griechischen Quelle geschöpft haben soll als aus der abgeleiteten lateinischen; und dies hat er im Vorhergehenden auch
überall wirklich gethan (vgl. Anh. 1, 3). Nepos Hannib. 12 weicht
von Polybios in der Veranlassung der Gesandtschaft, welche
ganz absurd ist, dem Namen Lucius für seinen Bruder Titus
Quinctius Flamininus, und dem Betragen des Prusias ab, in Bezug auf den Tod stimmt er. Fälschlich bemerkt er c. 13 Polybios habe denselben in 572 gesetzt (vgl. Nipperdey). Justin 32,
4 stimmt in der Charakteristik Hannibals mit Polybios überein,
und verlegt gleichfalls den Tod Philopoimens und Scipios in
dasselbe Jahr. Pausanias 8, 11. 6 fabelt, Hannibal habe auf der
Flucht sich mit dem Schwert in den Finger geschnitten und sei
drei Tage darauf am Wundfieber gestorben. — C. 52 kommt
Livius zu dem Letzten der drei grofsen Todten, dem Scipio. Er
übergeht dies Stück, weil er schon im vorigen Buch nach römischen Quellen den Gegenstand behandelt. Ueber seine Dispu-
tation gegen Polybios und Valerius s. S. 51. Die folgende Parallele zwischen den letzten Schicksalen Philopoimens Hannibals
Scipios ist wahrscheinlich von Livius verfafst. Wenigstens stimmen seine Angaben über den Prozefs und das Exil Scipios mit
der nach Valerius Antias gegebenen Darstellung überein. Sollten
dieselben aus Polybios stammen, so würden sie unsere S. 218
dargelegte Auffassung der Ereignisse auch von dieser Seite bestätigen. — C. 53 handelt von den Ereignissen in Makedonien.
Die Anknüpfung _dum ea in Peloponneso, a quibus derertit oratio._
geruntur ist im Zusammenhang des Polybios, welcher unter der
peloponnesischen Geschichte den Tod Hannibals und Scipios
mit dem des Philopoimen zusammengestellt hatte, verständlich.
Nicht so bei Livius, der c. 49 ausdrücklich erklärt die peloponnesischen Verhältnisse übergehen zu wollen. Ueber die Ankunft

der römischen Gesandten und die nächsten Unternehmungen des
Philippos am Ende c. 53 stimmt das Fragment zδ 6. Auch der
Anfang von zδ 7 steht zum Anfang dieses Kapitels in dem Verhältnifs des ausführlichen Originals zur knapperen Uebersetzung.
Im Uebrigen ist das Fragment vom Schreiber auf das Leicht-
fertigste behandelt worden. Alles was c. 53 über die erregte Eifersucht des Philippos und Perseus gesagt wird, ist ganz ungenügend in einem Satz zusammengefafst (p. 974, 22 — 25).
Ebenso durch die folgenden Worte das Verhalten des Philippos.
Jetzt geht der Schreiber gar zur Geschichte des folgenden Jahres über XL 5. Wie unverständig er gekürzt hat, zeigt das διὰ
τὰς προειρημένας αἰτίας, das aus Livius, nicht aber aus dem
Excerpt seine Erklärung findet. Schliefslich bricht er mitten im
Satz ab vgl. zβ 22 zγ 1. Er hatte eben nur Gesandtschaftsverhandlungen auszuschreiben und dazu pafste auch der Anfang
von der Rückkehr des Demetrios von Rom. Dann aber kam er
auf den Bruderzwist, der ihn Nichts anging, sucht einen passenden Abschlufs, vermag ihn indefs trotz der energischsten Abkür-
zungen nicht zu finden.

7. C. 54—56 sind den Annalen entnommen. C. 54 Zurückweisung der c. 22 und 45 eingedrungenen Gallier; anders
Piso bei Plinius N. H. 3, 19. 131. C. 55 Gründung von Aquileia und andern Colonien. C. 56 Nachrichten aus Spanien und
Ligurien, Wahlen, Prodigien. Zum Schlufs dieses Buchs bemerkt Livius: Valerius Antias habe den Tod Hannibals in dies
Jahr gesetzt, nachdem aufser Flaminin noch Scipio Asiaticus
und Scipio Nasica deshalb zum Prusias geschickt wären. Darnach scheint Livius ganz vergessen zu haben, dafs er selber nach
Polybios unter diesem Jahr den Tod Hannibals erzählt hatte.
Die Nachricht von dieser Gesandtschaft verdient Polybios gegenüber, der nur Flaminin nennt, natürlicher Weise keinen Glauben. Aus dieser Anmerkung folgt übrigens, dafs das Vorhergehende nicht aus Valerius genommen ist; denn c. 55 wird P. Scipio Nasica zum Triumvir für die Deduction von Aquileia erwählt.
Vielmehr scheint dem Livius bei nachträglicher Lectüre des
Antias dieser Punkt aufgefallen zu sein, den er schon c. 51 hätte
anmerken sollen.

Im XXXIX. Buch sind den Annalen entnommen c. 1—23,
29—32, 38 46, 54—56; dem Polybios c. 23—29 makedonische Geschichte von 569, c. 33—37 italische, makedonische,
achaeische von 570, c. 46—53 italische, achaeische, makedonische von 571. Darunter enthält c. 52 Ausführungen des Livius.

S. Es ward oben bemerkt, dafs Polybios für die Jahre 567
und 68 von Livius nicht benutzt ist: dasselbe gilt für 574. Unter den dazwischen liegenden Jahren 569—73 erhalten wir in
der Regel kurz nach dem Amtsantritt der Consuln Abschnitte
aus der italischen und makedonischen, zweimal auch der achaeischen Geschichte. Die chronologische Folge derselben ist durch
ihren Zusammenhang mit einander, wie die Ordnung des polybianischen Werkes S. 66 Anm. dargelegt wurde, vollkommen
sicher gestellt. Allein es fragt sich, ob ihre Datirung im Ganzen
richtig und ob diese nicht etwa um ein oder zwei Jahre vor-
oder rückwärts zu schieben sei. Die Chronologie der J. 554—
66, für welche Polybios die Hauptquelle des Livius bildet, steht
vollständig fest und daher müssen wir von ihr ausgehen. Nun
erfolgte das Gemetzel bei Kompasia XXXVIII 33 unter der Strategie Philopoimens im Sommer 566. Nicht lange nach Beginn
des folgenden Jahres, Winter 567, beschweren sich die Lakedaimonier über das Geschehene in Rom κζ 1 (Μάρκου Λεπίδου
... τότε τὴν ὕπατον ἀρχὴν εἰληφότος) und erhalten vom Consul günstigen Bescheid. Darauf schickt Philopoimen, der im
dritten Jahr nach einander Strateg ist*) 565. 66. 67. Gesandte
nach Rom und nach Aegypten. Die Gesandten statten Bericht
ab an die allgemeine Versammlung der Achaeer unter der Strategie des Aristainos 568 κζ 7 fg. Kurz darauf c. 10 kommt
Q. Caecilius aus Makedonien nach Argos, wird aber von dem
achaeischen Rat unverrichteter Sache fortgeschickt. Diese Verhandlung mufs 568 fallen**) und folglich fällt auch das durch
die Titel κζ 4 Bezeichnete d. h. die Verhandlungen mit Philippos
in Rom Tempe und Thessalonike XXXIX 23—29 in das J. 568.
Ferner gehört c. 33—37 κζ 5. 11 fg. in 569, wo Lykortas Strateg

---

*) Die Richtigkeit dieser Datirung wird auch auf anderm Wege bestä-
tigt. Nach Plut. Ph. 18 war Philopoimen 8mal Strateg und wenn nicht die
Strategie von 567 mitgerechnet würde, so käme man um Eine zu kurz. Die
Liste der achaeischen Strategen für diese Jahre, soweit wir sie kennen, ist
folgende: 547 Ph. 1 ια 8fg. Pl. c. 9, 549? Ph. II τὸ δεύτερον Pl. c. 11,
553 Lysippos Pl. c. 12, 554 Ph. III ιϛ 36, 555 Kykliadas XXXI 25, 556
Aristainos XXXII 19, 557 Nikostratos eb. 39, 558 unbekannt, 559 Aristainos XXXIV 24, 560 unbekannt, 561 unbekannt (von 555 bis 561 befand
sich Philopoimen in Creta Pl. c. 13. 1 b), 562 Ph. IV Pl. c. 14 XXXV 25,
563 Diophanes XXXVI 31, 564 unbekannt, 565 Ph. V XXXVIII 30, 566
Ph. VI eb. 33, 567 Ph. VII κζ 1. 7. 9, 568 Aristainos κζ 7, 569 Lykortas
XXXIX 35, 570 Ph. VIII eb. 49 Pl. c. 18, 571 Lykortas κδ 12.
**) Die Erwähnung der Nemeen κζ 10 kann nicht zur Zeitbestimmung
dienen, weil der Cyklus derselben nicht feststeht vgl. S. 159.

war, weiter c. 46—53 zδ 1—7. Sbfg. in 570 unter die Strategie
Philopoimens, ebenso XL 2—16 in 571, wo Lykortas Strateg
war, und XL 20—24 in 572: kurz die polybianischen Partien
bei Livius sind nicht auf 569—73, sondern auf 568—72 zu
setzen. Dieser Bestimmung, wie sie durch den Zusammenhang
der achaeischen Geschichte mit Notwendigkeit gefordert wird,
steht gar Nichts entgegen. Dem J. 566 nach römischer und der
eng verwandten polybianischen Rechnung entspricht Ol. 147, 4
148, 1; 567 Ol. 148, 1. 2; 568 Ol. 148, 2. 3; 569 Ol. 148, 3. 4;
570 Ol. 148, 4 149, 1; 571 Ol. 149, 1. 2. Es ist wichtig für
die Chronologie der Ereignisse des J. 570 dies festzuhalten. Es
fällt nämlich die Verhandlung mit den Gesandten des Ostens
zδ 1fg. c. 46fg. in Ol. 149, 1 d. h. den Sommer 570*). Dasselbe gilt von zδ 5, den Bemühungen des Deinokrates durch
Flaminin die Streitigkeiten Messeniens mit den Achaeern zu
Gunsten jenes entschieden zu sehen. Das hier Erzählte fällt einige Zeit später als die Verhandlungen zδ 1 fg. Mithin mufs der
gewaffnete Abfall der Messenier vom achaeischen Bunde nach der
vereitelten Intervention Flaminins und bald darauf, etwa im
August oder September 570, der Tod Philopoimens erfolgt sein.
Davon weicht nur unbedeutend ab, wenn Pausanias 4, 29. 11
nach unbekannter Quelle den Einfall der Achaeer περὶ ἀζμῃν
σίτον setzt. Das Alter Philopoimens wird zδ 8b Plut. c. 18
XXXIX 49 auf 70 Jahre angegeben: bei dem Ueberfall von Megalopolis durch Kleomenes Ol. 139, 1 hatte er das 30. Jahr zurückgelegt Plut. c. 5 (vgl. Diod. 29, 21). Beide Angaben stimmen vollständig überein, nicht aber wenn wir nach der livianischen Rechnung den Tod in den Sommer von 571 d. h. Ol. 149,
2 setzen würden. Der Tod Hannibals kann schwerlich vor den
Philopoimens fallen, wahrscheinlich einige Monate später. Nach
Nepos Hann. 13 setzte Atticus denselben 571, ebenso Valerius
Antias. Dafs die Angabe, Polybios habe ihn in 572 verlegt, auf
jeden Fall falsch sei, ward schon bemerkt. Endlich nach einem
unbekannten Schriftsteller, Sulpicius Blitho soll er 573 fallen.
Die Bestimmung des Atticus und Valerius kann immerhin richtig
sein; denn wie Polybios sich überall an kein bestimmtes Kalen-
derdatum bindet, konnte es ihm hier, wo er zur Verherrlichung
seinem Landsmann Philopoimen den Scipio und Hannibal an die

---

*) Die Worte *priusquam consules in provincias proficiscerentur* sind
zur Verbindung mit dem Vorhergehenden von Livius hinzugefügt, schwerlich richtig: unter den στρατηγοὶ zδ 1 sind die Praetoren zu verstehen.

Seite stellt, um so weniger auf ein oder zwei Monate ankommen.
Sicher fällt Hannibals Tod Ol. 149, 1, wahrscheinlich nach römischer Rechnung Ende 570 oder Anfang 571. Damit stimmt
es, wenn Hieronymus p. 358 (ed. Mai) denselben in 570 Ol.
148, 4, 327 nach Einführung der Consuln, 1831 nach Abraham
verlegt: Olympiaden- und Consulatsjahre werden hier natürlich
gleich gerechnet. Ueber Scipio ist S. 51 die Rede gewesen. Dafs,
wie es nach Livius Angaben der Fall war, sich über den Tod
Scipios zwischen Polybios und der römischen Ueberlieferung
eine Differenz von 2 Jahren ergab, ist gradezu unmöglich. An
einen Irrthum oder absichtliche Entstellung des Ersteren war
nicht zu denken: was blieb übrig als die Verläfslichkeit der gangbaren Annalistik gleich Null zu setzen? Der Tod Scipios fällt
wie bemerkt in das Ende von 569, Ol. 148, 4. Zwischen ihm und
dem Abscheiden Hannibals liegt ein Zeitraum von etwa 11—12
Monaten. Insofern konnte Polybios mit Fug und Recht das Ende
der drei grofsen Feldherren zusammenstellen, ebenso wol als er
ethisch dazu berechtigt war. Rutilius und Justinus sind ihm
darin gefolgt. Die Anwesenheit des Q. Marcius in Makedonien
und dem Peloponnes c. 53. 49 χδ 4 fällt in den Herbst 570 und
mit Bezug auf letzteres wol noch in den Winter oder Frühling
571. Dazu stimmt, wenn er Ol. 149, 2 χδ 10 vor nicht langer
Zeit nach Rom zurückgekehrt ist. Die Unterwerfung Messenes
durch Lykortas χδ 12 Plut. Ph. 21 erfolgt Ol. 149, 2, im Sommer und Herbst 571. Die bezügliche Gesandtschaft zeigte dies
dem Senat im Winter 572 an χε 2 XL 20. — So ergiebt sich
nach allen Seiten hin dafs unserer Lösung der chronologischen
Schwierigkeiten, wie sie bei Livius vorliegen, Nichts im Wege
steht, vielmehr dafs eine Verschiebung der polybianischen Partien von 569—73 auf 568—72 durch den Inhalt dringend gefordert wird. Es leuchtet ein, dafs bei diesen Abschnitten aus
der achaeischen und makedenischen Specialgeschichte, wo die
Consuln oder Praetoren gar nicht in Betracht kommen, eine fortlaufend falsche Datirung für einen Schriftsteller wie Livius sehr
leicht möglich war. So hat er ja auch die Kriegsgeschichte von
555 unter 554 und die griechische von 566 unter 565 gestellt.
Im vorliegenden Fall ist durch die zweifelhafte Stellung von
c. 23—29 die Confusion angedeutet.

Kapitel XVI.

Das vierzigste und einundvierzigste Buch.

1. C. 1. 2 sind den Annalen entnommen. C. 1 Vertheilung der Provinzen und Heere für 572. C. 2 Prodigien, Bericht aus Spanien. Es liegt hier eine andere Quelle vor als am Schlufs des vorigen Buchs. Marcellus entläfst XXXIX 56 sein Heer, aber c. 1 wird ihm das Commando verlängert, und c. 25 steht er noch an der Spitze einer Armee bis zum Eintreffen seines Nachfolgers. Dort sind die Prodigien an das Ende des Jahres gestellt, hier an den Anfang, c. 56 heifsen die spanischen Befehlshaber Proconsuln, hier Praetoren und Propraetoren. C. 2—16 enthalten die Geschichte von 571 (nach Livius 572) nach Polybios. Zuerst aus der italischen Abtheilung die Verhandlungen mit den Gesandten des Ostens, entsprechend dem Fragment xδ 10. Livius hat bedeutend gekürzt. Die peloponnesische Frage übergeht er nach dem XXXIX 48 aufgestellten Princip gänzlich und sagt so allgemein wie nur möglich *legatis prius Marcio audito .. responsa data sunt.* Auch die Antwort an die makedonischen Gesandten befafst er hierunter und geht sofort auf die Verhältnisse Makedoniens über. Die Mafsregeln des Philippos c. 3 stimmen wörtlich mit einem Theil des valesischen Excerpts xδ 8, welches vom Schreiber aus der fortlaufenden Erzählung zusammengestellt zu sein scheint (vgl. Heyse p. 64). Aus der Rede des Philippos an seine Söhne c. 8 entsprechen mehrere Sätze dem abgerissenen xδ 8a. Da hier die Erwähnung der Flaminine und Scipionen fehlt, so gewinnt die ohnehin nahe liegende Vermutung, Livius habe diese römischen Beispiele zur rhetorischen Amplification hinzugethan, noch gröfsere Wahrscheinlichkeit. Ueber den Brief Flaminins c. 11 s. S. 70. Die ganze Partie c. 3—16 ist sehr anschaulich und lebendig erzählt, und da ein

grofser Theil derselben von Reden eingenommen war, so erklärt
sich um so leichter, dafs Livius sie in ihrer ganzen Ausführlichkeit aufgenommen hat. Dafs er in den Reden selbstständig nach
eignen Gesichtspunkten gearbeitet, läfst sich aus früheren Beispielen abnehmen. Zum Schlufs wird das eigentliche Thema
des Abschnitts mit den Worten zusammengefafst: *haec vivo Philippo velut semina iacta sunt Macedonici belli, quod mox cum
Perseo gerendum erat* (Madvig *mox* für *maxime*).
C. 16—19 stammen aus den Annalen. C. 16 Berichte aus
Ligurien und Spanien. P. Manlius soll nach dieser Stelle 559 die
provincia ulterior gehabt haben, während er XXXIII 43 XXXIV
10. 17 die *citerior* hatte. Es liegt wol ein Irrthum von Livius
oder seinem Gewährsmann vor, keine Verschiedenheit der Quellen. C. 17 Schiedsgericht zwischen Massinissa und den Karthagern. Berichte aus Gallien. Massinissa soll den Karthagern in
diesem Jahr einen Gebietstheil entrissen haben, der schon im
Besitz seines Vaters war. Die Sache hängt wol noch mit der 561
erfolgten Wegnahme Emporias XXXIV 62 zusammen, über welche
die Verhandlungen lange Zeit dauerten λβ 2. Die Annalen schreiben im Gegensatz zu Polybios dem Massinissa das Recht zu.
Wie wenig dies der Fall war, zeigt der Eine Umstand zur Genüge,
dafs die römischen Commissare ihm den Landstrich nicht zu-
sprachen. C. 18 Wahlen, Vertheilung der Provinzen und Heere
für 573. C. 19 Prodigien, Pest, Untersuchungen über die Bacchanalien, Gesetze *de ambitu.*
    C. 20—24 gehören der italischen und makedonischen Ge-
schichte des Polybios von 572 an (nach Livius 573). Die
Gesandtschaftsverhandlungen sind wie gewöhnlich kurz zusammengezogen; es stimmt κε 2. Darauf wird die Ermordung von
Demetrios, Sohn des Philippos von Makedonien erzählt. Der
Zusammenhang dieser Partie mit der vorhergehenden und folgenden c. 54fg., auch mit anderen z. B. XLII 51. 58 und der
Charakter der Erzählung gestatten über deren Ursprung keinerlei Zweifel.
    2. C. 25—53 entstammen den Annalen. Für 574 ist Po-
lybios gar nicht benutzt. C. 25—28 Unterwerfung der Ligurer
durch Aemilius Paulus; über das Verhältnifs dieser Darstellung
zu Plut. Aem. 6 ist S. 94 die Rede gewesen. C. 29 Gründung
einer Colonie, Trockenheit und Mifswachs, Auffindung der an-
geblichen Bücher des Numa. Aufser dem Bericht des Livius haben wir einen zweiten Plutarch Numa 22 und einen dritten bei
Plinius 13, 13 nach Cassius Hemina nebst Notizen aus Piso Tu-

ditanus Varro und Antias. Valerius Maximus 1, 1. 12 hat Livius nachlässig ausgeschrieben. Nach Livius hatte Valerius den
Inhalt der beiden Convolute auf je 7 Bücher, nach Plutarch auf
je 12, nach Plinius auf je 2 angegeben; der Fehler in der handschriftlichen Lesart steckt wol bei den beiden Letzten, oder
ist in der Urschrift zu suchen. Livius bemerkt *adicit Antias
Valerius Pythagoricos fuisse, vulgatae opinioni, qua creditur Pythagorae auditorem fuisse Numam, mendacio probabili accom-
modata fide*. Der Vorwurf ist ungerechtfertigt; denn auch Andere,
wie Piso und Cassius Hemina, welche zeitlich dem Ereignifs nicht
gar fern gestanden haben, berichteten das Nämliche. Aus dieser
Bemerkung erhellt übrigens dafs Livius dem Valerius hier gefolgt
ist. Im Wesentlichen stimmen die verschiedenen Darstellungen
überein; im Einzelnen fragt es sich ob die Särge durch Regen blofs
gelegt oder beim Graben gefunden wurden, ob der Notar Cn. Terentius oder L. Petillius hiefs, ob es Ein Sarg war oder zwei, endlich wie viel Bücher. Man wird dem ältesten Gewährsmann, dem
Hemina den gröfsten Glauben beimessen müssen. — C. 30—34
Kämpfe in Spanien. — C. 34 Deduction von Aquileia (vgl. C. I. L.
p. 147), Dedicationen, Triumph des Paulus, Friedensgesuch der
Ligurer, Kämpfe auf Korsika und Sardinien, Rückgabe von 100
Geifseln an die Karthager. Letzteres wie XXXII 2 widerspricht
der Stipulation XXX 37. — C. 35 Wahlen, Vertheilung der Provinzen und Heere für 574. — C. 35. 36 Streit über das Heer in
Spanien. — C. 37 Pestilenz, Untersuchungen über Giftmischerei.
— C. 38 Unterwerfung der apuanischen Ligurer. — C. 39. 40
letzte Thaten des Fulvius Flaccus in Spanien. Von dem Krieg,
welchen Flaccus hier und c. 30—33 in Spanien führt, besitzen
wir eine zweite Darstellung bei Appian Iber. 42. Nach Livius
sind die Keltiberer aus Gott weifs welchem Grunde mal wieder
unter Waffen. Hier erheben verschiedene Völkerschaften am
Ebro, unter Anderen die Lusoner, ein keltiberischer Stamm
einen Aufstand aus Mangel an Land. Die Keltiberer werden in
drei grofsen Schlachten geschlagen, welche nach dem bekannten
Recept der Annalisten beschrieben sind. Bei Appian ist nur von
Einer Schlacht die Rede; nach dieser rückt Flaccus gegen den
Hauptsitz der Insurrection, Komplega. Die trotzige Aufforderung
dieser Stadt an den römischen Befehlshaber sich aus dem Staube
zu machen berichtet übereinstimmend Diodor 29, 31 '). Nach

---

*) Den Namen Komplega hat Diodor nicht, sondern spricht von einer
Stadt der Kemeleter. Vielleicht ist die Lesart verderbt, wie auch kurz
nachher λόγον für σάγον steht.

seiner flüchtigen Weise nennt Appian fälschlich den Flaccus Consul. Aber andererseits scheint seine Uebereinstimmung mit Diodor
darauf hinzuweisen, dafs er mittelbar aus Polybios geschöpft hat.
Auf jeden Fall ist seine Darstellung der inhaltsleeren livianischen
vorzuziehen und diese gänzlich zu verwerfen. — C. 41 Unternehmungen der Consuln in Ligurien. — C. 42 Beschwerden über
König Genthios, Neuwahlen der Priestercollegien. Wenn hier
gesagt wird *multis civibus Romanis et sociis Latini nominis iniu-
rias factas in regno eius, et cives Romanos dici Corcyrae retineri,
eos omnes Romam adduci placuit*, so kann man schwerlich anders verstehen, als dafs in der Voraussetzung der Annalisten
Kerkyra im Besitz des Genthios war. Allein bekanntlich stand
diese Insel seit 525 unter römischer Oberherrschaft β 11 und
bildete den Ausgangspunkt für alle Unternehmungen der Römer
in Griechenland; zβ 15 wird ein römischer Beamter daselbst erwähnt ὁ ἄρχων ἐν Κερκύρᾳ, vgl. Mommsen S. 525 Anm; G. d.
r. M. S. 372. Es ist dies wieder ein sprechender Fall, wie unzuverlässig die Annalen in Bezug auf äufsere Verhältnisse sind. —
C. 43 Colonie nach Pisa, Bericht über Untersuchungen wegen
Giftmischerei, Triumph des Flaccus. — C. 44 *lex annalis*, Vertheilung der Provinzen für 575, Spiele. Die Nachrichten über
letztere stehen in Einklang mit c. 40 und XXXIX 5. — C. 45.
46 Prodigien, Wahl von Censoren, Versöhnung derselben vgl.
Valer. Max. 4, 2. 1. — C. 47—50 spanischer Feldzug des Gracchus und Albinus 575. Gracchus eroberte Munda, Certima und
nach einem grofsen Sieg über die Keltiberer mehr als 100 andere Städte. Dies Alles nimmt Livius ohne Bedenken auf, aber
mit Einem Mal wird er stutzig. Einige Schriftsteller hätten berichtet, die Unterwerfung sei eine verstellte gewesen und erst
nach einer grofsen zweitägigen Schlacht in Wirklichkeit erfolgt;
im selben Sommer habe L. Postumius zwei glänzende Siege über
die Vaccaeer gewonnen. „Aber,“ fügt er hinzu, „es ist wahrscheinlicher, dafs er zu spät in seine Provinz kam um diesen
Sommer noch Etwas unternehmen zu können.“ Nun hat Postumius schon 574 die *provincia ulterior* erhalten c. 35 und ist
im selben Jahre dort angelangt c. 39. Für 575 wird ihm das
Commando verlängert c. 44 und c. 47 heifst er *propraetor*.
Wie reimt sich dies? *dormitavit bonus Livius*. Nach c. 47 soll
ja gerade Postumius gegen die Vaccaeer den Krieg führen, und
dieser Schlufs, den Livius verdächtigt, gehört notwendig zur vor-
aufgehenden Erzählung, wenn sie vollständig sein soll. Aber die
vielen Siege und die ungeheuerliche Zahl der Todten wird ihm

bedenklich, und so giebt er den Schlufs unter ausgesprochenem
Zweifel an seiner Richtigkeit. Dieser Zweifel findet die beste
Erklärung, wenn wir Valerius Antias als die hier benutzte Quelle
ansehen. In der That kann die ganze Erzählung, die von Nichts
weifs als von Schlachten und Eroberungen, nicht auf den gering-
sten Glauben Anspruch machen *). Sie stimmt, von dem Resultat des Feldzugs, der Unterdrückung der Insurrection abgesehen,
in keinem einzigen Punkt mit dem durchaus glaubhaften Bericht
Appians Iber. 43. überein. Nach diesem entsetzt Gracchus das
hart bedrängte verbündete Karavis, schlägt einen Ueberfall der
Keltiberer glänzend zurück, erobert Komplega und beruhigt die
Insurgirten durch Landassignationen und weise Verträge. Wir
haben endlich noch eine Notiz bei Strabo 3 p. 163 aus Polybios,
nach welcher Gracchus 300 Städte zerstört haben soll. Poseidonios, der Fortsetzer des Polybios, macht darüber den Witz,
jener habe aus Gefälligkeit gegen Gracchus wie bei den Triumph-
aufzügen Burgen ($\pi\dot{v}\varrho\gamma o\iota$) mit dem Namen Städte beehrt. Nun
meint Lachmann p. 58, Livius sei dem Polybios über den Feld-
zug des Gracchus gefolgt, habe aber die Uebertreibung mit den
300 Städten nicht wiederholen wollen. Sonderbare Kritik! Wir
haben über den Gegenstand eine einzige Notiz aus Polybios, diese
findet sich bei Livius nicht: aber bei alledem soll dieser doch
jenen benutzt haben. Nach unbekannter Quelle Frontin 2, 5. 14
3, 5. 2 4, 7. 33. — C. 51. 52 Thätigkeit der Censoren. — C. 53
Kämpfe in Ligurien.

  3. C. 54—58 enthalten die makedonische Geschichte von 575
nach Polybios. den Tod von Philippos, die Thronbesteigung
des Perseus, den Einfall der Bastarner in Dardanien. Des Antigonos wird c. 54 ganz nach polybianischer Anschauung gedacht
vgl. S. 137. Die griechische Quelle wird durch die folgende Bemerkung angedeutet *tutorem eum Graeci ut cognomine a ceteris
regibus distinguerent appellarunt*. Von Xychos oder Eutychos,
wie Madvig will, ist c. 55 die Rede, als ob es dem Leser eine
ganz bekannte Persönlichkeit wäre: allein Livius hat die Erwähnung des Mannes oder den Abschnitt, wo er vorkam, völlig übergangen. Wenn es ferner heifst über Philokles sei nichts Sicheres
bekannt geworden: Einige behaupten er habe schliefslich sein
Verbrechen eingestanden, Andere er habe auch durch die Folter
nicht zum Geständnifs gebracht werden können; so brauche ich

---

*) Mommsen bezieht auf den Feldzug des Albinus die Münzen No. 254 b,
deren Deutung für uns verloren ist.

wol kaum daran zu erinnern, dafs diese Bemerkung aus Polybios stammt und nicht auf Abweichungen unter den Quellen des Livius sich beziehen läfst. Ueber das von Reue geplagte Ende des Philippos und die Gesandtschaft des Perseus nach Rom mag man die entsprechenden flüchtigen Fragmente Diodors 29, 28, 33 vergleichen. Niebuhr über die armen. Uebers. d. Chron. d. Eusebios p. 74 glaubt, dafs der Tod Philipps nicht in das livianische Jahr 573 [= 575] Ol. 150, 1, sondern nach Porphyrios in Ol. 150, 2 574 [576] zu setzen sei. Indefs das Jahr 575 der Stadt kann ja füglich auch einen Theil des 2ten Jahres der 150sten Olympiade umfassen. Es ist ein Irrthum, dafs Polybios, wie Schweighäuser und Niebuhr annehmen, die Olympiaden und Consulatsjahre gleich gesetzt haben soll. Dafs Livius richtig datirt hat, ist aus der Uebersicht, welche er XLV 5 dem Polybios folgend über die makedonische Geschichte giebt, ersichtlich. Darnach fällt der Tod Philipps 575 und die Anerkennung seines Sohnes durch den römischen Senat 576. Der Abschnitt wird mit den Worten abgeschlossen *haec eo anno in Macedonia gesta.* C. 59 enthält nach den Annalen die Wahlen für das folgende Jahr, ferner Spiele und Prodigien.

4. Ein grofser Theil des XLI. Buchs ist verloren gegangen; gleich am Anfang findet sich eine bedeutende Lücke, ebenso zwischen c. 18 und 19. Es ist wahrscheinlich, dafs hier auch polybianische Stücke ausgefallen sind. In dem Vorhandenen zeigt sich wesentlich dieselbe Art der Benutzung wie in den beiden vorigen Büchern. Indefs greift Livius, je näher er dem Kriege mit Perseus kommt, desto mehr zum Polybios. Für seine charakteristische Methode seine Quelle zu übersetzen, nicht selbstständig zu bearbeiten haben wir hier einen Beleg in dem Ausspruch c. 25 vgl. S. 82.

C. 1—19 sind den Annalen entnommen. C. 1—5 Krieg gegen die Histrer: eine detaillirte Schilderung mit vielen Namenangaben, die indefs schwerlich auf gröfsere Wahrheit Anspruch erheben darf als die übrigen annalistischen Partien*) — C. 6 Bestimmung über die Wahlen, Rückkehr der Befehlshaber aus Spanien, Unruhen in Sardinien, Gesandtschaft der Lykier. Ueber letztere ist zu vergleichen ϰϛ 7. Polybios verlegt diese Verhandlung in das folgende Jahr 577 an das Ende des Sommers: denn

---

*) Ueber Ennius 18, 2 vgl. Vahlen p. LXXX. Hier wird ein Tribun Coelius genannt, der bei Livius nicht vorkommt. Durch Conjectur eine Uebereinstimmung herzustellen ist nicht unbedenklich. Mommsen S. 790 bezieht hieher die Rede Catos *de re Histriae militari* Jordan p. 53.

an eine frühere Gesandtschaft kann nach seiner Auseinandersetzung nicht wol gedacht werden. Unrichtig sagt der Annalist ferner, dafs Lykien von L. Cornelius Scipio den Rhodiern zuertheilt sei s. XXXVII 56 und dafs den Lykiern ein Schreiben des Senats mitgegeben ward, während nach Polybios Gesandte geschickt werden. In Betreff des Resultats stimmt er mit diesem überein. Wenn indefs so selbst die äufsern Umstände in den Annalen entstellt sind, so braucht kaum bemerkt zu werden, dafs von dem wirklichen Zusammenhang der Begebenheiten, der Unterwerfung Lykiens, der Freundschaft der Rhodier mit Perseus, der dadurch erregten Eifersucht Roms keine einzige Silbe bei diesen steht. — C. 7 Triumphe des Gracchus und Postumius, Zänkereien der Tribunen mit dem Consul Junius. — C. 8 Wahlen. Vertheilung der Provinzen für 577, Beschwerden der Latiner über Auswanderungen. — C. 9 Vertheilung der Heere, Prodigien. Gesetz gegen die Auswanderung nach Rom. — C. 10. 11 Krieg in Histrien. — C. 12 Krieg in Ligurien und Sardinien. Polybios κς 7 erwähnt τὴν ἀποστολὴν τῶν ὑπάτων Τιβερίου καὶ Κλαυδίου τὴν πρὸς Ἴστρους καὶ Ἀγρίους; der letzte Name scheint corrupt. Die Erfolge des Gracchus in Sardinien bezeugt die Inschrift c. 28 und Aurelius Victor de vir. ill. 57. — C. 13 Prodigien, Tod des Marcellus, Colonie nach Luna, Triumph des Consuls Claudius. — C. 14 Aufstand der Ligurer, Wahlen, Bestimmungen über Provinzen und Heere für 578. — C. 15 Opfer, Vertheilung der Provinzen. — C. 16 Tod des Consuls Scipio, Prodigien, Sieg über die Ligurer. — C. 17 Unterwerfung Sardiniens, Wahl eines Consuls. Rüstungen gegen die Ligurer. — C. 18 Kämpfe mit ihnen, Tod des Consuls Petillius; die Notiz Frontin 4, 1. 46 scheint zu dieser Darstellung nicht zu passen. Es folgt eine Lücke, in welcher die Geschichte vom Ende 578 bis zum Anfang 579 ausgefallen ist. — C. 19 Unterwerfung der Gallier und Ligurer.

C. 19. 20 sind aus der makedonischen und syrischen Geschichte des Polybios von 579 entnommen. κς 9 wird von einer Gesandtschaft der Dardaner erzählt, welche sich über die Bastarner beschwerte und zugleich gegen Perseus Beschuldigungen erhob; es wurden römische Commissare zur Untersuchung hingeschickt. Hier schliefst sich die livianische Erzählung an. Dafs Perseus Gesandte geschickt habe τὴν ὑπόνοιαν ἐκλύων, erwähnt auch Appian Mak. 11. Der weitere Bericht über die Kämpfe der Dardaner und Bastarner gehört augenscheinlich derselben Quelle an. Er ist zum grofsen Theil ausgefallen. Den Schlufs, die Niederlage der Bastarner lernen wir aus der Rede c. 23 kennen. Ueber ihre gänzliche Vernichtung beim Uebergang über die Donau s. Orosius 4, 20. Wie grofs die Lücke zwischen c. 19 und 20 sei, läfst sich nicht bestimmen. C. 20, am Anfang und Ende verstümmelt, enthält eine Charakteristik des Antiochos Epiphanes, der in diesem Jahr, Ol.151. 1 nach Eusebios, dem Seleukos auf den Thron gefolgt war. Es stimmen $\varkappa\varsigma$ 10 Diodor 29, 35 beide verkürzt (s. S. 6). Die Uebersetzung und Erklärung von *Prytaneum — id est penetrale urbis, ubi publice quibus is honos datus est rescuntur* — gehört dem Livius an. Hierauf fehlt das Ende dieses Jahrs und der Anfang von 580.

C. 21. 22 gehören den Annalen an. C. 21 Vertheilung der Provinzen und Heere für 580, Todesfälle unter den Priestern, Prodigien. C. 22 Bericht einer aus Africa zurückgekehrten Commission, Sendung von drei Gesandten nach Makedonien. Soweit mufs nach der äufsern Form der Erzählung, nach ihrer Stellung, endlich auch nach dem Inhalt Livius den Annalen gefolgt sein. Statt der hier Genannten ist c. 25 von einer Sendung von fünf Männern die Rede vgl. XLII 2. Das Resultat der Untersuchungen in Afrika war, dafs die Karthager in geheimer Verbindung mit Perseus ständen. Es ist eine der gewöhnlichen Verdächtigungen gegen Karthago, welche gar keinen Glauben verdient. Das Factum steht in unserer erhaltenen Ueberlieferung so vereinzelt da, dafs sich nicht ermitteln läfst, ob und wie viel Wahres zu Grunde liegt. Die Annalisten malen mit ihrem groben Tüncherpinsel feststehend den Massinissa weifs, die Karthager schwarz; jener ist der uneigennützige aufopfernde Römerfreund, diese mit Ausnahme der feilen Aristokratie jeder Hinterlist und Schurkerei fähig. Dafs denn doch Massinissa ganz andere Absichten hatte, sehen wir XLII 29.

C. 22—25 sind aus der makedonischen, achaeischen und anderen Spezialgeschichten des Polybios von 580 geschöpft. Die nach den Annalen erwähnte Sendung von Commissaren nach Makedonien dient als Uebergang zum Stand der Dinge in Griechenland. Der Zug des Perseus gegen die Doloper und nach Delphi wird $\varkappa\beta$ 22a XLII 13 App. Mak. 11 als Veranlassung des folgenden Kriegs genannt. C. 23. 24 werden die Versuche des Perseus mit den Achaeern anzuknüpfen erzählt. Es ist ganz die Anschauung von den achaeischen Parteien, die wir aus zahlreichen Fragmenten des Polybios kennen. Die Reden haben hier den Livius besonders angezogen. C. 25 schildert die Zustände in Aetolien, Kreta, Lykien.

C. 26—28 gehören den Annalen an. C. 26 Niederlage der Keltiberer. C. 27 Thätigkeit der Censoren und Consuln. Valerius Antias wird als Quelle citirt. Abweichend bringen Frontin 4, 1. 32 Valerius Max. 2, 7. 5 die Ausstofsung von Cn. Fulvius, dem Bruder des Censors aus dem Senat in Verbindung mit dem XL 41 erzählten Vergehen: hier heifst aber der Bruder Marcus und wird nach Spanien verbannt. Ein Bericht von Commissaren aus Griechenland, von denen c. 25 nach Polybios ausführlicher die Rede war, wird hier kurz erwähnt. C. 28 Feste, Wahlen, Rückkehr eines Befehlshabers aus Spanien, Gedenktafel des Gracchus, Gladiatorenspiele.

Im XL. Buch gehört den Annalen an c. 1. 2, 16—19, 25—53, 59 die J. 572—75 enthaltend, dem Polybios c. 2—16 italische und makedonische Geschichte von 571, c. 20—24 desgl. von 572, c. 54—58 makedonische von 575.

Im XLI. Buch stammen aus den Annalen c. 1—19, 21. 22, 26—28 die J. 576—80 behandelnd; aus Polybios c. 19. 20 makedonische und syrische Geschichte von 579, c. 22—25 griechische von 580.

Kapitel XVII.

Das zweiundvierzigste Buch.

Die Geschichte der Jahre 581–583 ist in diesem Buch enthalten, die Einleitung des Krieges mit Perseus und der erste
Feldzug gegen denselben. In der Erzählung des letzteren hält
sich Livius nach seinem uns genugsam bekannten Grundsatz
ausschliefslich an Polybios, *non incertum auctorem cum omnium
Romanarum rerum tum praecipue in Graecia gestarum.* Nicht
minder bleibt er seiner Methode darin treu, dafs er für die Vorgeschichte des Krieges, namentlich die diplomatischen Verhandlungen und Rüstungen, die in Rom spielten, Annalen zu Grunde
legt und diese durch Einschaltungen aus jenem erweitert. Aus
dieser Zusammenmischung der griechischen und einer ziemlich
ausführlichen annalistischen Quelle ist ein wunderbares Conglo-
merat von Wiederholungen und Widersprüchen ohne chronologische Ordnung geworden.

1. Das Buch beginnt mit dem Jahr 581. C. 1—4 sind den
Annalen entnommen. C. 1 Vertheilung der Heere und Provinzen.
Uebergriffe des Consuls Postumius gegen die Praenestiner. —
C. 2 Rückkehr der Gesandten aus Makedonien und Aetolien,
wahrscheinlich der XLI 22 genannten, die indefs namentlich
nur nach Makedonien geschickt worden: eine Bezeichnung,
welche von den Annalisten oft auf Griechenland mitbezogen wird.
Sie berichten, dafs Perseus ihrer Begegnung ausgewichen sei,
und dafs die aetolischen Unruhen nicht hätten unterdrückt werden können. Letzteres ebenso XLI 27. Nach Polybios XLI 25
waren ganz andere Commissare in Aetolien thätig. Hierauf Prodigien. — C. 3 Tempelraub des Censors Flaccus. — C. 4 Tod
des Praetors N. Fabius, Ackervertheilung, Gesandtschaft der
Aetoler und Thessaler.

· C. 5. 6 sind aus der griechischen Geschichte des Polybios

16*

von 5S1 entnommen. C. 4 heifst es nach den Annalen *legati ex*
Aetolia Romam venerunt de discordiis seditionibusque suis et
Thessali legati nuntiantes quae in Macedonia gererentur. Diese
vagen Angaben können nur diesen entnommen sein, um so mehr
weil nach dem Folgenden die Thessaler in Rom wahrscheinlich
über ihre eigenen Angelegenheiten verhandelt haben. Livius benutzt diese Anknüpfung um zu einer Schilderung der Sachlage
in Griechenland überzugehen. Ueber den Hafs der Hellenen gegen Eumenes vgl. c. 14 App. Mak. 11 κ᾽ 15 zη 7; die Beliebtheit des Perseus c. 12 κς 5 App. a. a. O. Die Gemahlin, welche
Perseus mit eigener Hand tödtete, ist wol die XL 5 erwähnte
bastarnische Prinzessin; er heiratete nachher Laodike von Syrien
κς 7. Ueber Apelles s. XL 55. Mit *externae caedes* ist die Ermordung des illyrischen Fürsten Arthetauros, der Thebaner Euersas
und Kallikritos gemeint c. 13. In Betreff der Unruhen in Aetolien
und Thessalien stimmt die erste Hälfte des wahrscheinlich cor-
rumpirten Fragments Diodor 29, 36 (vgl. Polybios p. 1181, 83)
überein. Es gelingt jetzt die im vorigen Jahr XLI 25 vergeblich
versuchte Lösung der aetolischen Wirren. Marcellus war dort
nicht mitgenannt, mufs also später hingekommen sein. Der c. 6
erwähnte Beschlufs der Achaeer gegen Makedonien ward XLI
23. 24 gefafst. Livius bemerkt, die Römer hätten in Achaia
ihren Hafs gegen Perseus kund gethan: den Ausbruch desselben
habe Eumenes beschleunigt, welcher mit einem Verzeichnifs der
makedonischen Rüstungen nach Rom kam. Hieran schliefst
sich unmittelbar c. 11 an. C. 6—11 stammen aus den Annalen.
Es werden von Neuem 5 Gesandte nach Makedonien geschickt
um sich die Sachen dort anzusehen, mit der weiteren Bestimmung nach Alexandreia um die Freundschaft mit Ptolemaios zu
erneuern. Von diesen Gesandten ist C. Valerius schon XLI 25
in Griechenland thätig und kehrt erst c. 17 dorther zurück: der
andern 4 geschieht in den polybianischen Theilen keine Erwähnung. Es folgt die Verhandlung mit einer Gesandtschaft des
Antiochos, welche c. 29 nach Polybios erwähnt wird. Alle die
kleinlichen Angaben der Annalen über dieselbe mögen ihre volle
Richtigkeit haben. — C. 7 wendet sich Livius mit den Worten
in provinciis eo anno haec zu den Kriegen in Korsika, Sardinien,
Ligurien. — C. 8. 9 Streit des Consuls mit dem Senat über die Behandlung der unterworfenen Ligurer, Wahlen. — C. 10 Lustrum,
Dedication eines Tempels, Tod eines Priesters, Heuschrecken, Ver-
theilung der Provinzen für 5S2. — C. 11 Ankunft des Eumenes in
Rom. Valerius Antias hatte erzählt, dafs Attalos, nicht Eumenes ge-

kommen wäre; *plurium annales et quibus credidisse malis ipsum Eumenem venisse tradunt*: hierunter werden Polybios und Claudius zu verstehen sein. Die Begrüfsung des Eumenes mit den stehenden Phrasen ist wie der Anfang von XXXIV 57 XXXVII 52 den Annalen entlehnt.

Von den Worten *orsus inde a Philippi consiliis* an ist Livius dem Polybios gefolgt. C. 11—18 die Einleitung des Krieges mit Perseus 582 ist diesem entnommen. Die Partie war allem Anschein nach als italische Geschichte aufgeführt. Die Rede des Eumenes c. 11—13 stimmt in allen Punkten mit einer weit kürzeren Appians, von welchem ein Fragment Mak. 11 erhalten ist, das die Vorgeschichte des Kriegs behandelt und der Kritik eine glückliche Handhabe darbietet. Es wird zweckmäfsig sein die Uebereinstimmung im Einzelnen darzulegen. Beide beginnen von den Plänen Philipps und dem Mord des Demetrios. Ueber die Aufwiegelung der Bastarner und den Tod Philipps vgl. XL 57. Darauf spricht Livius von des Perseus Tüchtigkeit und Erfahrung, bei Appian wird ihm — gewifs nicht mit Unrecht — auch noch seine Enthaltsamkeit vorgeworfen s. ϰϛ 5. Seine Beliebtheit beide, vgl. c. 5. Ebenso seine Verschwägerung, vgl. c. 29 ϰϛ 7; seine Verbindung mit den Boeotiern, vgl c. 43 ϰζ 1. Ueber die Verhandlung mit den Achaeern s. XLI 24, ihre Undankbarkeit gegen Eumenes vgl. ϰζ 15 ϰη 7. Seine Verbindung mit den Aetolern beide. Die Aufzählung der Rüstungen stimmt mit c. 52, vgl. Plutarch Aem. 8. Die Unterwerfung Thrakiens beide; ebenso die Uebergriffe gegen Abrupolis und Arthetauros, vgl. ϰβ 22a Pausanias 7, 10. 6. Appian fügt hier richtig hinzu, Perseus habe die Mörder des Letzteren aufgenommen, s. c. 40. 41. Die Verbindung mit Byzanz beide. Ueber die Unterjochung der Doloper und den Marsch durch Thessalien s. XLI 22. Die Unruhen in Thessalien und Perrhaibien beide, vgl. c. 5. Die folgenden Bemerkungen Appians über die Politik der Römer und den Unwillen vieler Senatoren gegen Eumenes hat Livius aus Patriotismus fortgelassen. Beide stimmen darin, dafs die Verhandlungen mit Eumenes geheim blieben. Ungenau fafst Appian die Gesandtschaft des Makedoners Harpalos und die der Rhodier zusammen. Nur die Letzteren bemühen sich dem Eumenes gegenüber gestellt zu werden, und ihnen gehört die Rede an, welche er als gemeinschaftliche bezeichnet. Weshalb er übrigens die Rede des Makedoners ausläfst, werden wir später sehen. — Die ehrenvolle Entlassung des Eumenes findet sich übereinstimmend in dem kurzen Fragment Diodors 29, 37, dessen Vordersatz aus ungenauer Verkürzung des Schrei-

bers oder des Verfassers zu erklären ist. — C. 15. 16 wird der
Mordversuch gegen Eumenes bei Delphi erzählt. Die kurze Angabe Appians entspricht genau. Das unwürdige Betragen des
Attalos bei der Nachricht vom Tode seines Bruders ist von Livius milder dargestellt, wie die Vergleichung des übereinstimmenden Fragments Diod. 29, 38 und Plut. περὶ φιλαδελφίας
p. 489 E lehrt: ein liebenswürdiger Charakterzug des Livius, dem
wir ja schon früher begegnet sind vgl. S. 30. 140. Das c. 17 erzählte Attentat auf die römischen Gesandten fehlt bei Appian,
der ganz allgemein sagt, es seien noch einige weitere Kriegsgründe hinzugekommen; ebenso die folgenden Rüstungen. Indefs umfafst die polybianische Erzählung offenbar noch die erste
Hälfte von c. 18. Cn. Sicinius steht c. 36 nach Polybios wirklich als Praetor bei Apollonia mit 5—6000 Mann, während die
Annalen c. 19. 22. 27 ihn erst allerlei Anderes treiben und
schliefslich mit ca. 20000 Mann dorthin abgehen lassen. Die
Nachricht von Eumenes schliefst sich an c. 16 an vgl. S. 248.

2. C. 18—28 stammen aus den Annalen. C. 18 Bewilli-
gung von Verstärkungen für Spanien. — C. 19 Beschlufs über
das campanische Gemeindeland. Verhandlung mit Gesandten des
Ariarathes und thrakischer Völkerschaften, Sendung römischer
Abgeordneten nach Asien und den Inseln. Was von Ariarathes
in die gewöhnlichen Phrasen eingehüllt gesagt wird, stimmt
gut zu seiner c. 29 dargelegten Politik. Unter den Thrakern
werden dem Kotys feindliche Stämme zu verstehen sein. Die
Nachricht über die asiatische Gesandtschaft des Tib. Claudius
und M. Decimius ist ungenau. Nach c. 45 werden Tib. Claudius
Sp. Postumius M. Junius nach Asien, ein Lucius Decimius c. 37
nach Illyrien geschickt. — C. 20 Prodigien. — C. 21 Streit der
Consuln mit dem Senat, Rückkehr eines Befehlshabers aus Korsika. — C. 22 Prozefs des M. Popillius. — C. 23. 24 Verhandlungen mit den Gesandten Massinissas und der Karthager. Diese
beklagen sich über weitere Uebergriffe, abgesehen vom streitigen
Gebiet, welches von der XLI 22 erwähnten Commission dem
Massinissa, wie es scheint, zugesprochen war. Das Uebrige ist
ziemlich nichtssagend; aber es ist beachtenswert, dafs der Senat
den Klagen der Karthager ein günstiges Ohr leiht. Dies stimmt
vortrefflich zu den Angaben über die Politik Massinissas c. 29.
— C. 25 kehren die Gesandten nach Rom zurück. welche nach
Makedonien gegangen waren um Genugthuung zu fordern und
dem Perseus die Freundschaft aufzusagen. Ihre Absendung ist
nicht erwähnt und vielleicht mit der Partie aus den Annalen

ausgefallen, für welche Livius c. 11—18 den Bericht des Polybios vorgezogen hat. Die Gesandten berufen sich auf zwei Bestimmungen des Vertrags mit Philippos, von denen die eine, dafs er aufserhalb seines Landes keinen Krieg führen durfte, wie S. 146 gezeigt, entschieden falsch ist. Sie werfen dem Perseus die von Eumenes erhobenen Beschuldigungen vor, und dafs er zu Samothrake lange geheime Verhandlungen mit den asiatischen Städten gehalten habe. Letzteres ist sehr unbestimmt und dunkel und konnte schwerlich den Grund zu einer Beschwerde abgeben, wird übrigens auch mit keiner Silbe bei Polybios erwähnt. Es ist ferner zu beachten, dafs des Attentats gegen Eumenes, überhaupt all der einzelnen Kriegsgründe, welche c. 40 nach Polybios aufgezählt werden, gar keine Erwähnung geschieht. Aber da die Annalisten über die auswärtigen Verhältnisse aufs Kümmerlichste unterrichtet sind, bleibt ihnen eben nur Phrasenmacherei übrig. Perseus verletzt nicht nur alle Vorschriften der Höflichkeit gegen die Gesandten, sondern stellt auch die anmafsendsten Forderungen, neben denen die Ehre des römischen Namens nicht bestehen konnte. Er provocirt auf jede Weise den Krieg, die Römer suchen ihn mit ängstlicher Gewissenhaftigkeit zu vermeiden. Dafs grade das Umgekehrte statt fand, und dafs an dieser ganzen Gesandtschaft kein wahres Wort ist, zeigt die polybianische Darstellung c. 36 fg. Dieselbe ist an die Stelle der Zusammenkunft getreten, welche Perseus c. 39 fg. mit römischen Commissaren abgehalten hat. Dafs aber auch die Namen der Letzteren zu den von Polybios c. 37 angegebenen nicht stimmen, ist für die Zuverlässigkeit der Annalen ein höchst bedenkliches Zeugnifs. — Wie im vorigen Jahr c. 4, sind auch jetzt Gesandte der Aetoler und Thessaler in Rom. Was sie wollen, wird nicht gesagt — C. 26 wird von den Consuln kurz bemerkt, dafs sie die Ligurer zu beruhigen suchten: eine Mafsregel, die man mit dem bevorstehenden Krieg gegen Perseus in Verbindung bringen darf. Hierauf verdächtigen Gesandte aus Issa den König Genthios und denunciren seine Abgeordneten als makedonische Spione. Hierüber werden A. Terentius Varro C. Plaetorius C. Cicereiius zu ihm geschickt. Auch diese Nachricht ist bedenklich. Denn zwar hatte Genthios nach c. 29 sich verdächtig gemacht; allein c. 37 wird L. Decimius nach Illyrien abgesandt. Es folgt der Bericht der c. 19 nach Asien und den Inseln geschickten Commissare. Dafs Eumenes Antiochos und Ptolemaios treu zu Rom standen, ist nach c. 29 richtig. Aber dafs Rhodos sich zu Perseus hinneigte, ist nach c. 45 falsch; vorläufig hatte die conservative römische Richtung die Oberhand gewonnen. Die feinern Schattirungen sind den Annalisten unbekannt; weil die Rhodier später für die Unabhängigkeit Makedoniens auftraten, müssen sie gleich von vorn herein verdächtig sein und Gesandte zu ihrer Reinigung schicken. — C. 27 handelt von den Rüstungen gegen Perseus; 8000 Mann Bundesgenossen und 400 Reiter werden gleich nach Makedonien geschickt, dann 50 Fünfruderer und eine Legion mit 4200 Mann Bundesgenossen unter dem Praetor Cn. Sicinius am Anfang Februar. Nach Polybios war Sicinius schon c. 16 abgesandt und steht c. 36 am Ende seines Amtsjahrs nicht mit 17000 Mann 900 Reitern, wie c. 27 angegeben wird, sondern mit 5000 Mann 300 Reitern in Epeiros. Wir haben schon früher S. 95. 202 bemerkt, dafs die annalistischen Heeresangaben in der Regel übertrieben sind. — C. 28 Wahlen für 583, Gelübde, Todesfälle. 3. C. 29. 30 sind dem Polybios entnommen. Nach dem Attentat auf Eumenes, erzählt Appian hätten die Römer Gesandte an Eumenes Antiochos Ariarathes Massinissa und Ptolemaios geschickt. Die Nachricht findet sich nicht bei Livius, natürlich von ähnlichen Notizen der Annalen, welche c. 26 eine Gesandtschaft an Eumenes Antiochos Ptolemaios erwähnen, abgesehen. Sie hätten ferner andere nach Griechenland und den Inseln geschickt; von diesen ist c. 37 und 45 ausdrücklich die Rede. In enger Beziehung zur ersten Angabe Appians steht c. 29. 30 eine allgemeine Uebersicht der Parteistellung aller Staaten der damaligen Welt. Da Livius sie an den Anfang von 583 setzt, so wird sie bei Polybios eine ähnliche Stellung, etwa als Einleitung der Jahresgeschichte von 583, eingenommen haben. Sehen wir uns dies Stück im Einzelnen an. Von Eumenes heifst es *cum vetus odium stimulabat, tum recens ira, quod scelere regis prope ut victima mactatus Delphis esset*; c. 18 war gesagt *praeter pristinum odium recenti etiam scelere Persei stimulante*; endlich c. 40 *prope ut victima Delphis in sacrato loco ante aras mactatus*. Die Uebereinstimmung der Ausdrucksweise an allen drei Stellen weist unwiderleglich auf einen gemeinsamen Ursprung derselben hin; es ist sattsam bekannt, dafs Polybios über keinen grofsen Vorrat von Redewendungen zu gebieten hatte. Ueber die Verschwägerung des Prusias mit Perseus vgl. c. 12 App. Mithrid. 2 (der im Folgenden wörtlich den Polybios λ 16 benutzt hat) die des Ariarathes mit Eumenes XXXVIII 39; die Stellung Syriens und Aegyptens χ.᷑ 17. Die Hülfstruppen Massinissas werden c. 62 erwähnt. Seine Politik gewinnt durch die vorliegende Nachricht ein ganz eigenthümliches Licht, das wir aus den Phrasen der

Annalen vergeblich gesucht hätten. Nach App. Libyk. 68 gab es eine Partei in Karthago, welche Anschluſs an Massinissa wollte; die Politik der Römer suchte ein allzu groſses Wachsthum der numidischen Macht zu verhindern vgl. S. 246. Ueber Genthios vgl. c. 37; anders die Annalen c. 26. Ueber Kotys s. c. 51. — In der ersten Hälfte von c. 30 wird eine Schilderung der Parteiungen in den hellenischen Freistaaten gegeben, die den Griffel des Polybios an der Stirn trägt. Die neutrale Partei, welche ein Gleichgewicht zwischen der römischen und makedonischen Macht als sichersten Schutz der Freiheit ansah, wird hier *optima eadem et prudentissima* genannt. Polybios war eben selber ein Repräsentant dieser Partei, und so abhängig ist Livius von seiner Quelle, daſs er seinen vaterländischen Anschauungen zum Trotz sich für die Unabhängigkeit Griechenlands ausspricht.

C. 30—36 stammen aus den Annalen. C. 30 Beschluſs des Krieges. — C. 31 Bestimmungen über Provinzen und Heere. — C. 32 Streit über die Provinz Makedonien, Aushebung. — C. 33. 34 der Widerstand gegen die Aushebung beseitigt. — C. 35 Rüstungen, Gesandte nach Afrika und Kreta geschickt. Die römische Flotte steht hier bei Brundusium, und dorthin geht ihr Commandeur ab; ihre Stärke beträgt nach c. 27 50 Fünfruderer. Nach Polybios c. 48 segelt der Praetor Lucretius von Rom ab, nicht von Brundusium und hat 40, nicht 50 Schiffe unter sich. — C. 36 Friedensversuch des Perseus. Diese Verhandlung ist dieselbe, welche Livius zum zweiten Mal c. 48 nach Polybios χ 7 gegeben hat. Perseus fordert nach den Annalen die Räumung Griechenlands, bei Polybios sucht er sich gegen die erhobenen Anschuldigungen zu vertheidigen. Sp. Carvilius soll ferner von Sicinius nach Rom geschickt sein, um die Eroberung Perrhaibiens und thessalischer Städte anzuzeigen. Allein Perseus hatte den Waffenstillstand gewissenhaft beobachtet und erst, nachdem seine Boten aus Rom den Krieg mitgebracht, macht er sich an die Eroberung der gedachten Landschaft. Endlich wird den Gesandten in 30, nicht in 11 Tagen die Räumung Italiens befohlen. Mit den Worten *haec Romae acta nondum profectis in provinciam consulibus* beschlieſst Livius die annalistische Erzählung.

4. C. 36—67 enthalten die Geschichte von 583 nach Polybios. Es ist S. 68 bemerkt worden, daſs Polybios seine Jahreseintheilung nicht ängstlich nach bestimmten Daten richtet, sondern bald mit dem Herbst bald mit dem Winter anfängt, je nachdem die Abschnitte in den Ereignissen selber dies fordern. Hier geht er auf den Zeitpunkt zurück, wo der Krieg durch den

Uebergang der Römer nach Epeiros eröffnet wurde, nach der Angabe c. 37 und 44 um die Mitte des Herbstes. Diese Rechnung stimmt nun durchaus nicht zur römischen, welche mit den Iden des März, der Mitte des Winters beginnt, und Livius hat auch schon nach den Annalen die Erzählung bis zum Frühjahr 583 geführt. Abgesehen von diesem chronologischen Widerspruch ist es für seine Methode bezeichnend daſs er ganz dieselben Dinge zuerst nach den Annalen und darauf nach Polybios erzählt. Die vorliegende Partie c. 36—67 spielt im Wesentlichen in Griechenland und kann als allgemeine oder griechische Geschichte bezeichnet werden. Zwischen ihr und der vorhergehenden c. 29. 30, in der wir eine Einleitung zur Geschichte von 583 sahen, ist der italische Abschnitt ausgelassen. Es fehlt Einiges im Zusammenhang der Ereignisse, namentlich der Abbruch der diplomatischen Verhältnisse zu Perseus. Wir lernen aus Appian eine Gesandtschaft desselben an den Senat und die von diesem erhobenen Beschuldigungen kennen; damit stimmt c. 40 *certum habeo et scripta tibi omnia ab Roma esse et legatos tuos renuntiasse.* Eine ausdrückliche Kriegserklärung kann nach der ganzen Darstellung c. 37 fg. nicht erfolgt sein. — Die Stellung des Praetors Sicinius in Epeiros c. 36 schließt sich, wie bemerkt, an c. 18 an. Ebenso ist die nach Griechenland geschickte Commission c. 37 kurz von Appian erwähnt. Im Folgenden zeigt Alles so deutlich den Ursprung aus Polybios an, daſs es unnötig erscheint auf das Einzelne aufmerksam zu machen. Perseus schickt einen Brief an die Gesandten nach Kerkyra mit der Anfrage, weshalb hellenische Städte von römischen Truppen besetzt würden. Man giebt eine mündliche ausweichende Antwort c. 37. Darauf verlangt Perseus eine Zusammenkunft c. 38. Sie findet c. 39 fg. statt*). Die bei derselben vom König gehaltene Rede c. 41. 42 läſst sich durch Appian controlliren. Wir haben das Fragment Mak. 11, welches die Vorgeschichte dieses Krieges behandelt, schon oben kennen gelernt. Die Thatsachen sind hier bedeutend verkürzt und möglichst zusammengezogen. Auf die Gesandtschaft der Römer an die Könige kommt, wie erwähnt, die nach Griechenland und den Inseln. Darauf ist der Schauplatz wieder in Rom: es folgt die Gesandtschaft des Perseus, welche vor die Thätigkeit der Commission in Griechenland zu setzen ist. Alsdann schickt Perseus eine neue Gesandtschaft, welcher die Rede in den

---

*) Ueber das Verhältniſs des Philippus zum makedonischen Königshause s. Mommsen G. d. r. M. S. 547 fg.

Mund gelegt wird, die in Wirklichkeit der König selbst bei der
Conferenz mit den römischen Abgeordneten hielt. Diese Gesandtschaft ist an und für sich ganz richtig und identisch mit
der c. 48 behandelten. Aber hier fehlt die Rede; und mithin
übergeht Appian all die einzelnen Verhandlungen der Römer in
Griechenland als viel zu unbedeutend und weitläuftig und nimmt
nur die Eine Rede heraus. Diese brauchte er aber auch aus rhetorischen Gründen, um nämlich ein Seitenstück zur Rede des
Eumenes zu haben. Hierauf bezieht er an mehreren Stellen
ausdrücklich die Worte der Makedoner. Wie ungeschickt und
unbegründet ein solches Verfahren ist, liegt auf der Hand. Appian selbst bemerkt von den Verhandlungen des Senats mit
Eumenes καὶ ταῦτ᾽ ἀπόρρητα ἔτι ἐν σφίσιν αὐτοῖς ποιούμενοι, noch bestimmter Livius bello denique perfecto quaeque dicta
ab rege quaeque responsa essent emanavere. Wie kann sich denn
Perseus dagegen vertheidigen? Sehen wir uns die appianische
Rede etwas näher an. Eumenes hatte zuerst von den makedonischen Rüstungen gesprochen; hiergegen zu Anfang einige
Phrasen. Dann wird die Vertreibung des Abrupolis gerechtfertigt, übereinstimmend mit Livius. Die spätere Erneuerung des
Bündnisses zwischen Rom und Makedonien scheint von Appian
hinzugesetzt zu sein um die Sache noch zu bekräftigen; wenigstens hören wir sonst nirgends davon. Die Unterwerfung der
Doloper, die Ermordung des Arthetauros, die Bündnisse mit den
griechischen Staaten und das Attentat auf Eumenes bei beiden
übereinstimmend. Darauf verbreitet sich Appian ausführlicher
über die Angaben des Rammius, aus dem einfachen Grunde, weil
er seiner im Vorhergehenden gar nicht gedacht hatte. Dafs er
Rammius in Herennios corrumpirt hat, wird uns bei dem Hang
dieses Schriftstellers die Namen zu entstellen nicht Wunder
nehmen. Der Redner wendet sich jetzt zu den Anschuldigungen
des Eumenes gegen die Charaktertugenden des Königs. Den
Schlufs bildet eine Ermahnung keinen ungerechten Krieg anzufangen, ihrem allgemeinen Inhalt nach von dem livianischen
nicht abweichend. Stellen wir die beiden Reden im Ganzen neben einander, so ist zwar die äufsere Einfügung eine verschiedene, ebenso die Anordnung des Einzelnen und Appian ist der
makedonischen Sache weit günstiger; nichtsdestoweniger ist die
Uebereinstimmung an den von uns bezeichneten Punkten in die
Augen fallend und erstreckt sich selbst auf einzelne Redewendungen; sie fordert mit Notwendigkeit die Annahme eines gemeinsamen Ursprungs. — Nach der Conferenz wird c. 43 ein

Waffenstillstand geschlossen. Die römischen Abgeordneten gewinnen die boeotischen Städte, verhandeln mit den Achaeern
und kehren am Anfang des Winters nach Rom zurück c. 44.
Dies Kapitel ist kürzer zusammengefafst, stimmt aber im Uebrigen mit dem Fragment κζ 1. 2 überein. C. 45 erzählt von
der Thätigkeit der nach den Inseln geschickten Gesandtschaft:
ihm entspricht das stark verkürzte Fragment κζ 3 vgl. S. 15;
über Decimius s. c. 37. Die Erzählung wendet sich c. 46 zu Perseus. Seine Verhandlungen mit den Rhodiern übereinstimmend
κζ 4. Irrthümlich — offenbar durch Verkürzung veranlafst —
sagt Livius, dafs die von Rhodos zurückkehrenden Gesandten auch
nach Boeotien gegangen seien. Es waren eben Andere, wie das
Fragment κζ 5 zeigt, welches, abgesehen von einer ungeschickten
Verkürzung (S. 15), durchaus stimmt. C. 47 geht nach Rom
über und enthält den Bericht der Abgeordneten an den Senat,
die verschiedenen in demselben laut gewordenen Ansichten über
ihr Verfahren gegen Perseus, endlich Vorbereitungen zur Siche-
rung Griechenlands. Das kurze Fragment Diodors 30, 7 verrät
deutlich den gleichen Ursprung. Zur Controlle der Verhandlung
mit den makedonischen Gesandten c. 48 haben wir ein ursinisches Fragment κζ 7, ein zweites von Diodor 30, 1 und das uns
schon bekannte Appians Mak. 11. In Betreff der Rede der Abgesandten stimmen Livius und Polybios überein (die Erweiterungen bei jenem sind rhetorischer Art), von der Rede bei Appian haben wir oben gesprochen. Alle 4 Autoren bemerken nun
übereinstimmend, den Gesandten sei vom Senat befohlen worden Rom am seibigen und Italien in 30 Tagen zu verlassen.
Polybios und Diodor fügen hinzu, dafs dieser Befehl auch auf alle
übrigen Makedoner ausgedehnt wurde, und Appian verbreitet sich
des Weiteren über die Härte dieser Mafsregel. Letzteres ist ohne
Frage aus Polybios entnommen und fehlt im Fragment nur deshalb, weil dasselbe augenscheinlich am Schlufs stark contrahirt ist.
So erklärt sich auch am Ungezwungensten, warum Livius über die
Ausweisung der Makedoner ganz geschwiegen hat: eben weil das
Verfahren seiner Landsleute in einem ungünstigen Lichte dargestellt war. Alle 4 Berichte fahren fort, dafs hiermit der Krieg
offen erklärt war. Die durch die Verkürzung unverständliche
Wendung bei Diodor προσέταξε δὲ τοῖς ὑπάτοις ἐν ἐκκλη-
σίαις διαρρήδην ἀπαγορεύειν wird aus Livius erklärt consuli..
denuntiatum ut exercitui diem primam quamque diceret ad conve-
niendum. Dafs auch das Folgende aus Polybios stammt, ergiebt die
Detaillirtheit der Erzählung und ihr Zusammenhang. Die Abreise

des Admirals Lucretius ist schon c. 35 abweichend nach den Annalen berichtet. — Bleiben wir hier einen Augenblick stehen um den Gang der Ereignisse bis zum definitiven Ausbruch des Krieges ins Auge zu fassen. Die Römer geben c. 40 $\varkappa\beta$ 22a als Kriegsgründe im Wesentlichen an die Vertreibung des Abrupolis, die Unterwerfung der Doloper, den Marsch nach Delphi, das Attentat auf Eumenes und die Ermordung boeotischer Gesandten. Ueber die ersten Punkte sowie eine Reihe anderer, die Ermordung des Arthetauros, Hülfsleistungen an Byzanz und Aetolien, das Bündnifs mit den Boeotern hatten lange Jahre hindurch stete Verhandlungen zwischen dem Senat und Perseus stattgefunden, welche sich im Einzelnen nicht mehr verfolgen lassen. Nachdem Perseus 580 die abgefallnen Doloper dem Verbot des Senats zum Trotz unterworfen und mit Heeresmacht im Herzen Griechenlands erschienen war, als die Achaeer darüber berieten in ein freundschaftliches Verhältnifs zu Makedonien wieder einzutreten, als in Aetolien und Thessalien die furchtbarsten Wirren vom König angeschürt und sein Name das Losungswort der Umsturzpartei in allen hellenischen Staaten geworden war, da endlich fingen die Römer an ernstlicher diese Dinge zu behandeln. Vorerst suchte man in den Jahren 580. 81 durch diplomatische Intervention die hellenischen Verhältnisse in das alte Geleis zu bringen. Die Ankunft des Eumenes Anfang 582 in Rom brachte die Entscheidung. Auf seine Mittheilungen hin beschlofs der Senat in geheimer Sitzung den Krieg. Die Rechtfertigung der makedonischen Gesandten wird zurückgewiesen. Man schickt Abgeordnete an die Könige um sich ihrer Treue zu versichern. Man erläfst ein Beschwerdenregister an Perseus, und eine neue Gesandtschaft desselben hat keinen Erfolg. Römische Truppen und Commissare gehen nach Griechenland. Da keine formelle Erklärung des Krieges erfolgt ist, läfst der König über die Bedeutung dieser Schritte anfragen und erhält eine ausweichende Antwort. Er verlangt eine Zusammenkunft mit den Commissaren. Auf dieser wird er überlistet und zu einer nochmaligen Unterhandlung in Rom bewogen. Um sie aufnehmen zu können mufs er einen Waffenstillstand nachsuchen, der den Römern die erforderliche Zeit für ihre Rüstungen darbietet. Natürlicher Weise scheitert der Friedensversuch. — Es geht hieraus hervor dafs man römischer Seits den Vertrag als durch Perseus gebrochen ansieht, und da für die aufgestellten Beschwerden keine Genugthuung geleistet wird, nach der c. 40 erwähnten, von Livius nicht aufgenommenen Verhandlung den Krieg als erklärt betrachtet. Nach den Annalen c. 25 werden eigene Bevollmächtigte nach Makedonien geschickt *ad res repetendas renuntiandamque amicitiam regi*. Nach Polybios c. 40 ist dies schriftlich geschehen [*scripta tibi omnia ab Roma esse*] und Perseus sucht sich aufs Neue durch Gesandte zu rechtfertigen. Dafs auch der übrige Inhalt c. 25 falsch sei, haben wir S. 247 gesehen. Der Beschlufs der Comitien c. 30 scheint authentisch zu sein, Dafs er, wie die Annalen wollen, erst im Amtsjahr 583 von den neuen Consuln durchgebracht ist, pafst vortrefflich in den Zusammenhang der Ereignisse; er wurde wol erst nach der letzten Verhandlung mit Perseus c. 48 formell gefafst. Bei den Annalen ist diese c. 36 völlig entstellt s. S. 249. Es leuchtet ein, dafs die Darstellung derselben über den Ausbruch des Krieges im Ganzen genommen im höchsten Grade unzuverlässig und ungenau ist, so dafs das Richtige von dem Falschen und Unwahren kaum sich scheiden läfst (vgl. S. 100).

5. C. 49 zieht der Consul von Rom ins Feld. Die Einfachheit und Anschaulichkeit der Schilderung verrät den Polybios. Sie gehört jedenfalls einem Fremden an; denn wie ein römischer Geschichtschreiber sie so hätte abfassen können, wäre unbegreiflich [*semper quidem ea res cum magna dignitate ac majestate geritur eqs.*]. Q. Mucius wird c. 58. 67 erwähnt; P. Lentulus ist wol ein anderer als der c. 47. 56 genannte. Im Uebrigen schliefst sich die weitere Erzählung von den Bewegungen des römischen Heers c. 53 an dieses Kapitel an. Auch XLIV 1 wird der Auszug des Consuls nach Polybios erzählt. C. 50 geht die Erzählung über zu Perseus: c. 50 Kriegsrat, c. 51 Aufzählung des makedonischen Heeres, c. 52 Rede an dasselbe, c. 53 Aufbruch und Marsch nach Thessalien, c. 54 Unternehmungen daselbst. Es folgt c. 55 der Marsch des römischen Heeres nach Thessalien. Hätte Perseus dasselbe, so heifst es, sofort angegriffen, *ne Romani quidem abnunnt magna sua cum clade fuisse pugnaturos*. Lachmann p. 58 versteht hierunter römische Schriftsteller; diese Deutung ist nach dem Zusammenhang der Stelle von Vornherein unmöglich, ganz abgesehen davon dafs Livius seine Quellen nie in dieser Weise anführt, dafs er nirgends von selbst so tiefgehende strategische Betrachtungen anstellt und denn doch am Allerwenigsten aus seinen römischen Quellen hierfür Stoff schöpfen konnte. Die Worte sind ganz einfach aus Polybios übersetzt und damit ist Alles klar. Ebenso beruft sich Polybios, der den Zug des Marcius Philippus über das makedonische Grenzgebirge mitgemacht hatte χι 11, auf dafs Zeugnifs des Generals XLIV 5 *ut ne dux quidem et auctor itineris infitiaretur eqs.* vgl. XXXI 38 XL 55.|

Wenn Lachmann ferner bemerkt, man könne aus Diodor schliefsen, dafs Polybios über diesen Zug weit ausführlicher gehandelt,
so weifs ich in der That nicht, was ihn zu diesem Schlufs berechtigt. Es folgt eine Aufzählung der griechischen Hülfstruppen,
dann c. 56 gleichzeitige Unternehmungen in Bocotien. In Betreff
der verbündeten rhodischen Schiffe und ihrer Entlassung vergleiche man aus der rhodischen Specialgeschichte den Schlufs
von κζ 6*). — C. 56—60 die ersten Operationen der beiden
Hauptarmeen und ihr Zusammenstofs bei Kallikinos. Ueber das
Kriegsgericht, welches der Consul nach dieser Niederlage abhielt,
ist Appian c. 12 zu vergleichen. Derselbe sagt ausdrücklich, dafs
die Beschuldigungen gegen die Aetoler ungerecht waren, und
dazu stimmt die Erwähnung κζ 13. Dafs Livius diesen Makel
seiner Landsleute übergangen hat, ist leicht begreiflich. Im
Uebrigen läfst sich der gemeinsame Ursprung beider Berichte
nicht verkennen. — C. 61 Siegesfreude im makedonischen Lager. — Die Friedensversuche des Perseus c. 62 haben wir entsprechend im Original κζ 8. Ueber denselben Gegenstand handelt das eben herangezogene Excerpt Appians, dessen wunder-
liche Deutungen S. 117 erörtert sind. -- Den Eindruck, welchen die Niederlage der Römer auf die Hellenen hervorbrachte,
stellt das Fragment κζ 7a. b dar. Polybios sucht seine Landsleute zu rechtfertigen und bedient sich dazu in glücklichster
Weise einer Analogie aus den Kampfspielen, dafs nämlich das
Publikum trotz seiner Liebe für den Starken dennoch oft unver-
mutet die Partie des Schwächeren ergreift, wenn er sich tüchtig
zu wehren weifs. Diese weitläufige Betrachtung fafst Livius c. 63
kurz zusammen. Man sieht daraus, wie eng er sich hier an seine
Quelle anschliefst und wie abhängig sein Urtheil von derselben
ist. Man konnte denn doch die Freude der Hellenen über die
Niederlage am Einfachsten aus ihrer Abneigung gegen die römische Herrschaft herleiten. — C. 63 Belagerung von Haliartos
durch Lucretius. — C. 64—66 werden die Ereignisse auf dem
wichtigeren Kriegsschauplatz in Thessalien bis zum Ende des
Sommers dargelegt. Die allgemeine Notiz bei Appian c. 13 weicht
nicht ab. Die Beschreibung der neu erfundenen Schleuderpfeile
c. 65 stimmt zu der bei Suidas erhaltenen κζ 9. Ueber das für
die Römer glückliche Gefecht c. 66 führt Livius die differirenden

---

*) Das Fragment spricht von Triremen, Livius sehr bestimmt von Qua-
driremen. Da nun die Rhodier sich vorzugsweise letzterer Gattung bedien-
ten, und die Aenderung von τριήρεις in τετρήρεις leicht ist, werden wir
kein Bedenken tragen der livianischen Angabe den Vorzug zu ertheilen.

Nachrichten eines Annalisten an, wie er dies ja öfters am Ende von Schlachtbeschreibungen gethan. Der makedonische Verlust von 300 Fufssoldaten und 24 Reitern wird hier vergröfsert zu 8000 Todten und 2800 Gefangenen. Auch die Römer sollen 4300 Mann verloren haben. Nach Polybios fiel der Oberst der Gardereiterei Antimachos, bei den Annalen werden daraus die Anführer Sopater und Antipater. Letztere sind, wo wir sie auch einsehen mögen, überall gleich unzuverlässig. C. 67 zieht sich Perseus in die Winterquartiere zurück, desgleichen nach einigen unbedeutenden Unternehmungen die Römer und ihre Verbündeten.

Im XLII. Buch ist den Annalen entnommen c. 1—4, 6—11, 18—28, 30—36; dem Polybios c. 5. 6 griechische Geschichte von 581, c. 11—18 italische von 582, c. 29. 30 u. 36—67 griechische von 583. C. 66 ist die Abweichung der Annalen notirt.

Kapitel XVIII.

Das dreiundvierzigste und vierundvierzigste Buch.

1. Livius folgt zu Anfang von B. XLIII den Annalen. C. 1 Unternehmungen der Römer in Illyrien; der Consul Cassius begiebt sich von Gallien aus auf den Weg nach Makedonien. — C. 2 Verhandlungen mit spanischen Abgesandten. — C. 3 Gründung einer Colonie in Spanien, neue Anschuldigungen Massinissas gegen die Karthager. — Es folgt eine grofse Lücke in den Handschriften, in welcher das Ende der annalistischen Geschichte von 583, der Anfang von 584 sowie die ganze Kriegsgeschichte dieses Jahres, die ohne Zweifel aus Polybios stammte, verloren gegangen ist. Für die Kenntnifs der letzteren sind wir auf einige wenige Fragmente von Polybios und Diodor und ein paar Notizen bei Plutarch und auf spätere Andeutungen hingewiesen. Darnach fallen die Epeiroten von Rom ab zζ 13 Diod. 30, 5. Ein Anschlag gegen den Consul Hostilius mifslingt zζ 14. Die römische Flotte erobert und zerstört Abdera Diod. 30, 6. Endlich hat Perseus nach Plutarch Aemil. 9 einen erfolgreichen Angriff auf die feindliche Flotte gemacht, den Hostilius von den elimeiischen Pässen zurückgeschlagen, die Dardaner vollständig besiegt und ist selber in Thessalien eingedrungen. Auch in Illyrien kämpfte er glücklich Oros. 4, 20. Nach der Epitome eroberte ferner Licinius als Proconsul mehrere Städte und behandelte sie aufs Grausamste; vgl. Zonaras 9, 22. — C. 4—11 enthalten den gröfsern Theil der annalistischen Geschichte von 584. C. 4 Gesandtschaft der Abderiten um über die vom Admiral Hortensius erlittne Behandlung Klage zu führen; vgl. Diodor 30, 6. — C. 5 Klagen der Gallier über den vorigen Consul Cassius. — C. 6. Gesandte von Athen Milet Alabanda Lampsakos. Es heifst hier, dafs Lampsakos unter des Perseus und früher des Philippos

Botmäfsigkeit gestanden, aber abgefallen wäre, nachdem das römische Heer nach Makedonien gekommen. Diese Nachricht, dafs Lampsakos, welches vor dem syrischen Kriege lange Jahre hindurch mit der gröfsten Ausdauer seine Unabhängigkeit gegen Antiochos behauptet hatte, nachher unter die Herrschaft des Philippos und Perseus gelangt wäre, ist ganz unglaublich; wir finden nirgends eine Andeutung davon und müssen sie entschieden verwerfen. Dafs die Stadt erst jetzt unter die römischen Bundesgenossen aufgenommen ward, mag immerhin seine Richtigkeit haben. Hierauf kommen Gesandte Massinissas und der Karthager, desgleichen c. 7 aus Kreta. — C. 7. 8 Klagen der Chalkidenser gegen die Praetoren Lucretius und Hortensius. Der Führer ihrer Gesandtschaft Mikythion ist als Haupt der römischen Partei aus dem syrischen Kriege bekannt XXXV 38. 46. Wenn Emathia Amphipolis Maroneia und Ainos als die Städte angeführt werden, welche den Römern ihre Thore geschlossen hätten und dadurch ungeschadet geblieben wären, so mufs man nach dem Zusammenhang alle vier als Verbündete Roms ansehen; dies ist unrichtig da die beiden ersten Städte makedonisch waren XLIV 44. — C. 9 Nachrichten aus Ligurien. — Den Bericht c. 9. 10 haben wir S. 60 besprochen. Als Livius denselben aufnahm, hatte er wol kaum die Geschichte des folgenden Jahres bei Polybios gelesen. Oder sollte ihm die Wiederholung ganz entgangen sein? — C. 11 Wahlen, Bericht der nach Griechenland geschickten Commission, Todesfälle. — C. 12 Vertheilung der Heere für 585. Als Ersatzmannschaft für die Armee in Makedonien wurden bestimmt 6000 Mann 250 Reiter von Römern und 6000 Mann 300 Reiter von Latinern. Aber nach Polybios XLIV 1 führte der Consul Marcius nicht 12550 Mann, sondern nur 5000 mit sich. — C. 13 Prodigien. — C. 14 Wahl von Censoren, Aushebung. — C. 15 Vertheilung der Provinzen, *senatus lectio*. — C. 16 Prozefs der Censoren. — C. 17 Vermehrung der Colonisten in Aquileia.

2. C. 17—23 enthalten die griechische Geschichte von 585 nach Polybios, und zwar die Ereignisse des Winters. Ueber die c. 17 behandelte Rundreise römischer Commissare haben wir das Fragment ϰη 3—5. Livius hat stark verkürzt und Vieles, das sich auf die speziellen Verhältnisse der einzelnen Staaten bezog, ausgelassen. Den Senatsbeschlufs, der nach dem Fragment kurz vorher angegeben war, hat Livius nachgetragen. Er stimmt zu dem ϰη 14. 11 angeführten; in den Annalen geschieht seiner keine Erwähnung. Die weitere Auseinandersetzung über die Po-

litik der Römer gegen Achaia übergeht Livius und drückt sich allgemein und sehr optimistisch darüber aus. Ersteres ist auch bei Aetolien, weniger bei Akarnanien der Fall. Der Zusatz am Anfang *legati qui in Graeciam missi erant* ist unrichtig und scheint als passende Anknüpfung zum Vorhergehenden gesetzt zu sein. Denn, wie bei Polybios steht und Livius nachher selbst angiebt, wurden Popillius und Octavius vom Proconsul Hostilius ausgeschickt. Ueber das Commando des Popillius in Ambrakia s. c. 22. — C. 18—23 werden die Unternehmungen des Perseus während des Winters erzählt. Ueber den c. 18 erwähnten Abfall des Epeiroten Kephalos s. z͂ 13 Diod. 30, 5. Der Ausdruck c. 19 *cohors regia, quos Nicatoras appellant* weifst auf Uebersetzung hin. Ebenso c. 21 die Wendung *Dyrrhachium — tum Epidamni magis celebre nomen Graecis erat*: denn Livius nennt die Stadt nach dem Sprachgebrauch seiner Zeit (vgl. Strab. 7 p. 316 Paus. 6. 10. 8) stets Dyrrhachium, auch wo er wie XXXI 27 XLII 48 bei Polybios Epidamnos vorfand, der keinen andern Namen kennt; hier fiel ihm das mal auf. Die Verhandlungen mit Genthios c. 19. 20 entsprechen genau dem Fragment z͡ι 8. Ueber die am Ende von c. 23 erwähnten vgl. z͡η 9´) Diodor 30, 10: Livius hat die einzelnen Gesandtschaften nicht aufgeführt, sondern die Hauptsache kurz zusammengefafst. Auch die Betrachtung über den Geiz des Perseus und die grofsen Erfolge, welche er mit seinem Gelde hätte erringen können, Diod. 30, 11 z͡η 9 ist ausgelassen.

3. XLIV 1—13 enthalten die griechische Geschichte vom Sommer 585 nach Polybios. Die Erzählung schliefst sich wie XXXIII 1 unmittelbar an das vorhergehende Buch an: *principio veris quod hiemen eam qua haec gesta sunt insecutum est eqs.* Der Aufenthalt des römischen Heeres auf dem Marsch nach Makedonien hinein zwischen Azoros und Doliche c. 2 wird in dem Excerpt aus der achaeischen Spezialgeschichte z͡η 11 erwähnt. Wie wir daraus erfahren, war Polybios Augenzeuge der folgenden Begebenheiten und konnte das Geständnifs des Consuls über seine gefahrvolle Lage c. 5 aus erster Hand erhalten. In Betreff der unverzeihlichen Unthätigkeit des Perseus c. 4 stimmt Diodor 30, 12; die Ausmalung der Folgen, wenn er entschieden zugeschlagen hätte, sowie gewifs auch manche tadelnde Bemerkung gegen die tollkühne Kriegführung des Consuls hat Livius übergangen. In demselben Kapitel findet ein bei Suidas erhaltener

.*) d. h. die erste Hälfte. In den Ausgaben sind ungeschickter Weise 2 ganz verschiedene Fragmente zusammengedruckt s. Diod. 30, 11.

Satz Appians Mak. 14 seine entsprechende Stelle: *cum Romanus imperator maior sexaginta annis et praegravis corpore omnia militaria munera ipse impigre obiret,* ὃς δὲ πρῶτος ἐξῆρχε τοῦ πόνου ἐξηκοντούτης ὢν καὶ βαρὺς τὸ σῶμα καὶ πιμελής. Mit dem Anfang von c. 6 stimmt Diodor 30, 13 und ein Satz Appians Mak. 15 überein. Das Folgende ist lückenhaft überliefert: die erhaltenen Worte finden zum Theil aus Diodor 30, 14 ihre Verbindung und Erklärung vgl. Madvig Emend. Liv. p. 562 seq. Wenn indefs Diodor Νίκων sagt, Appian Mak. 15 und Liv. c. 10 Νικίας, so ist die letztere Version offenbar die richtige. Der Rückzug von Dion c. 6 steht entsprechend bei Diodor 30, 15. Bemerkenswert ist die Wendung *circa Lapathunta quem Characa appellant,* welche auf falscher Uebersetzung zu beruhen scheint; denn χάραξ ist doch wol als Lager zu fassen,*) vergl. c. 2. Ueber die Beschuldigungen des Perseus gegen seine Generale c. 7 vgl. κη 9, über die Einnahme Herakleions c. 9 die Notizen aus Suidas κη 12. Die Tödtung des Andronikos und Nikias c. 10 findet sich übereinstimmend Appian Mak. 16, über dessen weitere Betrachtung s. S. 117. In Betreff des verzweifelten Kampfs der Römer c. 10 stimmt Diodor 30, 16, der ausführlicher nach polybianischer Weise sich hierüber ausläfst. Am Schlufs dieses Abschnitts c. 13 notirt Livius die Abweichung des Valerius Antias. Ueber die geheimen Verhandlungen zwischen Eumenes und Perseus, von denen man nach c. 13 jetzt zu munkeln anfing, erhalten wir κϑ 1 b. fg. c. 24 die genaueste Belehrung, welche ein Zeitgenosse und ein Mann von der Stellung des Polybios sich verschaffen konnte. Valerius Antias ist schneller bei der Hand. Nach ihm hat Eumenes trotz wiederholter Aufforderung des Praetors denselben mit seiner Flotte gar nicht unterstützt, wie doch c. 10 fg. erzählt wird. Er ist gleich zum Consul gesegelt und da er seine Truppen nicht im römischen Lager placiren darf, geht er entrüstet fort und läfst auch trotz der Bitten des Consuls die gallischen Reiter, die er mitgebracht, nicht bleiben. Nach Polybios c. 28 schickt er diesem Corps, das von Anbeginn des Feldzugs mit den Römern focht, Verstärkungen. So ist von der ganzen Erzählung des Valerius nur das wahr, dafs Eumenes den Römern verdächtig ward. Wenn auch die Verdächtigungen des Eumenes, wie Polybios sie, nachdem er sich den Kopf weidlich darüber zerbrochen hat, giebt, nicht viel besser sind als eine

---

*) Vielleicht hat ἐν τῷ χάρακι τῷ Λαπαϑοῦντι καλουμένῳ oder Aehnliches dagestanden.

heutige Zeitungsente, was von Mommsen S. 750 mit Nachdruck
hervorgehoben ist, so haben sie denn doch wenigstens einen
Sinn und repräsentiren die Anschauung eines grofsen Theils der
damaligen gebildeten politischen Kreise. Valerius Antias giebt
die Anschauungen und Erzählungen, welche in den Barbierstuben
zu Hause sein mochten.
4. C. 14—22 sind den Annalen entnommen. C. 14. 15
Verhandlungen mit Gesandten eines transalpinischen Stammes,
dann der Pamphyler, endlich des Prusias und der Rhodier. Die
beiden Letztern bieten ihre Vermittelung im Kriege mit Perseus
an. Prusias hatte Anfangs Neutralität beobachtet XLII 29, in
diesem Jahr aber die Römer mit 5 Deckschiffen unterstützt c. 10.
Nach den Bemerkungen an ersterer Stelle ist es wol möglich,
dafs er einen schwachen Versuch machte den Frieden herbeizuführen. Die Rhodier verlangten mit übermütigen Worten den
Frieden: welche von den Mächten ob Makedonien ob Rom sich
demselben entgegensetzen würde, gegen diese würde Rhodos
einschreiten müssen. Die Anmafsung bringt das Blut des Livius
in Wallung *ne nunc quidem haec sine indignatione legi audirive
posse· certum habeo.* Von der Antwort, welche der Senat den
Rhodiern ertheilte, giebt Livius 2 Versionen. Nach Claudius
wurde Nichts erwiedert, sondern ein Beschlufs vorgelesen, nach
welchem Karien und Lykien frei sein sollten. Andere d. h. Valerius berichtete eine ausführlichere Zurechtweisung und Dro-
hung. Diesen scheint Livius wegen der schönen Worte vorzuziehen und hat wol auch aus dem Grunde den Namen verschwie-
gen, welcher in seinem Munde stets einen bedenklichen Klang
hat. Bei alledem seien den Gesandten die üblichen Geschenke
geschickt, aber nicht angenommen worden. Nach $z\eta$ 14 verhandelte in diesem Jahr eine rhodische Gesandtschaft mit dem
Senat: ihre Vertheidigung gegen Beschuldigungen, welche Einige
verbreiteten, wurde günstig gehört, ihre Bitte Getreide aus Italien
ausführen zu dürfen gewährt. Der Vermittlungsversuch, den die
Annalisten im Sinne haben, gehört ins folgende Jahr nach der
Schlacht bei Pydna $z\vartheta$ 7 XLV 3. Die Rhodier waren von dem
perfiden Consul Marcius, demselben der seinen Gastfreund Perseus beim Ausbruch des Kriegs übertölpelt hatte, im Vertrauen
aufgefordert worden die Beilegung des Streits in die Hand zu
nehmen $z\eta$ 15. Nach den Erfolgen, welche Perseus im Anfang
von 586 errang, gewann die makedonische Partei in Rhodos um
so leichter die Oberhand; es ward eine Gesandtschaft an den
Consul in Makedonien und eine zweite nach Rom geschickt um

zu vermitteln. Aemilius Paullus hiefs dieselbe warten, bis er die
feindliche Macht vernichtet. Die andere ward vom Senat nach
der Schlacht bei Pydna vorgelassen: sie erklärte ihr Mandat den
für Rhodos und die Hellenen wie für Rom gleich verlustvollen
Krieg beizulegen durch die Ereignisse erledigt und beglück-
wünschte den Senat wegen des gewonnenen Sieges. Es wurde
den Gesandten geantwortet, ihre Vermittlung sei in feindlicher
Absicht erfolgt um Perseus zu retten, deshalb könnten sie auf
freundliche Behandlung keinen weitern Anspruch erheben. Der
Beschlufs des Senats, welcher die Karer und Lykier frei erklärte,
ward erst 587 gefafst λ 5. Diesen Daten gegenüber erweisen sich
die Annalen als völlig unzuverlässig. Es ist richtig, dafs die Rhodier eine Diversion zu Gunsten des Perseus versuchten, aber
nicht 585, sondern 586; richtig dafs die Rhodier in ihren Interessen durch den Krieg grofsen Schaden, namentlich Mangel an
Getreide litten; endlich richtig, dafs der Senat ihnen Lykien und
Karien nahm, aber nicht 585, sondern 2 Jahr später. Dieses
Halbrichtige ist mit den gewöhnlichen Phrasen und Uebertreibungen zusammengebraut. Die in der Antwort des Antias erwähnten geheimen Verhandlungen zwischen Perseus und den
Rhodiern beziehen sich auf XLII 25. 26: wir dürfen dort auch
aus anderen Gründen Valerius als die zu Grunde liegende Quelle
ansehen. Uebrigens ist es beachtenswert, dafs seine Version
richtiger ist als die des Claudius. — C. 16 Bericht des Consuls
Marcius an den Senat. Ferner wird ein vornehmer Makedoner,
der zu den Römern übergetreten ist, Onesimos des Python Sohn
in den Senat geführt. Er hatte stets zum Frieden geraten und
dem König das Beispiel seines Vaters vorgehalten, welcher zwei
Mal täglich den Vertrag mit Rom zu lesen pflegte. Darnach soll
also Philippos ein Friedensfreund, wol gar ein treuer Anhänger
der Römer gewesen sein! Es ist fast unglaublich, bis zu welchem
Grade die Thatsachen in den Annalen entstellt sind. Käme sie
nicht aus so trüber Quelle, so möchte man die Nachricht von
der Lectüre Philipps im umgekehrten Sinne nehmen, und sie
wäre ein treffender Beitrag zu seiner Charakteristik. Im Uebrigen mag die Aufnahme des Onesimos unter die römische Bür-
gerschaft wahr sein. Hierauf wird die Thätigkeit der Censoren
im Anschlufs an XLIII 16 erwähnt. — C. 17 Wahlen, Vertheilung der Provinzen für 586. — C. 18 Absendung einer Commission zum Heer in Makedonien, Prodigien, Todesfälle, Spiele.
— C. 19 Bestimmungen für den Krieg, Gesandtschaft aus
Alexandreia um Hülfe gegen Antiochos zu erbitten. Aegypten

hatte 584 den Krieg um Koilesyrien begonnen κζ 17 Diod. 30,
19. 20. Antiochos gewann eine Landschlacht Diod. 30, 18 und
eroberte Pelusion κζ 17 Diod. 30, 23. Im Jahr 585 unter dem
Vorwand für den älteren Ptolemaios das Reich zu gewinnen
rückte er gegen Alexandreia, belagerte es, mufste aber unverrichteter Sache abziehen κη 16 fg. Nach seinem Abzug fand eine
Versöhnung der Brüder statt, welche beide in Antiochos ihren
gemeinschaftlichen Feind sehen mufsten XLV 11. Die von den
Annalen erwähnten Gesandten sind vor Aufhebung der Belagerung von Alexandreia abgeschickt: nach derselben war Aegypten
im Besitz des älteren Ptolemaios, nicht des Antiochos. Die Seeschlacht, welche Letzterer bei Pelusion gewonnen haben soll,
ist wol keine andere als die Landschlacht des Polybios. Die abgeschickten Commissare werden c. 29 nach Polybios erwähnt.
Indefs wurden sie nach dem Rückzug des Antiochos aus Aegypten und, wie es scheint, aus eignem Antrieb des Senats hinge-
sandt κϑ 1. Die Römer hatten schon zweimal den Krieg beizulegen versucht, aber vergeblich κϑ 10. So lange Perseus noch
das Feld hielt, war der König von Syrien nicht gewillt den Be-
fehlen des Senats Folge zu leisten κϑ 11. Im Ganzen, sehen wir,
ist die Darstellung der Annalen ziemlich richtig. — C. 20 Bericht
der aus Makedonien zurückgekehrten Abgeordneten. Einzelnes
ist richtig angegeben, so die Stellung der Heere am Enipeus. Die
Stärke der feindlichen Armee ist mit 30000 Mann etwas zu nie-
drig gesetzt. s. c. 42. Appius Claudius soll wie XLIII 10 bei
Lychnidos stehen; dafs er Verstärkung bedurfte, erhellt auch aus κη
11. Es ist bemerkenswert, dafs hier ebensowenig als c. 21 vom
Abfall des Genthios Etwas gesagt ist. Von Eumenes hören wir
dieselbe Fabel wie c. 13 am Ende: wir dürfen daher annehmen,
dafs Valerius Antias hier zu Grunde liegt. — C. 21 Vertheilung
der Heere. — C. 22 Rede des Aemilius Paullus an das römische
Volk vor seinem Abgang nach Makedonien. Sie ist zum gröfseren Theil aus der italischen Geschichte des Polybios entnommen;
dies wird durch die Uebereinstimmung einiger flüchtiger Sätze
κϑ 1a und durch den Inhalt, welcher von den leeren Phrasen
der Annalen abweicht, aufser Zweifel gestellt. Dafs Livius nach
seiner Gewohnheit sehr frei gearbeitet hat, versteht sich von
selbst. Der Anfang bis *vos quae scripsero senatui etc.* ist nicht
aus Polybios geschöpft, wegen der Erwähnung des Loses und
des Licinius: dieses ist offenbar eine Zurückweisung auf c. 19.
In Betreff des ersten Punkts berichten Plutarch Aem. 10 Justin
33, 1 und das Elogium C. I. L. p. 289 ausdrücklich, dafs kein Lo-

sen stattfand, und dies ist an und für sich höchst wahrscheinlich.
Auch die Worte, welche er c. 11 dem Consul in den Mund legt,
passen wol zum Folgenden der livianischen Rede, nicht aber zum
Anfang. Erwähnt wird die *urbana contio* in der polybianischen
Erzählung c. 34. Der Schluſs des Kapitels *ab hac contione seq.*
gehört wieder den Annalen. Den glänzenden Auszug des Consuls
erwähnt übereinstimmend Cicero ad Att. 4, 13.

5. C. 23—46 umfassen die griechische Geschichte von
586 nach Polybios, den letzten Feldzug gegen Makedonien.
Die Verhandlungen zwischen Perseus und Genthios c. 23 haben
wir völlig übereinstimmend in dem am Ende verkürzten Excerpt κϑ 2. 3. s. S. 15; desgleichen die mit Eumenes c. 24.
25 in dem Fragment κϑ 1 b. Ueber den Versuch ein deutsches
Hülfscorps ohne Sold zu gewinnen c. 26. 27 ist zu vergleichen
Appian Mak. 18, Diodor 30, 24, Plutarch Aem. 12. Livius nennt
die Fremdlinge hier Gallier, XL 58 Bastarner ebenso wie Polybios, der κς 9 die Bezeichnung Bastarner und Galater ohne Unterschied neben einander, κϑ 1 f. die letztere braucht, desgleichen
Plutarch c. 12. 13. Man hat wegen der Kampfweise, nach der
ein Reiter und ein Fuſsgänger stets zusammenfochten, mit Recht
einen germanischen Stamm in ihnen gesehen. Polybios kennt
die Germanen nicht und befaſst jene daher unter den Namen Galater mit. Appian spricht von Geten; dies ist eine absichtliche
Veränderung des Namens. Nach seiner geographischen Kenntnifs hiefsen die Völker jenseit der Donau Geten s. praef. c. 4 Illyr. c. 4 und gehörten zu dem Collectivstamm der Kelten. Er
wie Diodor berichten, daſs sie die Donau überschritten hatten;
Livius läſst dies aus und meldet nur, daſs sie zur Donau zurück-
kehrten. Ueber die ethische Auffassung Appians haben wir
schon S. 117 gesprochen. Abgesehen davon, daſs er den Namen
Klondikos in Kloilios corrumpirt hat, stimmt seine Version mit
der diodorischen und livianischen vollständig überein. Auch
Plutarch steht auf demselben Boden. Bemerkenswert ist noch
eine Nachlässigkeit am Schluſs des appianischen Stücks, welche
für die Methode dieses Verfassers bezeichnend ist. Nachdem
nämlich Livius das Verfahren des Perseus gegen die fremden
Hülfsvölker erzählt hat, fügt er eine Betrachtung darüber hinzu,
welchen Nutzen dieselben dem König gewährt hätten, wenn sie
den Römern, durch die makedonische Armee am Enipeus fest-
gehalten, in den Rücken geschickt worden wären und ihnen alle
Zufuhr aus Thessalien abgeschnitten hätten. Daraus macht Appian: es sei eine Unklugheit des Königs gewesen ruhig im Win-

terlager zu bleiben und nicht in Thessalien einzufallen, welches
den Feinden die Zufuhr darbot. — Hinsichtlich der Eröffnung
der Feindseligkeiten durch Genthios c. 27 stimmen Appian III. 9
Mak. 18 und Plutarch Aemil. 13 mit Livius überein. — Es
folgen c. 28. 29 die Unternehmungen der Makedoner zur See
und ihre Verhandlung mit den Rhodiern während dieses Winters. Der Ausdruck c. 28 *naves quas hippagogus vocant* deutet
auf Uebersetzung aus dem Griechischen. Die Verhandlungen
zu Rhodos c. 29 finden sich übereinstimmend in dem verkürz-
ten Excerpt $\varkappa\vartheta$ 5. Es fehlt hier der Name des Polyaratos, der
neben Deinon Führer der makedonischen Partei war $\varkappa\zeta$ 6. 11
$\varkappa\vartheta$ 11 λ 6. 9. Ferner erwähnt Livius, dafs das Gerücht von
der Ankunft des gallischen Hülfscorps von grofser Wirkung in
Rhodos war: dies ist ohne Frage hinter $\dot{\eta}$ $\tauo\tilde{v}$ $\Gamma\epsilon\nu\vartheta\acuteιo\nu$ $\mu\epsilon\tau\acute{\alpha}$-
$\vartheta\epsilon\sigmaις$ ausgefallen. Dagegen hat jener die Erwähnung der Nie-
derlage des pergamenischen Transports c. 28 übergangen. —
Mit c. 30 beginnt der Feldzug des Sommers und zwar wird
c. 30—32 die Unterwerfung des aufgestandenen Illyriens erzählt.
Ueber den Charakter und die Unthaten des Genthios ist das Citat
aus Polybios $\varkappa\vartheta$ 5 bei Athenaios zu vergleichen. Wenn dieser
den Bruder Pleuratos statt Plator, den Schwiegervater Menunios
statt Honunos nennt*), so ist hierin wol nur handschriftliche
Verderbnifs zu sehen. Den gleichen Ursprung mit der livianischen
zeigt die kurze Darstellung Appians Illyr. 9, aus welcher sich
auch die Lücke am Ende von c. 30 im grofsen Ganzen ergänzen
läfst. Eine Nachlässigkeit ist es wenn derselbe den illyrischen
Krieg in 20 statt in 30 Tagen beendet werden läfst. — Hierauf
geht Livius c. 32 zu dem Kriegsschauplatz in Makedonien über.
Zur Kritik der folgenden Partie besitzen wir nur wenige äufsere
Hülfsmittel, und einige von diesen sind gar nicht anwendbar,
weil an 5 Stellen gröfsere Bindeglieder der livianischen Erzählung ausgefallen sind, auf welche sich unsere Fragmente beziehen. Eine rhodische Gesandtschaft an den Consul wird c. 35
erwähnt *cum iisdem de pace mandatis quae Romae ingentem iram
patrum excitavere:* dies bezieht sich nicht auf c. 14. 15, sondern
auf $\varkappa\vartheta$ 7 XLV 3 vgl. S. 262. In demselben Kapitel findet ein
Satz aus Polybios $\varkappa\vartheta$ 6, bei Suidas erhalten, seinen Platz s. S. 64.
Die Nachricht über die Mondfinsternifs c. 37, welche der Kriegstribun C. Sulpicius Gallus voraussagte, ist den Annalen entnommen. Zwar weicht die Notiz $\varkappa\vartheta$ 6, dafs die Verfinsterung bei

---

*) Beide Lesarten scheinen combinirt werden zu müssen in Monu-
nios s. Mommsen G. d. r. M. S. 395 Anm. 90.

den Makedonern als ein Omen für den Untergang ihres Königs galt, von dem Schlufs bei Livius nicht ab. Aber die Bestimmung der Zeit nach dem offiziellen römischen Kalender *nocte quam pridie nonas Septembres insecuta est dies* ist bei Polybios unerhört; er hatte schon c. 36 *[tempus] anni post circumactum solstitium erat* gesagt nach astronomischer Bezeichnung, die auch wirklich richtig ist, insofern diese totale Mondfinsternifs in der Nacht vom 21 auf den 22 Juni 168 v. Chr. stattfand Ideler 2 S. 104. Dazu kommt, dafs jene Datirung sich eng an eine spätere aus den Annalen XLV 1 anschliefst. Endlich entspricht dem polybianischen Gebrauch auch nicht die Hinzufügung *secundae legionis* zu *trib. mil.* Dafs Livius dies Stück ohne weitere Angabe einer andern Quelle eingeschoben hat, ist beachtenswert. Er unterliefs es, weil keine Abweichung bei Polybios vorlag, und diese Notiz mufste allerdings einem Römer sehr interessant erscheinen. Ueber die astronomischen Kenntnisse des Gallus vgl. Cicero de sen. 14 Plinius N. II. 2, 9. Polybios hatte schwerlich Etwas über ihn gesagt, ebensowenig Justin 33, 1 Plutarch Aem. 17. Uebrigens beweist die Andeutung bei diesem nach einem Augenzeugen, Scipio Nasica, dafs Aemilius Paullus recht wol von Mondfinsternissen Bescheid gewufst, dafs die Notiz der Annalen ihre volle Richtigkeit hat; wie umgekehrt aus der Schilderung, die Nasica von dem Verhalten der Soldaten giebt, hervorgeht, dafs diese Notiz unmöglich von einem Augenzeugen herrühren kann. Auch weicht Cicero de rep. 1, 15 von der livianischen Fassung ab. Es ist dies übrigens der einzige Fall in dieser Partie, dafs die Annalen benutzt sind. Man möchte vielleicht die weitschweifige Rede des Consuls c. 38. 39, worin er die Gründe darlegt, weshalb er am vorhergehenden Tage die Schlacht nicht begonnen, hinzufügen wollen. Allein der Gegenstand ist ein solcher, wie ihn auch Polybios breit zu quetschen liebt, und Vieles kann Livius aus eignen Stücken hinzugethan haben. C. 40—46 stehen wir ohne Zweifel ganz auf polybianischem Boden. Die 4 Notizen aus Polybios p. 1039, welche wir bei Suidas und Plutarch haben, gehören in die Lücke zwischen c. 40 und 41. Leider ist auch hier die Ordre de Bataille ausgefallen: im Folgenden werden die Divisionen der Bundesgenossen als Alen bezeichnet und es ist von einer 2ten Legion die Rede; man sieht aus dem angegebnen Grunde nicht recht, ob Polybios wirklich nach römischem Sprachgebrauch die Nummern der Legionen angegeben hat vgl. S. 197. Das Alter des Paullus wird c. 41 auf 60 Jahr gesetzt wie Diodor 30, 25. Die Wendung *clipeatos* —

chalcaspides appellabantur deutet auf Uebersetzung aus dem Griechischen. Das Excerpt zϑ 12, unpassend bei Becker an das Ende des Buchs gestellt, findet sich c. 41 übersetzt. Die Erzählung von dem jungen Scipio c. 44 steht übereinstimmend bei Diodor 30, 30: hierher gehört auch die Notiz aus Polybios p. 1186, 150; denn dafs beide uns vorliegende Versionen verkürzt sind, lehrt ihre gegenseitige Vergleichung. Die Preisgebung von 50 Talenten an die Kreter c. 50 wird auch von Diodor 30, 26 erwähnt, welcher irrthümlich 60 sagt, während ebenso Plutarch Aem. 23 nur von 50 spricht. Das Ende der Geschichte, wie die habgierigen Söldner von dem filzigen König um ihren Raub geprellt wurden, fehlt bei Livius und wird, wenn nicht schon c. 45 eine Lücke anzunehmen ist, mit Anderem am Ende von c. 46 ausgefallen sein.

6. Ueber den Feldzug des Aemilius Paullus sind uns ein paar Fragmente historischer Ueberlieferung von Plutarch erhalten, welche theils von grofsem Interesse sind, insofern sie auf Augenzeugen und Mithandelnde zurückgehen, theils auch indirect bestätigen, dafs wir im Livius die Darstellung des Polybios vor uns haben. Zuerst die S. 48 erwähnte Denkschrift des Scipio Nasica, an irgend einen König gerichtet und ohne Frage in griechischer Sprache abgefafst. Sie bietet eine Parallele dar zu dem *ι* 9 citirten Brief des Scipio Africanus an König Philippos. Aus der plutarchischen Biographie gehören ihr an c. 15—18. 21. 22. 26. 27 s. Anh. 1, 5. Scipio Nasica war ein Genosse des aemilischen Kreises, dessen er oft und mit Vorliebe gedenkt; er hatte einen bedeutenden Theil an den erzählten Begebenheiten gehabt und daher wird seinem Zeugnifs ein bedeutendes Gewicht beizulegen sein. Im Grofsen und Ganzen stimmt er denn auch mit Polybios vollständig überein. Allein seine Darstellung ist einseitig vom römischen Standpunkt aus und in jenem renommistischen Charakter gehalten, welchen wir S. 181 auch bei Cato antrafen: während die eigenen Thaten übermäfsig gepriesen werden, zeigt der Verfasser hinsichtlich der Gegenpartei sowol eine grofse Mifsachtung als eine grofse Unkenntnifs. An Differenzen zwischen ihm und Polybios fehlt es daher nicht. Zuerst bemerkt Plutarch c. 15, Scipio habe zur Umgehung der makedonischen Stellung nicht soviel Truppen erhalten, wie Polybios gesagt, sondern nach eigener Aussage 3000 Italiker und eine Ala von 5000 Mann, aufserdem 120 Reiter nebst 200 Thrakern und Kretern. Nun giebt Livius c. 35 allerdings die Stärke dieses Corps auf 5000 Mann an, die eben der Ala entsprechen. Allein da die Er-

zählung des Weiteren über die Unternehmung verloren gegangen
ist, so läfst sich nicht ersehen, ob nicht noch von der Flotte oder
anderweitige Verstärkungen hinzugekommen sind. Man braucht
die Differenz daher gar nicht als so erheblich zu betrachten, wie
der erste Augenschein lehrt: denn auch die Worte Plutarchs sind
sehr unbestimmt. Dagegen liegt ein offener Widerspruch vor,
wenn nach Scipio die Pässe von Pythion und Petra unbewacht
waren, und erst auf die Anzeige eines Ueberläufers 12000 Mann
hingeschickt wurden. Nach Livius c. 32 waren sie mit 5000
Mann besetzt; eine Besatzung wird auch c. 35 erwähnt. Polybios läfst ferner die Makedoner in der Nacht überfallen werden
und so war auch der ursprüngliche Plan c. 35. Scipio erwähnt
dies nicht, desto mehr aber seine eignen Heldenthaten. Ohne an
diesen zweifeln zu wollen, leuchtet es ein, dafs die objective Darstellung des Polybios den gröfsern Glauben verdient. Wie nahe
Polybios dem Aemilius Paullus und seiner Umgebung stand, ist
bekannt und er mag selbst die Schrift Nasicas, welche Plutarch
gegen ihn anführt, benutzt haben: allein — und dadurch ist sein
Werk in materieller Hinsicht eben zu einer Darstellung ersten
Ranges geworden — er hat sich nicht auf die Nachrichten Einer
Partei beschränkt, sondern heide gehört und ist beiden gerecht
geworden. Ein bedeutendes Theil seiner Bücher kann nur aus
Aufzeichnungen von makedonischer Seite abgeleitet werden. Die
Zögerung des Consuls zu kämpfen, die Aufforderung Naşicas fin-
den sich übereinstimmend bei Beiden; ebenso die Mondfinsternifs.
Die deshalb angestellten Opfer hat Polybios übergangen, auch die
folgenden nur kurz erwähnt. Scipio berichtet weiter c. 18, der
Consul habe nach den Opfern den Befehl ertheilt das Heer zur
Schlacht zu rüsten, dann bis zum Nachmittag gewartet um die
Sonne im Rücken zu haben und endlich durch einen Kunstgriff
die Feinde zur Schlacht verlockt. Nach Polybios brachte er die Zeit
nach den Opfern mit einem Kriegsrat hin und war entschlossen
an diesem Tage nicht zu schlagen: vielmehr ein blofser Zufall
führte wider seinen Willen die Entscheidung herbei. Letzteres
ähnlich bei dem Makedoner Poseidonios. Auch hier trägt die
Darstellung des Polybios entschieden das Gepräge der historischen Treue. Ueber einen so wichtigen Punkt stand ihm die
beste Belehrung aus erster Hand zu Gebote. Bei seiner Verehrung für Aemilius Paullus, welchen er den gefeiersten Helden
Griechenlands an die Seite stellt, bei seiner engen Verbindung
mit dessen Sohn hatte er äufsere wie innere Veranlassung dem
Feldherrnruhm des Ersteren Nichts zu entziehen. Auf der an-

dern Seite ist es leicht erklärlich, wie Scipio und gewifs die Mehr-
heit des römischen Volks mit ihm ihren schönsten Sieg nicht
blindem Zufall, sondern tiefer Feldherrnweisheit zugeschrieben
haben. Scipio schildert hierauf den Anmarsch der Makedoner
mit grofser Lebendigkeit und Anschaulichkeit: die entsprechende
Partie ist bei Livius ausgefallen. Weiter giebt er c. 21 die Episode von des jungen Cato Tapferkeit und erzählt die Vernichtung
der makedonischen Garde, die 3000 Mann stark war. Bei der
Eröffnung des Krieges XLII 51 betrug sie nur 2000 Mann; aber
nicht notwendig findet zwischen diesen Angaben ein Widerspruch
statt. Den feindlichen Verlust rechnet Scipio auf mehr als
25000 Todte, den römischen auf 80, Polybios nur 20000 Todte
aufser 11000 Gefangenen, dagegen den der Römer auf 100
aufser zahlreichen Verwundeten. Die letztere Bestimmung ist
gemäfsigter und glaubwürdiger. Die Episode von Cato fehlt bei
Polybios ganz, die Schilderung c. 22 zum gröfsern Theil: das
Uebrige stimmt. Endlich ist noch die Darstellung von der Auslieferung des Perseus c. 26. 27 mit XLV 5—8 zu vergleichen.
Die geringen Differenzen hinsichtlich der Flucht des Königs sind
zum Theil auf Rechnung Plutarchs zu setzen und dann erzählt
auch Scipio nicht als Augenzeuge, sondern nach Hörensagen.
Dagegen bei der Zusammenkunft des Aemilius und Perseus war
er ohne Zweifel anwesend. Hier findet sich eine beachtenswerte
Abweichung: die Vorwürfe, welche der Consul nach Scipio an
den gefangenen König über sein unwürdiges Bitten richtet, fehlen bei Polybios. Seine Darstellung ist viel humaner und, wie
ich glaube, auch wahrer. Denn es offenbart sich hier wieder jener
prahlerische Zug, welcher durch die Erniedrigung des Gegners
für die eigene Erhöhung am Besten gesorgt zu haben wähnt.
Scipio Nasica mag gern geglaubt haben pure Wahrheit zu schreiben. so hat er doch nur seinen eignen Gefühlen in den Worten
des Consuls Ausdruck verliehen. Perseus war ein erbärmlicher
Mensch in des Wortes vollster Bedeutung, aber darum brauchte
in seiner tiefsten Erniedrigung ihm dies doch nicht erst gesagt
zu werden.

Ein Gegenstück zum römischen bildet der makedonische
Bericht des Poseidonios: er ist ebenso einseitig aber weit weniger glaubwürdig und allem Anschein nach aus den trübsten Quellen geschöpft. Nach Plutarch Aem. 19 war Poseidonios angeblich Zeitgenosse und Augenzeuge des Krieges gewesen und hatte
eine Geschichte des Perseus in mehreren Büchern geschrieben.
Aus der plutarchischen Biographie gehören ihm nachweislich an

c. 19. 20. 23. s. Anh. 1, 5. Die Veranlassung der Schlacht bei
Pydna führt er c. 18 mit Recht auf blofsen Zufall zurück, aber
im Uebrigen sind seine Angaben unrichtig. Denn es war kein
Fouragetransport, auf welchen die Thraker Jagd machten, sondern nach Polybios und Scipio ein einzelnes Pferd und nach Ersterem hatten italische Truppen die Wache, nicht Ligurer. Polybios spricht sich ferner über die Feigheit des Perseus aufs
Entschiedenste aus und erzählt, er sei bei Anbeginn der Schlacht
nach Pydna geritten um zu opfern. Poseidonios läfst ihn am
vorhergehenden Tage durch einen Hufschlag verwundet werden,
darauf trotz der Vorstellungen seiner Freunde einen Zelter be-
steigen und ohne Rüstung die Phalanx begleiten; hier habe er
durch einen Wurfspiefs eine Streifwunde empfangen und sei deshalb zurückgegangen. Die Geschichte klingt nach der ganzen
Lage der Dinge sehr unglaublich und ist augenscheinlich eine
schwache Erfindung, gemacht um eine schlechte Sache zu be-
schönigen. Ganz ungeheuerlich ist c. 20 der Zusammenstofs der
Peligner mit den makedonischen Peltasten ausgeschmückt. Jene
suchen umsonst mit heldenmütiger Aufopferung die Phalanx
zu durchbrechen: sie werden durch und durchgestofsen und ihre
Leichen von den Makedonern über die Köpfe weg in die Höhe
geschleudert (οἱ δὲ...ἀνερρίπτοιν ὑπὲρ κεφαλὴν τά σώματα
τῶν Π.) natürlich so, dafs sie dann hinter der Phalanx wieder zu
Boden fielen. Kraftexperimente eines Herkules würdig: nach ιη 12
ragt die Sarisse 10 Ellen vor, der Zwischenraum zwischen den
Händen nebst dem Endstück beträgt 4 Ellen; wie viel Pferdekraft
mag nun wol ein solcher Makedoner besessen haben um einen
von der Lanze durchbohrten Mann in voller Rüstung in die Höhe
und einige 20 Schritt fortwerfen zu können? Man sieht, der gute
Poseidonios ist jedenfalls nicht selber dabei gewesen und mufste
entsetzlich leichtgläubig sein um sich solchen Blödsinn aufbinden
zu lassen. Aemilius Paullus soll ferner aus Verzweiflung über die
Niederlage der Seinen das Gewand zerrissen haben: nicht besser
als das Vorhergehende; denn die Thatsachen beweisen zur Genüge, dafs der Consul darauf bedacht war zu siegen, nicht wei-
bisch zu klagen. Die Niederlage der Phalanx ist verständig, wenn
auch sehr allgemein dargestellt. Ueber die Flucht des Königs
c. 23 weichen unsere beiden Quellen in erheblichen Punkten von
einander ab. Die Nachricht des Poseidonios von den Feindseligkeiten der Infanterie gegen die Reiterei hat innere Wahrheit.
Aber andere Züge sind ganz abgeschmackt: so soll Perseus in
Pella die beiden Schatzmeister Euktos und Eulaios mit eigener

Hand niedergestofsen haben aus Zorn über ihre freimütigen
Aeufserungen; ein solcher Act in solcher Lage wäre, wenn überhaupt möglich, so doch gerade zu wahnsinnig gewesen. Aus
diesen Proben erhellt zur Genüge, dafs das Buch des Poseidonios ein Werk vierten oder fünften Ranges gewesen ist. Wichtig
sind die von ihm erhaltenen Nachrichten nur dadurch dafs sie
eine Vorstellung von dem Wert eines Theils jener zahlreichen
Specialgeschichten geben, gegen welche Polybios so oft seine
souveräne Verachtung an den Tag gelegt hat.

Frontins Darstellung der Schlacht bei Pydna 2, 3. 20 geht
auf eine annalistische Quelle zurück, die zu der polybianischen
keinesweges pafst.

Im XLIII. Buch gehört den Annalen an c. 1—17; dem
Polybios c. 17—23 griechische Geschichte von 585. Aus Buch
XLIV ist den Annalen entnommen c. 12—22, in dem letzten
Kapitel ist des Polybios italische Geschichte von 586 stark benutzt. Diesem gehört an c. 1—13 griechische Geschichte von
585, c. 23—46 desgleichen von 586. C. 13 werden Annalen citirt, c. 37 ist ein Stück aus ihnen eingeschaltet.

Kapitel XIX.

Das fünfundvierzigste Buch.

Die Methode, nach welcher Livius in diesem Buch seine Quellen ausgeschrieben hat, ist die nämliche wie in den vorhergehenden Büchern. Für die Verhältnisse des hellenistischen Ostens, Griechenlands Makedoniens Asiens Syriens und Aegyptens wird ausschliefslich Polybios benutzt; für die Ereignisse in Rom werden die Annalen zu Grunde gelegt und hin und wieder aus jenen ergänzt. Die Verbindung und Vermischung dieser beiden so überaus verschiedenen Gattungen der Ueberlieferung ist hier bis zu einem Grade getrieben, dafs die Kritik es aufgeben mufs in der Fixirung der Quellen überall völlig feststehende Resultate zu gewinnen.

1. Gleich über den Anfang kann man ungewifs sein. Die hier erwähnten Siegesboten werden nach der polybianischen Erzählung XLIV 45 abgesandt, die Rückkehr des Fabius von Rom c. 27 bemerkt. und Plutarch Aemil. 24, wahrscheinlich nach Polybios, erzählt die nämliche Anekdote. So neige ich mich zu der Ansicht, dafs der Anfang dieses Buchs wirklich aus Polybios entlehnt ist. Hierfür spricht auch die Anordnung des Stoffs: denn Livius entnimmt in der Regel aus jenem ohne Unterbrechung gleich die ganze Jahresgeschichte, schiebt aber hier c. 1 — 3 mitten in die Erzählung vom Untergang Makedoniens hinein. Polybios wendet sich eben hier, wie auch das Fragment über die rhodische Gesandtschaft beweist, nach Rom, und da greift Livius aus Prinzip zu den Annalen (vgl. XXXVI 21) und, da zugleich das XLIV. Buch [das lückenhaft überliefert ist] den gewöhnlichen Umfang erreicht hatte. fängt er ein neues an. Endlich dürfte auch der unbestimmte Ausdruck *mirari magistratus* eher einem griechischen als einem römischen Schriftsteller

entlehnt sein. Mit den Worten *et aliter traditur circensis turbae non minus similis veri laetitia* geht Livius zu derselben annalistischen Quelle über, der er das Datum über die Mondfinsternifs XLIV 37 entnommen hatte. Während nach c. 1. 2 der Consul Licinius die Reservearmee in Rom commandirt, ist er c. 12 nach Gallien gerückt: hier scheint ein anderer Annalist benutzt zu sein. Florus 1, 28 giebt eine dritte Darstellung von der Siegesfreude in Rom, ähnlich Cicero de nat. deor. 2, 2 Plin. N. H. 7, 86 Valer. Max. 1, 8. 1. C. 3 bringen Gesandte die Nachricht von der Besiegung des Genthios: aber nach XLIV 32. 35 erfolgte sie einige Zeit vor der Schlacht bei Pydna. Als Bote wird dort Perperna, hier C. Licinius Nerva und P. Decius genannt. So weichen selbst in solchen Notizen, denen man von Vorn herein Glauben beimessen möchte, die Annalen vollständig von Polybios ab. Darauf entnimmt Livius mit den Worten *tradidere quidam* diesem die Verhandlung der Rhodier mit dem Senat, was aus der Vergleichung von zϑ 7 erhellt; nach den Annalen hatte er die Sache schon im vorigen Jahr XLIV 14. 15 erzählt vgl. S. 261. Nach einer kurzen Notiz aus den Annalen über die Heimkehr eines Befehlshabers aus Spanien nimmt er c. 4 fortlaufend die polybianische Erzählung, die nach Makedonien zurückkehrt, wieder auf. C. 4—9 enthält den Schlufs der griechischen Geschichte von 586, und zwar c. 4—8 die Gefangennahme des Perseus. Ueber den Bericht Scipios bei Plutarch Aemil. c. 26. 27 s. S. 269. Die Wendung c. 5 [*Samothracum*] *summus magistratus — regem ipsi appellant* — deutet auf Uebersetzung. Das Ende von c. 8 stimmt mit dem Fragment zϑ 6 b und dem genauern Diodors 30, 31 überein. Nach der Uebergabe des letzten makedonischen Königs giebt Livius c. 9 eine kurze Uebersicht der ganzen makedonischen Geschichte. Aus dem Fragment zϑ 6 c ersehen wir, dafs Polybios den Gegenstand weit ausführlicher behandelt hatte. Aber es kann gar keinem Zweifel unterliegen, dafs Livius aus ihm geschöpft hat; auch findet sich die Angabe über die Dauer der makedonischen Macht zufällig in jenem Fragment wieder. Wenn die Lesart *vicesimum* richtig ist, so hätte Polybios nur 20 makedonische Könige gezählt, nach Justin. 33. 2 wäre *tricesimum* zu schreiben; nach Eusebios sind's 39. C. 10 umfafst die rhodische Geschichte dieses Jahres, c. 11. 12 die syrisch-aegyptische. Es ist selbstverständlich, dafs der römische Ueberarbeiter hier Vieles verkürzt hat: wir sehen aus zϑ 7 a Diodor 31, 1, dafs Polybios über die nichtigen Vorwände des Antiochos weit ausführlicher gewesen ist. Die Zusammenkunft des Popillius mit dem König c. 12 Diodor 31, 2 stimmt mit χϑ 11 überein; Livius läfst die Aegypter auf Kypros eine Seeschlacht verloren haben, während es eine Landschlacht war: die kurze Erwähnung konnte ihn allerdings leicht irre führen. 2. C. 12—18 sind den Annalen entnommen. C. 12 Amtsführung des Consuls Licinius und Praetors Papirius. — C. 13. 14 Bericht des Popillius, Verhandlung mit syrischen und aegyptischen Gesandten, Nachricht von der Gefangennahme des Perseus, Streit zwischen den Pisanern und Lunensern (vgl. C. I. L. p. 147), Gratulationsgesandtschaft des Eumenes und seiner Brüder, ferner des Massinissa. Die Lösung des aegyptischen Zwistes wird hier, allem Anschein nach zu früh, vor die Gefangennehmung des Perseus gesetzt. Eine Dankgesandtschaft der Ptolemaeer erwähnt auch Polybios λ 11, nach seiner Rechnung 587. Die Sendung des Eumenes ist schwerlich eine andere als die c. 19 λ 1 berichtete. — Es folgt eine kürzere Lücke, welche zum Theil durch Valer. Max. 5, 1. 1 ausgefüllt wird; hier heifst Massinissas Sohn Musicanes statt Misagenes. C. 15 Lustrum, Dedication eines Tempels der Juno Moneta vgl. XLII 7, Inauguration eines Flamen. — C. 16 Vertheilung der Provinzen für 587, Sühnung der Prodigien und andere gottesdienstliche Handlungen. Die Feier des Sieges über Antiochos im Jahr 569, auf welche Livius hier Bezug nimmt, hat er XXXIX 23 fg. nicht erwähnt. — C. 17. 18 Verhandlungen des Senats über Makedonien und Illyrien. Das hier Erzählte weicht von der genauern Darstellung c. 29 nach Polybios nicht ab. Indefs die Ausdrucksweise zeigt genugsam dafs dies Stück den Annalen angehört. Wie diese die Feststellung alles Einzelnen einer Commission von zehn Männern bei den Friedensschlüssen mit Philippos und Antiochos übertragen werden lassen s. S. 144, so auch hier. Allein bei Polybios hat der Senat nicht blofs so allgemeine Bestimmungen getroffen, wie nach c. 18 der Fall ist, sondern das ganze Dekret, welches c. 29 bekannt gemacht wird, im Wesentlichen entworfen und bestätigt. Bemerkenswert ist die Feindseligkeit, welche der Annalist gegen die Publicanen ausspricht: *ubi publicanus esset, ibi aut ius publicum vanum aut libertatem sociis nullam esse.* Für die Freiheit Makedoniens sprach auch Cato Jordan p. 55. C. 19. 20 die Verhandlung des Attalos mit dem Senat, stammt aus Polybios λ 1—3 vgl. S. 31 *). C. 20—24 die Gesandtschaft der

---

Rhodier und ihre Rede im Senat, sind den Annalen entnommen. Die Namen der Gesandten kennt der Annalist nicht; ihre Aufnahme in Rom hat er weit ausführlicher als Polybios λ 4 beschrieben. Sehen wir von den gewöhnlichen Uebertreibungen bei dem Ersteren ab, so stimmen beide Berichte gut zu einander. Wenn Polybios nur den Tribunen Antonius nennt, die Annalen daneben den Pomponius, so ist das wol daraus zu erklären, dafs jener mehr als sein College hervortrat. Livius gedenkt c. 25 der Rede Cato's für die Rhodier, aus welcher wir einige Bruchstücke bei Gellius N. A. 6, 3 haben, ohne indefs auf sie eingehen zu wollen. Polybios λ 4 hat ihnen keine Rede in den Mund gelegt, sondern sich nur kurz über die veröffentlichte Broschüre des Gesandten Astymedes ausgesprochen. Die c. 22—24 nach den Annalen gegebene sehr ausführliche Rede hat mit der wirklich gehaltenen, wie wir sie aus der Kritik λ 4 kennen, nicht das Geringste gemein. Sie ist ein gewöhnliches rhetorisches Schulstück. Als Grund des Krieges gegen Philippos wird hier wieder die Unterstützung Hannibals, von der Polybios Nichts weifs, angegeben vgl. S. 123. C. 25 über die weitern Schicksale der Rhodier wendet sich Livius zu derjenigen Quelle, welche er für die griechischen Angelegenheiten benutzt, d. h. zu Polybios. Hier trägt er denn auch die Namen der Gesandten, welche der Annalist nicht kannte, nach und fügt andrerseits aus diesem zur Antwort des Senats, wie sie bei Polybios steht, den Befehl Lykien und Karien zu räumen hinzu. Dieser Befehl folgt in der griechischen Quelle eine Seite weiter und auch zeitlich später. Aber schon aus letzterem Grunde kann er ihn nicht daher entnommen haben, und dann ist auch die Fassung bei Beiden eine verschiedene: bei Livius befiehlt der Senat den Rhodiern ihre Besatzungen aus Lykien und Karien vor einem gewissen Termin abzuführen, bei Polybios fafst er den Beschlufs dafs alle Lykier und Karer frei sein sollten. Aber warum hat denn Livius dies aus dem Annalisten eingefügt und sich nicht ganz an den Bericht desjenigen Schriftstellers gehalten, dem er sonst in Bezug auf Genauigkeit,

ἀναδεδειγμένος ἐτύγχανε κατὰ φύσιν υἱός ὢν αὐτῷ ὁ μετὰ ταῦτα δια-δεξάμενος τὴν ἀρχήν: Livius übersetzt dies, wie man erwarten sollte richtig, mit *needum enim agnoverat eum qui postea regnavit*. Allein Schweighäuser hat aus der vorliegenden Stelle und Strabo 13 p. 624, wo beim Tode des Eumenes 597 sein Sohn noch sehr jung genannt wird, endlich λγ 16, wo er 602 ἔτι παῖς ὢν heifst, überzeugend nachgewiesen, dafs ἀναδεδειγμένος hier in ungewöhnlicher Bedeutung von der Geburt [*in lucem editus*] zu verstehen sei. Die livianische Version lag freilich am Nächsten.

wo seine speciellen Sympathien nicht in Betracht kommen, stets
den Vorrang vindicirt? Es bleibt nur die Eine genügende Antwort, dafs er das Folgende noch gar nicht, oder höchst oberflächlich gelesen hatte. Von nun an übersetzt er wörtlich*).
Wie er aber zu dem Senatsbeschlufs kommt, welchen er aus den
Annalen vorweg genommen hatte, läfst er diesen aus und giebt
um den Zusammenhang wieder herzustellen in dem Satz *non ita
fracta — posset* eine Begründung, weshalb die Rhodier gegen
die abgefallenen Kaunier energisch einschreiten mufsten. Allein
die genaue Beziehung der Begebenheiten auf einander ist durch
jene Nachlässigkeit zerrissen. Wir erkennen auch hier das alte
kritische Gesetz: wo Livius Einer Quelle folgt, ist er treu, wo er
verschiedene zu verschmelzen sucht, durchaus unzuverlässig.
Als den Gewährsmann, welcher c. 20—24 zu Grunde liegt, können wir mit ziemlicher Gewifsheit Valerius Antias bezeichnen:
denn Claudius hatte den Senatsbeschlufs über Lykien und Karien
2 Jahr früher gesetzt XLIV 15, und jener ist überhaupt weit
ausführlicher und rhetorischer als dieser.

3. Nachdem Livius die italische und die mit derselben ver-
bundene rhodische Specialgeschichte des Polybios von 587 benutzt hat, geht er zu der griechischen und zwar zunächst zur
illyrischen c. 26 über. Sie schliefst sich an XLIV 32, wo die
des vorigen Jahres stehen geblieben war. Der würdige Tod der
epeirotischen Insurgentenhäupter wird λ 7 erwähnt. — C. 27 fg.
wird die griechisch-makedonische Geschichte im Anschlufs an
c. 9 erzählt. Ueber die c. 27. 28 geschilderte Rundreise des
Paullus durch Griechenland sind 5 Notizen aus Polybios erhalten, welche hier ihren Platz finden. Dafs der Bearbeiter Manches
gekürzt hat, ist begreiflich. Lachmann p. 60 meint, dafs die Bemerkung über die Plünderung des Aeskulaptempels bei Epidauros von Livius hinzugefügt sei. Eine solche Ortskenntnifs dürfen wir ihm denn doch schwerlich beilegen. Die Annahme ist
um so unwahrscheinlicher, als Livius von Korinth sagt *urbs erat
tunc praeclara ante excidium* und gar nicht der Neugründung
durch Cäsar gedenkt (vgl. Pausanias 2, 1. 2 2, 3. 1 5, 1. 2.
Diod. 32, 27). Pausanias erwähnt 2, 27. 3, dafs früher weit
mehr Weihgeschenke im Tempel bei Epidauros gewesen seien:

---

*) Wenn Polybios angiebt, die Rhodier hätten einen Kranz von
10000 Stateren nach Rom geschickt, Livius von 20000, so verdient diese
Angabe den Vorzug, weil der livianische Text im Ganzen sorgfältiger ist
als der in den Fragmenten: für μυρίων wird mithin δισμυρίων zu lesen sein.

wann dieselben geraubt wurden, ist nicht überliefert, wahr scheinlich im achaeischen Kriege. Ueber die heillosen Zustände in Aetolien, von denen c. 28 die Rede ist, vgl. λ 14. Die Eintheilung Makedoniens und die nähern Bestimmungen hierüber c. 29 finden sich übereinstimmend bei Synkellos p. 267, der aus Diodor geschöpft hat*). Von der hier erwähnten Niederreifsung der Mauern von Demetrias und der Lostrennung Amphilochia's von Aetolien hören wir bei Livius Nichts. Ein Stück von c. 31, die Untersuchung gegen die griechischen Patrioten, liegt uns im Original λ 10 vor, das indefs am Anfang und in der Mitte epitomirt ist s. S. 16. Der Ausdruck c. 32 *senatores quos synedros vocant* deutet auf Uebersetzung. Der Ausspruch des Aemilius über die Anordnung von Festspielen ebend. ist λ 15 erhalten. Zu der Bemerkung, dafs die Römer in Bezug auf Schauspiele ungebildet waren, giebt λ 13 eine sprechende Illustration. C. 34 wird der Rückmarsch des römischen Heeres nach Italien und die Plünderung von Epeiros erzählt. Die bei Strabo erhaltene Notiz aus Polybios λ 15 stimmt: dafs 150000 Einwohner in die Knechtschaft verkauft wurden, fehlt bei Appian Illyr. 9 wol nur der Kürze halber: im Uebrigen hebt er die entsetzliche Härte jener Mafsregel weit greller hervor als Livius, der die Sache aus Patriotismus zu mildern gesucht hat (vgl. Plin. N. H. 4, 39). Es folgt noch ein kurzes Stück aus der asiatischen Geschichte, der Bericht über eine römische Gesandtschaft an die Gallograeker. Was wir über diese Verhältnisse aus den Fragmenten x9 6d. λ 3. 17. λa 6 zusammenstellen können, stimmt. Die weitere Erörterung der Perfidie der Römer gegen Eumenes hat Livius übergangen und nur die That-achen stehen lassen: er bemerkt sehr naiv, es könne doch wunderbar scheinen, dafs das Wort der Römer im Stande war augenblicklich den Frieden zwischen Antiochos und Ptolemaios herzustellen, aber den Galliern gegenüber wirkungslos blieb.

4. C. 35—44 behandeln die Ereignisse in Rom nach den Annalen. C. 35 39 Heimkehr des Aemilius (vgl. Cic. de fin. 5, 24), und Streitigkeiten über seinen Triumph. Plutarch Aem.

---

*) Gewöhnlich als 31, 13 unter die Fragmente Diodors gestellt. Dafs diesem die gröfsere Hälfte wirklich angehört, erhellt aus der Vergleichung der konstantinischen Excerpte 30, 11. 12 und des Livius. Ueber das Ende, den Triumph des Paullus, kann man zweifelhaft sein, da Synkellos eine Quelle aufser Diodor erwähnt. Ist dasselbe indefs mit andern Excerpten, welche aus Photios hierher bezogen werden wie 30, 15. 28, wirklich Letzterem entnommen, so hat er aufser Polybios noch andere Quellen benutzt, wovon wir bisher keine Spur gefunden haben.

30, 31 stimmt mit diesem Abschnitt vollständig überein. Dafs
in demselben die Grundzüge factisch sind, soll nicht in Abrede
gestellt werden: auch nach Polybios wird c. 34 bemerkt, dafs die
Soldaten mit ihrem Beuteantheil nicht zufrieden waren; die
Tapferkeit des Servilius ist durch die Münzen seines Geschlechts
bezeugt (Mommsen N. 130. 192). Die Schilderung im Einzelnen
ist wie gewöhnlich äufserst rhetorisch gehalten und verdient gar
keinen Glauben. Dafs dem c. 40 citirten Valerius auch das Vorhergehende entnommen sei, kann keinem Zweifel unterliegen; c. 38
wird erwähnt, dafs Scipio Africanus in Liternum gestorben und
begraben sei: dies war ja eben die Ansicht des Valerius s. S. 219.
Wenn ferner nach c. 39 Syphax im Triumph Scipios aufgeführt
sein soll, so ist XXX 45 eine andere Quelle benutzt. Die Beschreibung des Triumphzuges ist gröfstentheils ausgefallen, scheint aber
nach der Anführung c. 40 dem Antias entnommen gewesen zu
sein. Valerius hatte die Summe der aufgeführten Wertmetalle auf
120 Millionen Sesterze angegeben; Livius bemerkt, nach den Ein-
zelangaben sei diese Summe zu klein (vgl. Plin. N. H. 33, 17. 56).
Eine andere Darstellung haben wir bei Plutarch Aem. c. 32—
34 und eine dritte bei Synkellos a. a. O. Von manchen Differenzen im Einzelnen abgesehen, stimmen sie im Grofsen und Ganzen überein*). — Der Tod zweier Söhne des Paullus und die
Rede, welche dieser über sein Consulat kurz nachher an's Volk
richtete, c. 40. 41. finden sich übereinstimmend bei Diodor 31,
18 Plutarch Aem. 35. 36 Appian Mak. 19. Es ist augenscheinlich, dafs alle vier aus einer gemeinsamen Quelle, d. h. aus Polybios geschöpft haben müssen. Auf die geringen Abweichungen brauche ich nicht einzugehen, da sie sich von selber als
Nachlässigkeiten ergeben: wie wenn Plutarch den Aelteren vor
dem Jüngeren sterben läfst, Appian die Bestimmung des Sterbe-
tags vor mit dem nach dem Triumph verwechselt, Diodor die
Dauer der Reise von Kerkyra nach Delphi auf 4 statt auf 5 Tage
angiebt. Am Genauesten schliefst sich Diodor, wie sich nach
seiner Weise auszuschreiben erwarten läfst, dem Original an.
Livius fügt Einiges aus den Annalen hinzu, die Erwähnung des
Tribunen Antonius, der Ketten des Perseus und aus rhetorischen
Gründen den Anfang und Schlufs der Rede. Polybios mufs nach
seiner feststehenden Anordnung dies unter der italischen Geschichte von 588 erzählt haben. — C. 42 Triumph des Octavius.
Bei Synkellos wird dieser und der Triumph des Anicius fälschlich

---

*) Ein Denar, der den Paullus verherrlicht, bei Mommsen N. 274.

vor den des Paullus gesetzt s. C. I. L. p. 459. Es folgt ein Senatsbeschlufs, nach welchem Perseus mit seinem Sohn Alexander zu
Alba internirt werden sollte. Von dem älteren Sohn Philippos ist
nicht die Rede, obwol auch dieser in Alba lebte und starb λζ 1 b.
Die Verhandlung mit den Gesandten des Kotys weicht im Wesentlichen von λ 12 nicht ab. — C. 43 Triumph des Anicius.
Valerius Antias wird als Gewährsmann genannt, seine Angabe
über die Höhe der Beutesumme angezweifelt. — C. 44 Wahlen,
Intercalation, Todesfälle. Die Aufnahme des Prusias in Rom wird
ausführlich nach den Annalen, wahrscheinlich Valerius, erzählt,
darauf der Darstellung des Polybios gedacht vgl. S. 91.

Im XLV. Buch stammt aus den Annalen c. 1—4, 12—18,
20—25, 35—44: aus Polybios c. 1 (?), 3, 4—12 makedonische rhodische aegyptische Geschichte von 586, c. 19. 20, 25—
34, italische rhodische griechische Geschichte von 587, c. 41.
44 italische von 588.

ANHANG.

I.

Die Quellen Plutarchs in den Lebensbeschreibungen des Philopoimen Flaminin Cato und Aemilius Paullus.

Der Zeitraum von 553 bis 588, um welchen sich unsere Untersuchung dreht, ist von Plutarch in den Biographien Philopoimens Flaminins Cato's und des Aemilius Paullus behandelt. Es ist im Verlauf der vorhergehenden Betrachtungen mehrfach auf die Uebereinstimmung Plutarchs mit Livius und Appian als ein Zeugnifs hingewiesen, dafs auf beiden Seiten eine gemeinschaftliche Quelle, nämlich Polybios zu Grunde liegt. So ist es schon der Vollständigkeit wegen notwendig im Einzelnen zu untersuchen, was in den bezeichneten Biographien aus jenem stammt und woher das Andere. Die bisherigen Forschungen über die Quellen Plutarchs haben sich auf die Erörterung im Allgemeinen beschränkt und in Folge dessen wenig praktische Resultate geliefert. In der That sind auch die Schwierigkeiten um zu solchen zu gelangen sehr grofs und werden nur einer sehr umfassenden Detailuntersuchung weichen. Um so mehr mufs die folgende Erörterung sich bescheiden annähernde Bestimmungen zu geben, keine Lösung der Frage.

1. Im Philopoimen wird Polybios an zwei Stellen c. 21 als handelnde Person, an Einer c. 16 als Gewährsmann angeführt und hier dem Aristokrates gegenübergestellt. Er hatte über diesen seinen väterlichen Freund, das Vorbild seiner politischen und militairischen Wirksamkeit eine besondere Schrift in drei Büchern verfafst, welche wir allein aus seinen eignen Angaben ι 21 kennen. Diese Schrift hatte ausführlich von der Jugend Philopoimens und deren Bestrebungen, dagegen von den Thaten seines Mannesalters nur summarisch gehandelt. Sie trug durchaus den Charakter einer Lobschrift und war ohne Zweifel das Erstlingswerk des Polybios, vielleicht kurz nach dem Tode des

Helden abgefaßt*). Heeren Comment. de fontibus et auctoritate vit. parall. Plut. Gottingae 1820, dem Haug die Quellen Plut. in den Lebensbeschreibungen der Griechen Tübingen 1854 folgt, hat die Vermutung aufgestellt, daß die Biographie Plutarchs ein Auszug aus der erwähnten polybianischen Schrift sei. Baehr in seiner Ausgabe des Philopoimen Flaminin und Pyrrhus Lipsiae 1827 p. VI seq. hat diese Vermutung weiter durchzuführen versucht: seinen Versuch aber muß ich als einen unglücklichen bezeichnen. Im Großen und Ganzen erweist sich bei einer eingehenden Detailuntersuchung die Ansicht Heerens als entschieden richtig: der größere Theil der plutarchischen Biographie muß nach allen Gesetzen der Kritik mit Notwendigkeit auf die Specialschrift des Polybios als Quelle zurückgeführt werden. Denn vergleicht man jene Darstellung mit den entsprechenden Partien aus der Universalgeschichte des Letzteren, so findet sich nirgends ein Widerspruch, beide sind nahe verwandt, ja einzelne Wendungen stimmen vollständig überein. Auf der andern Seite ist Plutarch um viele Daten, welche den Philopoimen persönlich betreffen, reicher, in der Ausmalung breiter und von der einfachen historischen Erzählung weiter entfernt. Man erkennt deutlich, daß Polybios seine Schrift für die Universalgeschichte benutzt, aber ihren ursprünglichen Schwung der vorliegenden Aufgabe angepaßt, Vieles gekürzt und Anderes hinzugefügt hat. Nach seinem durchstehenden Grundsatz Zeugen beider Parteien zu hören hat Plutarch außer Polybios das Buch eines gewissen Aristokrates, der von lakonischem und damit auch antiachaeischem Standpunkt aus geschrieben hatte, eingesehen und einiges demselben entnommen. Der Schluß ferner muß nach unsrer Ansicht über die Abfassungszeit der Spezialschrift aus der Geschichte des Polybios stammen. Einiges Andere gehört Anekdotensammlungen, die ja Plutarch mit Vorliebe verwertet, und eigener Beobachtung an. Es gilt jetzt dies Alles im Einzelnen nachzuweisen.

---

*) Es liegt nahe in diesen Büchern das litterarische Denkmal zu sehen, welches die achaeische Patriotenpartei ihrem todten Gründer und Führer widmete. Wegen seiner engen Verbindung mit Philopoimen, seiner glänzenden Begabung und seiner eminenten litterarischen Bildung war Polybios hierzu vor Anderen berufen. Lucas Ueber Polybios Darstellung des aetolischen Bundes Königsberg 1826 S. 35 setzt die Schrift wunderbarer Weise nach der Zerstörung Korinths, bestimmt das Andenken Philopoimens vor den Römern zu rechtfertigen. Dagegen bemerkt Nitzsch Polybios Kiel 1842 S. 137 mit Recht: es wäre denn doch auffallend, daß diese Schrift sich zumeist mit den Jugendjahren des Helden befaßte und die Thaten des Mannesalters, auf die es besonders ankam, nur kurz behandelte.

Die Erziehung und das häusliche Leben Philopoimens wird
ι 22 in einem halben Kapitel, von Plutarch c. 1 — 4 dargestellt.
C. 1 Kindheit. Polybios stimmt, aber jener hat das Verhältnifs
des Kleandros zum Vater und zu Philopoimen selbst viel ausführlicher erzählt und giebt den Namen des Vaters, welcher bei
Ersterem fehlt. Von Ekdemos und Demophanes*) sagt dieser
ganz allgemein, sie hätten eine Verschwörung gegen den Tyrannen Aristodemos angestellt; spezieller Plutarch, sie hätten ihn
heimlich ermorden lassen. Die Bemerkungen am Ende des Kapitels gehören Plutarch selbst, nicht seiner Quelle an. C. 2 beruft er sich auf die Statue Philopoimens, welche er in Delphi gesehen; das Folgende aus einer Anekdotensammlung ταῦτα μὲν
οἶν ἐν ταῖς σχολαῖς περὶ τοῦ Φ. λέγεται. C. 3 stammt die
Beurtheilung, in wie weit Philopoimen sein Vorbild Epameinondas erreicht habe, von Plutarch selber. Er fährt fort, derselbe
habe sich mit kriegerischen Disciplinen beschäftigt, von der
Athletik Nichts wissen wollen. C. 4, er habe sich in den Streif-
zügen nach Lakonien hinein ausgezeichnet und sei ein eifriger
Jäger gewesen. Alles dies ist bei Polybios in dem Einen Satz
zusammengefafst, dafs Philopoimen schon früh im Krieg und
auf der Jagd seine Genossen übertraf. Es folgt die Schilderung
seines Lebens als Landwirt und seiner guten Haushaltung. Polybios giebt darüber eine kurze Andeutung und führt dann den
Grundsatz Philopoimens über häusliche Verwaltung, der sich
auch bei Plutarch findet, an. Damit ist die Darstellung seines
Lebens bis zur Hipparchie beendet. Plutarch geht weiter auf
seine Studien ein, dann auf seine strategischen Uebungen, welche
XXXV 28 ausführlich und übereinstimmend dargelegt sind. Dem
guten Plutarch ist das etwas zu viel, und er kann die Bemerkung
nicht unterdrücken, dafs denn doch eine solche Vorliebe für den
Krieg sehr einseitig sei. C. 5 Ueberfall von Megalopolis durch
Kleomenes. Philopoimen bildet den Mittelpunkt der Schilderung,
wie er es war, der nach tapferm aber erfolglosem Widerstand die
Bürger aus der Stadt führt, ihren Abzug deckt, verwundet nach
Verlust seines Pferdes mit Mühe sich rettet, und wiederum als
Kleomenes den Flüchtigen die Rückkehr freistellt, durch weise
Rede den schwankenden Sinn der Bürger lenkt und die Ehre der
Vaterstadt fleckenlos erhält. β 55 wird die Tapferkeit der Me-

---

*) Plutarch und Pausanias, der ihm gefolgt ist, nennen ihn Megalopha-
nes, nicht Demophanes. Ob die Differenz aus einer Nachlässigkeit des Ersteren, oder einem Fehler in den konstantinischen Handschriften des Polybios zu erklären ist, läfst sich nicht entscheiden.

galopoliten im Allgemeinen hervorgehoben, und ebensowenig in
der Kritik Phylarchs β 61 Philopoimens besonders gedacht. Dagegen ist derselbe nach der Quelle, welche im Kleomenes c.
24 zu Grunde liegt, Führer der entschieden achaeischen Partei. C. 6
Schlacht bei Sellasia. Bis zum Eingreifen Philopoimens entspricht Alles der Darstellung β 66. 67: seine Verwundung, β 69
erwähnt. wird hier ganz ausführlich geschildert, während die
übrigen Nachrichten von der Schlacht fehlen; das Urtheil des
Antigonos übereinstimmend β 68. C. 7 die Bemühungen des
Königs Philopoimen für sich zu gewinnen sind in der Geschichte
des Polybios nicht erwähnt; die Hipparchie entsprechend ι 21.
fg.; über das Gefecht am Flufs Larissos ist Nichts weiter bekannt. C. 8 historische Betrachtung über Aratos und Philopoimen, ganz im Sinne des Polybios. C. 9, die militairischen Re-
formen, verwandt mit den Bruchstücken ια 8—10 aber weit
schwungvoller. C. 10 Schlacht bei Mantineia. Plutarch stimmt
vollständig mit ια 11—18 überein, übersieht aber dafs der entscheidende Angriff von der lakonischen Phalanx ausging; sie
wurde nicht, wie er sagt, unvorbereitet überfallen. Die Erlegung
des Tyrannen Machanidas ist hier Hauptsache und ausführlicher und mit weit höherem Schwung als im Geschichtswerk
dargestellt. In Bezug auf die schöne Vergleichung des Philopoimen mit einem gewaltigen Jäger, dem das Wild sich stellen mufs,
ist daran zu erinnern, dafs Polybios, der leidenschaftliche Jagd-
freund diesem Bereich mit Vorliebe seine Gleichnisse entnimmt
(s. La Roche Charakteristik des Polybius S. 60 Leipzig 1857).
Ob die Berufung auf die Reiterstatue in Delphi von Polybios oder
Plutarch herrührt, bleibt ungewifs. C. 11 Philopoimens Preis an
den Nemeen. Die hier erwähnte 2te Strategie läfst sich nicht
näher bestimmen, als dafs sie nach 548 und vor 553 fällt. Dasselbe gilt von dem Mordversuch Philipps und dem Uebertritt Me-
garas zum achaeischen Bunde im folg. Kap. C. 12 Ueber das
Vertrauen der Achaeer auf Philopoimens Führung mag man
XXXI 25 vergleichen. Die Flucht der Boeoter vor ihm wird in
der boeotischen Geschichte κ 6 erwähnt. Von dem Ueberfall
Messenes durch Nabis erfahren wir Einiges ιϛ 17. C. 13 geht
Plutarch mit den Worten ταῦτα μὲν οὖν καλὰ τοῦ Φ. zu einer
neuen Quelle über, welche dem Helden durchaus feindlich gesinnt
ist. Seine Abwesenheit in Kreta während der furchtbaren Bedräng-
nifs seiner Vaterstadt wird ihm zum bittern Vorwurf gemacht.
Die Worte ἦσαν δέ τινες οἱ λέγοντες beziehen sich auf Polybios,
der an dem Dienst in Kreta gar nichts Anstöfsiges findet. Philo-

poimen war 554 zum dritten Mal Strateg gewesen; für das nächste Jahr setzte die makedonische Partei trotz des Krieges mit Nabis ihren Candidaten Kykliadas durch XXXI 25. Dem Polybios gehört die folgende Anekdote an, welche sich $\varkappa\gamma$ 1 vom Schreiber abgebrochen findet. Dann fährt Plutarch über die Verfeindung Philopoimens mit den Megalopoliten nach jener andern Quelle fort. Indefs bald bemerkend, dafs diese Ereignisse weit später fallen $\tau\alpha\tilde{v}\tau\alpha\ \mu\grave{e}\nu\ o\tilde{v}\nu\ \tilde{v}\sigma\tau\varepsilon\varrho o\nu$, lenkt er wieder zu Polybios zurück und rühmt seine Kriegführung in Kreta. C. 14 vierte Strategie 562 und Feldzug gegen Nabis, übereinstimmend XXXV 25—30 s. S. 172, abgesehen von der Anekdote über Epameinondas, die aber immerhin auch bei Polybios gestanden haben kann. C. 15 über die Confusion zwischen dem Krieg gegen Nabis von 559 und 562 s. S. 172. Der Tod des Tyrannen und die Einverleibung Spartas in den achaeischen Bund übereinstimmend XXXV 36. 37. Das Gleiche gilt von dem Geschenk, das die Spartaner dem Philopoimen anbieten, $\varkappa\alpha$ 15. Bekker hat ohne äufsern Anhalt dies Stück unter das Jahr 564 gestellt: allein wegen der Einziehung des Vermögens von Nabis, die schwerlich mehrere Jahre auf sich warten liefs, und da die sich hier anschliefsende Erzählung c. 17 in 563 fällt, mufs es 562 oder 63 gesetzt werden. C. 16 ist aus der lakonischen Geschichte des hier genannten Aristokrates genommen. Zuerst ist von Unruhen in Sparta die Rede, welche der Strateg Diophanes in Gemeinschaft mit Flaminin gewaltsam unterdrücken will, woran er aber mit Verletzung der Gesetze von Philopoimen gehindert wird. Dies müfste 563 gewesen sein. Aus der achaeischen Specialgeschichte dieses Jahres ist XXXVI 31. 35 erhalten: darnach vermittelt Flaminin zwischen den Achaeern und Messeniern, nimmt den Ersteren Zakynthos ab und verhandelt später in Gemeinschaft mit dem Consul Acilius über die Restitution der lakonischen Verbannten: aber die Achaeer weisen die römische Vermittlung zurück. Aus alledem erhält die vorliegende Erzählung gar kein Licht: ihre völlige Unklarheit erklärt sich am Leichtesten daraus, dafs Plutarch aus einer Darstellung, in welcher die lakonischen Verhältnisse den Mittelpunkt bildeten, diejenigen Daten zusammensuchen mufste, welche den Philopoimen speciell betrafen. Dafs Flaminin Consul heifst, ist ein Schnitzer, der bei Polybios nicht stehen konnte, den wir aber mit gröfserem Recht seiner Quelle, als dem Plutarch selbst beilegen werden. Wenn Philopoimen hier wegen seines Auftretens für Sparta gelobt wird, so ist das im Munde eines Spartaners sehr erklärlich. Dafs übrigens dieser Anfang aus Aristokra-

tes, nicht aus Polybios stammt, ergiebt sich schon daraus, dafs
hier von dem Verhalten Philopoimens in Bezug auf den Krieg
mit Antiochos und zum zweiten Mal c. 17 nach Letzterem die
Rede ist, und dafs auch die vereitelte Intervention der Römer
und die Restitution der Verbannten im folgenden Kapitel wiederkehrt. Letztere setzt Plutarch nach Aristokrates unbestimmt
χρόνῳ δὲ ὕστερον, c. 17 bestimmt στρατιγῶν εἰς τοὖπιόν.
Die Darstellung von der Unterwerfung Spartas weicht von der
polybianischen XXXVIII 33. 34 entschieden ab. Nach Aristokrates werden 350, nach Polybios 80 Spartiaten hingerichtet;
ihre Schuld wird unbestimmt gelassen ἐγκαλέσας τι. Von einer
Uebersiedelung der von den Tyrannen aufgenommenen Bürger
nach Achaia hören wir bei Polybios Nichts, ebensowenig dafs die
Zahl der Verkauften 3000 betrug. Der Aufbau der zerstörten
Säulenhalle in Megalopolis wird hier ein Hohn genannt und die
Aufhebung der lykurgischen Verfassung, welche auch jener be-
dauert, ἔργον ὠμότατον καὶ παρανομώτατον. Endlich nimmt
Plutarch Bezug auf die Losreifsung Spartas vom achaeischen
Bunde, die erst nach Philopoimens Tode erfolgte. C. 17 kehrt
er zu Polybios zurück ins Jahr 563. Ueber das Treiben des Antiochos s. XXXVI 11. die politischen Differenzen zwischen Aristainos und Philopoimen κε 9—9b, die Opposition des Letzteren gegen den Consul Glabrio XXXVI 35. Diese Verhandlung
fand statt 563, allenfalls unter der Strategie von Diophanes Nachfolger 564. Philopoimen war 565. 66 Strateg; aber da die Restitution der Verbannten erst 566 erfolgte XXXVIII 33, so ist
die Bestimmung εἰς τοὖπτιὸν ungenau, was bei der Kürze Plutarchs leicht sich erklärt. C. 18 – 20. Gefangenschaft und Tod,
übereinstimmend κδ 8b XXXIX 49. 50 s. S. 226. C. 21 Leichenbegängnifs. Hinsichtlich der Einnahme Messenes durch Lykortas stimmt κδ 12. wo das Ende ungeschickt abgebrochen ist.
Ueber die Ehren des Todten vgl. XXXIX 50 Diod. 29. 21. Die
Intercession des Polybios zu Gunsten seiner Bildsäulen ist aus
μ 8 entnommen.

Der polybianischen Specialschrift gehört demgemäfs nachweislich an, c. 1, 3—12, ein Stück von 13, ferner 14. 15. 17—
21; und es ist wol zu beachten dafs durch Auslassung des Uebrigen ein genauer Zusammenhang dieser Stücke erreicht wird.
Abgesehen von den hinzugefügten Anekdoten und Bemerkungen
Plutarchs c. 1. 2. 14? 18? und dem Schlufs bleibt c. 16 und
ein Theil von 13 übrig, die wir der lakonischen Geschichte des
Aristokrates vindiciren müssen.

Ueber Aristokrates s. Müller fr. hist. Gr. IV, p. 332. Er war
Lakedaimonier, lebte ungewißs wann (nach Müllers Vermutung
im 1. oder 2. Jahrhundert v. Chr.) und schrieb *Λακωνικά* in wenigstens 4 Büchern. Im Uebrigen weißs man Nichts von ihm.
Was Plutarch Lyk. c. 4 und 31 aus ihm mittheilt, spricht eben
nicht für seine Verläßlichkeit. Und mit den hier erzählten Thatsachen steht's nicht besser. Die Geschichte von den Megalopoliten, welche während Philopoimens Abwesenheit in Kreta (555
bis 561) ihre Mauern bewohnten und ihre Strafsen aus Mangel
an Land beackerten, klingt sehr fabelhaft. Der Krieg mit Nabis
begann 555 und ward im Anfang von 557 durch einen Waffenstillstand beendigt. Nach den geringen Andeutungen XXXI 25
XXXII 19 scheinen die Achaeer allerdings durch Streifzüge viel
gelitten zu haben, aber von Belagerungen ist nicht die Rede. Wie
viel Wahres an der Nachricht von der Verfeindung Philopoimens
mit seiner Vaterstadt gewesen sein mag, läfst sich nicht entscheiden. Dafs er die umliegenden Ortschaften von ihr losgetrennt
und sie den Achaeern verfeindet haben soll, ist schwerlich wahr,
auf jeden Fall eine Nachricht, mit der nach dem Stande unserer
Ueberlieferung sich gar Nichts anfangen läfst. Vielmehr wird
Megalopolis nach der Unterwerfung Spartas durch Philopoimen
566 ganz besonders bevorzugt. Es sind Abschnitte aus der achaeischen Geschichte für die Jahre 561 — 70 erhalten, aber nirgends, auch nicht im Folgenden ist eine Spur von jener Maſs-
regel zu finden. Als die Leiche des Helden in seine Vaterstadt
zurückgebracht wird, heifst es c. 21, sie habe sich schmerzlich
nach ihm gesehnt in dem Glauben, mit ihm den Vorrang unter
den Achaeern verloren zu haben. Ebenso bedenklich ist die Erzählung c. 16 von den Unruhen in Sparta, welche Philopoimen
trotz des Strategen Diophanes und des Consuls Flaminin zum
friedlichen Austrag bringt. Eine arge Uebertreibung ist es, wenn
Aristokrates die Zahl der bei Kompasia gelynchten Spartaner
auf 350, statt auf 80 angiebt. Von einer Uebersiedelung der
Neubürger nach Achaia ist nirgends die Rede: vielleicht sind
darunter die Verbannten zu verstehen, die auch *κδ* 4 erwähnt
sind und nach Pausan. 8, 51. 3 300 ausmachten. Die Zahl der
Verkauften giebt Pausanias übereinstimmend mit Aristokrates
auf 3000 an. Die Unbestimmtheit XXXVIII 34 (*multi compre-
hensi venierunt*) spricht nicht gegen ihre Richtigkeit: denn Polybios hat sie wol aus schonender Rücksicht gegen seine Landsleute
und seine eigne Partei unterdrückt. Allein im Ganzen genommen
ist es ersichtlich, dafs die Mittheilungen aus Aristokrates für un-

sere geschichtliche Erkenntnifs fast wertlos sind. Sie tragen
unverkennbar den Stempel der Uebertreibung und Fabelei; sie
auf das Wahre, welches zu Grunde liegen mag, zu reduciren ist
um so weniger möglich, als sie den Excerpten eines nicht grade
sorgfältigen Autors entstammen. Indefs zeigen sie von Neuem,
mit welcher Einseitigkeit und Parteilichkeit die Spezialgeschichten abgefafst waren, vgl. S. 271. Wenn man in dieser Hinsicht
aufs Eifrigste bemüht gewesen ist die Treue des Polybios zu verdächtigen, so dürften solche Fragmente historischer Ueberlieferung darthun, wie er denn doch auch hierin unter den Geschichtschreibern seines Jahrhunderts einzig dasteht. Dafs die im Plutarch vorliegende Spezialschrift, wie oben bemerkt, von der historischen Objectivität weiter entfernt ist als die Pragmatie, versteht
sich von selbst. Einzelnes wie die Verwundung Philopoimens
c. 6 erinnert entfernt an die Kraftstücke der Makedoner bei Poseidonios und die Strafsenbeackerung der Megalopoliten bei Aristokrates. Im Ganzen aber ist sie von der Teratologie, wie sie
die ganze historische Litteratur jener Zeit durchdrungen hat,
durchaus frei.

2. Aufser der plutarchischen besitzen wir eine zweite Lebensbeschreibung des Philopoimen von Pausanias 8, 49 — 51.
Nach dem Vorgang von Heeren hat besonders Haug aus der Verwandtschaft beider ihren gemeinsamen Ursprung aus der Schrift
des Polybios ableiten wollen. Bei näherer Betrachtung erweist
sich diese Ansicht sofort als unhaltbar. Denn die Abweichungen,
welche sich bei Pausanias von Plutarch finden, stimmen keineswegs zur Erzählung des Polybios, von dessen Werken jener überhaupt sehr dunkle Vorstellungen hatte, vgl. S. 30. 8; und auf der
andern Seite ist die Uebereinstimmung zwischen Beiden zu grofs,
als dafs sie sich aus einer gemeinsamen Quelle, welche denn doch
drei ganze Bücher umfafste, erklären liefse. Vielmehr hat Pausanias die plutarchische Schrift Kapitel nach Kapitel bearbeitet
und diese Bearbeitung um ein paar Notizen und drei Excerpte,
welche er früher benutzt, deren weiteren Gebrauch aber für diese
Gelegenheit aufgespart hatte, erweitert. Die Betrachtung des
Einzelnen ergiebt ganz von selbst dies Resultat.

C. 49. 2 nach Plut. c. 1. Der Name Megalophanes wie bei diesem, Polybios Demophanes S. 282 An. Von Arkesilaos bemerkt
Pausanias, dafs er aus Pitana stamme; ebenso wird der Geburts-
ort hinzugefügt zum Namen des Pylades und Timotheos c. 50, 3;
der Namen des Vaters zu dem des Philippos c. 50, 4 Diophanes
c. 51. 1 [vgl. S. 30. 5], Antiochos c. 51, 4: diese Zusätze sind

ohne Frage aus dem Gedächtnifs gemacht. — § 3 nach Plut.
c. 2—4. Plutarch hatte der Meinung Einiger, dafs Philopoimen
häfslich gewesen sei, widersprochen und auf sein Standbild in
Delphi hingewiesen. Dem Pausanias genügt dieser Beweis nicht,
daher schliefst er sich der bekämpften Ansicht an. Dagegen acceptirt er das Urtheil über Philopoimens Charakter im Vergleich
zu dem des Epameinondas. — § 4 nach Plut. c. 5. Aufserdem
hat Pausanias aus der 8, 27. 15 fg. benutzten Quelle, wo er ausdrücklich auf das Leben Philopoimens verweist (δηλώσει τοῦ
λόγου μοι τὰ ἐς Φ.) hinzugefügt, dafs zwei Drittel der Mannschaft nebst Weibern und Kindern sich retteten. — § 5 Plut.
c. 6. — § 6 Plut. c. 6. 7. Wenn Pausanias die Lanzenstücke erst
nach der Schlacht von Aerzten aus der Wunde Philopoimens
ziehen läfst, so scheint dies eine absichtliche Verbesserung zu
sein, da ja bei Plutarch auf die Gefährlichkeit die Stücke aus-
zuziehen aufmerksam gemacht und trotzdem dieselben gleich
darauf ausgezogen werden; wie bemerkt, ist die Darstellung bei
Plutarch im höchsten Grade unwahrscheinlich. — § 7 Plut. c. 7.
Die Betrachtung bei diesem c. 8 ist übergangen. — C. 50, 1.
Plut. c. 9. Pausanias vergleicht die alten Schilde der Achaeer
mit denen der Kelten und Perser und nennt die neuen argoli-
sche; über erstere spricht er auch 10, 19. 4, über letztere 2, 25.
7. — § 2 Plut. c. 10. Die Bemerkung, dafs das Glück der Spartaner ihren Tyrannen los geworden zu sein gröfser war als das
Unglück ihrer Niederlage, gehört Pausanias an. — § 3 Plut. c. 11.
Er fügt hier eine Notiz über den Kitharoeden Pylades und eine
zweite über Themistokles hinzu. — § 4 Plut. c. 12. Er erinnert
an die Vergiftung Arats und verbessert Plutarch darin, dafs die
Mörder nicht nach Argos, sondern nach Megalopolis geschickt
worden: weil er eben wufste, dafs Philopoimen in dieser, nicht
in jener Stadt wohnte. Dafs in solcher Deutelei die Abweichung
allein ihren Grund hat, beweist die Uebereinstimmung der Worte:

Plutarch.	Pausanias.
ἔπεμψεν εἰς Ἄργος κρύφα τοὺς ἀναιρήσοντας αὐτόν· ἐπιγνωσθείσης δὲ τῆς ἐπιβουλῆς παντάπασιν ἐξεμισώθη καὶ διεβλήθη πρὸς τοὺς Ἕλληνας.	ἀπέστειλεν ἄνδρας εἰς Μεγάλην πόλιν φονεῖσαί σφισι Φιλοποίμενα ἐντειλάμενος· ἁμαρτὼν δὲ ἀνὰ τὴν Ἑλλάδα ἐμισήθη πᾶσαν.

In gleicher Weise macht er aus den Boeotern Thebaner und
läfst sie vorher noch die Megarer in einer Schlacht besiegt ha-

ben: beides willkürlich und beides falsch s. × 6. — § 5 Plut. c. 12.
Er benutzt hier dieselbe Quelle wie 4, 29. 10, wo er § 12 auf
den vorliegenden Abschnitt verweist, die mit Plutarch und Polybios keineswegs stimmt. — § 6 Plut. c. 13. Die beiden verschiedenen Berichte, welche Plutarch neben einander stellt, verbindet Pausanias so, dafs er den Philopoimen wegen des Zorns
seiner Landsleute zurückkehren läfst. — § 7 Plut. c. 14. Die
etwas unklare Erzählung Plutarchs versteht sein Epitomator so,
als ob die Römer in Gemeinschaft mit den Achaeern den Seekrieg geführt hätten: ganz falsch s. XXXV 25 fg. Alsdann erinnert er an Homer B. 613. § 8 Plut. c. 14. Dafs die Nacht
mondlos und dafs das achaeische oder, wie Pausanias öfters
sagt, das arkadische Heer an Zahl gering war, sind Zusätze, letzterer entschieden falsch. § 9 Plut. c. 14. 15. — § 10 Plut.
c. 15. Plutarch ist nicht benutzt, sondern dieselbe Quelle wie
7, S. 4 fg., wo kurz nachher auf die vorliegende Partie hingewiesen wird. — C. 51. 1. Plut. c. 15. 16. Von diesem waren innere
Unruhen als Grund des Zuges gegen Sparta angegeben. Pausanias sagt, die Spartaner hätten Feindseligkeiten gegen die Römer
beabsichtigt: ein Schlufs offenbar aus der Anwesenheit des Consuls Flaminin, wofür ihn der Gewährsmann Plutarchs fälschlich
ausgiebt, gezogen. Diesem Irrthum gemäfs macht Pausanias den
Flaminin zum Commandeur der Truppen in Griechenland. —
§ 2 Plut. c. 15. Wir treffen hier die einzige Abweichung von der
Ordnung bei Plutarch, welche sein Bearbeiter sich erlaubt hat.
Derselbe findet nämlich in der Abwehr des Diophanes und Flaminin eine bessere Begründung für die Schenkung der 120 Talente an Philopoimen als in der durch ihn bewirkten Einverleibung Spartas in den achaeischen Bund und demgemäfs stellt er
beides um, die Beschützung Spartas vor den Schenkungsversuch.
Der Satz ταῦτα δὲ εἰς Τιμόλαον αὐτῷ λέγουσιν ὑποσημαίνε-
σθαι scheint corrupt zu sein. — § 3 Plut. c. 16. Aufser diesem
benutzt er dieselbe Quelle wie 7, S. 5, wo er auf unsre Stelle Bezug nimmt ταῦτα μὲν δή, καὶ ἐς πλέον ἐπέξεισιν αὖθίς μοι
τὰ ἐς Ἀρκάδας. — § 4 Plut. c. 17. — § 5. 6 Plut. c. 18. 19.
Aufserdem entnimmt er Einiges demjenigen Autor, welchem er
4, 29. 12 gefolgt ist, wo er sich auf diese Biographie bezieht
(τάδε μὲν ἡμῖν καὶ ὕστερον ὁ Ἀρκαδικὸς λόγος ἐπέξεισι).
— § 7 Plut. c. 19. 20. Der Zusatz, dafs die Reichen zu Deinokrates standen, stammt noch aus der eben erwähnten Quelle. —
§ 8 Plut. c. 21. Fälschlich entnimmt Pausanias aus den Worten
Plutarchs, dafs die Uebergabe Messenes sofort erfolgte, s. κδ. 12.

Abgesehen von den eingeflochtenen Notizen, welche wir mit
der Erzählung 4. 29. 12 7, S. 5 8, 27. 15 zu verbinden haben,
ist diese ganze Uebersicht des Pausanias vom Leben Philopoimens
für die Kenntnifs der Thatsachen wertlos. Es ist nicht zu verkennen, dafs Pausanias seine Quelle mit Sorgfalt und Nachdenken
bearbeitet hat; und doch bietet seine Bearbeitung nicht viel Anderes als einen neuen Beleg für den kritischen Lehrsatz, dafs
tertiäre Quellen tief unter secundären stehen.

3. Plutarch citirt in der Lebensbeschreibung des Flaminin
c. 20 den Polybios s. S. 229, c. 14 den Tuditanus, c. 18 Livius und
Cicero de senectute, endlich 2 Ungenannte c. 20. Das Citat aus
Valerius Antias und Cato c. 18, sowie des Ersteren ohne Angabe
des Namens am Schlufs von c. 21 sind aus Livius entnommen.
Hauptquelle ist Polybios, in zweiter Linie ein Annalist, dann eine
Reihe von Bemerkungen und Anekdoten aus seinem umfassenden Excerptenschatz. Nach Heeren liegt dieser Biographie neben
Polybios ganz besonders auch Juba zu Grunde; Baehr a. a. O.
hat dies in seiner Weise zu begründen versucht. Ich finde Nichts,
worauf sich diese Vermutung stützen könnte; allein erst durch
umfassendere Untersuchungen wird man über die römischen
Quellen Plutarchs ins Klare kommen können. C. 1 beruft sich
Plutarch auf das Standbild Flaminins in Rom. Die folgende Charakteristik beruht im Wesentlichen auf der Darstellung des Polybios vgl. XXXVI 32 XXXIV 34, $\iota\zeta$ 10. 12, wenn gleich sein
Bild in weit rosigerem Lichte als bei diesem erscheint. Der Schlufs
nach einem Annalisten widerspricht demjenigen, welchem Livius
XXXII 2 gefolgt ist. — C. 2 ebendaher, weicht von Livius c. 7
nicht ab. Ebenso entspricht die Angabe, dafs er das 30. Jahr
noch nicht erreicht hatte, der polybianischen $\iota\zeta$ 12, dafs er im
folgenden Jahr nicht über 30 zählte. Die Ansicht von der besondern Befähigung Flaminins für die griechischen Verhältnisse können wir als mit der des Polybios übereinstimmend bezeichnen. —
C. 3—5 aus Polybios s. S. 135 fg., XXXII 32; auch das Ende
von c. 5 scheint aus ihm zu stammen: dafs die Makedoner ihre
Feinde als Barbaren bezeichneten, wird XXXI 29 erwähnt vgl.
S. 127. C. 6 aus Polybios s. S. 140. - C. 7 ebendaher vgl.
$\iota\zeta$ 10. 11; über die Zahl der Aetoler s. S. 141. Der Schlufs gehört einer Anekdotensammlung an. — C. 8 aus Polybios s. S. 141
Anm. C. 9 enthält zuerst einige interessante Notizen aus irgend
einer Sammlung, dann nach Polybios $\iota\eta$ 17. 27 vgl. S. 145. —
C. 10 nach Polybios $\iota\eta$ 28. 29, abgesehen von 2 Anekdoten. Die
alberne Fabel, dafs Vögel vom Jubelgeschrei der Masse betäubt

zur Erde fielen, stammt wol von einem Annalisten, da sie ebenso
bei Valerius Maximus sich findet 4. S. 5; sie wird bei anderer
Gelegenheit aufgetischt XXIX 25. — C. 11 der Anfang schliefst
sich an das Vorhergehende an: hierauf Betrachtungen. — C. 12
der Anfang nach Polybios η 31 XXXIV 41. 51, s. S. 159. Der
gröfsere Theil, Anekdoten und Epigramme von Plutarch aus andern Excerpten hinzugefügt. — C. 13 Polybios XXXIV 34. 49.
50. Philop. 15 s. S. 161. 172. — C. 14 nach einem Annalisten
vgl. S. 161. — C. 15 nach Polybios s. S. 185. — C. 16 die Verdienste Flaminins um Chalkis, nach eigner Forschung *). — C. 17
nach Polybios XXXVI 32 ι? 7 zd 5 XXXV 49. — C. 18. 19
Censur Flaminins und Ausstofsung seines Bruders aus dem Senat,
nach einem Annalisten. Die Aufnahme der Libertinen in die Bür-
gerliste und die Feindseligkeit des Tribunen Culleo ist bei Livius
XXXVIII 28 nicht erwähnt. Die Erzählung von der Schandthat
des Lucius Flamininus, seiner Ausstofsung aus dem Senat durch
Cato, dessen Verfeindung mit den Flamininen, endlich des Lucius
Wiederaufnahme in Gnaden ist demselben Excerpt entnommen,
welches Cato c. 17 zu Grunde liegt: diese Version ist Anfangs
ausführlicher, später bedeutend kürzer. Das Excerpt ist einem
unbekannten Annalisten entnommen, dem wol auch die Citate
aus Livius XXXIX 42. 43 und Cicero de sen. 12 entstammen.
C. 20. 21 der Tod Hannibals, nach Polybios s. S. 228. Die c. 20
erwähnten Abweichungen sind wahrscheinlich dem bisher benutzten Annalisten entlehnt. Die Bemerkung am Schlufs διὸ
ζαί φασιν ἔνιοι bezieht sich auf die Notiz aus Valerius Antias
XXXIX 56: Plutarch kennt sie gewifs nur aus zweiter Hand.
Dagegen mufs die Nachricht, dafs einige Römer die That Flaminins billigten, noch aus Polybios entnommen sein (vgl. Valer.
Max. 9. 2. 2b). Um seinen gefeierten Helden, welchen er fast für
den gröfsten Wolthäter Griechenlands hält compar. c. 1, zu guter Letzt noch weifs zu brennen, schliefst Plutarch sich unbe-
dachter Weise dieser Auffassung an, welche zu seiner bisherigen,
d. h. der polybianischen Darstellung in schneidendem Widerspruch steht. — Somit gehört im Flaminin dem Polybios an c. 3—
13. 15—17. 20. 21, abgesehen von den bezeichneten Zusätzen.
Diese Stücke handeln von seiner Thätigkeit in Griechenland und
der Gesandtschaft an Prusias. Für die Ereignisse in Rom zumal
folgt er einem Annalisten c. 1. 2. 10. 11 (?) 14. 18. 19; ob Juba
dies ist oder wer sonst, müssen wir dahin gestellt sein lassen.

*) Ueber d. Münzen zu Ehren Flaminins s. Mommsen R. G. S. 693
Anm. G. d. r. M. S. 406 (vgl. N. 115) vgl. die Inschrift aus Gythion S. 158 Anm.

Anekdotensammlungen sind benutzt c. 7. 9. 10. Auf eigne Forschung geht er c. 1. 12. 16 zurück. Es ist beachtenswert, dafs
im Philopoimen, wo Plutarch wesentlich nur Eine Quelle benutzt, eine streng chronologische Ordnung sich findet, dagegen
im Flaminin, wo er eine Menge von Excerpten aus dem weitschichtigen Werk des Polybios und Anderen verarbeitet, von
einer solchen im Einzelnen gar keine Rede sein kann. — In der
Vergleichung zwischen Philopoimen und Flaminin ist Nichts neu
als die Anekdote am Schlufs von c. 2, welche aus Polybios
stammt XXXV 4S.

4. In Bezug auf die dem Cato zu Grunde liegenden Quellen
ist es wegen der Dürftigkeit unserer anderweitigen Ueberlieferung
nicht möglich zu sichern Resultaten zu gelangen. Da Plutarch
sich fortwährend auf das eigene Zeugnifs des Helden beruft und
seine Origines sowol als sein Buch über den Landbau, seine
Reden wie seine Briefe erwähnt, so hat Heeren geschlossen dafs
er auch wirklich alle diese Schriften gelesen und benutzt hatte.
Bei der geringen Kenntnifs Plutarchs vom Lateinischen ist diese
Ansicht von Vorn herein sehr unwahrscheinlich und bei genauer
Betrachtung erweist sie sich als ganz unhaltbar. Bei der Kritik
dieser Biographie ist die erste Scheidung, welche man machen
mufs, zwischen dem was Cato selbst, und dem was Andere erzählen. Plutarch hat dies schon äufserlich angedeutet, indem er
bei Ersterem $\varphi\eta\sigma\grave{\iota}$ $\alpha\grave{\upsilon}\tau\acute{o}\varsigma$, bei Letzterem $\lambda\acute{\varepsilon}\gamma\varepsilon\tau\alpha\iota$ $\varphi\alpha\sigma\acute{\iota}\nu$ und
Aehnliches hinzufügt oder von Cato durchaus als dritter Per-
son spricht. Damit soll nun freilich keineswegs gesagt sein, dafs
das unter der ersten Rubrik Aufgeführte wirklich alles von Plutarch aus den catonischen Schriften geschöpft ist; das Meiste mag
aus zweiter Hand überkommen sein. Von anderen Quellen ist
dem c. 10 citirten Polybios Einiges entnommen. Genannt werden aufserdem in dem uns bekannten Excerpt c. 17 Livius und
Cicero de senectute. Beide sind nicht weiter benutzt, sondern
zwei ihnen nahe verwandte Quellen, ein Annalist und ein Zweiter,
der mehr das häusliche Leben Catos berücksichtigt [ich nenne
ihn der Kürze halber den Verfasser der Vita]. Versuchen wir
dies im Einzelnen durchzuführen.

C. 1. Der erste Satz aus der Vita; übereinstimmend beginnt
Nepos. Die beiden folgenden $\alpha\grave{\upsilon}\tau\acute{o}\varsigma$ $\acute{o}$ K.... $\grave{\varepsilon}\pi\alpha\iota\nu\varepsilon\tilde{\iota}$... $\varphi\eta\sigma\acute{\iota}$
aus Cato. Dann fährt die Vita fort; ob ihr das Epigramm ange-
hört, läfst sich natürlich nicht entscheiden. Der Satz $\varphi\eta\sigma\grave{\iota}$ $\gamma\grave{\alpha}\varrho$
$\alpha\grave{\upsilon}\tau\acute{o}\varsigma$ aus Cato; dafs er seinen ersten Kriegsdienst mit 17 Jahren that, sagt auch Nepos. Die Schilderung von seinem Verhal-

ten im Felde stammt. wie das λέγεται zeigt, aus der Vita. —
C. 2 Vita. Die Erzählung von Curius Dentatus ähnlich Cicero de
sen. 16; ihre Verbindung ist bei Plutarch eine andere, und der
Zusatz dafs Curius Rüben gekocht, kann doch unmöglich erfunden sein. Der Aufenthalt in Tarent und der Verkehr mit Nearchos gleichfalls de sen. 12. Beide berichten, dafs Nearchos des
Fabius Gastfreund und dafs Cato noch ein Jüngling war; auch
die Rede Platos stimmt. Desgleichen erwähnt Cicero c. 1 u. 8,
dafs Cato erst spät mit dem Griechischen sich beschäftigte; neu
ist die Nachricht bei Plutarch, dafs er den Thukydides und ganz
besonders den Demosthenes studirte. — C. 3 Vita. Er kommt
durch Valerius Flaccus nach Rom. Plutarch setzt das Kriegstribunat Catos nach der Einnahme von Tarent c. 2. also nach 545,
so auch Cicero c. 4. Nepos setzt es 540, wo Cicero c. 4 ihn Sol-
dat sein läfst: Nepos allein erzählt von seinem Kriegsdienst 547.
Hinsichtlich seiner Verbindung mit Valerius Maximus stimmt Cicero c. 4. Die Quästur unter Scipio bezeugen alle Quellen: Plutarch. Nepos c. 1, Cicero de sen. 4, Brutus 15, Livius XXIX 25.
Die Streitigkeiten zwischen Cato und Scipio bezeugt auch Nepos;
Livius hat Nichts davon. — C. 4 Vita. Von ἐσθἷτα μὲν γάρ...
φῃσί an Cato. C. 5 eigene Erörterungen Plutarchs und ein
Satz aus Cato ὁ δὲ Κ...φησίν. C. 6 Verwaltung Sardiniens, nach
der Vita: nicht Livius XXXII 27. C. 7 über die Eigenthümlichkeit seiner Reden, in deren Beurtheilung Andere οἱ...
φάμενοι von Plutarch abweichen. — C. 8. 9 Proben aus einer
Sammlung catonischer Aussprüche: c. 7 heifst es ἡμεῖς δὲ τῶν
ἀπομνημονευομένων βραχέα γράψομεν u. c. 9 am Ende τὸ μὲν
οὖν τῶν ἀπομνημονευομένων γένος τοιοῦτόν ἐστιν. Man hat
früher angenommen, dafs dieselben in den Sinnsprüchen. welche
Cato selber zusammengestellt und Cicero de off. 1, 29 de or. 2. 67
gekannt hat, die auch Plutarch c. 2 erwähnt, enthalten gewesen
seien. Die Unhaltbarkeit dieser Ansicht hat Jordan Jahns Jahrb.
73 S. 384 fg. nachgewiesen. Vielmehr scheint diese Sammlung. welche schon vor Cicero's Zeit veröffentlicht war, nicht
blofs aus den catonischen Schriften, sondern auch aus anderen
Historikern, namentlich Polybios angelegt zu sein. Jedenfalls
hatte dieser die Bemerkung über den römischen Luxus c. 8, λα
24. und den Witz über die bithynische Gesandtschaft c. 9, λʒ 2d
mitgetheilt. Plutarch hat sicherlich weit mehr als die hier bezeichneten Proben aus jener Schrift entnommen. So bezieht
Jordan in s. Ausgabe d. cat. Frag. p. CVI den Ausspruch τὸ μνη-
μονευόμενον c. 15 mit Recht hierher; über Anderes wird sich

mit ihm rechten lassen. — C. 10—14 schildern die kriegerischen
Thaten Catos; diese Partie wird von Plutarch bestimmt begrenzt,
indem er c. 15 fortfährt τῶν μὲν οὖν πολεμικῶν πράξεων
αὗται σχεδόν εἰσιν ἐλλογιμώτατα. In diesem Abschnitt ist zwischen der einfachen Erzählung und dem unter Catos Namen Angeführten keine Scheidung möglich; wollte man das Letztere wie den
Ausspruch über die Soldzahlung an die Keltiberer c. 10, die Antwort auf die Beschwerden Scipios c. 11, die Anrede an die Firma-
ner c. 13 herausnehmen, so würde jeglicher Zusammenhang ver-
schwinden. Dies war in der bisherigen Darstellung durchaus nicht
der Fall: hier dagegen hat sie eine wesentlich einheitliche Färbung und rechtfertigt durchaus das Urtheil Plutarchs, dafs Cato
mit seinem Selbstlob nicht sparsam umging. Daher hat auch
Plutarch in seiner vorsichtigen Weise sich nicht unbedingt diesem Gewährsmann anvertraut, sondern Polybios zur Controlle
herangezogen, den er c. 10 citirt und auch c. 12 benutzt. In der
Schilderung der spanischen Statthalterschaft c. 10 gehört dem
Polybios schwerlich mehr als das Citat an vgl. S. 156; den Livius XXXIV 8 fg. hat Plutarch gar nicht gekannt. Dafs Cato nur
5 Diener hatte, war auch in seiner Rede *cum in Hispaniam pro-
ficisceretur* Jordan p. 38 erwähnt. Ueber die Confusion c. 11
s. S. 160; sie wird um so begreiflicher, wenn wir annehmen, er
habe nach einer lateinischen Quelle gearbeitet. Nach c. 12 soll
Cato unter dem Consul Tiberius Sempronius in Thrakien und
an der Donau als Legat thätig gewesen sein. Tiberius Sempronius Longus 560 Consul führte gegen die Boier Krieg XXXIV 46
und Cato triumphirte. Ob die Nachricht Plutarchs richtig sei,
läfst sich schwerlich entscheiden. Hierauf geht er zu seinem
Kriegstribunat unter Acilius 563 über. Die Schilderung von dem
Ausbruch des Krieges ist nach demselben polybianischen Excerpt,
welches Flamin 15 benutzt ist, abgefafst. Das Folgende stammt, wenigstens zum Theil, aus der Spruchsammlung vgl. μ 6. Die Thätigkeit Catos in den achaeischen Städten und Athen wird in der
livianischen Bearbeitung des Polybios nicht berührt vgl. Jordan
p. LXXI. — C. 13. 14 Erzählung Catos über die Schlacht bei Thermopylai, von der S. 181 die Rede war. — Wie c. 10—14 die
wichtigsten kriegerischen Thaten dargestellt wurden, so c. 15—19
die politischen. Die Schilderung jener beruhte im Wesentlichen auf
Catos eignem Zeugnifs, hier folgt Plutarch durchaus einer fremden Quelle und entnimmt jenem mit Ausnahme der Denk-
sprüche c. 15 und 17 gar Nichts. Es liegt ein Annalist zu Grunde,
nicht, wie man gewöhnlich annimmt, mit Livius identisch, aber

nahe verwandt. — C. 15 über Catos Theilnahme am Scipionenprocefs ist nicht ersichtlich, ob Plutarch dieselbe Darstellung wie
Valerius Antias XXXVIII 54. 58 giebt, oder eine selbstständige.
In Betreff des Folgenden ist S. 225 nachgewiesen, dafs die Angaben über das Alter Catos bei Livius XXXIX 40 und Plutarch
c. 15 nach Plut. c. 1 falsch, hingegen die ciceronianischen richtig
sind. Darnach leistete Cato mit 17 Jahren 537 den ersten Kriegsdienst. Dazu pafst aber nicht, wenn Cicero de sen. 4 ihn 540
als *adolescentulus miles* und c. 12 546 als *adolescens* unter Fabius dienen läfst, womit, wie bemerkt, Plutarch c. 2 stimmt
κομιδῇ μειράκιον ὤν. Das Kriegstribunat, welches dieser ihm
c. 3 beilegt, müfste darnach zwischen 545 und 550, wo er
nach allen Zeugnissen Quästor war, fallen. Dagegen läfst Nepos, dessen erste Angabe mit Cato selbst stimmte und der auch
in Folgendem höchst beachtenswerte Quellen benutzt hat, ihn
schon 540 Kriegstribun in Sicilien sein, ebenso Aurelius Victor
de vir. ill. 47, und nach seiner Rückkehr aus Sicilien 547 bei
Sena sich auszeichnen, weifs dagegen von dem Dienst unter Fabius 540 und 45 Nichts. Die Erzählung bei Cicero und Plutarch
von den Unterhaltungen über griechische Philosophie in Tarent
ist aufserdem höchst verdächtig. Die Bewunderung, welche Cato
für die platonischen Speculationen gefunden haben soll, stimmt
schlecht zu seiner sonstigen Weise. Verstand und sprach er denn
damals schon griechisch? Endlich ist die Erzählung des Nearchos, wie sie bei Cicero steht, sehr mythisch: der wackere Sam-
nitenführer Pontius habe sich 406 mit Archytas über die tiefsten ethischen Probleme unterhalten und Platon, der 406 starb
und unsers Wissens nach 393 Sicilien und Italien nicht besuchte,
sei dabei gewesen. Es ist klar, der Bericht, welchen Cicero und Plutarch benutzten, ist ganz märchenhaft und die Darstellung des
Nepos allein richtig. Wir finden also in der plutarchischen Biographie drei verschiedene Berichte über das Leben Catos verbunden, die sich im Grunde alle direct widersprechen: 1, die eigne
Nachricht Catos c. 1, mit Nepos c. 1 übereinstimmend, wonach
er 520 geboren; 2, der Biograph c. 2, 3 mit Cicero stimmend,
giebt dasselbe Geburtsjahr, aber über die Feldzüge ganz unver-
läfsliche Nachrichten; 3, der Annalist c. 15, dem Livius entspricht, setzt die Geburt um 4 Jahr zu früh. — C. 16 Candida-
tur Catos, übereinstimmend XXXIX 40.41. — C. 17—19 Censur.
Dafs Flaccus princeps senatus ward, ist XXXIX 52 nur beiläufig
erwähnt. Ueber die nota des L. Flaminin s. S. 225. Plutarch
giebt aufser Cicero Livius und Valerius einen andern Gewährs-

mann an *oἱ πλεῖστοι* und obwol im Wesentlichen mit Livius
übereinstimmend hat er doch über die Censur Catos manche
neue Nachrichten, so dafs mit Notwendigkeit ein anderer Annalist, nicht Livius als Quelle angesehen werden mufs. C. 18
stimmt mit XXXIX 44. Aus dem Zusatz, die nota des Lucius
Scipio sei gleichsam ein Hohn gegen seinen todten Bruder gewesen, folgt dafs die Quelle Plutarchs den Tod Scipios vor 570,
wahrscheinlich wie die meisten Annalisten 569 setzte. Zum
Schlufs giebt er aus seinen Sammlungen 2 Anekdoten. — C. 19
stimmt Livius: aber neu ist hier die Verminderung des Lohns
für öffentliche Arbeiten, abweichend die Opposition Flaminins
und die Mult der Tribunen, neu der Widerstand gegen die basilica
Porcia. Plutarch übersetzt hierauf die Inschrift am Standbild
Catos und giebt zuletzt Aussprüche desselben. — C. 20 über die
Erziehung seines Sohnes ist Cato selber Quelle, wie die bestän-
digen Anführungen *ἡγούμενος, ἔλεγε, ὥς φησιν αὐτός, φησίν*
zeigen. Dann erzählt Plutarch von dem wackern Benehmen des
jungen Cato in der Schlacht bei Pydna nach dem Aemil. c. 21 benutzten Excerpt und erwähnt einen Brief des Vaters hierüber.
Die Nachricht von der Verheiratung jenes kehrt c. 24 nach der
Vita wieder. — C. 21 Catos wirtschaftliches Verfahren, nach
der Vita oder Cato selber, wenn man den Schlufssatz *προτρέπων*
δὲ τὸν υἱὸν ἐπὶ ταῦτά φησιν κτλ. auf alles Vorhergehende
beziehen will. — C. 22 sein Eifer gegen die bekannte Gesandtschaft griechischer Philosophen 599, stammt wahrscheinlich aus
Polybios, dessen Erzählung bei Gellius N. A. 6, 14 vollständig
stimmt. — C. 23 seine Ansichten über griechische Wissenschaft.
Dafs sie Cato selber entnommen sagt sowol Plutarch, als auch
ist ein entsprechendes Fragment erhalten Jordan p. 77. — C. 24
nach der Vita: denn Cato selber kann nicht füglich die Geschichte
seiner zweiten Verheiratung erzählt haben. Dafs er den Tod seines Sohnes würdig und verständig ertragen haben soll, sagt auch
Cicero de sen. 19. — C. 25 enthält Nachrichten über Catos
Schriften und eine Schilderung seines Landlebens, der Vita ent-
stammend; ähnlich Cicero c. 15. 16. — C. 26. 27 seine Feindschaft gegen Karthago, nach Polybios. Dafs Cato nicht selber
Quelle ist, zeigt die wiederholte Fassung *οἴονται, φασί, λέγεται,*
φασὶν εἰπεῖν. Der Ausspruch über Scipio steht *λς* 5 [und daher Diod. 32, 14]. Ferner stimmt die Erzählung Appians Libyk.
68. 69, welcher wie für den syrischen, so auch für den dritten
punischen Krieg Polybios excerpirt hat. Zum Schlufs einige
Nachrichten über Catos Nachkommen. — Der Ursprung der ver-

schiedenen Stücke in der plutarchischen Biographie vertheilt
sich demnach etwa folgender Mafsen:
Polybios c. 22. 26. 27; ferner benutzt c. 10. 12.
Annalist c. 15—19; c. 17 werden Cicero und Livius citirt.
Vita c. 1—4. 6. 21? 24; benutzt wol auch anderswo.
Cato c. 1. 2. 4. 5. 7. 8—14. 15. 17. 19. 20. 21. 23.
Aus Aemilius Paullus c. 20.
Anekdotensammlungen c. 1. 5. 8. 18. 23. 24.
Eigne Erfahrungen und Bemerkungen c. 5. 7. 16. 19. 20.

Es mag auffallend erscheinen, dafs Plutarch 2 ungenannte
Schriftsteller stark benutzt, dagegen von Cicero und Livius fast
nur die Namen angegeben hat. Es ist hierbei zu berücksichtigen,
dafs Plutarch seine Hauptquelle nur selten nennt. So führt er
im Philopoimen, der doch nachweislich fast ganz aus Polybios
geflossen ist, diesen nur Ein Mal an, um ihn dem Aristokrates
gegenüber zu verwerfen; ebenso im Flaminin nur Ein Mal, um den
Streit über die Todesart Hannibals zu entscheiden. Und wollte
man auch die Nachrichten bei Livius und Cicero auf's Vielfältigste
permutiren und combiniren, man würde doch nimmer die plutarchischen herausbringen können. — Die nächste Frage ist, aus
welchen Schriften das unter Catos Namen Angeführte und Erzählte entnommen sei. Von den 150 Reden [Brut. 17] hat Plutarch wenige, vielleicht gar keine selbst gelesen. Die berühmte
Rede für die Rhodier erwähnt er gar nicht, die censorische gegen
Flaminin kennt er nur aus Livius, die Anklage gegen Galba und
die Vertheidigungsreden aus dem Annalisten, die Rede gegen die
Philosophen und für den Krieg mit Karthago aus Polybios. Zwar
spricht er c. 7 von den charakteristischen Eigenthümlichkeiten
der catonischen Reden, aber dies Urtheil kann sich füglich auf
diejenigen, welche er bei Anderen, besonders Polybios las, und
andererseits auf die aus den wirklichen Reden zusammengestellten
Aussprüche (vgl. Jordan p. CVI) gründen. Auch die Origines hat
Plutarch nicht gekannt; denn nirgends, obwol es dazu an Gelegenheit nicht fehlen konnte, benutzt er sie, weder für die ältere
Geschichte noch für diese Biographie. Grade für das Leben Catos hätte er über dessen politische Wirksamkeit Vieles, das er
ganz ausläfst, beibringen und Anderes richtiger geben können.
Ihre einzige Erwähnung besteht darin, dafs er c. 25 sagt, Cato
habe ἱστορίας verfafst, und c. 20 seine Worte anführt, nach
denen derselbe sie als Lese- und Lehrbuch für seinen Sohn
brauchte. Benutzt hat Plutarch in reichem Mafse die Sammlung
catonischer Dicta, von der S. 293 die Rede war. Gekannt hat er

ferner nach c. 2 die Apophthegmata und Gnomensammlung Catos, von der auch Cicero a. a. O. spricht. Vom Inhalt des Buchs über den Landbau weifs er c. 25 Einiges. Einen Brief Catos an seinen Sohn erwähnt er c. 20. Mit den Worten προτρέπων δὲ τὸν υἱὸν ἐπὶ ταῦτα c. 21 kann er allenfalls die *praecepta ad filium* bezeichnen. Dafs c. 23 zum grofsen Theil aus dem Buch *de medicina* stammt, zeigt das Fragment Jordan p. 77. Ebenso sind wol die Nachrichten über die Feldzüge, namentlich der Bericht von der Schlacht bei Thermopylai aus dem Buch *de re militari* entnommen. Dies Alles im Einzelnen durchzuführen ist ganz unmöglich. Weifs man doch gar nicht, wie viel Plutarch wirklich aus erster Hand überkommen hat. Jedenfalls beschränkte sich seine Kenntnifs auf die kleineren Schriften; auf diese kann allein die Bemerkung τὰ μέντοι συγγράμματα καὶ δόγμασιν Ἑλληνικοῖς καὶ ἱστορίαις ἐπιεικῶς διαπεποίκιλται c. 2 eine Anwendung finden; auch eine andere Nachricht c. 24, dafs er in seinen Büchern oftmals seines Sohns als wackern Mannes gedacht, pafst auf diese.

5. Wir kommen zum Aemilius Paullus. Plutarch citirt gelegentlich c. 10 Cicero de divinatione, an 3 Stellen c. 15. 16. 19 den Polybios. Ferner hat er von römischer Seite die Denkschrift des Scipio Nasica, von makedonischer die Geschichte des Perseus von Poseidonios benutzt. An zwei Stellen c. 15. 16, wo Scipio leitende Person gewesen war, wird ihm gegenüber Polybios verworfen und an der dritten c. 19 wird derselbe dem Poseidonios unvermittelt entgegengestellt. C. 21 widersprechen sich Scipio und Poseidonios; aufserdem wird Ersterer c. 18, Letzterer c. 20 genannt. Heeren hat die Ansicht ausgesprochen, dafs dieser Biographie im Wesentlichen der Bericht Scipio Nasica's zu Grunde liege. Versuchen wir die Frage aus der Kritik des Einzelnen zu lösen.

C. 2 citirt Plutarch οἱ πλεῖστοι συγγραφεῖς und stellt ihnen ἔνιοι τῶν Πυθαγόρᾳ τὴν Νομᾶ τοῦ βασιλέως παίδευσιν ἀναθέντων gegenüber, welche das Geschlecht der Aemilier von einem Sohn des Pythagoras ableiteten. Damit ist ohne Frage ein späterer Annalist gemeint. Die Verwandtschaft des Paullus mit Scipio Africanus und die Schilderung seiner Jugend kann allenfalls aus Polybios stammen vgl. λβ 12. — C. 3, Aedilität, religiöse und politische Ansichten, nach einem Annalisten. — C. 4, Proconsulat in Spanien. Seiner Unbescholtenheit bezüglich öffentlicher Gelder und seiner Unbemitteltheit wird λβ 8 übereinstimmend gedacht. Der Bericht der livianischen Annalen XXXVII 46. 57 ist diesem gegenüber zu verwerfen. — C. 5,

häusliche Verhältnisse, scheint abgesehen von der Anekdote über
römische Ehescheidung auf Polybios zurückzuführen zu sein
vgl. λ,3 12. Es ist beachtenswert, dafs Plutarch den Namen der
zweiten Gemahlin, welchen jener nicht genannt hatte, auch nicht
kennt. Dies beweist, dafs für das Privatleben des Paullus ihm
keine näheren Quellen als Polybios vorgelegen haben. Die Erzählung von dem kargen Haushalt der Tuberonen findet sich
auch bei Valerius Maximus 4, 4. S. — C. 6, Feldzug gegen die
Ligurer, hat Nichts mit XL 25 fg. gemein s. S. 95. Plutarch
braucht die Form Αἴγιας und bemerkt, dafs Einige sie auch
Αἰγιστίνους nennen. Er bedient sich stets der ersteren, wie
auch Dionys Diodor Strabo Pausanias Appian; Polybios durchstehend der zweiten. Dafs Plutarch diese Bemerkung hier
machte, kann ich nur daraus erklären, dafs er den Polybios benutzte und diese ihm ungewöhnliche Form notirte. Dem Polybios wird auch die geographische Darlegung entnommen sein,
welche er in Ausführlichkeit geben zu wollen β 16 angezeigt
hatte. Die Bemerkungen über die Erziehungsmethode des Paullus passen vorzüglich zu dem Bilde, das uns in den Fragmenten,
wenigstens seinen Hauptzügen nach, erhalten ist. C. 7 wendet
sich Plutarch zum Krieg gegen Perseus, der fast die ganze
Schrift, mit Ausnahme der beiden letzten Kapitel umfafst. Von
der besondern Wichtigkeit dieses Abschnitts abgesehen, ist es
klar, dafs ihm hier ganz besonders reichhaltige Quellen zu Gebote
gestanden haben müssen. C. 7 bildet eine Einleitung, c. 8 enthält eine Uebersicht der makedonischen Geschichte bis zum Ausbruch des Krieges, c. 9 die bisherigen Ergebnisse desselben.
Die Nachrichten sind den polybianischen nahe verwandt, weichen
aber doch so weit ab um die Annahme einer andern Quelle als
geboten erscheinen zu lassen. Polybios kennt den Beinamen
des Antigonos, Doson nicht. Die Schlacht, welche Flamin. 8
nach Polybios ihren Namen von den Hügeln Kynoskephalai trägt,
wird hier nach dem nahen Skotussa bezeichnet. In Betreff der
makedonischen Rüstungen stimmen die Nachrichten XLII 13.
52, aber der Vorrat an Getreide ist dort nicht bestimmt angegeben. Ueber die Illegitimität des Perseus herrscht ferner bei
Polybios gar kein Zweifel: hier wird es entweder nur als Gerede
gegeben λέγεται δὲ μηδὲ γνήσιος φῦναι κτλ., oder ist nebst
der Tödtung des Demetrios anderswoher eingefügt, so dafs Plutarch dies nicht in der vorliegenden Quelle gefunden hätte. Nach
jenem XLII 60 fielen bei Kallikinos nur 2200 Römer, hier wird
die Zahl um 300 vergröfsert. Die Bastarner sollten nach XLIV

27 in Griechenland verwandt werden, hier wird vermutet, dafs
sie in Italien einfallen würden. Da die ganze Auffassung im
Grofsen, wie in den bezeichneten kleinen Differenzen vom makedonischen Standpunkt ausgeht, so erscheint die Vermutung
nicht gewagt, dafs Poseidonios hier vorliegt. — C. 10, Wahl des
Aemilius, hat mit dem Annalisten XLIV 17. 18 Nichts gemein
(S. 263). Hierauf eine Anekdote nach Cicero de divin. 1, 46;
ebendaher Valerius Max. 1, 5. 3. — C. 11, Rede ans Volk, nicht
nach XLIV 22, wahrscheinlich wie auch c. 10 nach Polybios
vgl. z9 1a. — C. 12. Perseus Verhalten gegen die gallischen
oder bastarnischen Hülfsvölker, stimmt mit der polybianischen
Darstellung XLI 26. App. Mak. 1S. Diod. 30, 24 überein. Denn
dafs Plutarch von mehreren Anführern, $\varkappa\alpha\vartheta'$ $\varepsilon\kappa\alpha\sigma\tau\sigma\nu$ $\eta\gamma\varepsilon$-
$\mu\acute{o}\nu\alpha$ statt eines einzigen spricht, ist offenbar blofse Flüchtig-
keit. Neu ist die Nachricht von den römischen Rüstungen.
Aber die folgende Betrachtung vom Geiz des Perseus im Gegensatz zu seinen grofsen Vorfahren Philippos und Alexander ist
ganz im Geist des Polybios gehalten vgl. Diod. 30, 27—29 z9 1f.
— Auch die Anknüpfung des Betrugs gegen Genthios c. 13 entspricht der Ordnung bei Polybios XLIV 27. Ebenso stimmt die
Stärke des makedonischen Heeres genau mit XLII 51; dafs bei
Plutarch das ganze Fufsvolk in der Phalanx aufgeht, ist eine
arge Flüchtigkeit. Desgleichen, wenn er den Wachtposten, damit sie nicht einschliefen, die Lanze statt des Schildes nehmen
läfst. Im Uebrigen entspricht er hinsichtlich der makedonischen
Stellung XLIV 32, der Rede des Consuls eb. 34, seiner taktischen Neuerungen eb. 33. — C. 14 stimmt in Betreff der Brun-
nengrabung mit XLIV 33. Dann physikalische Theorien. —
C. 15 nach Scipio Nasica, dem gegenüber des Polybios Angabe
verworfen wird. Auch ohne diese ausdrückliche Erwähnung
würde die Vergleichung mit der livianischen Bearbeitung XLIV
35 lehren, dafs hier eine andere Quelle vorliegt. Zum Schlufs
Bemerkungen über die Höhe des Olympos. — C. 16 fährt die
Erzählung des ausdrücklich citirten Scipio fort. Der Schlufs des
Kapitels, von der makedonischen Seite handelnd, ist wol dem
Polybios entnommen, welcher als Corrector der Uebertreibungen
des römischen wie des makedonischen Berichterstatters von
Plutarch verwandt wird, dem er, wo die Beiden nicht unmittelbar
selbst betheiligt sind, gröfseres Vertrauen schenkt. — C. 17 nach
Scipio. Der Anfang stimmt mit XLIV 36, aber die besondere
Hervorhebung der $\eta\gamma\varepsilon\mu\sigma\nu\iota\varkappa\sigma\acute{\iota}$ $\nu\varepsilon\alpha\nu\acute{\iota}\sigma\varkappa\sigma\iota$ und ihrer Kampflust
fehlt bei Polybios, und Scipio ist hier handelnde Person und da-

mit in Plutarchs Augen glaubwürdiger als jener. Ferner stimmt die Antwort des Aemilius an Nasica bei Beiden nicht; nach diesem giebt er gleich den Grund, weshalb er sich auf keine Schlacht einläfst, an, nach Polybios am folgenden Tage in ausführlicher Rede vor einem Kriegsrat. Von diesem Kriegsrat schweigt Scipio gänzlich: weshalb, werden wir später sehen. Auch die Schilderung der Mondfinsternifs und der folgenden Opfer zeigt eine andere Quelle als XLIV 37, wiewol keine Widersprüche vorliegen (S. 266). — C. 18 nach Scipio, der ausdrücklich citirt wird.

Ueber die Veranlassung der Schlacht bei Pydna giebt Plutarch zwei abweichende Versionen: der Consul habe ein Pferd wegjagen lassen, damit die Feinde auf dasselbe Jagd machen sollten und daraus der Kampf sich entwickle, und so sei's geschehen; oder die Thraker hätten sich an einen römischen Transport gemacht, wären von 700 Liguern angegriffen worden, und so kam's zur Schlacht. Die erste Angabe schliefst sich an das Vorhergehende an, sieht in der Eröffnung der Schlacht tiefe Berechnung des Aemilius, kurz stammt von Nasica. Die zweite erkennt blofsen Zufall als Grund der Entscheidung an, steht auf makedonischer Seite, nennt den Führer des thrakischen Corps bei Namen und gehört dem Poseidonios an. Polybios XLIV 40 steht zwischen Beiden: er bestätigt das Factum, wie es Nasica erzählt, und giebt dem Poseidonios darin Recht, dafs reiner Zufall zu Grunde lag. Dem Ersteren entnimmt nun Plutarch den Angriff der makedonischen Phalangen. — C. 19 wendet er sich zu dem citirten Polybios, welchem er die Parallele zwischen dem Mut des greisen Consuls und der Feigheit des Perseus verdankt. Den Ausspruch des Ersteren über die Furchtbarkeit der Phalanx lesen wir auch z9 6. Leider verläfst uns hier die lückenhafte livianische Uebersetzung. Aber dafs Plutarch von Anfang des Kapitels an dem Polybios folgt, beweist eine Wiederholung: schon oben nach Nasica verliefs der Consul sein Zelt und ermutigte die Truppen; hier heifst es von Neuem, als der Angriff erfolgte, erschien Aemilius und ritt heiter und freudig ohne Helm noch Panzer die Reihen entlang. Man sieht, wie trotz der Ueberarbeitung die verschiedenen Stücke sich nicht genau an einander schliefsen. Dem Polybios wird die ganz abweichende Darstellung des Poseidonios entgegengestellt; Plutarch entscheidet sich unbedingt für keine von beiden. — C. 20, das siegreiche Vordringen der Phalanx und ihre Katastrophe, nach Poseidonios. Der Gewährsmann wird ausdrücklich genannt, und die Erzählung hängt einheitlich zusammen. — C. 21 nach Scipio. Von des

jungen Cato Tapferkeit, die Cat. 20 nach demselben Excerpt erzählt wird, hat die livianische Uebersetzung Nichts. Ebensowenig von der Vernichtung der makedonischen Garde; nach c.
20 sollte man die Schilderung der Schlacht für beendet ansehen,
aber Plutarch bezieht sich hier auf die Angaben Scipios c. 18
zurück. Dafs der Flufs noch am folgenden Tage vom Blut der
Erschlagenen gerötet war, ist gleichfalls aus Scipio allein bekannt.
Die Zahl der makedonischen Todten geben Scipio und Poseidonios um 5000 höher als Polybios XLIV 42 an, die der gefallenen Römer Scipio um 20 niedriger als Polybios a. a. O. und
Poseidonios. C. 22, der Abend nach der Schlacht, aus Scipio.
Die Angabe über den Anfang der Schlacht entspricht XLIV 40.
Dagegen fehlt bei Polybios cb. c. 42. 44 die Bestimmung über
die Ausdehnung der Verfolgung und die Schilderung von dem
Jubel des siegreichen Heeres; die späte Heimkehr des jungen
Scipio Africanus ist weit kürzer erzählt. — C. 23, Flucht des
Perseus, nach Poseidonios. Die eingehende und lebendige Erzählung weicht in mehreren Punkten erheblich von XLIV 43 ab.
Auch Scipio kann nicht Gewährsmann sein, da dieser rein von
römischen Dingen erzählt; nach seinem bekannten Grundsatz
die Zeugen der Partei für deren besondere Angelegenheiten vorzuziehen würde Plutarch dem Scipio. selbst wenn derselbe, was
höchst unwahrscheinlich erscheint, die Flucht des Perseus so
detaillirt behandelt hätte, nicht gefolgt sein. Der Schlufs über
den Geiz des Königs stimmt so mit Livius c. 45 Diodor 30, 26
überein, dafs er auf Polybios scheint zurück geführt werden zu
müssen. — C. 24 gröfstentheils nach Polybios. Die rasche Unterwerfung Makedoniens übereinstimmend XLIV 45. Mit den
τοῖς εὐτυχίᾳ τινὶ τὰς πράξεις ἐκείνας γεγονέναι φάσκου-
σιν sind Poseidonios und Polybios gemeint. Dafs für Ersteren
nach seiner Lobpreisung der Makedoner und Verkleinerung des
Paulus c. 19. 20 der ganze Feldzug ein Wunder sein mufste,
liegt auf der Hand. Dafs auch für Polybios das Glück oder Schicksal in der Katastrophe Makedoniens eine wichtige Rolle spielte,
zeigt zur Genüge die Rede, welche er dem Aemilius in den Mund
legt c. 36 Diod. 31, 18 XLV 41 App. Mak. 19. Dafs seine Zeitgenossen darin viel weiter gingen, versteht sich bei einem so
nüchternen skeptischen Geist von selbst; und deshalb kann der
Anfang c. 12. wo der Tüchtigkeit des Paullus und nicht dem
Glück der Erfolg des Feldzugs vindicirt wird, ganz füglich dem
Polybios angehören. Dagegen Plutarch stimmt halbwegs dem
Scipio Nasica bei, der auch nicht einmal die Veranlassung der

Schlacht bei Pydna dem Zufall anheim geben wollte. Die Erzählung von der Vorahnung des Sieges in Rom stimmt mit XLV 1
überein und mufs nach Allem hier wie dort auf Polybios zurückgeführt werden. Demselben das vorhergehende Wunder beizumessen ist wegen seiner bekannten Skepsis unmöglich. Wenn
wir es dem Poseidonios zutheilen, so werden wir nach den Proben von Teratologie, die er c. 20 gegeben, ihm schwerlich zu
nahe treten. — C. 25, Beispiele ähnlicher Vorahnungen, von
Plutarch selbst. — C. 26. 27. Auslieferung des Perseus, nach
Scipio Nasica. Dieser stimmt im Ganzen mit Polybios XLV 6
—S z9 6 c. Diod. 30, 32 überein, weicht aber in einer Reihe
von Einzelnheiten ab, von denen Einiges, wie z. B. die corrupte
Zeitbestimmung bei der versuchten Flucht, auf Rechnung Plutarchs gesetzt werden kann. Von der Gemahlin des Königs ist
bei Polybios nicht die Rede, auch nicht dafs derselbe sich dem
Nasica, eben dem Verfasser unsers Berichts, habe ergeben wollen. Das Betragen des Perseus bei der Begegnung mit Aemilius
wird als ein ganz unwürdiges getadelt. Die Anrede des Consuls
dagegen an seine Umgebung stimmt. Unter dieser hebt Scipio
die Söhne und Schwiegersöhne und jüngeren Offiziere besonders
hervor. C. 28 scheint aus Polybios zu stammen. Von der
administrativen Thätigkeit des Paullus auf seiner Reise erfahren
wir XLV 27 Nichts, von den Schenkungen aus der makedonischen Beute eb. 33 in anderer Verbindung. Ueber das Fufs-
gestell in Delphi ist Plutarch ausführlicher und weicht zum Theil
von λ 15 XLV 27 ab, stimmt dagegen hinsichtlich des olympi-
schen Zeus und der Festspiele λ 15. In der livianischen Bearbeitung ist die Höhe der makedonischen Steuer und die Schenkung der königlichen Bibliothek an des Paullus Söhne und einer
silbernen Schale an Tubero (vgl. Valer. Max. 4, 4. 9) nicht erwähnt, kann aber füglich aus andern Stellen des Polybios genommen sein. Dem Scipio Nasica wird man schwerlich dies
Kapitel zutheilen können. — C. 29, Plünderung von Epeiros,
nach Polybios wegen der Uebereinstimmung von XLV 34 λ 15
App. Ill. 9. Wenn Plutarch den Beutetheil des einzelnen Soldaten auf nur 11 Drachmen angiebt, so mufs er einen Fehler in
seinem Exemplar gehabt haben, oder wahrscheinlicher ist nach
Livius 200 Drachmen zu schreiben; denn auch diese Summe ist
unerwartet gering. Nehmen wir etwa an, dafs die Beute in
60000 Portionen getheilt ward, so war der ganze Betrag nur
2000 Talente [nach der Lesart bei Plutarch nur 110!]. Aus dem
Verkauf von 150000 Sklaven nach dem niedrigen Durchschnitts-

preis von einer Mine [vgl. XXXIV 50] wären allein 2500 Talente herausgekommen. — C. 30. 31, Rückkehr des Aemilius und der Streit über seinen Triumph. stimmen mit Ausnahme von einigen Kleinigkeiten vollständig mit XLV 35—39. Die Annahme dafs Plutarch aus Livius geschöpft habe, liegt äufserst nahe; allein sie ist zurückzuweisen, weil weder im Vorhergehenden noch im Folgenden irgend Etwas auf diese Quelle zurückgeführt werden kann. Auch dem Valerius Antias, der bei jenem zu Grunde liegt (S. 278), ist Plutarch nicht gefolgt: denn seine Darstellung des Triumphs ist eine ganz andere. Es bleibt nur die Ansicht übrig, dafs der c. 2 bezeichnete Annalist mit Valerius nahe verwandt ist, der Eine vom Andern oder Beide von einer dritten Quelle abhängig. Wem diese Vermutung zu künstlich erscheint, was sie freilich keineswegs ist, der mufs sich zu der Annahme verstehen dafs hier ein ganz vereinzeltes Excerpt aus Livius eingeflochten ist. — C. 32—34. Triumph, nach dem früher benutzten Annalisten vgl. S. 278. — C. 35. 36 Tod der Söhne des Paullus und Reden an das Volk, nach Polybios s. S. 278. - C. 37 Tod des Perseus. Nach den meisten Autoren habe er sich durch Enthaltung der Nahrung getödtet, nach einigen sei er durch Verhinderung am Schlaf von Seiten der Wachen umgebracht worden. Die Annalen berichten XLV 42 dafs er nach Alba in Gewahrsam gebracht wurde. Ebenso Zonaras 9, 24, der aus Livius abzuleiten ist; hier hätte er sich, nachdem er an der Wiedererlangung seines Throns verzweifelte, das Leben genommen. Velleius 1. 11 setzt seinen Tod zu Alba in freier Haft 591, ebenso Oros. 4, 20. Es stimmt 45 1 b: darnach wäre sein Sohn Philippos bei der Gefangennahme 11—12 Jahr gewesen vgl. XLII 52 XLIV 45 XLV 6. Ferner erwähnt Diodor 31, 11 nach Polybios die Milde der Römer gegen Perseus und seine freie Haft, entsprechend Valer. Max. 5. 1. 1. Alle diese Nachrichten stimmen mit einander überein. Auf der andern Seite ist der Bericht Diodors 31, 15 über die grausame Behandlung des Perseus und der plutarchische c. 34. 37 auf gemeinsamen Ursprung aus irgend einem Teratologen zurückzuführen. Auch Sallust im Brief des Mithridates Fragm. B. 4 macht von der Geschichte Gebrauch: endlich Cicero Tusc. 5, 40 gehört hierher. Mommsen S. 747 bezeichnet sie mit Recht als Fabel. Denn abgesehen davon dafs sie eher einem Roman als einem Geschichtswerk angehört, ist sie auch äufserlich gegen die Anführung aus Polybios Diod. 30, 11 ganz unbeglaubigt. — C. 38. 39, Censur und Tod des Aemilius, nach einem Annalisten. Die Hinterlassenschaft

wird nach Denaren angegeben, und, obwol die Angabe mit
$\lambda\beta$ 14 stimmt, so ist doch klar, dafs eine andere und zwar lateinische Quelle zu Grunde liegt. Livius kann dies nicht sein: denn
er giebt die Censuszahl Ep. XLVI auf 327022, Plutarch auf
337452 an. Auch über das Leichenbegängnifs hat er eine andere Schilderung gegeben als Polybios bei Diod. 31, 35, übereinstimmend mit Valer. Max. 2, 10. 3. Die besprochene Biographie ordnet sich mithin ihrem Ursprung nach:
Polybios 4—6. 10—15. 19. 23. 28. 29. 35. 36.
Scipio c. 15—18. 21. 22 26. 27.
Poseidonios c. 8. 9. 19. 20. 23. 24. 37?
Annalen c. 2. 3. 30—34. 38. 39.
Anekdotensammlungen c. 5. 10. 14. 15. 25. 38.
Eine Kritik der Nachrichten von Scipio und Poseidonios ward
S. 267 fg. im Zusammenhang gegeben.

II.

Justinus.

Die Periode von 553 bis 588 wird in dem Auszug, welchen
Justinus aus der Universalgeschichte des Trogus Pompeius gemacht hat, in den Büchern 30—34 behandelt. Es hat sich aus
unsern bisherigen Untersuchungen zur Genüge ergeben, dafs die
späteren historischen Bearbeiter des Alterthums auf die Genauigkeit der Erzählung im Einzelnen geringes Gewicht legten. Da
nun Trogus die Darstellung seiner Quellen bedeutend verkürzt
hat, so wird ein grofser Theil der Nachlässigkeiten und Abweichungen, wie sie bei Justinus vorliegen, auf jenen zurückzuführen
sein. Ferner hat Justinus in leichter und flüchtiger Weise excerpirt (s. praef.). Um so weniger wird man daher an den kleineren Abweichungen von der polybianischen Erzählung sich stofsen, noch auch kann es darauf ankommen sie alle aufzuführen
und als Ungenauigkeiten nachzuweisen. Hauptquelle ist, wie sich
nach dem Plan und der Anlage der Universalgeschichte des Trogus erwarten läfst, für diesen Zeitraum Polybios gewesen. Im
Grofsen und Ganzen finden wir entschieden seine Darstellung,
wenn auch verflüchtigt wieder und selbst einzelne Sätze über-

setzt *). Daneben sind auch andere Quellen und unter diesen
römische benutzt. — Ueber die diplomatischen Verhandlungen
mit den Mächten des Ostens, welche dem Krieg gegen Philippos
voraufgingen, weicht Justinus von Polybios und den Annalisten
des Livius ab. Er berichtet nämlich, dafs nach dem Tode von
Ptolemaios Philopator und dem Theilungsvertrag der Könige von
Syrien und Makedonien die Römer auf Bitten der Alexandriner
(nach 30, 2) oder nach einer Anordnung des verstorbnen Vaters
(31, 1) die Vormundschaft des unmündigen Epiphanes über-
nommen und zu ihrer Ausübung den Aemilius Lepidus nach
Aegypten abgesandt hätten. Dafs Lepidus wirklich Vormund eines
Ptolemaios gewesen, beweist die Münze N. 275 bei Mommsen.
Tacitus Ann. 2, 67 und ungenau Valerius Max. 6, 6. 1 denken
an die Kinder des Epiphanes, welcher 573 starb, verdienen aber
ihrer Kürze wegen dem bestimmten Zeugnifs des Justinus gegenüber geringern Glauben. Derselbe erzählt weiter, römische Gesandte hätten dem Antiochos verboten sich an dem Gebiet ihres
Mündels zu vergreifen; bei der nächsten Verhandlung (d. h. von
558 *η* 33) habe man diese Rolle fallen lassen. Wir haben es
hier mit einer römischen Tradition zu thun, welche ihren Grundzügen nach richtig sein mag, deren Bedeutung aber vollständig
entstellt ist. Immerhin kann Lepidus, der im Uebrigen noch ein
junger Mann war *ις* 34, den Ehrentitel eines Vormunds des unmündigen Königs überkommen haben. Aber praktische Folge-
rungen knüpften sich daran keineswegs: denn 553 und 54 ist
er als jüngstes Mitglied der mit dem makedonischen Krieg betrauten Gesandtschaft thätig. Diese begab sich allerdings später
nach Syrien *ις* 34: allein die Forderung, welche Justin ihr in
den Mund legt, kann höchstens eine diplomatische Finte gewesen
sein und schwerlich das. Vielmehr mufs Rom um ein gutes Einvernehmen mit Antiochos zu bewahren ausdrücklich auf jede Intervention in Koelesyrien verzichtet haben vgl. S. 134. 189. Wäre
wirklich eine solche Wendung in der römischen Politik eingetreten, wie nach Justin der Fall ist, so läfst sich kaum begreifen,
dafs jede Spur in der polybianischen und annalistischen Ueberlieferung darüber sich verloren haben soll. — Der makedonische

---

*) *κα* 14 *Πόπλιος οὔτε νικήσαντας ἔφη 'Ρωμαίους οὐδέποτε γε-
νέσθαι βαρυτέρους . . . .* vgl. S. 16; XXXVII 45 *animos, qui nostrae men-
tis sunt, eosdem in omni fortuna gessimus gerimusque, neque eos secundae res extulerunt nec adversae minuerunt — Justin 31, 8 Africano prae-
dicante, Romanos neque, si vincantur, animis minui neque, si vincant.
secundis rebus insolescere.*

Krieg 30, 3. 5 stimmt mit Polybios. Als Probe der Nachlässigkeit mag erwähnt werden, dafs Flaminin 557 Consul und Philippos *puer immaturae aetatis* genannt wird. — Flucht Hannibals 31, 2 entspricht XXXIII 47 fg. Ebenso 31, 3 die Kriege
Flaminins und Philopoimens gegen Nabis. Der Kriegsplan Hannibals 31, 3 entspricht XXXIV 60, sein Versuch auf Karthago
cb. 61, sein Verkehr mit den Römern XXXV 13, App. Syr. 9.
Seine Rede 31, 5 ist nach XXXIV 60 gearbeitet mit Rücksicht
auf XXXV 19 und XXXVI 7. Die Darstellung des syrischen Krieges 31, 6—8 stimmt von Ungenauigkeiten abgesehen vollständig
mit Polybios. Der Tod Philopoimens 32, 1 wie XXXIX 49.
Ueber den Untergang des Antiochos 32, 2 vgl. Diodor 28. 3 29,
18. Die Ereignisse in Makedonien 32, 2. 3 entsprechen der polybianischen Erzählung bei Livius. Dann Nachrichten über die
Gallier nach andern Quellen. Ueber die Schicksale Hannibals
nach der Niederlage des Antiochos bis zu seinem Tode giebt
Justin dieselbe Darstellung, welche in ausführlicherer Fassung
bei Nepos Hann. 9—11 *) vorliegt und allem Anschein nach in
ihren Grundzügen auf Glaubwürdigkeit Anspruch erheben darf.
Dem Polybios folgend verlegt er den Tod Hannibals, Philopoimens und Scipios in dasselbe Jahr; ebendaher stammt die Charakteristik Hannibals vgl. z∂ 9. Dasselbe gilt von dem B. 33 erzählten Krieg gegen Perseus. Indefs ist hier auch eine andere
Quelle benutzt; denn die Geschichte von der Tapferkeit des jungen Cato bei Pydna stand nicht im Polybios. Die Fassung
Justins weicht von der plutarchischen Aem. 21, Cat. 20, welche
wahrscheinlich auf Scipio Nasica oder vielleicht auf einen Brief
Catos zurückgeht und demnach am Besten beglaubigt ist, nicht
unerheblich ab; ganz unsinnig ist Valerius Max 3, 2. 16. Einem
Annalisten entstammt wol auch die Angabe, dafs Perseus nicht
2000 Talente (XLIV 45) sondern 10000 mit sich nach Samothrake genommen habe vgl. XLV 40. Die folgende Recapitulation
der makedonischen Geschichte entspricht XLV 9 s. S. 273. Endlich ist 34, 3 die Intervention der Römer in Aegypten ungenau
aus z∂ 11 entnommen.

---

*) Die Nachricht c. 8 über Hannibals Landung in Kyrene ist entstellt.
Im Uebrigen genügt es, was des Nepos Darstellung im Einzelnen betrifft,
auf den Mustercommentar Nipperdey's zu verweisen.

III.

Dio Cassius.

Aus dem Zeitraum von 553 bis 588 sind 20 kleinere Fragmente des Dio Cassius erhalten, fr. 58—69 (Bekker). Sie finden
sich zum Theil bearbeitet wieder in der Chronik des Zonaras,
aus welcher c. 15—24 des 9. Buchs denselben Abschnitt behandeln. Schmidt in dem S. 83 angeführten Aufsatz hat nachgewiesen, dafs Zonaras wie für die erste Hälfte seines Werks den
Josephos und das alte Testament, so für die zweite die Geschichte
Dios zu Grunde gelegt und verkürzt wiedergegeben hat. Letzteren nennt er nirgends; aber er spricht sich über sein Verfahren
sehr bezeichnend 6, 29 aus: ῥητέον μοι τοίνυν καὶ περὶ τούτων [περὶ τῆς Ῥωμαίων ἱστορίας] καὶ διηγητέον ὡς ἐνὸν
ἐπιτέμνοντι τὸ πλάτος τῆς διηγήσεως καὶ τὴν μακρηγορίαν
συστέλλοντι, ἵν᾽ εἶεν εὐσύνοπτα τὰ τῆς ἱστορίας καὶ τὴν τῶν
ἐπιόντων ταῦτα μνήμην μὴ διαφεύγοιεν. Schmidt nimmt,
wie schon früher bemerkt wurde, an dafs Zonaras seinen Auszug aus Dio um einige selbstständige dem Plutarch entlehnte Excerpte bereichert habe. Allein diese Annahme erscheint keineswegs notwendig: denn auch Dio hat, wie die Citate fr. 40, 5. 107
beweisen, den Plutarch benutzt. Wenn nun Zonaras 9, 23 über
die Auslieferung des Perseus dem livianischen oder polybianischen Bericht den plutarchischen, welcher aus Scipio Nasica geschöpft war (S. 303), entgegenstellt, so folgte er darin ohne Zweifel blofs Dio: dafs dieser beide Versionen mitgetheilt hatte, zeigt
das gewaltsam contrahirte Fragment 66, 5, welches beide mit
einander verbindet. In andern Fällen scheint es nicht anders zu
stehen; jedenfalls haben wir es für den vorliegenden Abschnitt
in der Darstellung des Zonaras nur mit einem Auszug aus Dio
zu thun. Die Frage nach den hier zu Grunde liegenden Quellen
wird begreiflicher Weise durch den Umstand bedeutend erschwert, dafs der Bearbeiter nicht nur durchgängig verkürzt,
sondern auch Manches willkürlich ausgelassen hat, läfst sich
aber wegen der Vollständigkeit des Materials, welches zur Controlle vorliegt, zu einer ziemlich sichern Entscheidung bringen.
Für die republikanische Geschichte scheint sich nämlich Dio fast
ausschliefslich auf secundäre Quellen beschränkt zu haben: es
ist dies um so begreiflicher, als ihm die Kaiserzeit am Nächsten
lag. Aufser Plutarch werden in den Fragmenten (102, 1) Diodor

und Livius citirt. Zumal Letzterer, welcher in der Kaiserzeit
nach und nach ein canonisches Ansehen erlangte (s. Mommsen
Chron. des Cassiod. S. 551), ist die Grundlage und Hauptquelle
seiner Darstellung gewesen. In dem uns vorliegenden Abschnitt
ist daneben in geringem Mafse Plutarch und ein unbekannter
Schriftsteller verwandt worden. Die völlige Abhängigkeit Dios
von Livius zeigt sich besonders in der Erzählung der Kriege im
Osten, d. h. den polybianischen Partien, wo im Grofsen und
Ganzen wie im Einzelnen dieselbe Anordnung wiederkehrt. Dafs
aber hier nicht das Original, sondern die livianische Uebersetzung
zu Grunde gelegen hat, läfst sich unschwer erkennen. Denn wo
Livius die Erzählung des Polybios aus den Annalen erweitert hat,
wie beim Friedensschlufs mit Philippos XXXIII 30, am Ende
der griechischen Geschichte von 563 XXXVI 35, Zon. 9, 16 und
19, giebt auch Dio die von jenem gemachten Aenderungen. Und
selbst in einzelnen Formen folgt er der lateinischen Quelle, wie
wenn der illyrische König fr. 66, 1, Zon. 9, 24 nicht Γένθιος,
sondern Γέντιος (Gentius) heifst ·). Dagegen den annalistischen
Theil hat Dio nicht in gleicher Weise benutzt; vielmehr theils
die oft sehr zerstreuten Nachrichten über die gallischen Kriege
u. A. zusammengestellt und geordnet, theils die zahlreichen Widersprüche, die hier offen vorlagen, selbstständig geschlichtet.
Wie unabhängig er aber auch hier von seiner Quelle zu Werke
gegangen ist, so verrät sich doch dieselbe durch manche unverkennbare Anzeichen: z. B. heifst Zon. c. 16 der Prätor, welcher
556 den Sklavenaufstand niederschlug, irrthümlich wie XXXII
26 Cornelius Lentulus, nicht Cornelius Merula eb. 7. Eine fortlaufende einheitliche Darstellung, wie sie uns jetzt im Auszug des
Zonaras vorliegt, nach der livianischen zu geben war begreiflicher
Weise ohne eingehende Kritik nicht möglich. Eine solche hat
denn auch Dio mit nicht geringer Sorgfalt, aber oft sehr gewaltsam geübt. So erzählt er fr. 58 Zon. 9, 15 den Feldzug von 555
ganz nach XXXI 33 fg., bricht aber nach dem Gefecht bei Ottolobos ab und sagt, der Consul habe den Philippos nicht verfolgt,
sondern sei gleich nach Apollonia umgekehrt. Damit übergeht
er die Schlacht in den Pässen von Eordaea, deren Schilderung
allerdings sehr unklar ist, und den Uebertritt von Orestis d. h.
das wichtigste Ergebnifs des ganzen Zuges. Auf der andern Seite
hat er nicht blofs gestrichen, sondern auch Manches aus eignen

---

·) Die Form Γένθιος bei Polybios Plutarch Appian Athenaios; Γέντιος in den Fragmenten Diodors 30, 10. 11 mufs auf handschriftlicher Entstellung beruhen, da diese Stücke aus Polybios κη S. 9 stammen.

Stücken hinzugesetzt: denn im Ganzen genommen giebt er so
gut wie gar keine neuen Nachrichten von Bedeutung und deshalb
müssen wir auch manche Kleinigkeiten, die sich bei ihm allein
finden, als aus irgend einem Grunde hinzugefügt, nicht etwa aus
andern Quellen abgeleitet ansehen. So sieht die Nachricht c. 15,
dafs der Consul Sulpicius nach seiner Ankunft in Apollonia auf
lange Zeit erkrankte, auf ein Haar darnach aus, dafs sie erfunden
ist um die Unthätigkeit des Consuls zu motiviren und weshalb
Apustius den Zug XXXI 27 commandirte. Stand die Nachricht
bei Polybios, so ist nicht ersichtlich, wie Livius sie hätte übergehen sollen und fehlte sie bei Ersterem, so wäre sie so wie so
kaum glaubwürdig. XXXVIII 42 lesen wir die abgerissene Notiz, dafs zwei junge Leute, die sich an den karthagischen Gesandten vergangen hatten, von Staatswegen ausgeliefert wurden
(ebenso Valerius Max 6, 6. 3); Dio fr. 61 fügt, was sehr wahrscheinlich ist und der Geschichte erst einen Abschlufs giebt,
hinzu dafs die Karthager sie ohne Strafe frei liefsen. Es leuchtet nach dem Gesagten ein, dafs die Darstellung Dios, soweit sie
vorhanden ist, von geringer Bedeutung für die Bereicherung unserer historischen Kenntnifs ist, dagegen von Interesse, insofern
sich an ihr seine kritische Methode studiren läfst.

Der Ausbruch des makedonischen Kriegs und das erste Jahr
desselben Zon. c. 15. fr. 58 ganz nach Livius. Die Fabel von der
Invasion Italiens, die Philippos beabsichtigen sollte XXXI 3. 7,
steht auch hier. — Es folgt der Krieg in Gallien 554 und 55
Zon. c. 15 fr. 58 nach XXXI 10. 11. 21. 47 XXXII 7. Dio hat
die Version dafs Hamilkar unter Mago gedient hatte (Liv. c. 11),
nicht unter Hasdrubal, als wahrscheinlicher vorgezogen. Dafs
die Ligurer mit Waffengewalt zur Theilnahme an der Insurrection
gezwungen, folgert er aus dem *excitis Celinibus* etc. und dafs
ihnen Friede gewährt ward, daraus dafs sie später nicht wieder
erwähnt werden (XXXII 29 sind allein die Ilvaten aufsässig). Die
Eroberung Placentia's setzt er 555 in Uebereinstimmung mit der
XXXII 30 XXXIII 23 befolgten Darstellung, welche derjenigen
von B. XXXI widerspricht (S. 139). — Makedonischer Krieg
c. 16 nach B. XXXII. Dann der gallische Feldzug von 556 und
nach dem Sklavenaufstand der von 557 XXXII 26. 30. 31. Die
Beendigung des makedonischen Krieges c. 16. fr. 60 nach XXXIII
1 — 18. 30. Wie Dio aus Mifstrauen gegen den Patriotismus des
Livius weniger günstig für die Römer schreibt als dieser, so hat
er auch hier mit Unrecht den Aetolern die Ehre des Tages von
Kynoskephalai vindicirt. — Der Feldzug gegen die Gallier XXXIII

36. — Die Verhandlung über das oppische Gesetz c. 17 XXXIV
1—8; die Reden sind ganz selbstständig, wie denn bekanntlich
Dio auf Reden sehr viel giebt. Die Unternehmungen Cato's in
Spanien zum Theil nach unbekannter Quelle (S. 156), das Folgende XXXIV 19. — Der Krieg gegen Nabis c. 18 nach XXXIV
22 fg., desgleichen die Räumung Griechenlands eb. 48 fg. — Es
folgt der syrische Krieg, zuerst nach XXXV 12 fg. Die Bemerkung über die Verschwägerung des Ariarathes mit Antiochos
steht nicht bei Livius, ist aber richtig App. Syr. 5. Das Folgende
wieder nach Livius, vgl. XXXIII 20. 38 fg. XXXIV 57 fg. Flucht
Hannibals XXXIII 45 fg. Gesandtschaft Scipios nach Afrika und
Antiochos XXXIV 62 XXXV 14 fg. Ueber Letzteres liegt schwerlich eine besondere Quelle zu Grunde: wäre dies der Fall, so
würde sie der S. 169 dargelegten Ansicht entsprechen. — Der
Ausbruch des Kriegs Zon. c. 19 nach XXXV 23. 24 fg. In Betreff
der Differenzen zwischen Philippos und Antiochos vgl. S. 179
An. Die Nachricht dafs Antiochos die auf Euboea gemachten römischen Gefangenen freigelassen habe, ist neu aber unrichtig s.
XXXV 51 Diod. 29,1. Der Feldzug von 563 in Griechenland
nach XXXVI 1—35. — Der Feldzug von 564 Zon. c. 20 fr. 62
nach Livius. Dafs die Scipionen Hülfstruppen aus Makedonien erhielten, ist aus XXXVII 39 vorweg genommen. Den Seleukos
denkt sich Dio nach p. 256 (ed. Bonn) in Lysimacheia befindlich
und läfst ihn daher irrthümlich erst nach der Räumung Europas
XXXVII 31 gegen Pergamon marschiren eb. c. S. 18. In der
ziemlich ausführlichen Schilderung der Schlacht von Magnesia
ist das Factum, dafs das römische Lager durch Zeuxis erobert
ward, unbekannt, indefs dem Stillschweigen von Livius und Appian gegenüber zu verwerfen. Ueber das Verfahren des Cn.
Manlius gegen Antiochos ist Dio andern Quellen gefolgt, wenn
er sich nicht nach der abweichenden annalistischen Darstellung
XXXVIII 45 seine eigene zurecht gemodelt hat. Denn die Auslieferung Hannibals ward gleich in den Präliminarien XXXVII
45 festgesetzt: über die Stellung des jungen Antiochos als Geifsel
verläfst uns die directe Ueberlieferung vgl. S. 208. Dafs die
hier gegebenen Daten über den Scipionenprozefs nichts Neues
enthalten, ward S. 215 bemerkt. Es folgt der Krieg gegen die
Gallograecer. Die Entscheidung desselben setzt Dio in die
XXXVIII 24 beiläufig erwähnte Einnahme von Ankyra, übergeht
dagegen gänzlich die beiden grofsen Schlachten auf den Bergen
Olympos und Magaba. Dies geschah offenbar wegen der Widersprüche, welche Livius hierüber c. 23 aus seinen Quellen mit-

theilt; auch im Vorgehenden hat der skeptische Sinn Dios eine Reihe von Schlachten, und darunter sehr gut beglaubigte, einfach gestrichen. — Der Feldzug gegen Ambrakia c. 21 ganz nach Livius. Der Tod des Antiochos 567 ist bei diesem nicht erwähnt; das Folgende aus B. XXXIX, vergleiche fr. 64 mit c. 6. Die Anekdote von dem Orakelspruch, den Hannibal über seine Todesstätte empfangen haben sollte, wird wol aus Plutarch Flam. 20 entlehnt sein. Dio schliefst sich der XXXIX 52 bekämpften Ansicht des Polybios und Rutilius an, dafs der Tod Scipios und Hannibals gleichzeitig fiel. — Zon. c. 22. Die Zerrüttungen der königlichen Familie von Makedonien nach den polybianischen Partien des XL. Buches. Die Nachricht von der Anerkennung des Perseus durch den Senat (vgl. XLV 9 Diod. 29, 33) ist in der Lücke am Anfang von B. XLI ausgefallen. Dio oder sein Epitomator Zonaras wendet sich hierauf gleich zum Kriege gegen Perseus. Zuerst die letzte Verhandlung in Rom nach XLII 36; der Uebergang auf den Kriegsschauplatz erfolgt nach der unchronologischen Zusammenschweifsung der annalistischen und polybianischen Erzählung, wie sie bei Livius steht. Demselben ist der Feldzug von 583 und die Verurtheilung des Crassus entnommen. Die Kriegsgeschichte von 584 ist bekanntlich in der grofsen Lücke des XLIII. Buchs ausgefallen. Die von 585 stimmt wieder; ungenau verbindet Dio fr. 66, 1. 2 die Verhandlungen des Perseus mit Eumenes XLIV 13. 24 nach Polybios und die annalistische Darstellung der rhodischen Gesandtschaft c. 14. 15: die Anmafsung der Rhodier soll das Zustandekommen des Friedens durch Eumenes vereitelt haben. — Die Unterwerfung Makedoniens durch Aemilius Paullus Zon. c. 23 fr. 66, 3—5 ist nach Livius erzählt mit theilweiser Benutzung von Plutarchs Biographie. — Die Besiegung des Genthios, der Triumph des Paullus, die Verhandlungen mit den Rhodiern und Prusias Zon. c. 23 fr. 68. 69 sind ebenfalls nach Livius gearbeitet. Dafs hier wie auch sonst manche Kleinigkeiten nicht stimmen, darf nicht befremden: sie gehören eben der Willkür des Verfassers an. So z. B. weifs weder Livius noch Plutarch und Diodor davon, dafs auch die Gemahlin des Perseus im Triumph aufgeführt wäre. Um für die Kriecherei des Prusias einen Grund zu finden verbindet er mit seiner Ankunft seinen Krieg gegen Eumenes: allein einen andern Zweck als Vortheile von den Römern zu erlangen hatte der Jammerprinz nicht und Vergehen seinerseits lagen nicht vor vgl. XLIV 10. 14.

IV.

Die konstantinischen Gesandtschaftsexcerpte.

Während des Druckes sind mir auf der Staatsbibliothek zu München zwei Handschriften der konstantinischen Gesandtschaftsfragmente zu Händen gekommen, aus denen sich eine Reihe theils von Berichtigungen theils von Bestätigungen des Kap. I Gesagten ergeben [*]. Es bedarf wol kaum der Entschuldigung, dafs wir nochmals speciell auf diesen Gegenstand eingehen: denn von der grofsen Wichtigkeit abgesehen, welche die konstantinischen Sammlungen für die antike Historiographie einnehmen, so ruht grade auf den Gesandtschaftsexcerpten, wie dies aus den vorangehenden Untersuchungen zur Genüge erhellt, die ganze Kritik des Livius.

Die konstantinischen Gesandtschaftsexcerpte, wie sie aus Polybios Dionys Diodor Appian und Dio 1582 von Fulvius Ursinus, aus den byzantinischen Historikern von David Hoeschel Augustae Vindel. 1603 edirt sind, gehören zwei verschiedenen Sammlungen an: die eine ist betitelt περὶ πρέσβεων ἐθνῶν πρὸς Ῥωμαίους, die andere περὶ πρέσβεων Ῥωμαίων πρὸς ἐθνικούς (Niebuhr Script. Byzant. tom. I p. XXXV) [**]. Es ward S. 3 bemerkt, dafs die Handschrift des Ursinus aus Spanien stammte; nach seiner eignen Aussage wimmelte sie von Fehlern und in der That haben noch die späteren Herausgeber viel zu verbessern gehabt. Aus der nämlichen Quelle stammte ohne Frage die Handschrift des Andreas Schottus, welche Casaubonus für seine Ausgabe des Polybios und Hoeschel für die der byzantinischen Historiker benutzt haben (Schweighäuser tom. 2 p. XVII). Beide Handschriften haben beide Theile der Gesandtschaftsexcerpte umfafst, dagegen die von Casaubonus erwähnte des Thuanus, wie es scheint den ersten, und die von Leunclavius benutzte Handschrift Sylburgs nur den zweiten περὶ πρέσβεων Ῥωμαίων πρὸς ἐθνικούς. Von allen genannten war keine

---

[*] Ich darf diese Gelegenheit nicht vorüber gehen lassen ohne mit dem wärmsten Danke der ungemeinen Freundlichkeit zu gedenken, mit der Herr Direktor Halm meine Arbeiten auf der Münchener Bibliothek in jeder Weise erleichtert und gefördert hat.

[**] Die Bezeichnung περὶ πρεσβειῶν beruht auf einer Conjectur des Ursinus.

Schweighäuser zugänglich; er stützte sich in seinen Ausgaben
von Appian und Polybios allein auf einen Münchener Codex (A),
der indefs nur den ersten Abschnitt der Gesandtschaftsfragmente
enthält. Es ist höchlich zu bedauern, dafs ihm nicht auch ein
zweiter Codex (B) derselben Bibliothek, welcher den zweiten umfafst, zugesandt worden ist. Beide Handschriften sind auf Papier
von Andreas Darmarios aus Epidauros, einem bekannten Ab-
schreiber des 16. Jahrhunderts geschrieben. Am Ende von B
nennt er sich selbst; über A, welches im Uebrigen besser und
viel weitläuftiger geschrieben ist, verstattet die Schrift keinen
Zweifel. A (N. 185) war schon 1603 im Besitz des Churfür-
sten von Bayern und wurde von Hoeschel neben der Handschrift
des Andreas Schottus benutzt. B (N. 267) kam durch Geschenk
aus dem Kloster von Gars in Oberbayern 1624 an das Jesuiten-
collegium in München. A ist von Schweighäuser ausführlich
beschrieben. Sie enthält 444 Folioblätter, sehr weitläuftig und
nachlässig geschrieben. Der Titel lautet περὶ πρέσβεων ἐθνῶν
πρὸς ῥωμαίους. ὑπὸ διαφόρων ἱστορικῶν. Bei den einzelnen Autoren variirt die Ueberschrift zwischen π. πρ. ἐθνῶν
π. ῥ. und π. πρ. ἐθνικῶν π. ῥ. Einmal heifst es auch
blofs περὶ πρέσβεων sowie hie und da am Rande περὶ πρες-
βευτῶν. Die Handschrift enthält aus: Arrians Anabasis 4 Bl.,
Appian 63, Malchos 8½, Priskos 19½. Eunapios 10, Polybios 157¼,
Josephos 13, Theophylaktos 13, Prokop 31, Zosimos 6, Dexip-
pos 7, Sokrates 4, Petros 7½, Diodor 15½, Dio 29½, Herodot 1,
Thukydides 2, Agathias 4½, Menander 46. Die Fragmente des
Polybios sind am Anfang offenbar verstümmelt (grade wie bei
Ursinus leg. 6) und der Titel steht erst 57 Blätter später. B ist,
wie ich einem Citat von Müller fr. hist. Gr. IV 535 entnehme,
von E. Gros für seine Uebersetzung des Dio Cassius benutzt
worden (das Buch selbst war mir leider nicht zugänglich). Sie
umfafst 434 Blätter in Quart und ist betitelt ὑπόθεσις τοῦ περὶ πρέσβεων τεύχους ῥωμαίων πρὸς ἐθνικούς. Zuerst
kommt das Prooemium gleichlautend mit dem mehrfach aus dem
Codex des Schottus edirten (Schweighäuser II p. XXVIII). Weiter
enthält sie aus: Petros 3 Bl., Georgios Monachos 3½, Dionys 23
[die Fragmente des Dionys stehen unter dem Namen des Johannes
von Antiochia, der in der Aufzählung der Autoren ihm vorangeht,
dessen Excerpte aber ausgefallen sind] Polybios 89, Appian 14,
Zosimos 10, Josephos 3½, Diodor 1½. Dio 16, Arrian 1 Bl. (der
aber in dem Prooemium nicht mit aufgeführt ist) Prokop 59½, Priskos 67, Malchos 28, Menander 96, Theophylaktos 13. Beide Hand-

schriften ergänzen einander zu der Sammlung, wie sie bei Ursinus und Hoeschel vorliegt. Von den Fragmenten des Polybios fehlen nämlich in *A*: N. 1—5. 10. 15. 20. 22. 33. 43. 44 [zum gröfsern Theil '] 45. 48. 55. 64. 67. 74. 90. 92. 108. 125. 133. 134. 135. 136. 143. 144; von Diodor N. 22 und durch Versehen des Schreibers 17. 18 zum gröfsten Theil; von Appian N. 2. 4. 5. 8. 10. 15. 22. 30 [der Anfang]; von Dio Cassius N. 1. 2. 5. 6. 7. 11. 12. 25. 26. 43. 50. 60. 77—82. Die fehlenden Nummern finden sich in *B* bis auf von Polybios 15. 20. Aufser diesen finden sich in *A* und *B* eine Reihe von Fragmenten aus Appian und Dio, welche Ursinus als anderweitig bekannt übergangen hatte, in *B* aufserdem noch von Polybios. Die Münchener Handschriften gehen auf denselben Ursprung zurück, wie die ursinische und die andern oben aufgeführten. Sie geben die konstantinischen Sammlungen im Grofsen und Ganzen in derselben zerrütteten Gestalt wie jene und ferner im Einzelnen denselben zerrütteten Text. Die grofse Masse der Entstellungen ist beiden gemeinsam und die Abweichung der Lesarten, wie sie aus *A* von Schweighäuser bemerkt sind, nicht erheblich; mit *B* steht es aber ebenso. Darum ist aber nicht an eine Ableitung der Münchener Abschriften aus denen der älteren Herausgeber zu denken: vielmehr stehen sie diesen gleichberechtigt gegenüber. So fehlen zwar in *A* von Polybios N. 15. 20, augenscheinlich durch die Schuld des Darmarios oder seines Vorgängers, wie auch sonst nicht selten einzelne Stücke ausgelassen oder doppelt geschrieben sind. Aber andererseits giebt *A* an einigen Stellen vollständigere oder richtigere Lesarten als die Codices von Ursinus und Casaubonus [zwei wichtige Fälle führt Schweighäuser II p. XXIV ann. f. an]. Ebenso steht es mit *B*. In allen Handschriften der früheren Herausgeber nennt sich der Gelehrte, welcher mit Abfassung dieses Titels betraut gewesen war, ὁ ἐρανίσας τὸ παρὸν Θεοδόσιός ἐστιν ὁ μικρός''): in *B* fehlen die Worte. Auf der andern Seite bietet sie in einzelnen Fällen die richtige Lesart. So haben wir S. 255 Anm. nachgewiesen, dafs die Vulgata τριήρεις ἓξ

---

*) *B* enthält N 44, κχ 13. 14 bis παρασκευάς p. 965, 13; *A* p. 965, 5 ὅτι Φίλιππος ὁ μακεδών γενόμενος κ. ε. bis zu Ende.
**) Der angegebene Sinn kann nur der einzige sein, welcher dieser mysteriösen und vielbesprochenen Notiz zu Grunde liegt. Niebuhr a. a. O. zweifelt an ihrer Aechtheit. Wenn Ursinus den Verfasser der Excerpte Johannes aus Konstantinopel nennt, so ist dies, falls kein Irrthum vorliegt, der Redacteur der Sammlung *A*, περὶ πρέσβεων ἐθνῶν πρὸς ῥωμαίους.

κζ 6 (p. 1006, 20) nach XLII 56 in τετρήρεις geändert werden mufs und wirklich hat *B* so. Ferner heifst es *λγ* 10,
p. 1114, 5 sprachlich sehr hart ἧκον ἐκ τῆς Ῥώμης οἱ πρές
βεις, richtig *B* οἱ δέκα πρέσβεις (*λγ* 6). Falsch werden *λγ* 11
unter den 80 Deckschiffen des Athenaios 5 rhodische Trieren
aufgeführt: denn die Trieren zählten gar nicht zu den Deckschiffen (S. 109); richtig *B* τετρήρεις. Müssen wir demnach die
Selbstständigkeit der Münchener Abschriften der ursinischen gegenüber festhalten, so folgt daraus weiter, dafs diese gleichfalls
nicht auf ein älteres Original zurückgeht. Vielmehr war die gemeinsame, sei es mittelbare oder unmittelbare Quelle aller bisher
benutzten Handschriften eine Abschrift wahrscheinlich des 15.
Jahrhunderts mit sehr verdorbenem Text, in der bereits die
Vollständigkeit der konstantinischen Sammlungen erhebliche
Einbufse erlitten hatte*). Es fehlte in *A* zunächst die Vor-

---

*) Diese Ansicht wird mir durch folgende Mittheilungen über die Handschriften der italienischen Bibliotheken, welche ich der Gefälligkeit von Herrn
Prof. Riefsling in Basel verdanke, bestätigt. Derselbe schreibt mir: „Von den
Excerpten sah ich 1, in Neapel den cod. III, C. 42 chart. saec. XVI mit Randnoten von der Hand des Ursinus. Er fängt an mit Polyb. fr. XXXVI πρό
τερον ἐξεχώρησαν [p. 950, 25] dann die Titel κγ 4 [dieselbe Stellung und
Ordnung im Einzelnen *A* aber mit besserm Text; Ursinus scheint keinen
rechten Sinn haben hineinbringen zu können und sie aus dem Grunde übergangen zu haben, während er doch κγ 5 aus dem zweiten Theil aufnahm].
Dann folgen 37—42. 44 von den Worten Φίλιππος ὁ μακεδὼν γενόμε
νος καθ᾽ ἑαυτὸν κ. σ. 46. 47. 49 — 54. 56. 57 — 62. Nach 62 Schlufszeichen und Rubrica: περὶ πρέσβεων ἐθνῶν πρὸς ῥωμαίους. Diese Worte
sind von Ursinus wieder getilgt. Dann 63. 65. 66. 68 — 73. 75 — 89. 91.
93—107. 109—123. 126—132. 137—142. Dann kommt Diodor ganz und
Cassius Dio 4. 3. 8 — 10. 13 — 24. 27 — 37, hierauf 5 Excerpte aus bereits
gedruckten Stücken, welche Ursinus überschlug, 38—42. 44—49. 51—59.
61—76, worauf Arrian und dann Appian folgen. — 2, Ambrosianus N. 135
in Mailand chart. saec. XVI. Leider konnte ich diese Handschrift nur
flüchtig untersuchen. Da ich in Rom die Urhandschrift des Ursinus zu
finden hoffte, so beachtete ich gar nicht eine Notiz, welche ein *vir doctus*
auf das Vorsatzblatt gemacht, dafs nämlich diese Handschrift *ex antiquissimo libro S. Laurentii Scorialensis* abgeschrieben sei. Sollte dies nämlich nicht der Codex des Augustinus gewesen sein? Nach meinen Notizen
fängt er an mit Polyb. fr. 6 und enthält nach dem Polybios 3 Fragmente
des Josephos. Dieser Codex dürfte noch am ersten eine genauere Untersuchung verdienen, wenn gleich in den von mir collationirten wenigen
Stücken des Polybios sich gar nichts von Varianten gegen Ursinus und die
andern Handschriften ergiebt. — 3, Vaticanus 1418 *chart. saec.* XVI *ex
libris Fulvii Ursini*, das Complement zum Neapolitaner. Meine genaueren
Notizen über Reihenfolge u. s. w. finde ich wegen meines in diesen Tagen
bewerkstelligten Umzuges absolut nicht. Er hat von Polybios fr. 1 fg. Die
Dionysfragmente unter dem Namen des Johannes von Antiochia fangen

rede: denn die in *B* und den entsprechenden Handschriften bezieht sich ausdrücklich nur auf den Theil περὶ πρέσβεων ῥωμαίων πρὸς ἐθνικούς. Der Titel περὶ πρέσβεων ἐθνῶν πρὸς ῥωμαίοις ἐπὸ διαφόρων ἱστορικῶν ist augenscheinlich späteres Machwerk. Es läfst sich zwar nicht behaupten, dafs ursprünglich auch (wie in *B*) Fragmente aus Dionys der Sammlung angehörten; aber jedenfalls ist von Polybios eine Menge verloren gegangen. Dafs der Anfang der Fragmente entstellt ist, ward schon oben bemerkt; aus den letzten 23 Büchern enthält nun *A* eben 117 Stücke, dagegen aus den ersten 17 gar keine. Dafs hier kein unerkläliches Spiel des Zufalls vorliegt, zeigen die maische und valesische Sammlung, wo die konstantinischen Schreiber Buch um Buch (die nicht mehr vorhandenen natürlich aus genommen) excerpirt haben. Dafs wie *A* so auch *B* unvollständig überliefert ist, zeigt schon der Verlust der Fragmente des Johannes von Antiochia. Auch von den polybianischen mögen manche ausgefallen sein, wie denn B. ε. ϛ. η. ι. ια. ιβ. ιγ. ιδ, von den späteren abgesehen, gar nicht berücksichtigt sind. In vereinzelten Fällen ist in *A* und *B* wie in den andern Abschnitten das Buch angegeben: dafs dies durchgängig im Original wenigstens beabsichtigt gewesen ist, liegt in der Natur der Sache. Der Inhalt der beiden Sammlungen entspricht im Allgemeinen durchaus der durch die Titel angedeuteten Scheidung. Dafs auch Gesandtschaften aufgenommen sind, welche mit römischer Geschichte Nichts zu thun haben, dadurch erleidet die Regel keinen Eintrag. Niebuhr a. a. O. betont mit Recht, dafs wenn in der Vorrede der Abschnitt περὶ πρέσβεων ῥωμαίων πρὸς ἐθνικούς der 27ste heifst, der andere περὶ πρ. ἐθνῶν πρὸς ῥωμαίοις der 26ste oder 28ste gewesen sein mufs *).

---

ebenso unsinnig an wie in Ihrem zweiten Monacensis." — Der Neapolitanus und Ambrosianus enthalten demnach den ersten Theil der Gesandtschaftsexcerpte, ersterer indefs in einer willkürlich veränderten Gestalt, der Vaticanus den zweiten. Durch eine genaue Untersuchung dieser sowie der Münchener Abschriften würde man der gemeinsamen Quelle sehr nahe kommen können.

*) Wie diese ganze Erörterung nur einen unvollständigen Beitrag gewähren will für die wichtige Frage über das Werk des Konstantinos, so darf hier wol auch eine weiter gehende Vermutung Platz finden. In der valesischen Sammlung heifst es nach der Aufzählung der 14 excerpirten Autoren καὶ οἱ ἑξῆς ἐν τῷ δευτέρῳ τεύχει ἐπιγράφονται. Valesius hat darauf die Vermutung gebaut, dafs da auch die Gesandtschaftsexcerpte aus 2 Theilen bestünden, das ganze Sammelwerk 53 Abtheilungen von je 2 Bänden enthalten hätte. Wir möchten umgekehrt die Einbufse, welche die Wissen-

Für unsere bisherigen Untersuchungen ist es von besonderem Interesse, dafs *B* 10 polybianische Fragmente enthält, welche von Ursinus übergangen sind, weil sie theils in die ersten 5 Bücher gehörten, theils aus den *Excerptis antiquis* schon bekannt waren. Für die Emendirung unseres theilweise sehr zerrütteten Textes sind diese Fragmente so gut wie wertlos. Sie geben in der Regel die Lesart der vatikanischen Handschrift, sind aber weit nachlässiger als diese geschrieben. So geben die Excerpte p. 188, 12 ἧτε σωμαν . . (der Vaticanus ἦτε σωμανεί); p. 189, 15 ἁρμοζόμενοι: p. 194, 14 ἐπαιτητέον (Vat. ἐπαίτεον) für ἀπῄτουν; die Lücke p. 195, 9 συγ καθολικώτερον (Vat. ουν) p. 195, 15 für ἀλλ' ἢ τις ὁμολογουμένη θεωρία — ἀλλ' η τῆς ὁμολογουμένης θεωρίας; ferner haben sie mit den übrigen Handschriften die Lücken p. 196, 4. 197, 1. 28. 199, 18. 200, 1 gemeinsam. Sie stimmen weiter mit der Epitome des Ungenannten, die bekanntlich auch den Text der vatikanischen Handschrift enthält: p. 785, 11 σέρουιον für Σερουίλιον (XXX 25): p. 786, 2 τὸν αὐτόν f. αὐτόν eb. 14 δεῖ f. ἔδει; p. 787, 20 ἐξ ὑπερβολῆς f. ὑποβολῆς: p. 846, 34 Lücke. Auch die gnomischen Fragmente haben eine Menge von Entstellungen (z. B. die Lücken p. 5, 14 761, 12; vgl. annot. crit. bei Heyse) mit dem Vaticanus und Urbinas gemeinsam. Daraus folgt, dafs Alles was von Polybios erhalten ist, auf eine einzige Recension spätestens des zehnten Jahrhunderts, als die konstantinische Sammlung angelegt wurde, zurückgeht. Das Werk des Polybios war schon damals in einer traurigen Lage: nicht nur hatten sich viele Lücken in den Text geschlichen, sondern es fehlte bereits die Hälfte von B. ιδ, ferner ιζ ιθ κς ganz (S. 5. 2 An. 335 An. Wie dann weiter die vorhandene Recension der Gesandtschaftsexcerpte durch Lücken entstellt ist (S. 16), so fehlen diese in den fraglichen Stücken auch nicht.

---

schaft durch den Verlust jener 106 Bände erlitten haben soll, geringer anschlagen. Nach der Analogie der Gesandtschaftsexcerpte scheinen uns in den meisten Fällen je 2 Abtheilungen zu einem kleineren Ganzen verbunden gewesen zu sein. So kommt neben dem allgemeinen Titel περὶ ἐπιβουλῶν der speziellere περὶ ἐπιβουλῶν κατὰ βασιλέων γεγονυιῶν vor Feder p. VII (das Erhaltene mit Ausnahme der Dionysfragmente entspricht dem letzteren durchaus) neben περὶ γνωμῶν, am Ende der Polybiosfragmente περὶ γνωμικῶν ἀποστομισμάτων. Andrerseits werden auch Titel verbunden, wie ζήτει ἐν τῷ περὶ στρατηγημάτων καὶ δημηγοριῶν Feder p. 56 ζήτει ἐν τῷ περὶ ἀνδραγαθημάτων καὶ στρατηγημάτων eb. p. 126. Auf diese Weise dürfte es sich auch erklären, dafs uns von den 53 Titeln nur ungefähr die Hälfte dem Namen nach bekannt ist.

Die Fragmente sind überschrieben περὶ πρέσβεων ῥωμαίων πρὸς ἐθνικούς. ἐκ τῆς ἱστορίας πολυβίου λόγος α. — N. 1 Verhandlung des Regulus mit den Karthagern α 31 p. 38, 20 — 39, S. Anfang ὅτι ὁ μάρκιος ὁ στρατηγὸς ῥωμαίων ὁρῶν τ. κ. κτλ. Es fehlt Z. 32 αὐτοῖς Z. 4 τῶν. — N. 2 Gesandtschaft der Römer an Königin Teuta β S p. 107, 20 — p. 108, 27. Anf. ὅτι οἱ ἰλλυριοὶ κατὰ τοὺς ἀνωτέρω χρόνους κτλ., Es fehlt Z. 4 διὰ τὸ ταύτην ἔτι μόνην ἀπειθεῖν αὐτῇ Z. 18 ἔφη. — N. 3 Gesandtschaft der Römer an Hannibal γ 15. 16 p. 188, 4 — 189, 18. Der Anfang ὅτι ζακαρθαῖοι ὑπὸ καρχηδονίων πολιορκούμενοι σ. ε. ist widersinnig. Wegen des ὅτι ζ. Z. 28 beginnt der Schreiber irrig ein neues Stück. Es fehlt Z. 19 und 22 μέν. — N. 4 Gesandtschaft der Römer nach Karthago γ 20 —33 p. 194, 6 — 205, 14. Anf. ὅτι οἱ ῥωμαῖοι προσπεσόντος κτλ. An Lücken ist zu beachten: p. 195, 30 für ἐπὶ τοῖςδε φιλίαν εἶναι Ῥωμαίοις καὶ τοῖς Ῥωμαίων συμμάχοις καί Καρχηδονίοις καὶ τοῖς Καρχηδονίων συμμάχοις — φιλίαν εἶναι ῥωμαίοις συμμάχοις: p. 197, 2 fehlt ποιούμενοι τὸν λόγον ὑπὲρ δὲ Σικελίας. Wichtiger ist, dafs wir hier ein treffendes Beispiel haben um das Verfahren der Epitomatoren kennen zu lernen. Wie der Schreiber nämlich p. 198, 30 auf den römischen Eid kommt, bricht er nach τὸν Ἐννάλιον mit den Worten ab τὸ δὲ διὰ λίθων ζήτει ἐν τῷ περὶ ἐθῶν. Nachdem er die folgende Auseinandersetzung ausgelassen, fährt er p. 199, 6 folgender Mafsen fort (die ausgeschälten Worte sind gesperrt gedruckt und eingeklammert): τούτων δὴ τοιούτων ὑπαρχόντων καὶ τηρουμένων τῶν συνθηκῶν [ἔτι νῦν ἐν χαλκώμασι παρὰ τὸν Δία τὸν Καπετώλιον ἐν τῷ τῶν ἀγορανόμων ταμιείῳ]*), τίς οὐκ ἂν εἰκότως θαυμάσειε Φιλίνου**) τοῦ συγγραφέως οὐ διότι ταῦτ᾽ ἠγνόει, τοῦτο μὲν γὰρ οὐ θαυμαστόν, [ἐπεὶ καθ᾽ ἡμᾶς ἔτι καὶ Ῥωμαίων καὶ Καρχηδονίων οἱ πρεσβύτατοι καὶ μάλιστα δοκοῦντες περὶ τὰ κοινὰ σπουδάζειν ἠγνόουν,] ἀλλὰ πόθεν ἢ πῶς ἐθάρρησε γράψαι τἀνάντια

*) Durch diese Auslassung wird der S. 208 geführte Nachweis, dafs κβ7 die Berufung des Polybios auf vorhandene Urkunden in Rom vom Schreiber gestrichen worden ist, nicht unerheblich bestätigt.
**) Die Handschrift φιλίου; ähnlich p. 329, 14 κερδλιαϊδον für Σκερδίλαιδον, p. 894, 23 ὁ ἰλός für Οὐίλλιος. Der zahllosen Fehler, welche die Gesandschaftsexcerpte in den Namen enthalten, ward S. 203 An. gedacht.

[τούτοις] τοῖς πρεσβυτάτοις ῥωμαίων καὶ καρχηδονίων
διότι κτλ. Irrthümlich wegen des ὅτι wird wieder p. 199, 25
ein neues Stück angefangen, ebenso p. 202, 9. Ferner ist der
Excurs über die Eigenthümlichkeit der polybianischen Geschichte
von p. 202, 26 bis 205, 3 übergangen. Der Schreiber fährt fort οἱ
δὲ [παρὰ] τῶν Ῥωμαίων πρέσβεις, [τὴν γὰρ παρέκβασιν
ἐντεῦθεν ἐποιησάμεθα,] διακούσαντες κτλ. — N. 5 Verhandlungen Philipps mit den Griechen δ 29—35 p. 32S, 14 —
334, 29. Ausgefallen sind die Worte p. 330, 2 τοῖς παραγενο-
μένοις πρὸς αὑτούς und p. 330, 7 Οἶνις καὶ Νίκιππος καί
τινες ἕτεροι τῶν ὀλιγαρχικῶν. Aufserdem hat der Schreiber
sehr stark gekürzt: [μετὰ δὲ ταῦτα] ὅτι Φίλιππος ὁ βασιλεὺς συνελθὼν πρὸς Σκερδίλαιδον [καὶ τολμηρῶς
δοὺς ἑαυτὸν εἰς τὰς χεῖρας] διελέγετο περὶ φιλίας
καὶ συμμαχίας [Ζ. 16 — Ζ. 1 die nähere Darlegung der Verhandlung ist übergangen] (καὶ τοῦτον ἔπεισε) μεθέξειν τῆς
κοινῆς συμμαχίας, [ἐφ᾽ ᾧ λαμβάνειν μὲν εἴκοσι τά-
λαντα κατ᾽ ἐνιαυτόν, πλεῖν δὲ λέμβοις τριάκοντα
καὶ πολεμεῖν τοῖς Αἰτωλοῖς κατὰ θάλατταν. ὁ
μὲν οὖν Φίλιππος περὶ ταῦτα διέτριβεν, οἱ δ᾽] καὶ
οἱ ἐξαποσταλέντες πρέσβεις κτλ. Gestrichen ist ferner
p. 329, 1S ὅπερ — Ζ. 24 φιλελεύθερον; der Excurs über das
Verhältnifs der Messenier und Arkader p. 330, 12 ἐπεί — p. 333
1 περιστάσεσιν; p. 333, 2 die Worte τοῦτο γὰρ συνεχὲς ἦν
τοῖς προειρημένοις; p. 333, 5 καί μοι δοκεῖ — Ζ. 22
πλήθους die Ankunft des Machatas in Sparta: der Schreiber
fährt fort ὁ δὲ μάχατις ἐκκλησίαν συναγαγὼν παρεκάλει
διὰ πλειόνων κτλ. — N. 6 Verhandlung des Machatas mit den
Spartanern δ 36 p. 335, 2S — 336, 4 συμπραττόντων. Anf.
ὅτι μαχατᾶς πυθόμενος κτλ. Ζ. 29 ist hinter Λακεδαι-
μονίοις aus dem Vorhergehenden καὶ τοὺς βασιλεῖς hinzugefügt. — N. 7 lautet wie folgt: ὅτι ῥωμαῖοι προσπεσούσης
αὐτοῖς τῆς Ζακανθέων ἁλώσεως τῆς ὑπὸ ἀννίβου γενομένης
πρεσβευτὰς ἔπεμπον ἐξαιτήσοντας ἀννίβαν παρὰ καρχηδονίων, ἅμα δὲ πρὸς τὸν πόλεμον παρεσκευάζοντο κα-
ταστήσαντες ὑπάτους πόπλιον κορνήλιον καὶ τιβέριον σεμ-
πρώνιον. Es ist dies die Vorschrift für den Schreiber, nach
welcher er N. 4 abfassen sollte, die dann wie κγ 4. 5 durch
irgend ein Versehen in die Sammlung selbst aufgenommen worden ist.*) Die betreffenden Worte geben die Grenze an, wo er

---

*) Aehnlich steht am Anfang der Dionysfragmente in B wie dem Vati-

anfangen und wo er aufhören sollte. Die ersten sind γ 20 οἱ δὲ 'Ρ. προσπεπτωκυίας αὐτοῖς ἤδη τῆς τῶν Ζ. ἁλώσεως, die letzten c. 40 entlehnt. Da in beiden Fällen die Abgrenzung nicht correct war, hat der Schreiber etwas später angefangen und viel früher aufgehört. Man sieht schon hieraus, wie wenig sorgfältig die Leitung von oben und wie viel dem Ermessen der Schreiber im Einzelnen anheimgestellt war. Dafs diese aber rein mechanisch gearbeitet haben, braucht wol kaum noch bemerkt zu werden. — N. ᾽ = leg. 1 des Ursinus, ⁓ 2—5. — N. 9 = leg. 2 Urs., ϑ 44. — N. 10 Gesandtschaft Scipios an die Karthager ιε 1—4. p. 785.5 — 789.11. Die Worte καὶ δι σμενίκωτέραν p. 787, 32 sind ausgefallen. Den Anfang macht der Schreiber so zurecht: ὅτι τῶν καρχιδονίων λαβόντων αἰχμαλώτους τὰς φορτηγοὺς νῆας τῶν ῥωμαίων καὶ χορηγίας ἀλῆϑος ἐξαίσιον ὁ δὲ πόπλιος βαρέως [μὲν] ἐφερεν ἐπὶ τῷ μὴ μόνον [σφίσι] παρηρῆσϑαι τὴν χορηγίαν, ἀλλὰ καὶ τοῖς ἐχϑροῖς παρεσκευάσϑαι δαψίλειαν τῶν ἀναγκαίων [ἔτι δὲ βαρύτερον] καὶ ἐπὶ τῷ παραβεβηκέναι τοὺς ὅρκους καὶ τὰς συνϑήκας τοὺς καρχηδονίους καὶ πάλιν ἐξ ἄλλης ἀρχῆς ἐγείρεσϑαι τὸν πόλεμον. Das Stück p. 788. S κατά — Z. 31 γενέσϑαι läfst er als nicht her gehörig ganz aus und schliefst p. 789, 10 nach συνϑήκας ab, indem er die Worte τούτοις φιλανϑρώπως ἐδέξατο hinzufügt. — N. 11 = leg. 3 Urs., ις 25. 26. — N. 12 = leg. 4 Urs., ις 27. Dies Stück ist aus Nachlässigkeit wiederholt. — N. 13 Verhandlung der Römer mit Philippos vor Abydos ιζ 34 p. 846, 11 — 847, 6. Ausgefallen ist Z. 18 κατὰ τὰς ἐντολὰς ἐπιστήσαντες τὴν πρὸς τοὺς βασιλέας. Der Anfang lautet ὅτι ἄτταλος ὁ βασιλεὺς ἀκούσας πολιορκεῖσϑαι τοὺς ἀβυδηνοὺς ὑπὸ φιλίππου δι' αἰγαίου ποιησάμενος τὸν πλοῦν ἧκε εἰς τένεδον, ὁμοίως δὲ καὶ τῶν ῥωμαίων πρέσβεις ἧκε μάρκος αἰμίλιος ὁ νεώτατος [ἧκε] καταπλέων εἰς [αὐτὴν] τὴν ἄβυδον. — N. 14 = leg. 5 Urs. ις 35. — N. 15 umfafst leg. 10 Urs. und das Hervagensche Fragment ιη 33. 34. von Auslassungen des Artikels und andern Schreib-

---

canus folgende unsinnige Notiz ὅτι ἐπὶ λευκίου ποστουμίου καὶ γαΐου κλαυδίου ὑπάτων ταραττίνοις μὲν ἀποίκοις οὖσιν ἑλλήνων, οἰκοῦσι δὲ τῆς Ἰταλίας τὰ ἔσχατα ῥωμαῖοι πολεμεῖν ἔγνωσαν ὅτι δὴ πρεσβεύτας σφῶν παρὰ τὸν κοινὸν ἁπάντων νόμον λόγοις τε καὶ ἔργοις ἀσχήμοσι περιύβρισαν ποστουμίου τε τοῦ ναυαρχήσαντος τὴν τήβηνον: die Vorschrift für leg. 4.

fehlern abgesehen, ganz übereinstimmend*). (Beide sind daher ohne Absatz zu drucken). Die folgenden Nummern entsprechen den ursinischen Fragmenten 22. 33. 43. 44. (S. 315 An.) 45. 48. 55. 64. 67. 74. 90. 92. 108. 125. 133. 134. 135. 136. 143. 144.

Zur weitern Charakteristik des Verfahrens der konstantinischen Schreiber mögen noch einige Excerpte aus der spanischen Geschichte Appians nach *A* angeführt werden. Vertrag der Römer und Karthager p. 51, 23 — 52, 9 (Bekker). Der Anfang ist so zurechtgemacht (*ὅτι ἀσδρούβα τοῦ στρατηγοῦ καρχηδονίων σὺν ἀννίβᾳ τῷ ὑστέρῳ ἀοιδίμῳ ἐπὶ στρατηγίαις, γυναικὸς οἱ γιγνομένῳ ἀδελφῷ προελθόντος) ἀπὸ τῆς ἑσπερίου θαλάσσης ἐς τὸ μεσόγαιον ἐπὶ ἴβηρα ποταμόν, ὃς [μέσην που] μάλιστα τέμνων τὴν ἰβηρίαν, καὶ τῆς πιρήνης ἀφεστὼς ὁδὸν ἡμερῶν πέντε, ἐξίησιν ἐς τὸν ἑσπέριον ὠκεανόν.* Weiter ist *καὶ ὅσοι ἄλλοι Ἕλληνες περί τε τὸ καλούμενον Ἐμπόριον καὶ εἴ πῃ τῆς Ἰβηρίας ᾤκουν ἀλλαχοῦ, δείσαντες* wiedergegeben durch *καὶ ὅσοι ἄλλοι Ἕλληνες ἐκεῖσε ᾠκοδομήσαντες. ἄλλους Z.* 6 ist ausgefallen. — Verhandlungen über Sagunt p. 54, 1 — 23. Anf. *ὅτι ἀννίβας τὸν ἴβηρα ποταμὸν περαιωθεὶς τὴν χώραν ἐπόρθει κτλ.* Ausgefallen Z. 19 *ἤδη* und *τοῖς.* Der Schluß *ἀλλ' αὐτονόμοις καὶ ἐλευθέροις [ἀναγεγράφθαι, ἐλευθέρους δ'] ἔτι [καὶ] τοὺς πολιορκουμένους εἶναι. κ. ε. η. γ.* — Unterwerfung der Spanier an Marcellus p. 78, 13—79, 24. Anf. *ὅτι κλαύδιος ὁ διάδοχος νωβελίωνος τοὺς νεγρόβριγας, οἳ γένος εἰσὶ κελτιβήρων καταδραμὼν τῇ πόλει παρεστρατωπέδευσεν. οἱ δὲ πρ. α.* Ausgefallen Z. 30 *ὁ πρὸ Μ — ἐπετετρόφεσαν.* p. 79, 15—17 *μετὰ γὰρ — ἀποσχών* ist

---

*) In 3 Fällen berühren sich die *Excerpta antiqua* mit den ursinischen, in vielen andern mit den maischen und valesischen Fragmenten (S. 7). Wir sahen weiter, daß jene auf dieselbe Textesrecension zurückgehen und daß ihr Verfasser gleichfalls weder die letzte Hälfte von *ιδ* noch *ιζ* mehr vor sich hatte. Es ist ferner leicht möglich auch die übrigen Fragmente des Ungenannten in ein Verhältniß zu den verlorenen Abschnitten des konstantinischen Werkes zu versetzen z. B. die Abhandlungen in B. *ς* mit dem *περὶ πολιτικῶν*, das Bündniß Hannibals und Philipps *ζ* 9 mit *περὶ ἐθῶν*, die Schlacht bei Kynoskephalai mit *περὶ νικῶν* u. s. w. Alles dies ist kaum zufällig: vielmehr, glaube ich, wird der Ursprung der *Excerpta antiqua* so zu erklären sein, daß Jemand ein Exemplar des Polybios, in welchem für das konstantinische Sammelwerk die zu entnehmenden Stücke angemerkt waren, benutzt und eine Auswahl dieser Stücke abgeschrieben hat. Daß dabei die Reinheit des Textes gewahrt blieb, liegt auf der Hand.

wiedergegeben durch μαρχέλλου γὰρ ἐπὶ ρωμαντίαν χωροῦν-
τος καὶ πέντε σταδίοις ἀποσχόντος. — Wiederaufnahme des
Kriegs gegen Viriath p. 91, 13—28. Anf. ὅτι ὁ οὐρ. τοὶς
ρωμαίοις νικήσας ἐς τὴν εἰτ. κτλ. Z. 21. 22 für Σερονι-
λιανοῦ und Καιπίων, αἰμιλιανοῦ und σκιπίων. — Verhandlung mit den Numantinern p. 97, 15—98, 10. Anf. ὅτι ὁ π.
τοσοῖσδε συνενεχθεὶς κακοῖς ὑπὸ τῶν ρωμαντίνων ε. τ. π.
Ausgef. Z. 20 καὶ γῆς ἀργία Z. 26 ἑαυτοὺς Z. 31 Λαίνα. —
Verhandlungen über den spanischen Krieg p. 98, 15—99, 18.
Anf. ὅτι μαγκῖνος ὁ στρατηγὸς πολλάκις ἡττηθεὶς ὑπὸ
ρωμαντίνων. Für ἄπειρον τὴν νύκτα διήγαγεν ὅλην ἐν
σκοτῷ φεύγων — ἔφυγεν. Ausgelassen Z. 18 ποτε, Z. 29
ὡς γὰρ — 31 συμφέρον. Z. 4 ὡς μοι προείρηται. — Prozefs des Mancinus p. 100, 13—29. Anf. ὅτι μετὰ τὴν καθαί-
ρεσιν αἰμιλίου οἱ ρωμαῖοι μαγκίνῳ ἐδίκαζον κτλ. — Gesandtschaft der Numantiner an Scipio p. 108, 17—109, 6 ἀπέ-
κτειναν. Anf. ὅτι ρωμαντῖνοι πολιορκούμενοι ὑπὸ σκιπίωνος καὶ κτλ.

In Betreff Diodors ist noch auf Feders Angaben p. 37 fg.
über 18 Excerpte περὶ ἐπιβουλῶν aus dem 1. 2. 4. Buch zu
verweisen.

V.

Uebersicht der erhaltenen polybianischen Ueberlieferung aus den J. 553—588.

Eine kurze Zusammenstellung alles dessen, was aus der von
uns behandelten Periode von Polybios erhalten ist, mag es nun
in den konstantinischen Fragmentsammlungen oder der Uebersetzung des Livius und der Bearbeitung Diodors Appians Plutarchs vorliegen, wird, wie ich hoffe, dem Geschichtsforscher
von Nutzen sein können. Denn nachdem die verschiedenen
Arten der treueren und mangelhaftern Ueberlieferung constatirt sind, ruht Alles auf der Autorität eines und desselben
Namens und mufs von denselben kritischen Gesichtspunkten
aus aufgefafst und beurtheilt werden. In wie weit künftige

Herausgeber von einer solchen Uebersicht Gebrauch machen
können, darf ich dahin gestellt sein lassen. Man hat bisher
das Princip befolgt diejenigen Stücke aus zweiter Hand aufzunehmen, bei denen die Quelle ausdrücklich namhaft gemacht
wird. Die Richtigkeit der bisher erzielten Resultate vorausgesetzt, würde nach demselben Princip die ganze livianische Uebersetzung und die andern Bearbeitungen in gleicher Weise unter
die Fragmente aufgenommen und so ein Polybius restitutus gewonnen werden müssen. Denn jene Citate geben ebensowenig die
correcte und treue Gestalt des Autors, wie die Bearbeitungen. Vielmehr würde z. B. die Kriegsgeschichte von 555 in der Uebersetzung
des Livius ein richtigeres und treueres Bild von Polybios geben
als die Citate aus Plinius und Strabo, aus welchen jetzt B. λδ
besteht. Allein wenn auch gegen ein solches Verfahren theo-
retisch sich Nichts einwenden läfst, so würden doch die prak-
tischen Vortheile dasselbe schwerlich rechtfertigen: denn wozu
in einer Ausgabe des Polybios die Hälfte des Livius abdrucken,
die noch dazu andern Lesern als Historikern von Fach sehr
störend sein müfste? Dagegen erscheint es höchst wünschenswert, nicht blofs für speciell historische Zwecke, in den Ausgaben anzumerken was von Polybios in der Bearbeitung von
Livius Diodor Appian Strabo Plutarch Plinius vorhanden ist.
Dadurch würde nicht allein gelehrten Forschungen ein Vorschub
geleistet, sondern auch dem Alterthumsfreund das Mittel an die
Hand gegeben nicht nur Bruchstücke, sondern grofse zusammenhängende Abschnitte aus den Theilen der polybianischen
Geschichte, welche wir nicht anstehen dürfen für die besten
und bedeutendsten zu erklären, im Zusammenhang lesen zu
können. Sobald die Frage, was aus Polybios in den Werken der
späteren Schriftsteller vorliegt, zum Abschlufs gebracht ist, wird
man ohne Zweifel auch die bisherige Praxis alle jene Citate ausführlich abzudrucken, sehr wesentlichen Modificationen unterwerfen. Für die Anordnung der Fragmente ist das bestimmende
Moment zuerst der Inhalt: wo dies nicht ausreicht, ist die Auf-
einanderfolge in den verschiedenen Sammlungen von grofser
Wichtigkeit. Denn wol begreift man dafs die Blätter verbunden
werden konnten wie im mai'schen Palimpsest oder viele einzelne
Stücke ausfallen, nicht aber wie beim Abschreiben die Folge derselben leicht verschoben ward. Für die Vertheilung des Stoffes
an bestimmte Bücher geben die wenigen Datirungen in den
Sammlungen und bei Athenaeos Anhaltspunkte, die aber nicht
immer ganz sicher sind. Schweighäuser hat die schwerste Arbeit

hier bereits gethan; die Fälle, wo wir von seiner Anordnung glauben abgehen zu müssen, sind meistens schon früher begründet worden.

IZ Ol. 145, 1. 2. A. U. 555. 556

(um 950 nicht mehr vorhanden.)

555 Der Krieg gegen Philippos.

Ueberfall von Chalkis XXXI 22. 23.
Philipp gegen Athen eb. 24 Diod. 2S, 7.
Verhandlung mit den Achaeern eb. 25 ($\iota\varsigma$ 38?)
Zug gegen Athen eb. 26.
Streifzug gegen die makedonische Grenze eb. 27.
Vorbereitungen eb. 2S.
Verhandlung mit den Aetolern eb. 29—32.
Operationen der beiden Hauptarmeen eb. 33—40 Diod. 28, S.
Diversionen der Aetoler und Dardaner eb. 40—43.
Unternehmungen der Flotte eb. 44—47.

556 Der Krieg gegen Philippos.

Philipp gegen Thaumakoi XXXII 4.
Seine Rüstungen eb. 5 Diod. 28, 10.
Eröffnung des Feldzuges eb. 6.
Flaminin übernimmt das Commando eb. 9. Plut. Flam. 3. 4.
Unterhandlungen eb. 9. Diod. 28, 12. App. M. 7.
Schlacht am Aoos eb. 10—12 Plut. Flam. 4. 5 App. M. 5.
Räumung Thessaliens eb. 13—15 Plut. Flam. 5.
Unternehmungen der Flotte eb. 16. 17.
Belagerung von Atrax und Marsch nach Phokis eb. 17. 1S.
Verhandlung mit den Achaeern eb. 19—23 App. M. 6.
Belagerung von Korinth eb. 23.
Eroberung von Elateia eb. 24.
Verlust von Argos eb. 25.
Krieg um Koelesyrien.
Sieg des Antiochos Joseph. 12, 3. *)

IH Ol. 145, 3. 4. A. U. 557. 55S.

557 Der Krieg gegen Philippos.

Wirren in Opus XXXII 32 Plut. Flam. 5.
Unterhandlungen $\iota\varsigma$ 1—12 XXXII 32—37 App. M. S.
Excurs über Verräter $\iota\varsigma$ 13—15. **)
Argos an Nabis überliefert XXXII 3S.

---

*) Vgl. S. 142. Die Handschriften des Josephos setzen diese Stücke in $\iota\alpha$ oder $\iota\varsigma$; sie gehören aber der Zeit nach in $\iota\zeta$.
**) Dies Stück scheint eine nachträgliche Rechtfertigung der Achaeer gegen die Beschuldigungen Philipps $\iota\varsigma$ 6 zu sein.

*) Diese Notiz bezieht sich ohne Frage auf die friedliche Politik, welche
Antiochos gegen die hellenischen Städte einzuhalten versuchte.

Flucht Hannibals XXXIII 45—49.
Cato in Spanien Plut. Cat. 10 *).
Krieg gegen Nabis.
Versammlung der Bundesgenossen XXXIV 22—24.
Marsch gegen Argos und Lakonien eb. 25. 26.
Rüstungen des Tyrannen eb. 27.
Einmarsch in Lakonien eb. 28.
Eroberung von Gythion eb. 29.
Unterhandlungen eb. 30—37.
Sturm auf Sparta eb. 37—39.
Waffenstillstand. Rückmarsch nach Argos eb. 40. 41.
Asien.
Heirathsprojekte App. S. 5. (vgl. S. 162).
560 Italien.
Friede mit Nabis Diod. 28, 14.
Griechenland.
Versammlung der Bundesgenossen XXXIV 48—50, Diod.
28, 14, Plut. Flam. 13.
Abzug nach Italien eb. 50—52.
Asien.
Antiochos in Europa App. S. 6.
Aegypten.
Tod des Aristomenes Diod. 28, 15.
561 Italien.
Gesandtschaften des Ostens XXXIV 57—59, Diod. 28, 16,
App. S. 6.
Versuch Hannibals auf Karthago eb. 60. 61. App. S. 7. 8.
Uebergriffe Massinissas eb. 62.
Griechenland.
Aufwiegelungen der Aetoler XXXV 12. 13.
Asien.
Römische Gesandtschaft eb. 13—17, App. S. 9. 12.
Kriegsrat eb. 17- 19.

K Ol. 146, 4. 147, 1. A. U. 562. 563.

562 Griechenland.
Krieg der Achaeer mit Nabis XXXV 25—30 (Plut. Phil. 14).
Verhandlungen der Römer mit den Magneten eb. 31.

———

*) Wie die karthagische, so wird auch die Geschichte der römischen
Provinzen in dieser Periode eine Unterabtheilung der italischen gebildet
haben.

Asien.
Rüstungen des Antiochos eb. 41 App. S. 21.
Anzug der römischen Flotte eb. 42 App. S. 22.
Seeschlacht bei Kyssus eb. 43—45 App. S. 22.

K̲4̲. Ol. 147. 2. 3. 4 A. U. 564. 565. 566.*)

564 Italien.
Gesandte der Lakedaimonier κ 12.
Desgl. Philipps κ 13.
Desgl. der Aetoler κα 1 XXXVII 1 Diod. 29, 4.
Griechenland.
Unternehmungen gegen Aetolien eb. 4—6.
Waffenstillstand c. 2. 3, eb. 6. 7.
Marsch durch Makedonien eb. 7. App. S. 23 M. 9.
Asien.
Rüstungen des Antiochos XXXVII S. App. S. 22.
Unruhen in Phokaia c. 4, eb. 9.
Zug nach dem Hellespont c. 4, eb. 9 App. S. 23.
Seeschlacht bei Panhormos c. 5, eb. 10. 11. App. S. 24.
Vereinigung der verbündeten Flotten c. 5, eb. 12. 13. App.
    S. 25.
Kriegsrat eb. 14. 15.
Anzeige vom aetolischen Waffenstillstand c. 6.
Unternehmungen in Lykien eb. 16. 17.
Gesandtschaft des Eumenes an die Achaeer c. 7.
Antiochos gegen Pergamon eb. 18. App. S. 26.
Unterhandlungen c. 8, eb. 18. 19.
Belagerung von Pergamon aufgehoben eb. 20. 21. App.
    S. 26.
Seeschlacht bei Aspendos eb. 22—24 App. S. 22.
Verhandlungen mit Prusias c. 9, eb. 25.
Seeschlacht bei Myonnesos p. 1182, 94, eb. 26—30 App.
    S. 27.
Antiochos räumt Europa Diod. 29, 5, eb. 31, App. S. 28.
Unternehmungeu der römischen Flotte eb. 31. 32.
Uebergang des Landheers nach Asien eb. 33.

*) Da in der valesischen Handschrift bei κ 7 bemerkt ist τέλος τοῦ κ´
λόγου τῆς πολιβίου ἱστορίας, so folgt dafs das nächste Fragmeut κα 5
richtig datirt und dies Buch mit dem J. 564 anfängt. Für die Bestimmung
der folgenden Bücher sind wir ganz allein auf die Abschätzung des Inhalts
angewiesen.

Verhandlungen c. 10—12 Diod. 29, 9. 10 eb. 33—36.
   App. S. 29.
Erneuerung der Feindseligkeiten Diod. 29, 11, eb. 37, App.
   S. 30.
Schlacht bei Magnesia eb. 38—45 App. S. 30—36.
Betrachtung über den Ausgang App. S. 37.
Friedensverhandlungen c. 13 Diod. 29, 13, eb. 45, App.
   S. 38.
Italien.   565
   Gesandtschaft der Aetoler XXXVII 49 Diod. 29, 12.*)
   Verhandlungen über die Ordnung Asiens $\varkappa\beta$ 1—7 XXXVII
      52—56 Diod. 29, 14 App. S. 39 44. (vgl. S. 199. 208).
Kreta.
   Unternehmungen der römischen Flotte XXXVII 60.
Aetolischer Krieg.
   Befreiung Athamaniens XXXVIII 1. 2.
   Vordringen der Aetoler c. 8, eb. 3.
   Römischer Kriegsrat c. 9, eb. 3.
   Aetolische Gesandtschaft c. 9.
   Belagerung von Ambrakia c. 10. 11, eb. 4—7.
   Unterhandlungen eb. S. 9.
   Friedensschlufs c. 12—15, eb. 9—11.
Unterwerfung der Gallograecker.
   Einleitung des Kriegs c. 16. eb. 12.
   Marsch nach Tabai eb. 13.
   Demütigung des Moagetes c. 17. eb. 14.
   Marsch gegen die Gallier c. 18. 19, eb. 15.
   Historischer Excurs eb. 16.
   Weiteres Vorrücken c. 20, eb. 18. 19.
   Schlacht am Olympos eb. 20—23 App. S. 42.
   Chiomara c. 21. eb. 24.
   Vereitelte Hinterlist c. 22, eb. 25.
   Schlacht am Magaba eb. 26. 27.
Griechenland.   566
   Unterwerfung Kephallenias eb. 28. 29 (p. 945, 23?)
   Demütigung Spartas $\varkappa\alpha$ 16, eb. 30—34 (Plut. Phil. 16).
Asien.
   Vertrag mit Antiochos $\varkappa\beta$ 24—26, eb. 37—39 App. S. 39
      Diod. 29, 15. 16.

*) Dies Fragment Diodors steht in der Handschrift A der Friedensver-
handlung 29, 13 nach: Diodor hat sich eben auch in der Anordnung und Jahresrechnung ganz an Polybios angeschlossen.

Ordnung Asiens c. 27, eb. 39 Diod. 29, 14 App. S. 42.
Rückmarsch durch Thrakien κα 16, eb. 40. 41. App. S. 43.

KB Ol. 148, 1. 2. 3. A. U. 567. 568. 569.*)

567 Italien.
    Der Prätor Furius Diod. 29, 17.
    Griechenland.
    Achaia κγ 1.
    Boeotien c. 2.
    Rhodos c. 3.
    Aegypten.
    Unterwerfung der Aufständischen c. 16 κα 16 vgl. Heyse
        p. 62.
568 Makedonien.
    Ursachen des dritten maked. Kriegs κβ 22a XXXIX 23.
    Verstimmung Philipps eb. 23. 24.
    Anklagen gegen ihn in Rom κγ 6. eb. 24.
    Verhandlungen bei Tempe p. 955, 7 XXXIX 21—26
        Diod. 29, 19.
    Verhandlungen in Thessalonike p. 955, 12 XXXIX 27—29.
    Achaia.
    Tagsatzung κγ 7—10. Diod. 29, 20.
    Excurs c. 10α.
    Syrien.
    Tod des Antiochos Diod. 29, 18 vgl. 28, 3.
569 Italien.
    Die makedonische und achaeische Frage c. 11. 12 XXXIX 33.
    Makedonien.
    Verhandlung mit den Römern c. 13. 14, eb. 34. 35.
    Achaia.
    Verhandlung über Sparta p. 955, 29, eb. 35—37.

───────────

*) Die maische Sammlung setzt das Stück κβ 22a, welches in das
J. 568 gehört (S. 222), ausdrücklich in dies Buch. Andrerseits macht der
Cod. Mon. A nach κγ 3 (leg. 39) einen Abschnitt und bringt die Ueberschrift,
welche am Anfang der Polybiosfragmente hätte stehen sollen (S. 314): dies
ist zufällig. Für einen blofsen Zufall können wir es aber nicht ansehen,
dafs die Titel κγ 4 im Monacensis wie im Neapolitanus vor κγ 1 (leg. 37)
stehen, während sie der Zeit nach hinter κγ 3 hätten stehen sollen. Denn
sie eröffnen damit Buch κβ, welches dem Inhalt nach mit 567 beginnen
und 569 schliefsen mufs. Wir dürfen daher in dieser Stellung der Titel,
welche auch am Anfang eines Buchs am Leichtesten sich erklären lassen,
eine Bestätigung unserer Eintheilung sehen.

Makedonien.
　　Tod des Demetrios eb. 20—24.
Kreta.
　　Neue Wirren c. 3a.
Asien.
　　Gesandtschaft des Eumenes nach Rom c. 6.
　　Krieg mit Pharnakes Diod. 29, 26. 27.
573　Italien.
　　Verhandlung mit Attalos c. 6 Diod. 29, 25.
　　Krieg in Spanien Diod. 29, 31.
　　Feldzug des Aemilius Paullus Diod. 29, 30 Plut. c. 6.
.Peloponnes.
　　Gesandtschaft des Ptolemaios c. 7.
　　Unruhen in Sparta c. 8.
Asien.
　　Verhandlung mit Pharnakes c. 4. 5.
574　Italien.
　　Gesandtschaft des Kallikrates κς 1—3.
Peloponnes.
　　Politik des Philopoimen und Aristainos κε 9—9b.

KE Ol. 150, 1. 2. 3. 4   A. U. 575—578.

575　Italien.
　　Unternehmungen des Gracchus in Spanien Strab. 3 p. 163
　　　Diod. 29, 29.
Makedonien.
　　Philipps Tod XL 54—56 Diod. 29, 28.
　　Vordringen der Bastarner eb. 57. 58.
Asien.
　　Friede mit Pharnakes κς 6.
Aegypten.
　　Absichten auf Koelesyrien Diod. 29, 32.
576　Italien.
　　Vertrag mit Perseus Diod. 29, 33.
Makedonien.
　　Anfänge des Perseus κς 5.
577　Italien.
　　Gesandtschaft der Lykier c. 7.
Rhodos.
　　Die lykische Frage c. 8.
578　Italien.
　　Gesandtschaft der Dardaner c. 9.

*) Wir haben S. 5 An. nachgewiesen dafs B. *xϛ* zur Zeit des Konstantinos nicht mehr vorhanden war. Auch dies wird durch eine Handschrift
der Gesandtschaftsexcerpte bestätigt, indem nämlich im Neapolitanus hinter leg. 62, *zϛ* 9 ein Schlufszeichen steht (S. 316 An.). Da eben mit dem
nächsten Fragment B. *xϛ* beginnt, so scheint durch diesen Einschnitt der
Schlufs eines Buchs und zwar *xε* bezeichnet zu sein.

Verhandlung mit Genthios c. 8, eb. 19. 20 Diod. 30, 10.

Einfall in Aetolien eb. 21—23.

Verhandlung mit Genthios c. 9, eb. 23 Diod. 30, 11.

Eröffnung des Sommerfeldzugs XLIV 1. 2.

Vordringen nach Makedonien eb. 3—5 Diod. 30, 12 App.
  M. 14.

Ratlosigkeit des Perseus eb. 6 Diod. 30, 13—15 App. M. 15.

Er tadelt seine Generale c. 9. eb. 7.

Er rückt wieder vor eb. 8.

Einnahme Herakleia's c. 12, eb. 9.

Grausamkeit des Perseus eb. 10. App. M. 16.

Unternehmungen der röm. Flotte eb. 10—13 Diod. 30, 16.

Achaia.
  Gesandtschaft des Polybios c. 10. 11.

Kreta.
  Frevel der Kydoniaten κζ 16 Diod. 30, 17.
  Hülfsleistung des Eumenes κη 13.

Rhodos.
  Gesandtschaften nach Rom und Aegypten c. 14. 15 App.
    M. 17.

Syrisch-aegyptischer Krieg.
  Die Vormünder des Ptolemaios Diod. 30, 19. 20.

Eröffnung des Krieges Diod. 30, 18.

Einnahme von Pelusion p. 1014, 22. Diod. 30, 22. 23.

Ankunft griechischer Gesandte κη 16.

Ihre Verhandlungen mit Antiochos c. 17.

Flucht des Ptolemaios c. 17a. Diod. 30, 21.

Gesandte nach Rom c. 18.

Gesandte der Rhodier c. 19.

KΘ Ol. 152, 4. A. U. 586.

Italien.
  Rede des Aemilius Paullus c. 1a. XLIV 22.

  Gesandte an Antiochos c. 1 *).

Makedonischer Krieg.
  Bündnifs des Perseus mit Genthios c. 2. 3 XLIV 23.

  Verhandlungen mit Eumenes c. 1b—f, eb. 24. 25 App.
    M. 18.

586

---

*) Dies Stück (leg. 90) stammt aus dem Theil περὶ πρ. ῥωμαίων
πρὸς ἐθν. Es findet also keine Abweichung von der chronologischen Ordnung statt, das nächste Fragment ist c. 11 (leg. 92).

Verhandlung mit den Galliern eb. 26. 27. App. M. 18 Diod. 30, 24.

Friedensbruch des Genthios eb. 27 App. M. 18. Ill. 9.

Unternehmungen der makedonischen Flotte eb. 28. 29.

Vermittlung der Rhodier c. 4.

Verhandlung mit Perseus c. 5, eb. 29.

Historiographischer Excurs c. 6 a.

Unterwerfung des Genthios Athen 10 p. 440 a. eb. 30—32. App. Ill. 9.

Eröffnung des Feldzugs gegen Makedonien eb. 32.

Anordnungen des Paullus eb. 33. 34. Diod. 30, 25.

Umgehung der Makedoner c. 6, eb. 35.

Angebotene Schlacht eb. 36. 37.

Mondfinsternifs c. 6.

Kriegsrat eb. 37—39.

Schlacht bei Pydna c. 6. 12, eb. 40—42.

Flucht des Perseus eb. 43.

Scipio Africanus p. 1186, 150, eb. 44 Diod. 30, 30.

Uebertritt der makedonischen Städte eb. 44. 45.

Perseus nach Samothrake eb. 45 Diod. 30, 26—29.

Einnahme von Pella eb. 46.

Siegesahnung in Rom XLV 1. Plut. Aem. 24.

Verhandlung mit den Rhodiern c. 7, eb. 3 Diod. 30, 33.

Ergebung des Perseus eb. 5—7.

Zusammenkunft mit Paullus c. 6b., eb. 8 Diod. 30, 31. 32.

Excurs über die maked. Geschichte c. 6 c, eb. 9 Diod. 31, 17.

Pergamon.

Lage des Eumenes c. 6 d Diod. 31, 19.

Rhodos.

Ankunft des römischen Gesandten eb. 10.

Syrisch-aegyptischer Krieg.

Aussöhnung der beiden Ptolemaeer eb. 11.

Gesandtschaft an die Achaeer c. 8. 9.

Vereitelung derselben c. 10.

Antiochos Betragen enthüllt c. 7a Diod. 31, 1.

Er rückt in Aegypten ein XLV 11. 12.

Begegnung mit dem römischen Abgeordneten c. 11*) eb. 12 Diod. 31, 2.

---

*) Nach Athenaeos 10 p. 440 a stammt die Charakteristik des Genthios und damit auch die Erzählung von seiner Unterwerfung aus B χθ. Uebereinstimmend setzt derselbe 14 p. 615 a. die Spiele des Anicius aus dem fol-

A Ol. 153, 1. 2. A. U. 587. 588.

Italien.   587
Betrachtung über die römische Politik Diod. 31, 3. 4.
Verfahren gegen Makedonien Diod. 31, 11. 12.
Verhandlung mit Attalos c. 1 — 3, eb. 31, 9 XLV 19. 20.
Verhandlungen mit den Rhodiern c. 4. 5, eb. 6. 7. XLV 25.
Griechenland.
Die Anhänger des Perseus c. 6 — 9.
Ordnung Illyriens XLV 26.
Rundreise des Aemilius c. 14. 15, eb. 27. 28.
Wirren in Aetolien c. 14. eb. 28.
Desgleichen in Epeiros c. 14.
Ordnung Makedoniens eb. 28 — 30. Diod. 31, 13.
Verdächtigung der Patrioten c. 10, eb. 31.
Hochverrathsprozesse eb. 31.
Gesetzgebung für Makedonien eb. 32.
Kunstgeschmack der Römer Athen 14 p. 615 a.
Spiele des Aemilius c. 15 Diod. 31, 14 XLV 32. 33.
Plünderung von Epeiros Strab. 7 p. 322, eb. 33. 34. App.
    III. 9.
Asien.
Krieg des Eumenes und der Galater Diod. 31, 20. 21.
Gesandtschaft der Römer XLV 34.
Aegypten.
Gesandtschaft nach Rom c. 11.
Italien.   588
Perseus Diod. 31, 16.
Rede des Paullus Diod. 31. 18 App. M. 19 XLV 41 Plut.
    Aem. 35. 36.
Gesandtschaft des Kotys c. 12.
Ankunft des Prusias c. 16 Diod. 31, 22*) XLV 44 App.
    Mithr. 2.

_____

genden Jahr in B. λ. Dagegen bemerkt der Monacensis *B* hinter c. 11 (leg.
92) πρὸς τοῦ λ. λόγου. Allein B λ kann unmöglich die Geschichte von 586
enthalten haben: vielmehr muß zwischen diesem Fragment und dem nächsten λα 13 (leg. 108) ein oder mehrere Stücke ausgefallen sein, auf welche sich jene Unterschrift bezog. Wie leicht ein solcher Verlust eintrat, leuchtet Jedermann ein.
    *) Von Diodor lassen sich an kein bestimmtes Jahr knüpfen 28, 9. 11
29, 34. (hinsichtlich des letztern vgl. ϰβ 26 ϰη 4).

_____

22*

VI.

Uebersicht der vierten und fünften Dekade nach den zu Grunde liegenden Quellen.

XXXI 1—14 Annalen.	XXXII 1— 3 A.
14—18 Polybios.	4— 6 P. 6 Valerius.
19—22 A.	7— 9 A.
22—47 P.	9—25 P.
47—50 A.	26—31 A.
	32—40 P.
XXXIII 1—21 P. 10. 14 V.	
und Claudius.	
21—27 A.	38—41 P.
27—35 P. 30 V. u. C.	42—45 A.
36—37 A. (V.)	45—49 P.
XXXIV 1—22 A. und Cato	
10 V.	XXXV 1—11 A. 1. 2. V.
22—41 P.	12—19 P. 14 C.
41—48 A.	20—24 A.
48—52 P.	25—39 P.
51—57 A.	40—41 A.
57—62 P.	42—51 P.
XXXVI 1— 4 A. (C.)	XXXVII 1— 4 A. (V.) 1 P.
5—35 P. 17. 19. 21.	5—45 P. 34 V.
35. V.	
36—40 A. (V.)	46—52 A. (V.) 48 P.
41—45 P.	52—56 P.
45 A. (V.)	57—59 A. (V.)
	60 P. V.
XXXVIII 1—27 P. 17. 23.	XXXIX 1—23 A.
C. V.	23—29 P.
28 A.	29—32 A.
28—34 P.	33—37 P.
35—36 A.	38—46 A. (V.) 42. 43.
37—41 P. 41 C.	Cato.
42—60 A. (V.) 55.	46—53 P. 52 C.
56. 57. C.	54—56 A.
XL 1— 2 A.	XLI 1—19 A.
2—16 P.	19—20 P.
16—19 A.	21—22 A.
20—24 P.	22—25 P.

	25 — 53 A.		26 — 2S A.
	54 — 5S P.	XLIII	1 — 17 A
	59 A.		17 — 23 P.
XLII	1 — 4 A.	XLIV	1 — 13 P. 13 V.
	5 — 6 P.		14 — 22 A. 22 P.
	6 — 10 A.		23 — 46 P. 37 A.
	11 — 1S P. 11 V.	XLV	1 — 4 A 1. 3 P.
	1S — 2S A.		4 — 12 P.
	29 — 30 P.		12 — 1S A.
	30 — 36 A.		19 — 20 P.
	36 — 67 P. 66 A.		21 — 25 A.
			25 — 34 P.
			35 — 44 A (V) 41.
			44 P.

Berichtigungen und Zusätze.

Seite 5 Aum. für περὶ πρεσβειῶν ἐθνικῶν πρὸς Ῥωμαίους lies: περὶ πρέσβεων ἐθν. π. Ῥ. — S. 7 Z. 10 v. u. f. ια 35: ια 25. — S. 130 über Cornelius Blasio XXXI 49 vgl. Mommsen C. I. L. p. 463. — S. 134 An. f. insigne ita: insigneita. — S. 156 über die Unterwerfung der Spanier XXXIV 18 stimmt mit Appian und Frontin Zonaras 9, 17. — S. 188 Z. 3 v. u. f. 195: 197. — S. 204 über die Geschichte der Gallier XXXVIII 16 vgl. Suidas Γαλάται. — S. 222 über die Spiele des L. Scipio XXXIX 22 vgl. Plin. N. H. 33, 138.

Verlag der Weidmannschen Buchhandlung (Karl Reimer) in Berlin.

Druck von Carl Schultze, Kommandantenstrafse 72.